岭南中医药特色系列教材

岭南中医眼科学

主　审　詹宇坚

主　编　俞晓艺

副主编　刘求红　王　燕　李景恒

编　委（按姓氏笔画排序）

王　炜（广州中医药大学附属中山中医院）

王　燕（广州中医药大学第一附属医院）

王小川（广州中医药大学第一附属医院）

田　妮（广州中医药大学第一附属医院）

刘　红（广州中医药大学第一附属医院）

刘求红（广州中医药大学第一附属医院）

李景恒（广州中医药大学第一附属医院）

钟舒阳（广西中医药大学第一附属医院）

钟瑞英（广州中医药大学第一附属医院）

俞晓艺（广州中医药大学第一附属医院）

秘　书

廉丽华（广州中医药大学第一附属医院）

阳　艳（广州中医药大学第一附属医院）

人民卫生出版社
·北京·

图书在版编目（CIP）数据

岭南中医眼科学 / 俞晓艺主编 . —北京：人民卫生出版社，2023.2

ISBN 978-7-117-34078-6

Ⅰ.①岭… Ⅱ.①俞… Ⅲ.①中医五官科学 —眼科学—教材 Ⅳ.①R276.7

中国版本图书馆 CIP 数据核字（2022）第 225533 号

| 人卫智网 | www.ipmph.com | 医学教育、学术、考试、健康，购书智慧智能综合服务平台 |
| 人卫官网 | www.pmph.com | 人卫官方资讯发布平台 |

岭南中医眼科学

Lingnan Zhongyi Yankexue

主　　编：俞晓艺
出版发行：人民卫生出版社（中继线 010-59780011）
地　　址：北京市朝阳区潘家园南里 19 号
邮　　编：100021
E - mail：pmph @ pmph.com
购书热线：010-59787592　010-59787584　010-65264830
印　　刷：三河市潮河印业有限公司
经　　销：新华书店
开　　本：787 × 1092　1/16　印张：16
字　　数：389 千字
版　　次：2023 年 2 月第 1 版
印　　次：2023 年 2 月第 1 次印刷
标准书号：ISBN 978-7-117-34078-6
定　　价：55.00 元

打击盗版举报电话：010-59787491　E-mail：WQ @ pmph.com
质量问题联系电话：010-59787234　E-mail：zhiliang @ pmph.com
数字融合服务电话：4001118166　　E-mail：zengzhi @ pmph.com

岭南中医药特色系列教材
编委会

3

邓 序

　　近日欣闻广州中医药大学第一附属医院组织编撰的"岭南中医药特色系列教材"即将出版,此乃传承岭南医学之重要举措。忆往昔,岭南名医何梦瑶曾以自己的论著《医碥》第五卷"四诊"作为教材,给乡邑医者讲课。20世纪80年代初,我与徐复霖教授点注《医碥》,于1982年经上海科学技术出版社出版;其后,第二次点校《医碥》,并于1995年由人民卫生出版社出版。考何氏《医碥》之书名,"碥"字有两层含义,碥当作砭,意在针砭当时滥用附、桂之时弊;碥亦作碥石,甘为人梯之意。《医碥》之于岭南医学,可谓泽被后代,功在桑梓。

　　1988年9月,中华全国中医学会广东分会及中华医学会广东分会医史学会在广州共同召开首届"岭南医学研讨会",会议委托我作总结,曾谈及研究岭南医学的意义。自1977年美国的恩格尔教授提出医学模式理论以来,现代医学正在由"生物医学模式"向"生物-心理-社会"医学模式转变。中医学一开始就重视心理、环境因素,如果将《内经》时代的医学用医学模式来概括的话,就应当是"生物-心理-社会-自然"的医学模式。《内经》提出的"天人相应"观,钱学森概括为"人天观"。我认为"人天观"这个医学模式更先进、更科学。因为人有能动性,会适应自然、征服自然。医学研究不能脱离地理环境、社会环境、个人体质,应该因时、因地、因人制宜地去研究疾病和治疗疾病。

　　我国幅员辽阔,由于地理环境的差异和历史上开发的先后,各个地区的情况千差万别,医学发展也表现出明显的不平衡性,其中岭南医学就具有地方与时代的特色。五岭横亘于湘赣与粤桂之间,形成了一个不同于中原的地理环境,不仅风土人情、习俗气候不同,人的体质疾病、饮食用药习惯亦不尽相同。岭南医学是在这样一种特殊的地理气候环境下,把中医学的普遍原则与岭南地区医疗实践相结合,经过漫长的历史岁月逐渐形成起来的地域性医学。岭南医学重视南方炎热多湿,地处卑下,植物繁茂,瘴疠虫蛇侵袭等环境因素,着眼于南方多发、特有疾病的防治,勇于吸取民间经验和医学新知,充分利用本地药材资源,逐渐形成了以岭南地区常见多发病种为主要研究对象的岭南医学。它既有传统医药学的共性,又有其地方医疗保健药物方式的特性。正是通过对这些特殊性的研究,反过来也有助于认识整个中国医学发展的全过程。那种认为地方医学研究成果只适用于局部,其实是一种误解。所以深入研究岭南医学不是"搞地方主义",而是继承和发扬祖国医学文化遗产的重要先行性基础工作。这是我当时在会上的讲话,后由学生整理成文以"岭南"为题公开发表。

记得当时参与"岭南医学研讨会"的代表仅 30 余人,时过境迁,今日研讨岭南医学已蔚然成风。中华文化起源于黄河,发展于长江,振兴于珠江。2006 年,广东省委、省政府就先后出台了多个促进广东中医药发展的重要文件,并提出要将广东从"中医药大省"建设成为"中医药强省",通过近十年的建设,已取得了显著成效。

我曾经说过:21 世纪是中医药腾飞的世纪! 大力扶持中医药事业的发展,被纳入了国家的"十三五"发展规划。2015 年,中国中医科学院从事中药研究的科学家屠呦呦获得诺贝尔生理学或医学奖,是中医药科学领域诞生的第一位获得诺贝尔生理学或医学奖的华人科学家! 2016 年,第一部《中华人民共和国中医药法》获得立法……种种迹象显示,中医药事业的发展逐渐走上正轨,对此我感到很欣慰!

中医药事业的发展势必促进流派医学的发展。"岭南派"一词,《辞海》指现代画派之一,而不及其他行业。我认为,对岭南民众健康贡献最大,流传至今仍然充满活力的是岭南医派,或称之为岭南医学流派,即岭南名医群体。岭南之名始于唐贞观时十道之一,地处五岭之南,又名岭表、岭外,有其地域特色。岭南医学具有明显的地域性特点,临床遣方用药受到当地的气候特点、道地药材、饮食喜好、起居习惯、人文风俗等因素影响。从源流及发展历程来看,岭南医学渊源于中原医学;萌芽于晋唐,以《肘后备急方》为代表,葛洪对岭南地区多发传染性疾病等进行了研究,开创"验、简、便、廉"之特色;始形于宋代,如刘昉的《幼幼新书》为岭南儿科学奠定良好基础;兴发于明清后,如岭南名家何梦瑶被誉为"南海明珠",饮誉全国。当代岭南医学呈现生机勃勃的发展局面,这不仅和广东改革开放带来的经济文化发展有关,更和中医药的疗效和人文魅力深得民众信赖息息相关。

多年来,广州中医药大学第一临床医学院(第一附属医院)注重岭南中医药的研究与总结,取得了许多经验及成果。更可贵的是,第一临床医学院将岭南中医药学术研究的成果引入课堂教学,不断创新临床教学,这是推动岭南医学传承发展的一大举措,也是岭南医学教育的一大创新。作为配套教材,"岭南中医药特色系列教材"凝聚了历代广州中医药大学第一临床医学院人岭南医学研究工作的心血与智慧结晶,是第一临床医学院进一步将岭南中医药研究成果向教学工作转化的重要体现。

古人著述名医学派,多以医家名字命名,如明代宋濂为朱丹溪《格致余论》题辞:"金之以善医名凡三家,曰刘守真氏,曰张子和氏,曰李明之氏。虽其人年之有先后,术之有攻补,至于惟阴阳五行,升降生成之理,则皆以《黄帝内经》为宗,而莫之有异也……君之此书(指丹溪先生《格致余论》),有功于生民者甚大,宜与三家所著,并传于世。"这是金元四大家之说的由来,主要内容以内科为主。近代谢观《中国医学源流论》也以医家命名学派,如李东垣学派、张景岳学派、薛立斋学派等。现代研究岭南医学,内容很丰富,我认为除了延续前人之长处外,更宜采用学科分类研究的方法,方可涵盖除内科以外的其他学科,也适合现代中医教育发展。"岭南中医药特色系列教材"涵括中医基础及内、外、妇、儿各科等 13 门课程,体现了岭南医学学科分类研究思想,其系统整理出版并投入教学使用,也将促进相关学科建设发展。

乐之为序。

2018 年 7 月

编写说明

中医药学源远流长，博大精深，是中华传统文化的瑰宝。由于我国幅员广大，地理气候环境地域性特征明显，加上人文风俗、饮食起居、道地药材等方面的迥异，中医药的临床应用形成了因时因地因人制宜的学术传统以及明显的地域特色。岭南位处我国南端，地域气候环境与五岭以北明显不同，岭南中医药在应对地方多发性疾病与证候的实践中，形成了鲜明的临床特色，不仅提高了疗效，而且丰富了中医药学体系的学术内涵。作为"一带一路"发展规划重要节点，岭南中医药至今已传播到世界上 183 个国家地区，彰显了岭南中医药为人类健康做出的卓越贡献。

为贯彻落实《国务院关于印发中医药发展战略规划纲要(2016—2030 年)的通知》(国发〔2016〕15 号)精神，促进中医药事业健康发展，积极探索在高层次人才培养、教学改革、学术梯队建设、科学研究、提高临床疗效以及服务中药产业发展、开展国内外学术交流合作等方面发挥示范作用的有效机制和模式，广州中医药大学第一临床医学院(第一附属医院)进一步加强了对岭南中医药临床特色的总结与研究，并应用到临床医疗及教学活动中，取得了许多经验及成果。在多年实践的基础上，医院决定进一步促进岭南中医药研究成果向教学的转化，成立了岭南医学研究中心，成功申报广东省高校试点学院——岭南医学学院和广东省岭南医学人才培养模式创新实验区，开展了以岭南中医药特色为主导的中医药人才培养模式的改革与探索。为此，加强理论总结，深入凝练提高，创编一套成系列、显特色、综合性强的岭南中医药系列教材，是岭南医学试点学院和人才培养模式创新实验区教育教学改革的重要举措，也是岭南中医药教育对外交流与传播的重要资料。

经过近三年的策划、论证与努力，"岭南中医药特色系列教材"终于要出版了。此套教材汇集了众多具有鲜明岭南中医药特色的珍贵的临床诊疗经验与资料，均由资深专家担任主编，组织精干编写团队，围绕教育改革的目标，在长期临床实践与积累的基础上认真研究和精心编撰而成，具体包括《岭南中医内科学》《岭南中医外科学》《岭南中医妇科学》《岭南中医儿科学》《岭南中医骨伤科学》《岭南中医耳鼻喉科学》《岭南中医眼科学》《岭南中医肿瘤学》《岭南伤寒论临床实践》《岭南温病学临床实践》《岭南金匮要略临床实践》《岭南医学源流与名医学术精要》《岭南中草药》13 部。本系列教材涉及的知识面广，全面综合反映了岭南中医药学术、临床、科学及产业的成果和经验，具有很强的地方特色，是集体智慧与心血的结晶，在理论与实践方面也达到了高度的结合，不仅具有极强的学术价值，而且有很强的临床实用性;不仅可应用于本科教学,也可应用于研究生教育;不仅可作为专业主干课程的配套教材,也可作为实践教学或资格考试的辅导用书,对于培养学生的中医辨证论治思维和综合分析能力有重要意义。

此系列教材是第一次汇集突出岭南名家诊治用药特色的教材,尽量展示岭南中医药学术与实践的发展水平和丰富内容,为促进岭南中医药的学术传承与可持续发展奠定了基础。编写团队为此付出了很多努力,进行了各种尝试,但由于第一次全面和系统化整理探索,可借鉴的经验不多,加之水平有限,书中难免有疏漏与不妥之处,盼广大读者在使用过程中提出宝贵意见,以期今后再版时得以修正提高,力争将本套教材打造成全面展现岭南中医药理论与临床最新学术成果的精品教材,不胜感激。

岭南中医药特色系列教材编委会

2018 年 6 月

前　言

随着人们生活水平的提高及生活方式的改变，眼科疾病的发生及发展呈现逐渐增长的趋势，人民群众对眼科疾病的诊疗要求也逐渐提高。西医学在治疗眼科疾病方面发挥了很大的作用，但中医学的作用也不能忽视，在增加疗效、改善视功能等方面具有突出的优势。

中医学强调因人、因地、因时治疗，中医眼科亦是如此。岭南中医眼科是以中医传统理论为基础，结合岭南的地方特色而发展起来的。岭南地理环境独特，人群生活习惯和体质存在差异，从而导致疾病的发生和发展、临床证候和防治方法具有特殊性，使得岭南中医眼科学也独具特色。

授人以鱼不如授人以渔，本书以病案为基础讨论辨证论治，以名医名家临床经典病案选读为契机，将疾病相关基础理论知识与著名中医眼科学者的临证思路及诊疗过程相结合，有利于读者由浅入深地学习，利于培养临床辨证能力，在掌握基础知识的同时，培养辨治思路。

本书在广州中医药大学第一临床医学院眼科教研室数十年教学和临床经验积累及多位中医眼科名家经验传承的基础上，结合两广地区不同医家的经验，秉持面向临床、注重实用、继承传统与中西医结合的原则编写而成，供中医眼科初学者使用，亦可作为青年中医眼科医师、中医眼科研究生和进修医生的参考书。

由于编写时间仓促，个人认识存在局限性，难免存在不足之处，欢迎有关学者及专家批评指正，以期再版时修订和完善。

编者

2022 年 10 月

目　录

上　篇

下　篇

上　篇

第一章 绪 论

岭南医学起源于晋代，是一支具有岭南地域特色的中医学流派，是我国传统医学的重要组成部分。由于地理、气候的关系，其医学影响远及东南亚。岭南医学的特点：①具有地域特色；②推崇温病学说；③较早接受外来医学（西医）。

岭南医学的理论基础是《黄帝内经》。《素问·异法方宜论》说："南方者，天地之所长养，阳之所盛处也，其地下，水土弱，雾露之所聚也，其民嗜酸而食胕，故其民皆致理而赤色，其病挛痹，其治宜微针。"指出地域气候、人群的生活习惯、体质与发病乃至治疗之间有一定的联系。五岭山脉以南的特殊地理环境及人文环境具有与中原不完全相同的特点，如气候潮湿炎热、山谷溪流纵横、植物繁茂、虫蛇侵袭、生活习俗不同的民族聚居、地处沿海而外来文化和疾病传入较快等。岭南医学善于吸取民间经验及医学新知，研究岭南各族人民千百年来形成的特殊体质和生活习惯，研究危害岭南人民健康的多发疾病、特有疾病及其防治和保健方法。岭南医学充分利用本地药材资源，开发适合岭南各族人民体质和生活习惯的药物、膳食等。国医大师邓铁涛教授指出：岭南医学是中医学普遍原则和岭南地区实际结合的产物。根据中医学"三因制宜"的思想，因时、因地、因人制宜，形成了不违背中医学基本理论且独具辨证施治特色的岭南医学。

清代以来，岭南医学迅速发展，岭南医学的重要分支——岭南中医眼科学也取得重大发展，岭南医家编撰了不少眼科专著，这些专著不仅遵循中医基本理论，而且凸显出较鲜明的岭南医学特色。例如：

谢完卿，名国宝，清雍正年间人，籍贯广东平远县。推崇张景岳学说，乾隆二十五年（1760）著作《会经阐义》，该书书写体例类似当今内科学教材。

邓雄勋，字捷卿，清同治年间人，籍贯广东南海。师从一僧人学眼科针灸刀割之法，撰《眼科启明》二卷。

黄岩，字耐庵，清同治年间人，籍贯广东梅县，撰《眼科纂要》。

梁新洞，清代广东和平人，撰《眼科撮要》。

顾筱园，清代广东连平人，撰《眼科约编》。

黄惠然，清代广东澄海人，撰《黄乔岳眼科集》。

可惜以上岭南医家的眼科专著，除《眼科纂要》有广州中医学院眼科教研室复印的版本外，其余各书均转摘自文献记载，未能收集到原版。

黄岩是著名岭南医家，他所著的《眼科纂要》既收集众多先贤医案经验，又有个人经验看法,既有理论,又有实践,对岭南中医眼科有相当大的影响。引古代医家杨仁斋、张子和、张景岳、李东垣、王节斋的眼科证治理论,以及先贤李东垣、朱丹溪、汪机、钱乙、薛己、张子和等治验,内容充实。黄岩在《眼科纂要》中记载了诸多临床常用的著名方剂,如除湿汤、蒙花散、新制柴连汤、泻肺饮、清肺饮、补心汤等,以及外用药万金膏,对中医眼科学具有重大影响。其注重健脾益胃、祛湿邪,不论证候虚实,多重视固护脾胃、扶助正气,避免辛燥伤阴,祛风善用荆芥、防风等风药之润剂,而少用羌活、细辛等辛燥之品,体现了岭南医家拟方用药的特点。

独特的岭南中医药文化使岭南中医眼科学也处处表现出特色。长期生活在岭南的人群,由于地域环境、气候、生活习惯、人群体质的影响,导致疾病的发生和发展、临床证候和防治方法有其特殊性,与其他地区有明显的不同。如辨治暴风客热、聚星障等,在西北严寒地区用辛温解表药较多,且用量较重,常用麻黄、桂枝、羌活、细辛;在东南温热地区则用辛温解表药较少,且用量较轻,常用荆芥、防风。当归在北方常用且用量较大,在南方则较少用,用量也较轻。再如中心性视网膜脉络膜病变,南北地域治法有明显差异,北方常补肝肾明目,南方则常化痰散结。由于眼底病变以水肿、渗出为主,结合岭南地区夏秋季节长、岭南人饮食复杂易伤脾生湿的特点,故治疗各类视网膜病变常用健脾化湿法。南方卑湿,黑睛病变在邪正相持阶段湿热相兼最为常见,与岭南人的体质、饮食习惯和气候有关,治湿重在治脾,常用甘露消毒饮加减,脾虚湿盛者用参苓白术散加减。岭南中医眼科医家用药的另一特点是善用本地中药资源,如祛湿的木棉花、鸡蛋花、水翁花,健脾的芡实、土茯苓,益气的五指毛桃、千斤拔,清热解毒的半枝莲、半边莲,补肾明目的楮实子、女贞子等。

（俞晓艺）

第二章 眼的解剖与生理

眼为视觉器官,眼球、视路和眼副器三部分共同完成视觉功能。了解眼的解剖与生理有助于了解眼的正常功能及眼病的发生、发展规律。

第一节 眼球的解剖与生理

眼球近似球形,正常成人眼球前后径平均 24mm,水平径平均 23.5mm,垂直径平均 23mm。眼球位于眼眶前部,前面有眼睑保护,后有视神经与大脑相连,周围有眶脂肪垫衬并借眶筋膜与眶壁联系,眼球外有专司眼球转动的眼肌附着,血管、神经通过眼球壁进入眼内。

眼球包括眼球壁及眼球内容物两部分(图 2-1)。

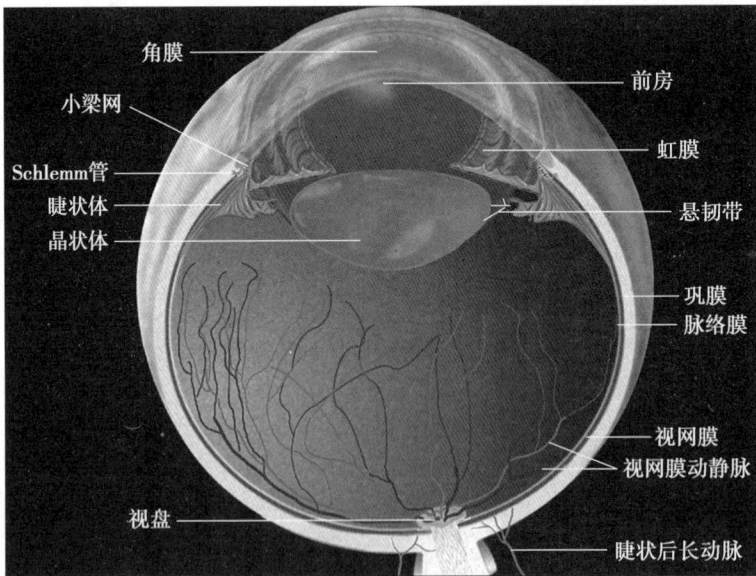

图 2-1 眼球

4

一、眼 球 壁

眼球壁由 3 层膜构成。

(一) 外层

眼球壁外层由坚韧致密的纤维组织构成,称纤维膜,前 1/6 为透明的角膜,后 5/6 为瓷白色不透明的巩膜,两者的移行部称角膜缘。外层起维持眼球形状和保护眼球内部组织的作用。

1. 角膜 位于眼球前中央,透明,具有屈光作用,是屈光间质的重要组成部分。角膜略呈横椭圆形,横径 11.5~12mm,垂直径 10.5~11mm,中央部厚约 0.8mm,边缘部厚约 1mm。

组织学上,角膜由外向内分为 5 层(图 2-2):

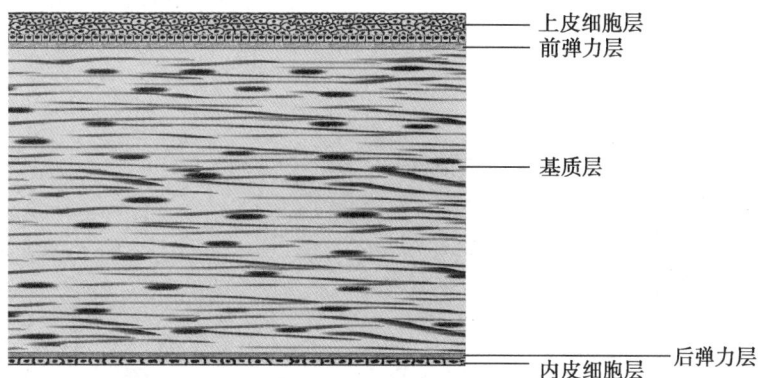

图 2-2 角膜横切面示意图

(1)上皮细胞层:由 5~6 层细胞组成,此层再生能力强,损伤后可再生而不留瘢痕。

(2)前界层:又名鲍曼膜(Bowman's membrane),为均匀无结构的透明玻璃样膜,损伤后不能再生而代之以纤维组织。

(3)实质层:又称基质层,由胶原纤维束薄板组成,占角膜厚度的 90%,损伤后不能再生而由结缔组织修补,形成程度不等的斑翳。

(4)后界层:又称德塞梅膜(Descemet's membrane),有弹性、较坚韧,损伤后可迅速再生。

(5)内皮细胞层:为六角形单层扁平细胞,损伤后常由邻近细胞扩展移行填补。此层有角膜 - 房水屏障功能,其损伤可引起角膜实质层水肿。

角膜本身无血管,其营养主要来自角膜缘血管网及房水,代谢所需的氧则来自空气、房水及血液。角膜神经丰富,为来自三叉神经眼支的分支,任何微小刺激或损伤皆可引起疼痛、流泪及睑痉挛等症状。

2. 巩膜 由质地坚韧、不透明的纤维组织构成,呈瓷白色,占眼球外壁的后 5/6 部分,前与角膜相连。巩膜厚度为 0.3~1.0mm,各处不同,各直肌附着处较薄,视神经通过处最薄且被神经纤维贯穿成多孔的筛状板,此处抵抗力较弱,易受眼压的影响。

巩膜在组织学上分 3 层:

(1)巩膜外层:是一层疏松的纤维组织和弹力组织。

(2)实质层:又称基质层,为纵横交错的结缔组织束和少许弹力纤维所组成的巩膜间层组织。

(3)巩膜棕色板:即巩膜内层,含有大量多角形色素细胞及细微结缔组织束,外观呈棕色。

在直肌附着点后,由睫后短动脉及睫后长动脉分支提供巩膜血液供应;在直肌附着点前,由睫前动脉形成的表层毛细血管网提供巩膜血液供应。这些血管在炎症时的扩张充血称"睫状充血"。深层巩膜血管及神经皆较少,代谢缓慢,炎症反应不如其他组织剧烈,病程亦易迁延。

3. 角膜缘 是角膜与巩膜的移行部位,宽约 1mm,与房水流出路径上的巩膜静脉窦(施莱姆管,Schlemm canal)、小梁网等前房角结构及内眼手术切口有密切关系,是内眼手术切口的一个重要标志(图2-3)。小梁网为前房角的网状结构,位于巩膜静脉窦内侧,小梁相互交错,形成富有间隙的海绵状结构,具筛网作用。

巩膜静脉窦为围绕前房角一周的房水出管,内侧通过小梁网与前房沟通,外侧壁有 25~35 条集液管与巩膜内静脉网沟通,或直接经房水静脉排出。房水静脉穿过巩膜,在结膜下汇入巩膜上静脉网。

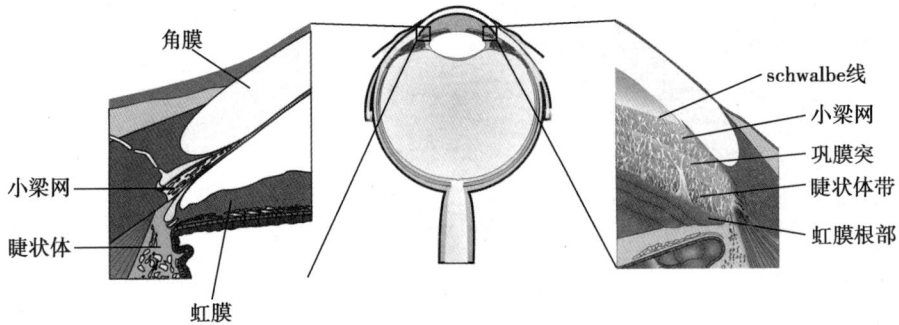

图 2-3 角膜缘结构示意图

(二) 中层

眼球壁中层又称葡萄膜、色素膜,含有丰富的血管和色素,具有营养眼内组织、调节进入眼内的光线及遮光作用。由虹膜、睫状体和脉络膜三部分组成。

1. 虹膜 是葡萄膜的最前部,位于晶状体前面,周边与睫状体连接,是一圆盘状的垂直隔膜,将眼球前段空腔分隔成前房及后房,其中央有一直径为 2.5~4mm 的圆孔,称瞳孔。

组织学上,虹膜由前向后分为 5 层:

(1)内皮细胞层:与角膜内皮细胞层相连接。

(2)前界膜:由一层薄膜组成,含多数色素细胞,无血管。

(3)基质层:由疏松结缔组织构成,内含色素细胞、血管、神经和瞳孔括约肌。瞳孔括约肌位于基质层后部,靠近瞳孔缘。

(4)后界膜:由菲薄的平滑肌纤维组成,称瞳孔开大肌。其外侧与睫状肌相连,内侧与瞳孔括约肌交织在一起。瞳孔括约肌(由副交感神经支配)和瞳孔开大肌(由交感神经支配)协调以调节瞳孔大小。

(5)后上皮层:由睫状体上皮延续而来,共2层,均含色素。

虹膜通过改变瞳孔大小调节进入眼内的光线量,以保证物像在视网膜上清晰呈现。虹膜含大量色素和血管,故有炎症时渗出明显;虹膜感觉神经丰富,故炎症时疼痛明显。

2. 睫状体　前接虹膜根部,后接脉络膜,外侧为巩膜,内侧环绕晶状体赤道部。睫状体分冠部及平坦部:睫状冠长约 2mm,内侧有 70~80 个纵行放射状突起,称睫状突,其上覆有睫状上皮细胞,分泌房水;睫状体平坦部薄而平,以锯齿缘为界,移行于脉络膜。睫状突上有许多纤细交错的透明小带,与晶状体赤道部相连,称悬韧带。当睫状肌收缩时,悬韧带松弛,晶状体借自身弹性变厚而增加了屈光力,使眼能看清近处物体,这种作用称为调节。

睫状体由外向内分 5 层:

(1)睫状肌:为平滑肌,由纵行、放射状和环形 3 种肌纤维构成。

(2)血管层:睫状冠血管丰富,睫状体平坦部血管较少。

(3)玻璃膜:为脉络膜中玻璃膜的延续。

(4)上皮细胞层:由 2 层上皮细胞组成,外层含色素,内层无色素。

(5)内界膜:为视网膜内界膜的延续。

睫状体含丰富的血管和神经,睫状突分泌房水,有营养眼内组织及维持眼内压的作用。

3. 脉络膜　为葡萄膜后部,前起于锯齿缘,后止于视神经乳头周围,介于视网膜与巩膜之间,有丰富的血管和色素细胞。

组织学上,脉络膜由外向内分 5 层:

(1)脉络膜上组织:结缔组织细束与巩膜连接构成脉络膜上腔,睫后长动脉、睫后短动脉、睫状神经均由此通过。

(2)大血管层:由动脉和互相吻合的静脉组成,血管间有色素细胞及少量平滑肌纤维。

(3)中血管层:与大血管层无明显分界,仅血管渐变细,本层色素较少。

(4)毛细血管层:为一层毛细血管,无色素。

(5)玻璃膜:又称布鲁赫膜(Bruch's membrane),是脉络膜最内侧的薄层均质透明膜,由 2 层基板夹胶原纤维和弹性纤维构成。

脉络膜的血供主要来自睫后短动脉,血容量约占眼球血液总量的 65%。脉络膜含有丰富的色素,具有遮光作用,使眼球内形成暗房,保证了成像清晰。

(三) 内层

眼球壁内层为视网膜,是一层透明膜,前界位于锯齿缘,后界位于视神经乳头周围。其外面紧邻脉络膜,内面紧靠玻璃体。视网膜后极部有一直径约 2mm 的浅漏斗状凹陷区,称为黄斑,由于该区含丰富的叶黄素而得名,其中央有一小凹,为黄斑中央凹,是视网膜上视觉最敏锐的部位。黄斑区无血管,其营养来自脉络膜,但此区色素上皮细胞含较多色素,因此检眼镜下颜色较暗,中央凹处可见反光点,称中央凹反射(图 2-4)。

黄斑鼻侧约 3mm 处有一直径约 1.5mm、境界清楚的淡红色圆盘状结构,称视神经乳头,又称视盘,是视网膜上神经纤维汇集穿出眼球的部位。视神经乳头中央有小凹陷区,称视杯或生理凹陷。视神经乳头上有视网膜中央动静脉通过,其分支分布于视网膜上,供给视网膜内层营养。视神经乳头是神经纤维聚合组成神经的始端,仅有神经纤维而无视细胞,故无视觉,在视野中形成生理盲点。

组织学上,在光镜下视网膜由外向内分为 10 层(图 2-5):

(1)色素上皮层:为排列整齐的单层六角形细胞,具有多种复杂的生化功能及色素屏障作用。

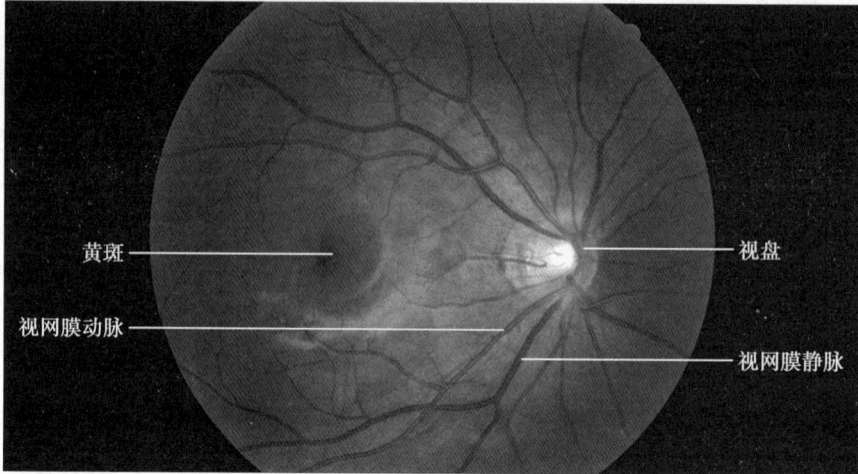

图 2-4　正常眼底结构示意图

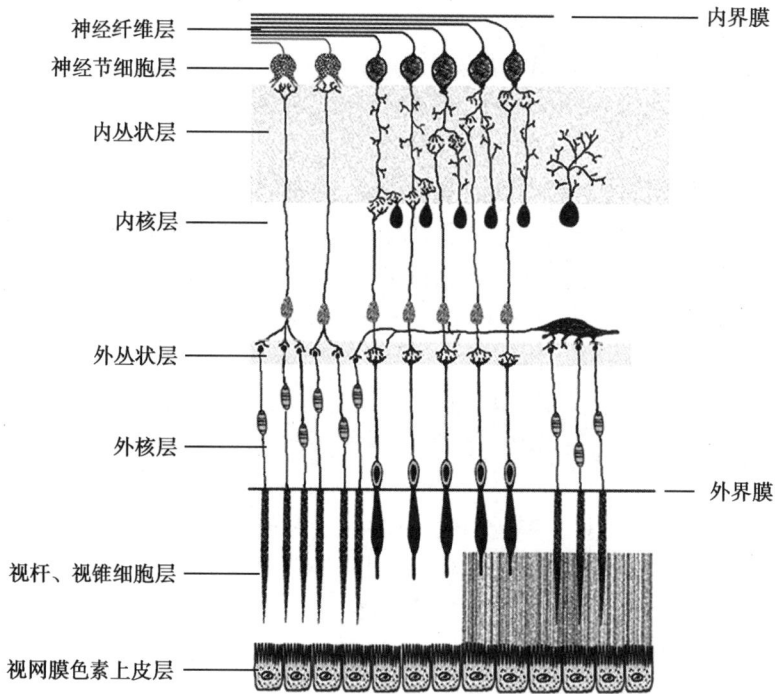

图 2-5　视网膜各层结构示意图

（2）视细胞层：视锥细胞集中在黄斑区，司明视觉和色觉；视杆细胞分布在黄斑区以外的视网膜，司暗视觉。

（3）外界膜：放射状胶质细胞外侧突顶端之间及其与感光细胞内节之间相互连接形成的一层膜状结构。

（4）外颗粒层：由视杆、视锥细胞核组成。

（5）外丛状层：为疏松网状结构，由视细胞的轴突、双极细胞的树突和水平细胞的突起组成。

（6）内颗粒层：主要由双极细胞、水平细胞及无长突细胞的细胞核组成。

(7)内丛状层:由双极细胞的轴突、无长突细胞的突起及节细胞的树突组成。

(8)神经节细胞层:主要由神经节细胞核组成。

(9)神经纤维层:由神经节细胞轴突(即神经纤维)组成。

(10)内界膜:视网膜放射状胶质细胞内侧突末端在神经纤维层内表面相互连接形成的胶质膜。

从胚胎学角度,视网膜分为2层,即由视杯外层发育形成的色素上皮层和由视杯内层发育分化的神经上皮层(即内9层)。在这两层间有一潜在间隙,临床上视网膜脱离即在此处发生。

视网膜内5层血供由视网膜中央动脉供应,外5层则由脉络膜血管供给。

视信息在视网膜内形成视觉神经冲动,通过光感受器—双极细胞—神经节细胞传递。神经节细胞轴突(即神经纤维)集合成视神经,经过视神经孔进入颅腔,沿视路将视信息传递到视中枢形成视觉。

二、眼球内容物

眼球内容物包括房水、晶状体和玻璃体,是光线进入眼内达视网膜的通路,它们与角膜一并称为眼的屈光间质,构成眼屈光系统。

(一)房水

由睫状突上皮细胞产生,充满前、后房内,全量约 0.15~0.3ml。主要成分为水,占98.75%,尚含有少量氯化物、蛋白质、维生素 C、尿素及无机盐等,pH 值为 7.3~7.5,呈弱碱性。

房水循环途径为由睫状突上皮细胞产生后进入后房,经瞳孔到前房,再从前房角小梁网入巩膜静脉窦,然后经集液管和房水静脉,最后入巩膜外层的睫前静脉而回到血液循环。另有少部分房水经虹膜表面隐窝被吸收和从脉络膜上腔排出。

房水的功能为营养角膜、晶状体及玻璃体,维持一定的眼内压。

(二)晶状体

晶状体形如双凸透镜,富有弹性,由晶状体悬韧带与睫状体联系,将其固定于虹膜后面、玻璃体前面(图 2-6)。

晶状体前面的中央点为前极,后面的中央点为后极,前后面交接处称赤道部。

晶状体由晶状体囊和晶状体纤维组成。晶

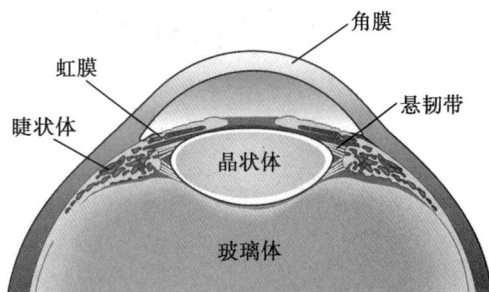

图 2-6　晶状体位置示意图

状体囊为一层具有弹性的均质薄膜,在前囊及赤道部囊下有一层立方上皮,而后囊下缺如。晶状体纤维为赤道部上皮细胞向前后伸展延长而成。人的一生中晶状体纤维不断生成并将旧纤维挤向中心,逐渐硬化而形成晶状体核,晶状体核外较新的纤维称为晶状体皮质。晶状体核随年龄的增长而逐渐变大并失去弹性,使晶状体调节能力降低而出现老视。

晶状体本身无血管,营养来自房水,当晶状体囊受损或房水代谢障碍时,晶状体将发生混浊而形成白内障。

晶状体是眼屈光间质的重要组成部分,屈光指数为 1.44,对进入眼内的光线有折射(屈光)功能,且可滤去部分紫外线,对视网膜有保护作用。眼的调节功能也主要靠晶状体完成。

（三）玻璃体

玻璃体为无色透明的胶质体，充满晶状体、睫状体与视网膜之间的腔内（玻璃体腔），其主要成分为水。玻璃体前面有一凹面称玻璃体凹，以容纳晶状体。其他部分与视网膜和睫状体相贴。玻璃体中央部有一光学密度较低的中央管，名 Cloquet 管，位于晶状体后面至视神经乳头前面，为原始玻璃体的遗留，在胚胎时曾通过玻璃体血管。

玻璃体除有屈光功能外，还有支撑视网膜和眼球壁的作用。玻璃体无血管，其营养来自脉络膜和房水，玻璃体凝胶可随着年龄增长而发生液化。因外伤、手术造成玻璃体丢失时，其空间由房水充填。

附：有关眼内腔的概念

由角膜、巩膜围成的眼内腔又分成前房、后房和玻璃体腔三部分

（一）前房

前房的前界为角膜后面，后界为虹膜、睫状体前部和瞳孔区晶状体的前面。前房内充满房水，容积约 0.2ml，其中央部深 2.5~3mm，周边部渐浅，最周边部为前房角。前房角是前房周边部虹膜与角膜之间的夹角（图 2-7），是房水排出的主要通道。前房角解剖结构或排出功能异常时，将影响房水排出，引起眼内压升高。

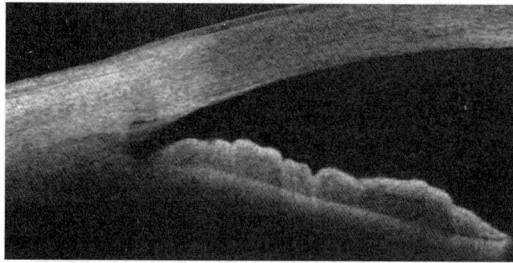

图 2-7　前房角示意图

（二）后房

后房是在虹膜后面，是睫状体前端、晶状体悬韧带前面和晶状体赤道部前面的不规则间隙。后房内亦充满房水，容积约为 0.06ml。

（三）玻璃体腔

玻璃体腔是位于晶状体、睫状体与视网膜之间的腔，占眼球内容积的 4/5，约为 4.5ml，玻璃体位于其内。

第二节　视路及瞳孔反射的解剖与生理

一、视　　路

视觉信息从视网膜光感受器开始到大脑枕叶视中枢的传导径路称为视路。临床通常指从视神经开始，经视交叉、视束、外侧膝状体、视放射到枕叶视中枢的神经传导路径（图 2-8）。

（一）视神经

视神经是中枢神经系统的一部分。从视神经乳头起至视交叉前脚的神经称视神经，全

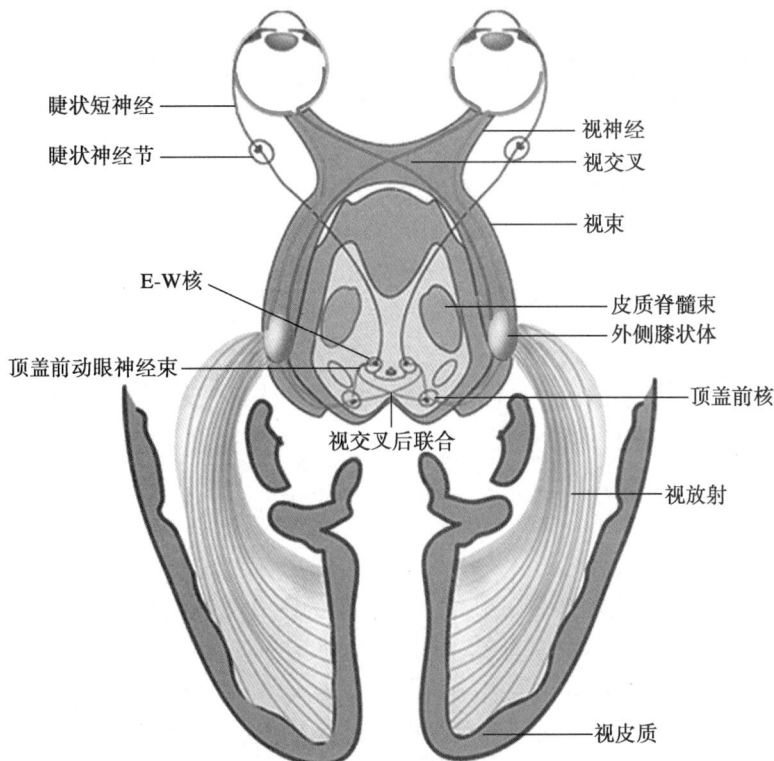

图 2-8　视路示意图

长 42~50mm。按部位可划分为眼内段、眶内段、管内段、颅内段四部分。

1. 眼内段　从视神经乳头开始,神经纤维成束穿过巩膜筛板,长约 1mm。筛板前的神经纤维无髓鞘,筛板后的神经纤维有髓鞘包裹。当筛板前的神经纤维有髓鞘时,眼底可见白色的有髓神经纤维。

2. 眶内段　长约 30mm,呈 S 形弯曲,有利于眼球转动。视神经外面被视神经鞘膜包裹,此鞘膜由 3 层脑膜延续而来。鞘膜间隙与颅内同名间隙相通,故当颅内压增高时,视神经乳头可出现水肿;反之,眶内炎症也可以扩散到颅内,视神经纤维损伤后不能再生。

3. 管内段　即视神经通过颅骨视神经管的部分,长 6~10mm。鞘膜与骨膜紧密粘连,以固定视神经。

4. 颅内段　为视神经出骨性视神经管后进入颅内到达视交叉前脚的部分,长约 10mm。

（二）视交叉

视交叉呈长方形,位于蝶鞍上方。此处的神经纤维分 2 组,来自两眼视网膜的鼻侧纤维交叉至对侧,来自颞侧的纤维不交叉。

视交叉的前上方为大脑前动脉及前交通动脉,两侧为颈内动脉,下方为脑垂体,后上方为第三脑室,这些部位的病变都可从不同方位侵及视交叉而表现出不同形状的视野损害。

（三）视束

视束为视神经纤维经视交叉后位置重新排列的一段神经束。自视交叉开始绕大脑脚至外侧膝状体。

(四)外侧膝状体

外侧膝状体位于大脑脚外侧,由视网膜神经节细胞发出的神经纤维至此与外侧膝状体的神经节细胞形成突触,换神经元后进入视放射。

(五)视放射

神经纤维向后通过内囊和豆状核的后下方,然后呈扇形散开,分为背侧、外侧及腹侧三束而止于枕叶。

(六)视皮质

视皮质位于大脑半球枕叶后端距状沟两岸楔叶和舌回及相延续的皮质区,相当于布罗德曼 17 区、18 区和 19 区。属于视觉中枢。

由于视神经纤维在视路各段排列不同,故发生病变或损害时表现为特定的视野异常,这对中枢神经系统病变的定位诊断具有重要意义。

二、瞳 孔 反 射

(一)瞳孔对光反射

当光线照射一眼时,引起两眼瞳孔缩小的反射为瞳孔对光反射。光照侧的瞳孔缩小称直接对光反射,对侧瞳孔缩小则称间接对光反射。

瞳孔对光反射包括传入路和传出路两部分。传入路光反射纤维开始与视觉纤维伴行,至视交叉处分为交叉和不交叉两种进入视束。光反射纤维在外侧膝状体前离开视束,经四叠体上丘臂入中及顶盖前区至顶盖前核,在此交换神经元后,一部分纤维绕中脑导水管到同侧埃丁格 - 韦斯特法尔核(Edinger-westphal nucleus,E-W 核),另一部经后联合交叉到对侧 E-W 核。传出路由两侧 E-W 核发出纤维,随动眼神经入眶至睫状神经节,交换神经元后,由节后纤维随睫状短神经到眼球内瞳孔括约肌。

(二)瞳孔近反射

视近时瞳孔缩小,与调节反射和集合作用同时发生,称瞳孔近反射,系大脑皮质的协调作用。瞳孔近反射的传入路与视路伴行达视皮质,传出路为由皮质发出的纤维经枕叶 - 中脑束至中脑的 E-W 核和动眼神经的内直肌核,再随动眼神经到达瞳孔括约肌、睫状肌和内直肌,完成瞳孔缩小、调节和集合作用。

第三节 眼副器的解剖与生理

眼副器是眼的辅助装置,有支持、保护、营养和运动眼球的功能,包括眼睑、结膜、泪器、眼外肌和眼眶。

一、眼 睑

眼睑位于眼眶前部,覆盖于眼球表面,分为上睑和下睑。上睑以眉为界,下睑与颜面皮肤相连。上、下睑间的裂隙称睑裂,其内外侧连接处分别称内眦和外眦。正常平视时睑裂高度约 8mm,上睑遮盖角膜上部 1~2mm。内眦有一小的肉样隆起,称泪阜,为变态皮肤组织。眼睑的游离缘称睑缘,睑缘有前唇和后唇,前唇钝圆,有 2~3 行排列整齐的睫毛,毛囊周围有睑缘腺(Zeis gland)及睫毛腺(Moll gland),后唇呈直角,与眼球表面紧密接触。两唇间有一条灰色线,称睑缘灰线,乃皮肤与结膜的交界处。睑缘灰线与后唇间有一排细孔,为睑板腺的开口。上、下睑缘的内侧各有一乳头状突起,其上有一小孔,称泪点,为泪道的入口(图2-9)。

组织学上,眼睑由外向内分5层(图2-10):

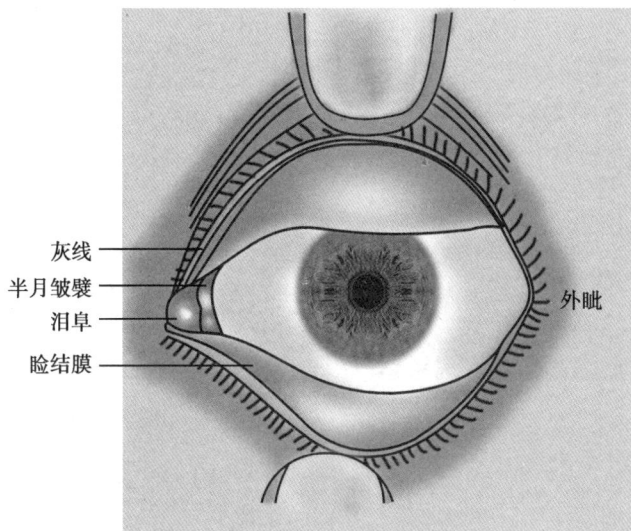

图 2-9　眼睑及结膜外观示意图

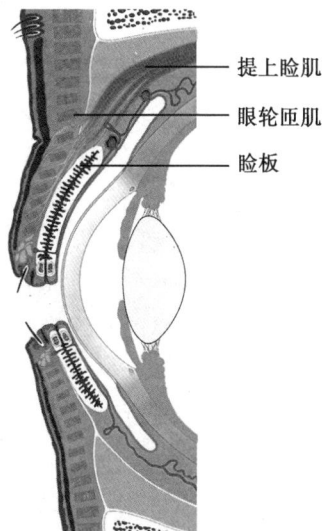

图 2-10　眼睑矢状切面示意图

1. 皮肤层　较柔软薄弱,易形成皱褶。
2. 皮下组织层　为疏松结缔组织和少量脂肪。肾病或局部炎症时易出现水肿。
3. 肌层　包括眼轮匝肌和上睑提肌。眼轮匝肌是由面神经支配的横纹肌,司眼睑闭合;上睑提肌由动眼神经支配,司上睑提起,使睑裂开启。上睑提肌起自眶尖总腱环,沿眶上壁至睑缘扇形分成前、中、后三部分:前部为薄宽的腱膜,穿入眶隔止于睑板前面,部分纤维穿过眼轮匝肌止于上睑皮肤;中部为一层平滑肌纤维(米勒肌,Müller's muscle),受交感神经支配,附着于睑板上缘,在交感神经兴奋时使睑裂特别开大(下睑米勒肌起于下直肌,附着于下睑板下缘);后部亦为一腱膜,止于穹窿结膜。
4. 睑板层　由致密结缔组织构成,上睑板较下睑板宽而厚,呈半月形,睑板内有垂直排列的睑板腺,开口于睑缘,分泌并排出类脂质,对眼表面起润滑及防止泪液外溢的作用。
5. 结膜层　为紧贴睑板后面的透明黏膜,称为睑结膜。

眼睑的主要功能是保护眼球。瞬目可使泪液湿润眼球表面,保持角膜润滑,清除结膜囊灰尘及细菌。

二、结　膜

结膜是一层菲薄的黏膜,表面光滑,透明,覆盖于眼睑后面和眼球前面。第V颅神经司结膜的感觉。

组织学上,结膜可分为2层:①上皮层:在各部位的厚度和细胞形态不尽相同;②固有层:分为腺样层和纤维层。腺样层由纤细的结缔组织网构成,其间有大量淋巴细胞,炎症时易形成滤泡。纤维层由胶原纤维和弹力纤维交织而成,睑结膜无此层。

结膜含有 2 种分泌腺:①杯状细胞,分布于上皮细胞层,分泌黏液,可润滑结膜、角膜,起保护作用;②副泪腺,位于穹窿结膜下,分泌泪液。

按解剖部位,结膜分为睑结膜、球结膜和两者移行部的穹窿结膜三部分。这三部分结膜和角膜在眼球前面形成一个以睑裂为开口的囊状间隙,称结膜囊(图 2-11)。

(一) 睑结膜

覆盖于睑板内面,与睑板紧密粘连不能被推动。上睑结膜在距睑缘后唇约 2mm 处有一与睑缘平行的浅沟,此处较易存留异物。

(二) 球结膜

覆盖于眼球前部巩膜表面,止于角膜缘。球结膜与巩膜间由眼球筋膜将两者疏松相连,故球结膜可被推动。结膜上皮细胞在角膜缘移行为角膜上皮细胞,因此结膜疾病易累及角膜浅层。

在泪阜的颞侧有一半月形球结膜皱褶,称结膜半月皱襞。

(三) 穹窿结膜

穹窿结膜组织疏松,多皱褶,便于眼球活动。

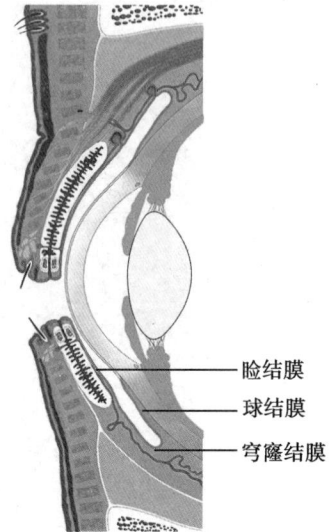

图 2-11　结膜囊矢状切面示意图

三、泪　　器

泪器包括分泌泪液的泪腺和排泄泪液的泪道。

(一) 泪腺

泪腺位于眼眶外上方的泪腺窝内,长约 20mm,宽约 12mm,借结缔组织固定于眶骨膜上。部分上睑提肌肌腱从中通过,将其分隔成较大的眶部和较小的睑部,正常时从眼睑不能触及。泪腺的排出管开口于上穹窿结膜的颞侧部。泪腺神经为混合神经,其中感觉纤维为第 V 颅神经眼支的分支,分泌纤维束自面神经中的副交感纤维和颅内动脉丛的交感神经纤维,司泪腺分泌。

(二) 泪道

是泪液排出的通道,包括泪点、泪小管、泪囊和鼻泪管(图 2-12)。

1. 泪点　是泪液引流之起点,位于上、下睑缘内侧端乳头状突起上,为直径 0.2~0.3mm 的小孔。

2. 泪小管　为连接泪点与泪囊的小管。

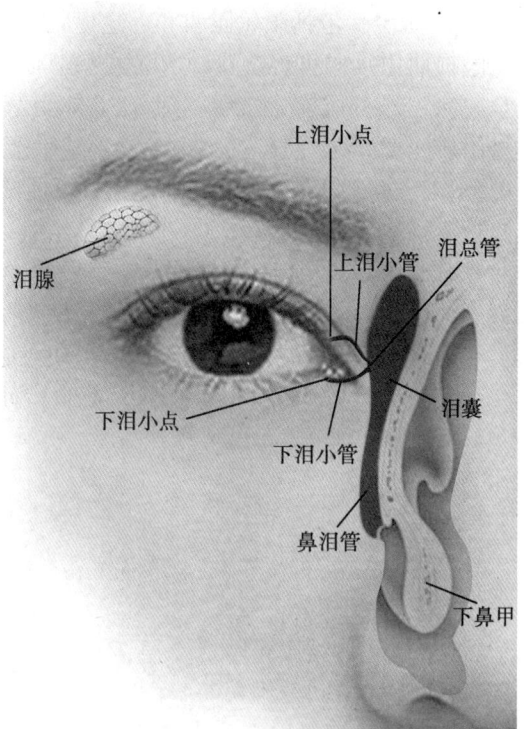

图 2-12　泪器剖视图

从泪点开始后的一小段泪小管长 1~2mm,与睑缘垂直,然后呈水平通向泪囊,长约 8mm。到达泪囊前,上、下泪小管多先汇合成泪总管后进入泪囊,亦有不汇合而分别进入泪囊者。

3. 泪囊　位于内眦韧带后面、泪骨的泪囊窝内,其上方为盲端,下方与鼻泪管相连,长约 12mm,前后宽 4~7mm,左右宽 2~3mm。

4. 鼻泪管　位于骨性鼻泪管的管道内,上接泪囊,向下开口于下鼻道,全长约 18mm。

泪液排出到结膜囊后,经瞬目运动分布于眼球前表面,并聚于眼表面内眦处的泪湖,再由接触眼表面的泪点和泪小管的虹吸作用进入泪道。

泪液为弱碱性透明液体,其中约 98.2% 为水,此外尚含有少量无机盐、溶菌酶、免疫球蛋白、补体系统、β 溶素及乳铁蛋白。故泪液除具有润滑结膜、角膜维护其生理功能的作用外,尚有轻度杀菌作用。此外,当眼部遭到外来有害物质刺激时,会反射性地分泌大量泪液,以冲洗和稀释有害物质。正常状态下,清醒时 16 小时内分泌泪液 0.5~0.6ml。

四、眼 外 肌

眼外肌是司眼球运动的肌肉。每眼有 6 条,包括 4 条直肌和 2 条斜肌(图 2-13、图 2-14)

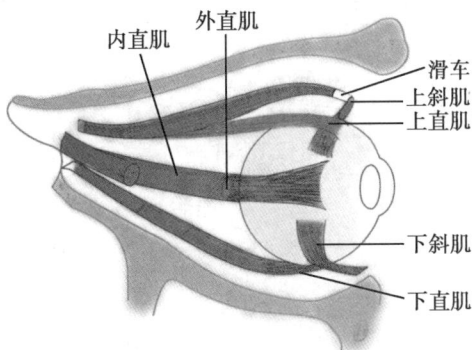

图 2-13　眼外肌侧面观

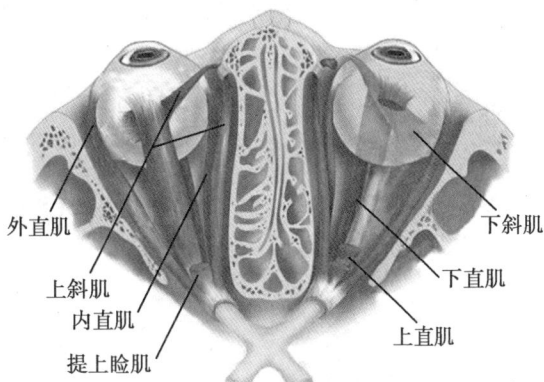

图 2-14　眼外肌上面观

4 条直肌即上直肌、下直肌、内直肌、外直肌,均起自眶尖部视神经孔周围的总腱环,向前展开越过眼球赤道部,附着在距角膜缘不同距离的巩膜上。内直肌和外直肌的功能是使眼球向内或外转动,上直肌和下直肌由于肌肉与视轴成 23° 角,因此其主要功能除使眼球上、下转动外,还有内转内旋、内转外旋的作用。

2 条斜肌是上斜肌和下斜肌。上斜肌亦起自总腱环,沿眶上壁向前至眶内上缘,穿过滑车向后转折,经上直肌下面到眼球赤道部后方,附着于眼球外上巩膜上。下斜肌起自眶下壁前内侧,经下直肌与眶下壁之间向后外伸,附着于赤道部后外侧巩膜上。由于上斜肌和下斜肌的作用力方向与视轴成 51° 角,所以当其收缩时,主要功能是分别使眼球内旋和外旋,次要作用是上斜肌下转、外转眼球,下斜肌上转、外转眼球。

上斜肌受滑车神经支配,外直肌受展神经支配,其余四肌皆受动眼神经支配。

五、眼 眶

眼眶为四边锥形骨窝,由额骨、蝶骨、筛骨、腭骨、泪骨、上颌骨和颧骨 7 块颅骨组成,口向前,尖朝向后。成人眶深为 4~5cm,容积 25~28ml。外侧眶缘稍偏后,眼球暴露较多,外侧视野开阔,但也增加了外伤机会。

眼眶外侧壁较厚,其他三壁骨质较薄,且与额窦、筛窦、上颌窦毗邻,上述副鼻窦病变可累及眶内。

眼眶骨壁有下列主要孔道和陷窝:

1. 视神经孔和视神经管　视神经孔为位于眶尖部的圆孔,直径 4~6mm,由此孔向后有视神经管通入颅腔,管中有视神经、眼动脉及交感神经的一些小支通过,管长 4~9mm。

2. 眶上裂　位于视神经孔外侧,在眶上壁及眶外侧壁分界处,与颅中窝相通,有第Ⅲ、Ⅳ、Ⅵ脑神经和第Ⅴ脑神经第 1 支,以及眼上静脉、脑膜中动脉眶支和部分交感神经纤维通过。此处受损则出现眶上裂综合征。

3. 眶下裂　位于眶外侧壁及眶下壁之间,有第Ⅴ脑神经第 2 支、眶下神经和眶下动脉、眶下静脉通过。

4. 眶上切迹(或孔)及眶下孔　均有同名神经和血管通过(图 2-15)。

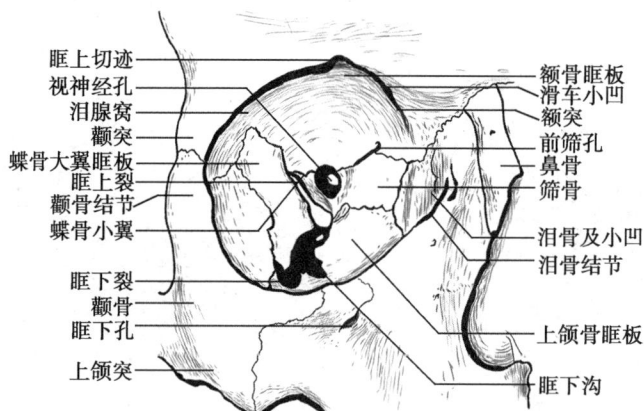

图 2-15　眼眶的前面观

此外,眶外上角有泪腺窝,内上角有滑车窝,内侧壁前下方有泪囊窝,泪囊窝前缘为泪前嵴,是泪囊手术的重要解剖标志。

眶内除有眼球、眼外肌、泪腺、血管、神经和筋膜外,各组织间还充有脂肪,起缓冲作用。眶内无淋巴管和淋巴结。

第四节　眼的血液循环和神经支配

一、血液循环

眼球的血液供应来自两个系统,即视网膜中央血管系统和睫状血管系统(图 2-16)。

(一) 视网膜中央血管系统

视网膜中央动脉为眼动脉眶内段的分支,在眼球后 7~12mm 处从内下或下方进入视神经中央,从视神经乳头穿出,分为颞上、颞下、鼻上、鼻下 4 支,分布于视网膜内,营养视网膜内 5 层组织,视网膜黄斑区中央为无血管区。视网膜动脉属终末动脉,至末梢经毛细血管网后移行为静脉,动静脉伴行,形成与动脉同名的 4 支静脉血管,经眼上静脉或直接回流到海绵窦。

视网膜血管是人体唯一用检眼镜即可直接观察到的血管。通过眼底检查,不仅可观察视网膜病变时血管的损害情况,还可了解某些全身性血管疾病的状态,如高血压、动脉硬化、糖尿病、肾病等,有助于临床诊断和病情判定。

(二)睫状血管系统

包括睫前动脉和睫后动脉,睫后动脉又有长短支之分。

1. 睫前动脉 由眼动脉分布于眼球四条直肌的肌动脉而来。在肌腱止端处发出的分支走行于表层巩膜与巩膜实质内,并有以下分支:①巩膜上支,前行至角膜缘组成角膜缘血管网,由此发出小支至球结膜,称结膜前动脉,与来自眼睑的结膜后动脉吻合;②巩膜内支,穿入巩膜,终止于巩膜静脉窦周围;③穿通支,在角膜缘后 3~5mm 处垂直穿过巩膜达睫状体,参与虹膜大动脉环组成。

2. 睫后长动脉 共 2 支,由视神经两侧斜穿巩膜进入脉络膜上腔直达睫状体,与睫前动脉吻合,形成虹膜动脉大环,大环再发出一些小支向前,在近瞳孔缘处形成虹膜动脉小环。

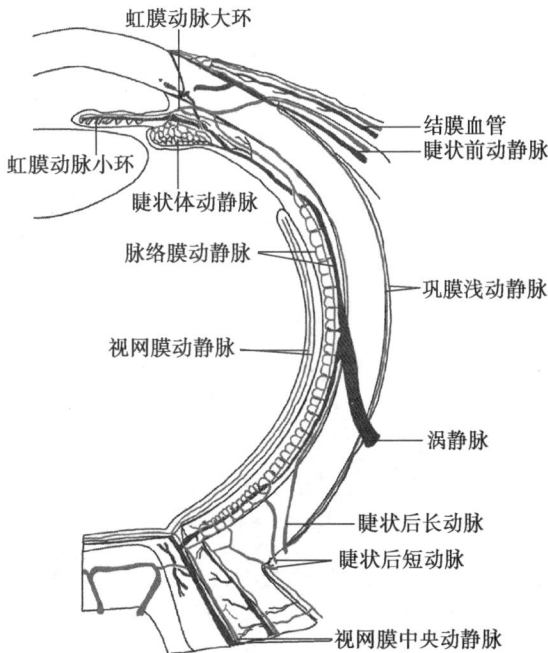

图 2-16 眼球血液循环示意图

3. 睫后短动脉 分鼻侧和颞侧两主干,再各分为 2~5 小支,在视神经周围穿入巩膜,到脉络膜内逐级分支,直至毛细血管小叶,呈分区供应,营养脉络膜及视网膜外层。

脉络膜的静脉与部分虹膜和睫状体的静脉汇集成 4~6 条涡状静脉,在眼球赤道部后方,于 4 条直肌之间斜穿出巩膜,经眼上静脉、眼下静脉回流进入海绵窦。另有部分虹膜、睫状体和巩膜的血液被睫前静脉收集,经眼上静脉、眼下静脉,大部分经眶上裂注入海绵窦,一部分经眶下裂注入面静脉及翼静脉丛而流入颈外静脉。

二、神 经 支 配

眼球受睫状神经支配,睫状神经含有感觉、交感、副交感纤维。其来源及分布于下:

(一)鼻睫神经

为第 V 脑神经分支,司眼部感觉,在眶内分出睫状长神经、睫状短神经、筛后神经、筛前神经、滑车下神经。

睫状长神经在眼球后分 2 支,在视神经两侧穿过巩膜进入眼内,有交感神经纤维加入,走行于脉络膜上腔,司角膜感觉。其中交感神经纤维分布于睫状体和瞳孔开大肌。

睫状短神经为混合纤维,发自睫状神经节,共 6~10 支,在视神经周围及眼球后极部穿入巩膜,行走于脉络膜上腔,前行到睫状体,组成神经丛。由此发出分支,司虹膜、睫状体、角膜和巩膜的知觉,其副交感纤维分布于瞳孔括约肌及睫状肌,交感神经纤维至眼球内血管,司血管舒缩。

（二）睫状神经节

位于视神经与外直肌之间，距眶尖约 1cm，其节前纤维由来自鼻睫神经的长根（感觉根）、来自动眼神经的短根（运动根）和来自颈内动脉丛的交感根组成，节后纤维即睫状短神经。内眼手术时施行的球后麻醉即阻断此神经节，对眼球组织有镇痛作用。

第五节　中医对眼解剖及生理的认识

中医学对眼的结构及其生理功能的认识是在长期的生产生活及与疾病做斗争的实践中形成的。《黄帝内经》中有丰富的关于眼解剖及生理的记载。《灵枢·大惑论》载："精之窠为眼，骨之精为瞳子，筋之精为黑眼，血之精为络，其窠气之精为白眼，肌肉之精为约束，裹撷筋骨血气之精，而与脉并为系。上属于脑，后出于项中。故邪中于项，因逢其身之虚，其入深，则随眼系以入于脑，入于脑则脑转，脑转则目系急，目系急，则目眩以转矣。"阐明了眼的重要结构及其在解剖和病理上与脑的联系，并特别指出肌肉裹撷血气之精华和经脉并成"目系"，向上与脑相连，邪可从目系而入脑，脑病也可使目系急而致目眩。

元、明时出现了托名为孙思邈所著的《银海精微》一书，其在眼解剖上的突出之处有二点，其一为描述了"黄仁"即虹膜与瞳仁间的关系，在该书辘轳展开顶下记有"瞳仁之大小，随黄仁之展缩，黄仁展则瞳仁小，黄仁缩则瞳仁大。"其二为对"金井"的描述已有了近代眼科"前房"的概念，"因毒血灌入金井瞳人水内也，如水流入井中之状，清浊相混。"当然，作者尚无法将前房与瞳孔截然分开。

明王肯堂于 1607 年著《证治准绳》，其中有关于眼球内容物的记述"……神膏者，目内包涵膏液，如破则黑稠水出是也，神水者……在上内虽不可见，然使触物损破，则见黑膏之外有似稠痰者是也。"类似内容在明·傅仁宇《审视瑶函》及邓苑《一介亭目科全书》中亦加引录。从以上记述可认为当时已认识眼球内容物的结构，将葡萄膜及玻璃体称为神膏，又把玻璃体、房水另称为神水。此外，王肯堂在书中提出眼球为长圆形，（大概自圆而长，外有坚壳数重……），并认为瞳孔"非血非气非水非膏，……而午前则小午后则大"言外之意为一种无结构的部位。这较之前代亦为一种进一步的认识。

清代后眼科专著渐多，但在解剖学上循前人之五轮八廓学说，并无新的建树。唐容川著《中西汇通》及《医经精义》将西医之解剖学引入中医界，其中亦包括了眼科部分。

现根据历代文献，结合近代诸家见解，将中医眼结构名称与西眼解剖名词加以对照整理，以供阅读时参考（表 2-1）。

表 2-1　中西医眼部解剖名称对照

中医名称	西医名称
眼睑（约束、胞睑、睑胞、睥、目睥）	眼睑
上胞（上睥、上睑）	上眼睑
下睑（下胞、下睥）	下眼睑
内睑（睥内）	睑结膜

续表

中医名称	西医名称
睑弦（胞弦、睥沿、胞沿）	睑缘
睫毛	睫毛
睑裂（目缝）	睑裂
内眦（大眦）	内眦
外眦（小眦、锐眦）	外眦
泪泉	泪腺
泪窍（泪堂、泪膛、泪孔）	狭义指泪点，广义指泪道
白睛（白眼、白仁、白珠、白轮）	指球结膜、前部巩膜及筋膜
黑睛（黑眼、水膜、乌睛、乌轮、乌珠、黑珠、青睛、神珠）	角膜
黄仁（眼帘、虹彩）	虹膜
神水	外为泪液，内为房水
瞳神（瞳子、金井、瞳人、瞳仁）	狭义指瞳孔，广义指瞳孔及眼内组织
睛珠（黄精）	晶状体
神膏（护睛水）	玻璃状体
视衣	视网膜、脉络膜
眼珠（目珠子、睛珠、目珠）	眼球
目系（眼系、目本）	视神经及其血管、视路
眼带（睛带）	眼外肌
眼眶骨（目眶骨、睛明骨）	眼眶

（刘求红）

第三章 眼科疾病的病因病机

人体是一个有机的整体,人与自然环境存在着密切联系,人在能动地适应自然和改造自然的过程中维持着人与自然的动态平衡,从而维护着人体正常的生命活动。当这种相对平衡状态遭到破坏时,就会发生疾病。

眼科的致病因素多种多样,如气候异常、疫疬传染、情志刺激、饮食劳逸及虫兽外伤等,还有某些病理产物如痰饮、瘀血等,也能成为某些眼病发生的原因。

邪气作用于机体,正气必然奋起抗邪,邪正相争使人体阴阳失调、脏腑气血失常。尽管疾病多种多样,临床表现错综复杂,但基本病机不外邪盛正衰、阴阳失调和升降失常三个方面。

第一节 病　　因

病因指引起人体阴阳失调、脏腑功能紊乱而发生疾病的原因。疾病的发生和变化是一定条件下邪正斗争的反映。邪气是致病的重要条件,正气是发病的内在因素,正邪斗争的胜负决定发病与否。

导致眼病的原因多种多样,主要有六淫、疫气、七情、饮食、劳逸、外伤、痰饮、瘀血等。为了说明各种病因的性质和致病特点,古代医家对病因进行了归纳和分类。如《内经》根据病因的性质分为阴阳两类;汉代张仲景提出"千般灾难,不越三条"之说;陈言根据病因性质和致病类别,提出"三因学说",即六淫邪气侵袭为"外因",情志所伤为"内因",其他"有悖常理"而致病的因素,如饮食失调、劳逸失度、跌仆金刃、虫兽所伤等,为"不内外因"。三因分类虽有不足之处,但对临床辨别病证确有指导意义。

一、六　　淫

风、寒、暑、湿、燥、火是自然界六种不同的正常气候,称为"六气",是自然界万物生长的条件,人体亦适应其变化。当六气发生太过或不及,即"非其时而有其气",以及气候变化过于急骤,超越了人体的适应和抗御能力,便会导致疾病发生,此即"六淫"。

通过眼科临床实践分析,六淫致病除气候因素外,还包括生物(细菌、病毒等)、物理、化学等因素作用于机体所引起的病理反应。六淫为害多与外界气候失常有关,具有明显的季节性,此点在区别六淫为害时有一定的参考价值。六淫中以风、火、湿对眼危害较大,其致病以外障眼病为多见,但是,现代中医眼科根据大量临床实践,结合眼底检查所见,认为不仅火邪是眼内炎性、出血性疾病的常见病因之一,风邪也可引起眼底病变,该观点发展了眼科六淫病因学,扩大了六淫所致眼病的范畴。

（一）风

风为阳邪,为百病之长,其性开泄,易犯于上,风性主动,善行而数变,易兼诸邪。眼居高位,易受风邪之侵害,由于其他外邪常随其侵入人体而发病,故常为外邪致病的先导。风邪首先侵袭体表皮毛,进而逗留肌肉腠理之间。《素问·太阴阳明论》谓:"故犯贼风虚邪者,阳受之","伤于风者,上先受之"。风邪致病特点为发病急,变化多,传变快,病位不定。胞睑、白睛、黑睛疾病多由风邪所致,临床表现为羞明流泪、痛痒并作、胞睑肿胀、黑睛起翳等;如风邪客于经络,可致胞睑下垂、目偏视或口眼㖞斜等。若兼湿则痒甚湿烂,病势缠绵;兼热则赤肿痛甚,眵泪胶黏;兼燥则干涩眵硬,皮粗屑落;兼寒则冷泪时流,肿痛不红,痛有定处。

（二）寒

寒为阴邪,易伤阳气,寒性凝滞、收引,阻碍气血运行。寒邪可侵犯体表致外障眼病,也可直中脏腑经络导致内障眼病。寒邪致病有固定性、痉挛性、凝滞不舒的特点。眼部表现为眼睑紫暗硬胀,眼部紧,涩痛不舒或痛而喜温。

（三）暑

暑为阳邪,其性火热、升散,易伤津耗气,且易夹湿,为夏令之主气,故夏令时节,眼部疾病多表现为胞睑浮肿、白睛充血水肿色暗红,兼高热面赤、肌肤灼热、汗多、口渴喜饮、唇舌干燥、小便短赤、大便干结等,属暑邪为患。若兼湿,多有四肢困倦、胸闷呕恶、不思饮食、大便溏泄而不爽等湿阻症状。

（四）湿

湿为阴邪,易伤阳气,其性重浊、黏滞,易阻气机,病势多缠绵难愈,病发多有定处。湿邪所致眼病多表现为胞睑糜烂、肿胀麻木、湿痒并作、眵泪胶黏、白睛黄浊、眼底水肿、渗出物日久难消等。湿邪致病特点为起病缓,传变慢,病程长,难速愈。

（五）燥

燥邪易伤津液,有温燥、凉燥之分,眼科疾病以温燥致病居多。燥邪致病多发于秋季,可单独致病,亦可合并其他邪气致病。临床表现为眼干涩不舒,眵干涩痒,胞睑皮肤粗糙,甚则皲裂,睑缘干燥脱屑,白睛、黑睛表面少泪或无泪,失去光泽。

（六）火

火为阳邪,其性炎上,易伤津耗液,生风动血,火毒郁结易致肿胀。眼位在上,故易受火邪之害,同时,风、寒、暑、湿、燥诸邪在一定条件下可化火,故火邪所致眼病较为多见。临床表现为红赤热痛甚则紫赤、血脉怒张、肿痛难忍、眵多泪热、羞明流泪等。

六淫致病具有季节性、地区性,有一定的途径和比较固定的病变部位,致病后有一定的传变规律,亦可相兼为病或互相转化,如风寒、寒湿、暑湿、湿热之相兼为病,寒邪郁伏可以化热、暑湿相兼可以化燥化火、热极可以化火生风等。在辨证过程中除注意不同病种造成眼局部表现的差异外,还必须参考全身症状综合分析。

二、疠　气

疠气又称"疫气""疫毒""毒气""乖戾之气""鬼厉之气""时行疫气""疫疠之气"等,

指来势急骤、能引起广泛流行、具有较强传染性的外来致病因素。疠气的形成和致病是有一定条件的,与自然界气候异常、环境污染、饮食不洁及社会因素有关。疠气致病的临床表现与风邪、火邪所致的眼病症状基本相同,一年四季都可以发生,以夏秋之际易引发。常见的疠气所致眼病如急性细菌性结膜炎,即"天行赤眼",《银海精微》言:"天地流行毒气,能传染于人,一人害眼传于一家,不约在大小皆传一遍,是谓天行赤眼。"

三、七 情 失 调

七情即喜、怒、忧、思、悲、恐、惊七种情志活动,是人对客观事物的不同情感反应,在正常情况下一般不会致病,只有强烈或持久的精神刺激引起情感剧烈波动,如暴怒、狂喜、悲痛、大惊、卒恐、过思、忧愁等,超过了人体的生理承受范围,使人体气机紊乱,脏腑气血阴阳失调,导致疾病发生时,七情才成为致病因素。

人的情志活动与脏腑、气血的关系非常密切,因此,七情致病能影响相关脏腑,如喜伤心、悲伤肺、怒伤肝、恐伤肾、忧思伤脾等。在七情中,以忧郁、愤怒、悲哀对眼的危害为甚。如过度愤怒而伤肝,导致肝气上逆,气血不和而致绿风内障、暴盲;悲忧过度、抑郁而致肝郁气滞,导致视瞻有色、青风内障;情志内伤化火,阴虚火旺,邪热上攻,导致火疳、金疳、瞳神紧小,或云雾移睛、瞳神散大等。

总之,七情所致眼病,内障、外障皆有,以内障眼病多见,如青盲、暴盲、青风内障、绿风内障、云雾移睛等。眼病患者受到情志刺激可使病情加重,或导致疾病复发。另外,七情内伤所致眼病往往伴有全身症状,故在诊治过程中,除辨证论治外,还需引导患者保持七情调和,使脏腑功能旺盛,气机升降有序,以利于眼病的治疗和预防。

四、饮 食 不 节

饮食是人类赖以生存的必要活动,食物是人体生命活动所需精微物质的重要来源。但饮食要有节制,否则可影响人体的生理功能,导致脏腑功能失调或正气损伤而发生疾病。《金匮要略》云:"凡饮食滋味以养于生,食之有妨,反能为害……若得宜则益体,害则成疾,以此致危。"饮食不节主要包括饥饱失常、饮食不洁、饮食偏嗜等,由于饮食物主要依靠脾胃的纳运进行消化吸收,故饮食不节主要损伤脾胃,还可以形成食积或湿邪,生痰、化热,或累及其他脏腑而发生他病。如饥而不食,胃肠空虚,气血生化之源贫乏,日久则脏腑精气衰竭,不能濡养于目,则见青盲、视瞻昏渺;暴饮暴食,消化不良,胃肠积滞,郁遏化热,上壅睑络而致睑弦赤烂、针眼等;饮食偏嗜,五味失调,或过食辛辣炙煿、膏粱厚味、酒烟生冷之品,使脾胃蕴积痰湿热毒,阻塞经络,郁阻气机而致胞生痰核、云雾移睛、暴盲、五风内障等;饮食不洁,肠道染虫,日久成疳,而致雀目、翳障、蟹睛等。

五、劳 倦

劳倦指过度劳累,由于劳力过度、劳心过度、劳目过度、房室无节等,致真元之气耗散,目失滋养;或阴亏而虚火上炎,上攻清窍,导致青盲、暴盲、青风内障、绿风内障、视瞻昏渺、云雾移睛、圆翳内障等。此外,劳倦可使聚星障、视瞻昏渺等反复发作。

六、眼 外 伤

眼外伤指外力、烧烫、冷冻、化学物、虫兽叮咬等外界物理、化学、生物因素导致眼部损伤。眼位于头面部前方,容易遭受意外物体所伤。受伤后,除眼部直接损伤外,还常常招致外邪乘之而入,引起病变。造成眼外伤的原因很多,如金属屑、谷壳、麦芒、昆虫、沙尘等飞溅入眼,黏附或嵌于白睛、黑睛表层;或眼部受外力撞击,导致胞睑裂伤、胞睑瘀肿、白睛溢血、瞳神散大、血灌瞳神、眼珠破裂等;或烫伤、化学物品烧伤等损伤眼部组织。

七、其 他

由于先天禀赋不足,导致先天性眼病,如胎患内障、小儿青盲、高风雀目等;或身体衰老,脏腑功能不足,气虚血损所致的老年性眼病,如圆翳内障等;或由于药物过敏反应导致过敏性眼病;或长期使用糖皮质激素等药物引起白内障、青光眼、视神经病变等药源性眼病。

此外,全身性疾病及气血功能失调等产生的痰湿、瘀血等病理产物,在一定条件下也可引起眼病。

第二节 病 机

病机指疾病发生、发展和变化的机理,即病因作用于人体,引起疾病发生、发展及转归的过程中,机体内所发生的一系列病理变化。

中医眼科病机以脏腑经络、气血津液等中医基础理论为依据,联系中医病因与发病学说,研究眼病发生、发展和变化过程的内在机理,探明其传变、转归的病理本质。眼病种类繁多,由于病因不同,病位各异,人体正气与环境条件不同,其机理亦复杂多变,如眼病有外障、内障之分,有在脏腑、在经络、在气血、在津液之异。眼与脏腑有不可分割的密切关系,气血、津液既能反映脏腑功能,也是脏腑活动的产物,因此,掌握脏腑、气血、津液的病理变化,结合眼部的不同证候表现,四诊合参,就可以分析出眼病的病机。以下分别论述脏腑、气血、津液功能失调与眼病有关的病机。

一、脏腑功能失调

(一)肝和胆

肝主疏泄,主藏血,在志为怒,开窍于目,其液为泪,其应在胁,外与春天之气相应,与胆相表里,其病有虚有实,或虚实兼杂。若肝气升发太过,则易致气火上逆;若疏泄不及,则易致肝气郁滞。由于黑睛属肝,肝经连目系,故肝经病变易致黑睛、目系疾病。

1. 肝气郁结 肝喜条达而恶抑郁,若情志不舒,郁怒不解,肝气不能畅顺,气机郁滞,可致眼珠疼痛、视瞻昏渺、青风内障;若气郁于经脉,肝窍不利或闭塞,可致视力下降或失明;若肝郁日久,气滞血瘀,眼部结肿成块,或眼底脉络瘀滞,壅遏通光窍隧,神光不能发越,临床可见暴盲、视直为曲、青盲、青风内障等。

2. 肝火上炎 肝气郁结,久则化火,气火上逆,或肝阳化火,气火炎上,上攻目窍,可见羞明流泪、目赤肿痛。上炎风轮,可致聚星障、凝脂翳,甚则破溃,变生蟹睛。若上炎瞳神,可使瞳神紧小,黄液上冲,眼底可见视盘充血,视网膜水肿渗出;若上炎脉络,迫血妄行,则导致眼内出血。肝为风木之脏,热极生风,风火上攻,上犯清窍,致绿风内障、暴盲等。

3. 肝经湿热　外感风湿,郁久化热,蕴结肝经,或素体阳盛,内蕴热邪,外感风湿,风湿与热搏结于内,上犯清窍而致瞳神紧小,瞳神干缺,或湿热上犯风轮,导致混睛障。

4. 肝阳上亢　肝阴不足,阴不制阳,致肝阳上亢。肝阴不足,水不涵木,阴虚阳亢,可见头目胀痛,目赤视昏,眩晕耳鸣;肝阳化火,虚火上炎,可致抱轮红赤,星翳迭起,或瞳神紧小,瞳神干缺,或云雾移睛;虚火上炎,迫及血分,可致血不循经,或血灌瞳神,或眼底出血,甚则致暴盲。

5. 肝风内动　肝之阴血耗损太过,筋脉失养,而致虚风内动。肝阴不足,阳无所制,肝阳亢盛化火,火盛生风,风火上扰于目,可致头目掣痛,目赤视昏。风阳亢盛,灼津成痰,风痰上犯,可致目珠胀痛,瞳神散大。若风痰壅阻于目络筋脉,可致目珠偏斜口眼㖞斜。若肝血不足,血不养筋,血虚生风,虚风上扰清窍,则目痒干涩,视物昏花,胞轮振跳或目劄。

6. 肝血不足　多因七情过度,耗损阴血,或久病耗血,失血太过所致。肝血不足,不能濡养清窍,则眼干涩不舒,眨目频频,视物昏花,冷泪常流,视盘颜色淡白,晶珠混浊。若为小儿,则疳积上目,可致夜盲,睛珠失去光泽,甚则黑睛生翳,溃陷失明。

肝与胆之经脉相互络属,互为表里。生理上,肝之余气聚于胆,胆之精汁涵养瞳神;病理上,两者常互相影响,如肝胆疏泄失常,湿热蕴结,相蒸交迫,致胆汁外溢,身目发黄,故临床上两经不能截然分开。

(二) 心和小肠

心主血脉,主神志。脉中之血依赖心气推动循行全身,上输于目,目受血养,才能维持视觉;心为神之舍,精神虽统于心,而外用在于目,故目为心之使。心之病机主要为血脉运行障碍和神志活动异常,血脉运行障碍对眼有较大影响。

1. 心阳不足　多因年老体衰,或久病耗损,或汗、下太过等所致。心阳不足,心气鼓动无力,血脉不得温通,气血不能上荣,目失温煦濡养,故见青盲、视瞻昏渺,甚则目内脉道瘀阻,神光不能发越而成暴盲。

2. 心阴亏虚　常由劳心过度,心阴暗耗,或热病、久病耗损心阴,或失血过多,或血之生化乏源所致。心阴不足,虚火内动,上扰于目,灼伤目中筋脉,而致视力下降,眼前黑影飘动,或目干涩不舒,眼球疼痛,眉棱骨痛等。阴虚血亏,血脉不充,目失濡养,可致两眦脉络淡红,视物昏花或视惑,微痒不甚,赤脉传睛,白睛溢血,云雾移睛等。

3. 心火亢盛　多因六淫或七情内郁化火,或五志化火、五气化火,或过食辛辣,或过服温补所致。可表现为两眦赤脉粗大,或胬肉攀睛,红赤肥厚,漏睛生疮,眦帷赤烂。气郁化火,炼液为痰,若痰热上蒙目窍,则目窍不利,视瞻有色,视瞻昏渺;若心火炽盛,入于血分,灼伤目络,迫血妄行,则可致视网膜血管扩张、出血,视盘水肿、充血。

4. 心血瘀阻　劳倦伤心,心气不振,推动无力,气滞脉中,血瘀痹阻,脉道不畅,可致视网膜血管怒张或细如银丝,甚则脉道破裂而出血、水肿、渗出,视力下降。

心与小肠互为表里,心之实火常移热于小肠,症见口舌生疮,小便涩赤,心烦失眠,眼部常出现两眦红赤、胬肉攀睛、漏睛脓出等。

(三) 脾与胃

脾主运化,主升清,主统血,能将精微物质升运于目,目得清阳之气的温养则视物清明;目得血而能视,而血之所以运行于眼络之中而不外溢,有赖于脾气的统摄。此外,脾胃功能失调所产生的痰与湿,可为继发病因,进一步影响眼的功能。脾胃功能失调所致眼病,不外虚与实,或虚实兼杂,临床上应详细辨别。

1. **脾虚气弱** 多因饮食不节、劳倦,或禀赋素虚,或久病耗伤所致。脾失健运,生化之源不足,精微物质不能上荣于目,可致视物模糊,或夜盲,或圆翳内障。若脾虚清阳之气不能上煦头目,可致头晕目眩,上胞下垂,目睛偏视,视网膜脱离等。胞睑属脾,若脾失健运,痰湿内聚,上阻胞睑脉络,可致胞生痰核等。

2. **脾经湿热** 多因过食辛辣炙煿之品,酿湿成热,内蕴脾经,或复感湿热外邪所致。湿热病邪,郁滞中焦,致使气机升降失常,可致胞睑红肿赤痛,或湿烂疱疹,或睑弦赤烂,痂块胶结,痒甚而痛,或睑内颗粒丛生,状如粟粒。若脾阳困阻,湿热内蕴,聚湿成痰,上犯胞络,可生痰核。若湿热熏蒸,浊气上泛,蒙蔽清窍,则见黄斑水肿、渗出。

3. **脾不统血** 常因劳倦伤脾,或久病脾气虚损,统摄无权所致。脾气虚弱,无权统摄,血不循经,溢于脉外,可导致目内外出血诸证,如结膜下出血、视网膜静脉周围炎、视网膜中央静脉阻塞、黄斑出血等。

4. **脾阳不振** 常因饮食生冷肥甘、过用寒冷之剂,或久病失养、寒邪侵袭,脾阳受伤所致。阳气不足,寒从中生,水谷失于温化,清阳不升,浊阴不降,五脏精气不能归明于目,则视物昏蒙或疳积上目。若温运无力,阴寒内盛,则水饮停聚,导致胞睑浮肿,视网膜水肿、渗出。

(四)肺与大肠

肺朝百脉,主一身之气,气能推动血行,气血并行全身,目得温煦濡养,故目视精明。肺气宣降,则血脉通利,卫外有权,目亦不病,肺之本脏发病主要表现为气机失常和外感时邪客于肌表,使肺失其肃降之功。

1. **肺失宣降** 常因风、寒、热邪犯肺所致。外邪侵袭人体,肺卫首当其冲,邪正相争,使肺气宣发受阻,失其肃降,变生诸种眼病。风寒犯肺,可致头痛目赤,白睛红赤色淡,泪清稀而眵少。风热犯肺,可致白睛红赤肿胀,痒涩不适,羞明流泪,眵多胶黏。若风热壅滞,气失宣降,水液不得下输膀胱,可致白睛浮肿,甚则状若鱼泡。

2. **肺热壅盛** 常因外邪入里,内伤传变所致。表邪未解,循经传脏,郁结化热,或嗜食辛热,五志过极,化火灼肺,火热之邪壅滞于肺,导致肺热壅盛。肺热上攻清窍,可致白睛血络壅滞,红肿赤痛,怕光流泪,眵多硬结。若肺热灼伤目中脉络,迫血妄行,可致白睛溢血;若肺火上炎,郁于白睛,脉络阻滞,可致白睛呈紫红色核状隆起,痛而拒按,形成火疳。

3. **肺气不足** 常由气血生化不足,或劳伤过度、久病亏耗所致。肺主气功能衰弱,宣降无力,致表卫不固,津气宣散失常,不能贯充目窍,导致目视不明,白睛疾病反复发作,或眼部外伤溃疡难收难愈。

4. **肺阴亏损** 燥热之邪或内热虚火灼伤肺阴,肺阴亏损,目失润养,可致目涩昏花,眼眵干结。若虚火上炎,可致白睛涩痛,脉络隐现,或金疳反复发作。

(五)肾与膀胱

肾为先天之本,主藏精,为视功能的源泉,瞳神为之所属,在眼之生理病理中占有重要位置。导致肾脏病变的原因,既有外邪侵袭,又有内伤。内伤致病,或因恣情纵欲,耗竭真阴,或由他脏病变,涉及于肾,或由于本脏自病,病多属虚,临证又有阳虚与阴虚之分。

1. **肾阴虚** 肾精宜封藏固密而不泄,若房室不节,耗伤阴精,或热入阴分,真阴被劫,或他脏阴伤,穷必及肾,皆可使肾阴亏虚,目失所养,导致视物昏蒙,瞳神干缺,晶珠混浊,视盘淡白;或阴不制阳,阴虚生热,导致瞳神散大,目睛胀痛。若阴虚火旺,迫血妄行,则眼底出血,其色鲜红而量少。

2. 肾阳虚　肾阳是阳气的根本,若禀赋不足或摄生不慎,或久病房劳,致使下元亏损,命门火衰,则不能胜阴而夜视罔见;肾阳亏虚,水液失于温化,水气内停或泛溢于上而见眼内水肿、渗出、云雾移睛等。

综上所述,各脏腑引发眼病的病机各具特点,但五脏六腑在生理功能上彼此相联,在病理演变上互相传变,临床常相兼为病,如脾肾阳虚、肝肾阴虚、心肾不交、肝脾不和、肝脾血虚等,除有眼部的病理改变外,还兼有全身症状,因此在临证时,应全面分析。

二、气血功能失调

气血是机体生命活动的动力及物质基础,又是脏腑功能活动的产物,人体的生理和病理变化都与气血有密切的关系,当各种原因使气血的生成、运行、功能发生异常时,可导致眼病的发生。

(一) 气

气既是构成人体和维持人体生命活动的精微物质,也指脏腑组织的生理功能,当外邪、情志、饮食、劳倦等因素作用于人体,使气的生成不足、功能异常或运行障碍时,就会导致疾病。

1. 气虚　多由年老体衰或久病失养,烦劳过度,或饮食失调,水谷精微不充所致。气之生化不足,可使卫外不固,外邪侵目而致诸种外障眼病。若元气衰微,目失精气的温煦濡养,则视物不明,或不耐久视,甚或盲无所见。气虚不能摄血,血不循经而致眼内外出血;气虚失于固摄,可致视网膜脱离。气脱者,则目不明。

2. 气陷　多由先天禀赋不足,或久病体虚、年老体衰、饮食不节及劳倦所致。脾气受损,诸阳之气不能升运,头目失养,导致睑开乏力,不耐久视,上胞下垂,或黑睛溃陷,久不修复。

3. 气滞　常因情志不舒、饮食失调、感受外邪,或痰、湿、瘀血郁蕴经脉导致。如情志不舒,肝郁气滞,致头额隐痛,眼珠胀痛;饮食失调,脾胃升降失常,气机郁滞,湿痰蕴结,上犯胞睑,则胞生痰核、椒疮、粟疮等。气行则血行,气滞则血瘀,两者互为因果,可致眼底脉络阻滞,视力骤降。

4. 气逆　为脏腑气机升降失常。如郁怒伤肝,肝气上逆,可致头目胀痛;气逆血乱,血溢络外则视物模糊、眼内出血等。若肝气上逆,化火生风,可致头目胀痛,神水瘀滞,发为绿风内障。

(二) 血

血的生成及统摄,有赖于脾气的健旺;血的运行由心所主;贮藏、调节则有赖于肝气的正常。因此血之病与心、脾、肝三脏关系密切,其病机主要有血瘀、血热、血虚。

1. 血瘀　常由跌仆损伤、各种出血,或情志内伤、津液亏耗及久病正虚所致。血液运行不畅,瘀血凝滞,或离经之血停积眼内,导致眼珠外突,鹘眼凝睛,或椒疮、粟疮,胞睑青紫肿硬,血翳包睛,眼底脉络阻塞、缺血或出血,视力急降。若瘀血阻塞神水通道可致绿风内障等。

2. 血虚　多由营养不足,水谷精微不充,以致生血之源匮乏,或脾胃虚弱,不能消化吸收水谷精微,生化气血之功能减弱,或思虑劳伤过度,或失血过多而致。血虚不能上荣头目,目失濡养,可见头晕眼花,睛珠干涩不舒,不耐久视,视瞻昏渺。血虚生风,虚风内动可致胞轮振跳或目痒难忍,白睛暗红。

3. 血热　多由外感热邪或脏腑郁热,热入血分所致。血热炽盛,可致胞睑、白睛赤热肿痛。若热盛血涌,溢于脉外,可致白睛溢血、眼内出血,血色鲜红量多,常伴实证、热证的全身证候。若血虚生热,虚火上炎,血热妄行,溢于脉外,则眼内外出血,血色淡红,出血势缓,常伴全身虚热证候。

三、津液功能失调

津液来源于水谷,分布于全身,质清而稀薄者为津,质浊而稠厚者为液。津主要敷布于肌肤体表,以荣泽皮毛,润养肌肤,滋润空窍;运行于血脉之中,为血的组成部分。液则内渗于脏腑,以濡养内脏,充养骨髓,同时也润养肌肤、空窍。当津液的生成、转化、运行敷布因病邪侵袭或其他因素影响而发生异常时,在眼部可表现为津液耗损、水湿停滞及痰浊停聚。

(一) 津液耗损

多由汗、吐、下太过或不当而伤津液,或因失血、久病精血内夺,或误用辛温之剂等所致。脏腑津亏液损,不足以濡润滋养目窍,可使泪液减少,眼球干燥,目干涩,或眼球表面失去光泽。若津亏眼内液减少,则眼压降低,或眼球萎缩而失明。

(二) 水湿停滞

多由饮食失调或劳倦所伤。阴寒凝滞,水湿痰饮停阻;或肾阳虚,水不化气,水湿上泛于目,而致胞睑水肿、视网膜水肿、视网膜脱离。

(三) 痰浊停聚

肺、脾、肾及三焦等脏腑功能失调,影响津液运行,使其停聚于体内,遇火气煎灼或阴寒结聚,变生痰饮,痰浊流窜于胞睑,阻滞脉络,气血郁阻而生痰核;痰浊结聚于目窍,日久化火,可致眼球突出或眼部肿瘤。复感风邪,风痰相结,阻滞目络,可致风牵偏视。

第三节　眼与脏腑的关系

《灵枢·大惑论》云:"五脏六腑之精气,皆上注于目而为之精……目者,五脏六腑之精也。" 明确指出了眼与脏腑在生理上有着非常密切的关系,依赖五脏六腑精气的供养,眼才具有视万物、审短长、辨五色的功能。

一、眼与心、小肠的关系

(一) 心主血脉,诸脉属目

《素问·五脏生成》说:"心之合脉也","诸脉者,皆属于目……诸血者,皆属于心"。《素问·脉要精微论》说:"脉者血之府也。"心主全身之血脉,脉中之血液受心气的推动循行周身,上输于目。心气充盛,心血畅旺,运行不息,两目得到血液源源不断的供养而维持正常的视功能。

(二) 心主藏神,目为心使

《素问·灵兰秘典论》说:"心者,君主之官也,神明出焉。"《灵枢·大惑论》说:"目者,心使也。心者,神之舍也。"《素问·解精微论》说:"心者,五脏之专精也,目者其窍也。"心主神明,大脑的精神意识、思维活动、眼的一切神态表现和视物、辨色功能,皆受心神的支配。

(三) 眼与小肠的关系

《素问·灵兰秘典论》说:"小肠者,受盛之官,化物出焉。"小肠接受胃中传化来的水谷,经进一步的消化,分清别浊,将清者(水谷精微)吸收后,通过脾转输到全身,上注于目,使目得到滋养。同时,心与小肠互为表里,有经脉相互络属,生理上互相协调,病理上互相影响,故眼也受其影响。

二、眼与肝、胆的关系

(一)肝开窍于目

《素问·金匮真言论》说:"东方青色,入通于肝,开窍于目,藏精于肝。"《灵枢·五阅五使》说:"五官者,五脏之阅也。""目者,肝之官也。"指出目是深藏于体内的肝脏与外界相通的窍道,通过观察外在的眼部变化,可测知内在肝脏的生理功能和病理变化。肝的功能正常,藏于肝中的阴精就能源源不断地输送至眼,眼得滋养而功能正常。

(二)肝受血而能视

《素问·五脏生成》说:"人卧血归于肝,肝受血而能视。"《证治准绳·目总论》进一步阐述说:"真血者,即肝中升运滋目经络之血也。此血非比肌肉间易行之血,因其脉络深高难得,故谓之真也。"肝主藏血,具有贮藏血液、调节血量的功能,肝血中之真阴轻清上升到眼部,目得滋养而明视万物。肝血虚损,目失血养则出现视物昏花、雀目、眼目干涩等症。

(三)肝气通于目

《灵枢·脉度》说:"肝气通于目,肝和则目能辨五色矣。"《难经·三十七难》论五脏与九窍的关系时说:"肝气通于目,目和则知黑白矣。"肝主疏泄,具有调畅人体气机的功能,肝气冲和条达,则气血平和,目的功能正常便能视万物、辨五色。

(四)泪为肝液

《素问·宣明五气》说:"五脏化液:心为汗,肺为涕,肝为泪,脾为涎,肾为唾。是为五液。"《银海精微》说:"泪乃肝之液。"泪出于目,目为肝窍,故泪为肝液。肝血畅旺,肝气条达,则泪液化生有度。若肝血虚衰,泪液化生乏源,则目失濡润而干涩不舒;肝虚不能约束其液,则泪液外溢而常流泪。

(五)肝脉上连目系

《灵枢·经脉》说:"肝足厥阴之脉……连目系,上出额,与督脉会于巅。"在十二经脉中,唯有足厥阴肝之脉直接上连目系。眼与肝通过肝脉相互沟通,从而保证了眼与肝在物质和功能上的有机联系。

(六)眼与胆的关系

《素问·灵兰秘典论》说:"胆者,中正之官,决断出焉。"《东医宝鉴》说:"肝之余气,溢入于胆,聚而成精。"肝与胆脏腑相合、互为表里,胆汁的生成来源于肝之气,而其分泌与排泄又受约于肝。胆汁与神膏的生成及视觉功能关系至为密切。如《灵枢·天年》说:"五十岁,肝气始衰,肝叶始薄,胆汁始灭,目始不明。"《证治准绳·目总论》说:"神膏者,目内包涵膏液……此膏由胆中渗润精汁积而成者,能涵养瞳神,衰则有损。"

三、眼与脾、胃的关系

(一)脾输精气,上贯于目

李东垣《兰室秘藏》说:"夫五脏六腑之精气,皆禀受于脾,上贯于目。脾者诸阴之首也,目者血脉之宗也。故脾虚则五脏之精气皆失所司,不能归明于目矣。"脾主运化水谷,为后天之本、气血生化之源。眼生成于先天肾精,受养于后天脾胃及后天肾精,这种关系伴随着整个人生。

(二) 脾主统血,血养目窍

《难经·四十二难》说:"脾……主裹血,温五脏,主藏意。"脾既是气血生化之源,又有统摄血液的作用。脾气健旺,上升正常,则血在脉中运行,循环往复,畅通无阻,目得血养而目视精明。脾虚统摄失权,血不循经,则溢于脉外,可致眼部出血。

(三) 脾主肌肉,睑能开合

《素问·痿论》说:"脾主身之肌肉。"《灵枢·大惑论》说:"肌肉之精为约束。"脾运化水谷精微,以营养肌肉,眼的胞睑、眼带为脾之精气所生,又受脾之精气所养。脾之营养充足,肌肉丰满,则胞睑开合自如,眼珠运转灵活。

(四) 眼与胃的关系

《素问·灵兰秘典论》说:"脾胃者,仓廪之官,五味出焉。"《脾胃论》说:"九窍者,五脏主之。五脏皆得胃气,乃能通利。"并指出"胃气一虚,耳目口鼻,俱为之病。"胃为水谷之海,主受纳、腐熟水谷,下传于小肠,其精微物质被吸收后,经脾运化至全身,以营养人体。且脾与胃脏腑相合、互为表里,脾胃功能正常,则水谷精微能不断上升至眼,否则目因失养而生病。

四、眼与肺、大肠的关系

(一) 肺主气,气和目明

《素问·五脏生成》说:"诸气者,皆属于肺。"《素问·六节脏象论》说:"肺者,气之本,魄之处也。"张景岳说:"肺主气,气调则营卫脏腑无所不治。"肺朝百脉,主一身之气,气能推动血液运行,气血并行而布散周身,营养各组织器官,以维持其正常活动。肺气调和,气血流畅,则五脏六腑之精气皆源源不断地输注入目,目得濡养而视明。若肺气不足,目失濡养,则昏暗不明,故《灵枢·决气》说:"气脱者,目不明。"

(二) 肺气宣降,眼络通畅

肺气宣发,能使气血津液敷布周身;肺气肃降,能使无用的水液下输膀胱,排出体外。肺之宣降正常,则血脉通利,目得气血精津的濡养而卫外有权,目亦不病。正如《证治准绳·目总论》所说:"真气者,盖目之经络中往来生用之气,乃先天真一发生之元阳也。大宜和畅,少有郁滞,诸病生焉。"

(三) 眼与大肠的关系

《素问·灵兰秘典论》说:"大肠者,传道之官,变化出焉。"大肠的作用是排出粪便,食物经过消化吸收后,剩余的糟粕经大肠排出体外。肺与大肠相表里,肺气宣发肃降正常,腑气通顺,则目络气血流畅。若大肠热结,腑气不通,又可影响肺之肃降,则可导致或加重眼病。

五、眼与肾、膀胱的关系

(一) 目生于肾,受养于精

《审视瑶函·目为至宝论》说:"大抵目窍于肝,生于肾,用于心,润于肺,藏于脾,有大有小,有圆有长,皆由人禀受之异也。"又说:"神光者,谓目中自然能视之精华也。夫神光原于命门,通于胆,发于心,皆火之用事。"指出目是由先天肾精凝聚而成的,目中的神光来源于命门真火,是肾中真阳在眼的功能表现。《黄帝内经》指出肾主藏精,精能生髓,脑为髓海,眼的目系上属于脑。《医林改错》则进一步阐述说："精汁之清者,化而为髓,由脊骨上行入脑,名曰脑髓……两目即脑汁所生,两目系如线,长于脑,所见之物归于脑。"将眼的视觉归结于肾精所生之脑,阐明了肾、脑、眼的密切关系。《素问·上古天真论》说："肾者主水,受五脏六腑之精而藏之。"《灵枢·大惑论》说："五脏六腑之精气,皆上注于目而为之精。"说明眼生成于先天肾精,且必须靠五脏六腑的供养,才能维持其正常的视物辨色功能。所以《素问·脉要精微论》说："夫精明者,所以视万物,别白黑,审短长。以长为短,以白为黑,如是则精衰矣。"

(二) 肾主津液,上润目珠

《素问·逆调论》说："肾者水脏主津液。"《灵枢·五癃津液别》说："五脏六腑之津液,尽上渗于目。"津液在目化为泪,则为目外表面润泽之水;化为神水,则为目内充养之液。目珠内外水液的分布与调节,与肾主水的功能有着密切的关系。

(三) 眼与膀胱的关系

《素问·灵兰秘典论》说："膀胱者,州都之官,津液藏焉,气化则能出矣。"膀胱是人体主持水液代谢的器官之一,有贮藏津液、化气行水、排泄尿液的功能。肾与膀胱互为表里,膀胱的气化与肾功能的盛衰有密切关系。此外,足太阳膀胱经主一身之表,易遭受外邪侵袭而引起目病,所以《银海指南》有"故凡治目,不可不细究膀胱"之说。

六、眼与三焦的关系

《素问·灵兰秘典论》说："三焦者,决渎之官,水道出焉。"《难经·三十一难》说："三焦者,水谷之道路,气之所终始也。"三焦是人体腔内气化活动和输送水津精微、排泄代谢产物的一个腑,是脏腑的外围组织,称为"孤腑"。输往目的精气津液无不通过三焦,若三焦功能失常,则精气津液输布发生障碍,水液及代谢产物的排泄受阻,可导致各种眼病。

此外,《证治准绳·目总论》说："神水者,由三焦而发源。"说明神水的产生和调节与三焦的功能有密切的关系。

五脏六腑的功能虽各有特点,但由于脏腑互为表里,在生理上,脏行气于腑,腑输精于脏,相互依赖,相互协调,在病理上则相互影响,相互传变,有脏病及腑、腑病及脏或脏腑同病等表现。因此,不能孤立地从一脏一腑来看问题,必须全面观察和分析,才能做出正确的判断。

综上所述,心主血,肝藏血而开窍于目,心血充足,肝血畅旺,肝气条达,五脏六腑之精气借助于脾肺之气的转输和运化,循经脉源源不断地输注于目,则有眼之视万物、审短长、辨五色的生理功能。相反,若脏腑功能失调,出现偏盛或偏衰时,精津气血不能上行灌输于目,或脏腑受邪,邪气随经脉上冲于目,则引起眼部的各种病理变化。因此,临证时除关注眼的局部病变外,还必须观察和分析相应脏腑功能的盛衰情况,全面综合分析,才能做出正确的诊断。在治疗方面,除局部对症用药外,更应根据脏腑功能的盛衰进行辨证施治,才能收到较好的治疗效果。

第四节　眼与经络的关系

经络是人体内经脉和络脉的总称。经络起着沟通表里上下,联络脏腑器官、孔窍等作用,是人体内气、血、津液运行的通道。《灵枢·邪气脏腑病形》说："十二经脉,三百六十五络,其血气皆上于面而走空窍,其精阳气上走于目而为睛。"《灵枢·口问》说:"目者,宗脉之所聚也。"指出眼借助经络的连接贯通,与脏腑保持着有机的联系,通过经络不断输送气、血、津液至目,才维持了其视觉功能。

一、眼与十二经脉的关系

十二经脉,三阴三阳表里相合,正经首尾相贯,旁支别络纵横交错,营血在经隧中运行全身,始于手太阴,终于足厥阴,周而复始,如环无端。故从经络循环的路径来看,可以说十二经脉都直接或间接与眼发生着联系(图 3-1)。

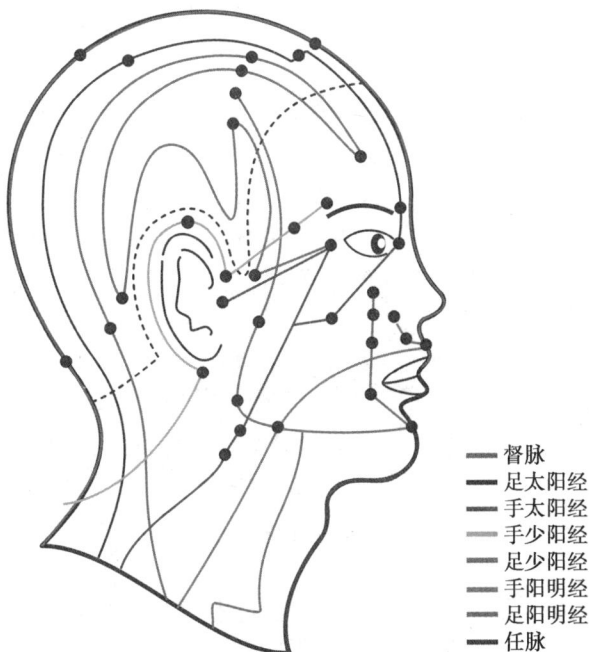

—	督脉
—	足太阳经
—	手太阳经
—	手少阳经
—	足少阳经
—	手阳明经
—	足阳明经
—	任脉

图 3-1　头部经络及部分常用穴分布图

兹将十二经中循行于头面,与眼发生联系的经脉分述如下:

(一)足阳明胃经

起于鼻翼两侧之迎香穴,上行至鼻根部,连内眦部睛明穴,与旁侧之足太阳经交会后下行,经承泣、四白、巨髎入上齿龈内。由本经别出而行的正经(足阳明之正)亦上行至鼻根及眶下方,并连系目系。

(二)足太阳膀胱经

起于目内眦之睛明穴,上额循攒竹,过神庭、通天,斜行交督脉于颠顶百会穴,从头顶入里联络于脑。

(三)足少阳胆经

起于目外眦之瞳子髎,向上到达额角部之颔厌,下行耳后,经风池至颈。其一支脉从耳后入耳中,出走耳前,再行至目外眦瞳子髎后方。另一支脉,从目外眦分出,下走大迎交足阳明经,会合手少阳经到达目眶下。

（四）手阳明大肠经

缺盆部支脉,上走颈部,过面颊,左右相交于人中之后,上挟鼻孔。分布于鼻孔两侧之迎香,与足阳明胃经相接。

（五）手太阳小肠经

缺盆部支脉,沿颈部上达面颊,抵颧髎上交目外眦,转入耳中。颊部支脉,上行至目眶下,抵于鼻旁,至目内眦睛明穴,与足太阳膀胱经相交。

（六）手少阳三焦经

胸中的支脉,上走项部,沿耳后经翳风穴上行,出耳角,过阳白、睛明,再屈而下行至面颊部,到达眶下部。耳部支脉从耳后进入耳中,出走耳前,与前脉交叉于面颊部,至目外眦丝竹空穴之下,与足少阳胆经相接。

（七）足厥阴肝经

本经沿咽喉之后,上入颃颡,行大迎、地仓、四白、阳白之外,与目系相连,再出前额与督脉会于颠。

（八）手少阴心经

起于心中,出属于心系。心系向上的脉,上挟咽喉,连目系。其别出之大络名通里,亦属于目系。另由本经别出而行的正经(手少阴之正),上出于面,与手太阳经的支脉会合于目内眦之睛明穴。

二、眼与奇经八脉的关系

奇经为任、督、冲、带、阴维、阳维、阴跷、阳跷八脉的总称。它们既不直属脏腑,又无表里配合,交叉贯穿于十二经脉之间,主要对十二经脉的气血运行起溢蓄、调节作用。现将奇经中起、止、循行路径与眼有直接关系的经脉分述如下:

（一）任脉

任脉具有调节全身诸阴经经气的作用。起于中极之下,循腹里,上关元,至咽喉,上行环绕口唇,经过面部,进入目眶下之承泣穴(足阳明胃经)。

（二）督脉

督脉具有调节全身诸阳经经气的作用。起于小腹内,下出于会阴部,一支脉直上入喉上颐,上系两目之下中央,又一支别络绕臀而上,与足太阳膀胱经交于目内眦。

（三）阴跷脉、阳跷脉

阴阳跷脉分别主人身左右之阴阳,共同调节肢体的运动和眼睑的开合功能。阴跷脉起于足跟内侧,随足少阴经上行至目内眦,与足太阳经和阳跷脉相会合。阳跷脉起于足跟外侧,伴足太阳经上行,进入目内眦,与足太阳经、阴跷脉相会合,再沿足太阳经上额,与足少阳经合于风池穴。

（四）阳维脉

阳维脉与六阳经相联系,维系诸阳经之经气。起于足跟外侧,向上经外踝,沿足少阳经上行,经肢体后外侧,上行至前额,经眉上,再由额上顶,折向项后,与督脉会合。

三、眼与经筋的关系

十二经筋是十二经脉之气结聚散络于筋肉关节的体系,其位表浅,不入内脏。其循行走向都是从四肢末端走向头身。十二经筋起着联缀四肢百骸、维络周身、司人体正常运动的作用。经筋分布于眼及眼周围者有手足三阳之筋。

（一）足太阳之筋

足太阳之支筋为目上网。张景岳解释说："网,纲维也,所以约束目睫,司开阖也。"

（二）足阳明之筋

足阳明之筋,其直行者,上头面,从鼻旁上行,与足太阳经筋相合。太阳为目上网,阳明为目下网,两筋协同统管胞睑之运动。

（三）足少阳之筋

足少阳之支筋结聚于目外眦,为目之外维。张景岳认为,凡眼能左右盼视者,正是此筋所为。

（四）手太阳之筋

手太阳之筋,其直行者,上行出于耳上,会手少阳之筋,又前行而下,结聚于颔,与手阳明经筋相合,再向上行,联属于目外眦,与手足少阳之筋相合。

（五）手少阳之筋

手少阳之支筋上颊车,会足阳明之筋,循耳前上行,与手太阳、足少阳之筋交会,联属目外眦,然后上行,结聚于额角。

（六）手阳明之筋

手阳明之支筋上颊,结聚于颧部;其直行之筋,上出手太阳之前,分两支,左支行左耳前,上额角络头,以下右颔,右支则上右额角络头,下左颔,以会太阳、少阳之筋。

上述网维结聚于眼及其周围的经筋,协同作用,支配胞睑的开合、眼珠的运动,以及头面部诸筋肉的正常活动。此外,足厥阴之筋虽未直接分布于眼周,但肝为罢极之本,一身之筋皆为肝所生、为肝所主,足厥阴之筋联络诸筋,故与眼也有密切的关系。

第五节　五轮学说

古代医家把眼部由外至内分为胞睑、两眦、白睛、黑睛、瞳神5个部分,比喻眼珠似车轮圆转运动之意而冠以轮字,分别命名为肉轮、血轮、气轮、风轮、水轮,总称为五轮(图3-2)。如《审视瑶函》说："五轮者,皆五脏之精华所发,名之曰轮,其像如车轮圆转运动之意也。"在我国现存的医籍中,以《太平圣惠方》的记载为早,比较详细地记载了五轮的名称及五轮与五脏、五行相配等内容,但在配位上只有4个轮位。《普济方》指出："眼有风轮也,虽有其名,形状难晓,与水轮相辅也。"直至《世医得效方》才把五轮的五个轮位确定下来,并一直沿用至今。

五轮学说的理论基础来源于《灵枢·大惑论》："五脏六腑之精气,皆上注于目而为之精。精之窠为眼,骨之精为瞳子,筋之精为黑眼,血之精为络,其窠气之精为白眼,肌肉之精为约束,裹撷筋骨血气之精,而与脉并为系。上属于脑,后出于项中。"后代医家在此理论基础上,经过长期的临床实践,创立了五轮学说。它以脏腑、五行学说为指导,把眼局部划为五轮,明确分属于五脏,借以说明眼的解剖、生理功能和病理变化,并应用于临床,指导辨证。

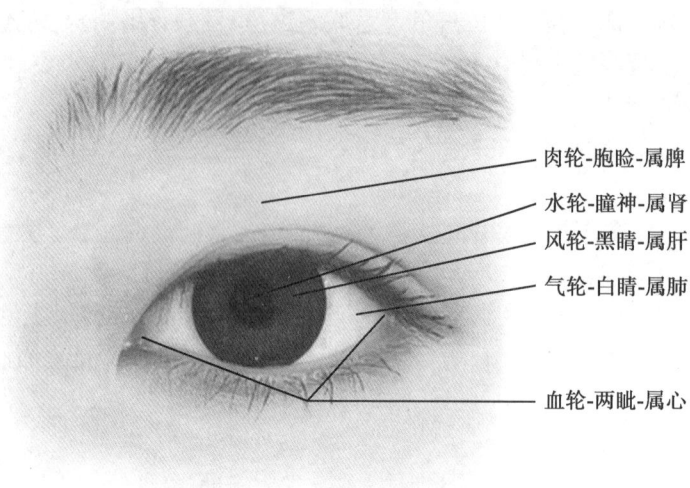

肉轮-胞睑-属脾
水轮-瞳神-属肾
风轮-黑睛-属肝
气轮-白睛-属肺

血轮-两眦-属心

图 3-2　五轮部位与五脏的分属关系示意图

一、五轮的解剖部位和五脏分属

(一) 肉轮

肉轮指胞睑,包括眼睑皮肤、皮下组织、肌肉、睑板和睑结膜,分上、下两部分,司眼之开合,起保护眼珠的作用。上、下睑的游离缘称睑缘,生有排列整齐的睫毛。上、下胞睑之间的裂隙称睑裂。胞睑在脏属脾,脾主肌肉,故称肉轮。脾与胃相表里,所以胞睑的生理功能与病理变化往往与脾胃有关。

(二) 血轮

血轮指两眦,包括内外眦部的皮肤、结膜、血管,以及内眦的泪阜、结膜半月皱襞、上下泪小点、泪道和外眦上方的泪腺。上、下睑弦鼻侧联合处交角钝圆,称内眦或大眦;颞侧联合处交角锐小,称外眦或小眦、锐眦。上、下睑缘近内眦处各有一小孔,称泪窍,为排泄泪液通道的起点。外眦上方眼眶前部有泪泉,开窍于外眦内,两眦在脏属心,心主血,故称血轮。心与小肠相表里,所以血轮的生理功能与病理变化与心和小肠有关。

(三) 气轮

气轮指白睛,包括球结膜和前部巩膜,为眼珠的外壁。白睛外层菲薄而透明,称白睛外膜。白睛里层色白质地坚韧,具有保护眼珠内部组织的作用。白睛在脏属肺,肺主气,故称气轮。肺与大肠相表里,所以气轮疾病常与肺和大肠有关。

(四) 风轮

风轮指黑睛,即角膜,位于眼珠前部中央,质地透明而坚韧,是光线进入眼内的必经之路,并有保护瞳神及眼内组织的作用。黑睛在脏属肝,肝主风,故称风轮。肝与胆相表里,所以风轮疾病常与肝和胆有关。

黑睛因有后方呈棕褐色之黄仁(虹膜)相衬,故名。黑睛与黄仁之间的空隙(前房)充满透明的神水(房水)。黄仁中央的圆孔称瞳神或金井。黑睛疾病病邪深入,极易影响神水、黄仁,波及瞳神。

（五）水轮

水轮指瞳神,包括瞳孔及其后方的房水、晶状体、玻璃体、葡萄膜、视网膜、视神经等。瞳神是眼的神光(视功能)深藏之处。瞳神在脏属肾,肾主水,故称水轮。肾与膀胱相表里,所以水轮的生理功能与病理变化在一定程度上与肾和膀胱有关。因水轮内包括多种组织,结构复杂,致病因素繁多,故瞳神疾病除与肾和膀胱功能异常有关外,与全身各脏腑功能失调也有密切的关系。

二、五轮学说的临床应用

《审视瑶函·五轮不可忽论》中提出轮为标,脏为本,轮之有病,多由脏腑功能失调所导致的理论,运用于临床实践中,通过诊察各轮的外显症状,推断相应脏腑内蕴的病变,便是眼科独特的五轮辨证法。但因五轮本身在眼病的辨证中仅有确定脏腑病位的作用,而无法确定疾病的性质、邪正的盛衰等,因此临证时,尚需与八纲、病因、气血津液等辨证方法结合运用,才能得出正确的诊断。如睑弦红赤湿烂,痒痛羞明,属湿热为患,病位在肉轮,内应于脾胃,故证属脾胃湿热;又如白睛红赤灼热,眵多,属风热为患,病位在气轮,内应于肺,故证属肺经风热。若病变出现于多轮,则为多脏腑功能失调所致,如胬肉起于内眦,横贯白睛,渐及黑睛边缘,赤脉集布,涩痛羞明,属风热为患,病位在血轮、气轮,内应于心、肺,故证属心肺风热;又如白睛红赤,眵多涩痛,继则出现黑睛星翳、畏光流泪等症,此为气轮之病传变至风轮,出现肺金乘肝木之气轮风轮同病,可从相应脏腑的生克乘侮关系来认识疾病的发生和发展变化。

五轮学说对临床诊治眼病具有一定的指导意义,故被历代眼科医家普遍接受和推崇,沿用至今,但五轮学说也有其明显的局限性。如白睛发黄,病位在气轮,却非肺之病,其因多为脾胃湿热,交蒸肝胆,胆汁外溢;再如水轮疾病,因水轮包括的结构复杂,疾病的种类及病因繁多,除肾阳不足、肾阴亏损致病外,还有其他脏腑功能失调所导致的火热上攻、湿热蕴积、痰瘀凝结、气滞血瘀、肝郁脾虚、肝胃虚寒、气血虚衰等实证、热证、寒证、虚证、虚实夹杂证。因此,临证时既要重视五轮,又不可拘泥于五轮,应从整体出发,四诊合参,将局部辨证与全身辨证综合分析,才能得出正确的诊断。

（刘求红）

第四章 眼科诊法与辨证法

眼科诊法是中医望、闻、问、切方法在诊察眼病时的具体运用。由于眼结构及生理功能的特殊性，眼部闻诊较少使用，重在望诊与问诊。

问诊主要询问与眼病有关的病史、眼部与全身的自觉症状；望诊的重点是望眼，其次望舌；切诊以眼部触诊为主，结合现代仪器进行检查，切脉多在眼部症状的问诊、望诊与切诊之后进行，作为参考。

现代科技的进步，使中医四诊的实质内容不断充实发展，过去仅能以五官及手的感觉对眼病进行诊察，现在可借助先进的仪器及手段从各个角度对眼部疾病进行诊察，使四诊的客观资料更丰富具体，以提高诊断的准确性。

第一节　问　　诊

问诊是眼科四诊中的首要内容，通过问诊了解患者就诊的最主要原因、目前最痛苦的感觉及患病时间，以分析眼病属于内障或外障、病位在某轮某部、属于何脏何腑、气病或血病、病出何因及病之虚实、表里、寒热等情况。患者对典型症状的描述为医师进行下一步有重点的检查提供依据。

问诊须按辨证要求，有目的、有次序地进行，在全面了解的同时抓住重点，以便获得客观而有诊断价值的资料。眼科问诊应先询问眼部的主要症状、起病时间、起病情况及治疗经过，再了解患者的既往史、全身情况。

一、问眼部自觉症状

（一）目痛
询问疼痛的性质、时间、部位及有关兼症，初步了解属外障眼病还是内障眼病，是绿风内障还是其他眼病，其证候属虚还是属实。

1. 疼痛的性质　有刺痛、碜痛、涩痛、隐痛、胀痛、灼痛、剧痛、痛时拒按或喜按之不同。

2. 疼痛的时间　昼间或夜间疼痛明显，疼痛持续不断或时作时止，或阅读后疼痛，或长时间近距离工作后疼痛。

3. 疼痛的部位　眼前部痛，眼深部痛或眼珠转动时痛，痛连颠顶、后项、颞颥，或连及前额、眉棱骨痛。

4. 兼症　有无发热与恶寒,有无眼红赤,有无恶心呕吐、烦躁不安等。

(二) 目痒

询问目痒的时间、性质、程度及兼症,以了解是否有时复的特点,同时辨别目痒属风、属火还是属血虚。

1. 目痒的性质　是否迎风痒极而无风则减,是否微痒不舒、涩痒兼作或痒如虫行,是否遇热加重、遇冷减轻。

2. 目痒的时间　与季节有关或无关,病起时痒或病退时痒,或进食某种食物、药物后作痒。

3. 兼症　是否兼涩痛或目赤肿痛,有无遭受过蚊虫叮咬。

(三) 目眵

问有无目眵,是骤起还是常有,眵多眵少,眵稠而黏结或眵稀而清薄,眵呈丝状或如脓似浆,眵色秽浊黄白或黄中带绿等,以了解肺热之虚实,以及是否兼有湿邪等。

(四) 目泪

询问泪液的性质、多寡及兼症。迎风泪出或无时泪下,热泪如汤或冷泪长流,眼痛时泪下或目昏流泪,泪多泪少,或泪中带血,是否泪多兼眵多及目赤肿,或泪少而干涩伴口干,以初步判断属外障眼病还是肝虚不能敛泪或阴虚不能生泪所致。

(五) 视力

是外观端好而视力骤然下降还是缓慢下降;是视物模糊或视力锐减,视远昏蒙而视近清晰,还是视远物清晰而视近物昏蒙,或视远近皆昏蒙;是白昼如常而入暮目昏,还是昼间视物昏蒙而暗处视物反稍清,有无视野缩窄。结合是否伴有黑睛生翳、是否戴过眼镜等情况,可了解视力损害属于内障或外障眼病,近视或远视,以及是否为高风雀目,亦可辨别虚证与实证。

(六) 视觉异常

有无视一为二、视直为曲、视大为小、视物变形、视定为动;是否视物变色、视红绿皆不清;是否视瞻有色;是否眼前蚊蝇飞舞、荧星满目,或如烟雾缭绕,或如黑幕降落,眼前闪光,或视灯火周围有红绿彩环围绕,即谓虹视。应结合内眼检查,多方合参,测知病在何处,辨明阴阳、气血、寒热、虚实。

二、问　病　史

(一) 问发病情况

问明发病时间、地点、环境、起病形式、先兆症状、诱因;急性起病者从就诊日往前回顾推算,发病时间较长者从发病时开始按时间的先后顺序询问。

(二) 问主要症状的特点及发展变化情况

问清每一症状的发生、发展及变化。发病后主要症状是持续存在、进行性加重,还是反复发作、逐渐加重,或是间断发作、时轻时重;就诊前诊疗情况,包括检查的结果、治疗用药(包括药名、用量、用法、效果及反应等)。

(三) 问伴随症状

详细询问各伴随症状的特点及其与主症的关系,有鉴别意义的阴性症状及体征。

(四) 问一般情况

询问发病以来的精神、饮食、二便、睡眠等情况。

(五) 问既往史

询问既往健康状况,包括曾患疾病的情况,有无急性传染病、地方病、职业病、手术、外伤、中毒、输血等。

(六) 问个人生活

如出生地、居住地及变迁情况、居住环境和生活条件、饮食习惯及有无特殊嗜好、工作情况、情志状态。

(七) 问婚育情况

女患者应问经带胎产情况、月经史、生育史、结婚年龄、配偶及子女健康情况。

(八) 问家族史

询问直系亲属及密切相关亲属的健康情况及视功能情况,如已死亡,应询问死因、年龄及时间。

三、问全身自觉症状

(一) 问头痛

头痛是眼病最常伴见的兼症,无论内外障眼病,均可能出现头痛。头痛的原因很多,必须详细询问头痛发生的时间、性质及部位。

1. 疼痛的时间　持续痛或时痛时止,或暴痛,或久痛。
2. 疼痛的性质　剧烈疼痛或隐隐作痛,胀痛或刺痛。
3. 疼痛的部位　前额、鼻梁眉间、颞部、头顶或后部、全头痛或偏头痛,或眉棱骨痛。
4. 伴随症状　头痛是否伴有恶心呕吐,头痛与眼部症状间的关系等亦应询问。

综合问诊及检查情况,可初步了解是黑睛疾病、瞳神紧小、绿风内障还是其他内障眼病所引起,属外感还是内伤,是否兼有经络病变等。要注意与颅内占位性病变之头痛鉴别。

(二) 问口干口渴与口味

是否口渴欲饮,喜冷饮还是热饮,或烦渴引饮,或口渴不喜饮,或夜间口干,或口干苦、口腻、口酸、口淡无味,以了解证候属热、属湿还是阴虚血少或气阴两虚。

(三) 问饮食

食量有无增减,有无食后饱闷或不思饮食,或多食善饥,有无烦渴多饮,是否常食煎炒厚味,以了解脾胃的虚实及是否有心经积热、胃火亢盛。

(四) 问睡眠

心烦难以入寐或易惊醒,或神倦多寐,或夜寐多梦。睡眠情况反映人体气血阴阳平衡情况,可供辨别阴阳气血之盛衰。

(五) 问二便

二便状况是临证必知之事,小便短赤或清长、夜尿次数,大便干结或便溏、泄泻次数,有无血便、黏液,以辨别脾胃虚实及肾气虚或肾阴虚。

第二节　视功能检查

视功能检查是利用图表或仪器对眼的视觉进行具有定性或定量意义的检查,可分为视觉心理物理学检查(包括视力、视野、色觉、暗适应、立体视觉、对比敏感度)及视觉电生理检查两大类。本节仅介绍视力、视野、色觉及暗适应检查,临床常规按先右后左的顺序进行。

一、视 力 检 查

视力包括远视力和近视力,视力水平直接影响人的劳动及生活能力,如视力低于 0.3 者有读写困难,低于 0.1 者不能胜任许多劳动,世界卫生组织把视力低于 0.05(矫正视力)定为盲。视力检查是测定视功能的主要方法,是眼科常规检查的重要项目,居眼科所有检查之首位。

(一) 远视力检查

常用国际标准视力表及对数视力表。

1. 国际标准视力表　视力表应有充足的光线照明,受检者距视力表 5m,如房间太小不足 5m,则可将一面反射镜置于视力表前 2.5m 处,受检者坐于视力表下方,面对反射镜而距反射镜 2.5m。检查时遮盖一眼,先检查右眼后检查左眼,从最大视标 0.1 顺序而下,直至受检眼最后明确指出的视标字向,即为该眼的视力。如受检眼能看清第五行视标的全部字向,则该眼的视力记为 0.5 ;如受检眼能看清第六行视标(共六个)中的 4 个字向,则该眼视力为 0.6^{-2} ;如受检眼能看至第八行,但仅看清第八行中 2 个字向,其余均辨不清或答错,则该眼视力记为 0.7^{+2},以此类推。一般至少能看清 2/3 的视标字向,才能认为符合这行视标对应的视力。正常远视力是 1.0 以上。

如在 5m 距离不能看清第一行视标,则让患者逐步向视力表移近,直至能辨清最大视标为止,测量其与视力表的距离,再以下列公式计算其远视力:

$$远视力 = [\text{受检者与视力表的距离}(m) \div 5] \times 0.1$$

依上述公式,如受检眼在 4m 处才能看到 0.1 行视标,则其远视力为 $(4 \div 5) \times 0.1 = 0.08$。

受检眼视力低于 1.0 时,可在眼前放置一片针孔板,受检眼通过小孔看视标,如视力增进则可能有屈光不正。如受检者已戴眼镜,应加检戴镜矫正的视力。

如受检者移至距视力表 1m 处仍不能辨认最大视标的字向,则在受检眼前方出示不同数目的手指,距离自 1m 起,如辨认不清则逐渐移近,直至能正确辨认为止,记录受检眼视力为"指数 / 距离(m)",或"指数 / 距离(cm)"。如 50cm 处能正确辨出手指数目,则记为指数 /0.5m。

如手指置于受检眼前 5cm 时仍不能辨认,则检查者在受检眼前方左右摆手,并把距离稍作前后变动,直至受检者能正确判断手是否在摆动,记录该距离,受检眼的视力记为"手动 / 距离(cm)"。

如果受检眼无法判断摆手,则改查光感及光定位。在暗室中,包封另一眼,检查者用手电筒光照射受检眼,如在某一距离能辨出亮光,则记为"光感 / 距离(m)"。一般光感检查距离到 5m 为止。如有光感,还要检查光定位。在 1m 距离处向受检眼投射光源,分别从中央、鼻侧及颞侧上、中、下共 9 个方向投射,测试受检眼能否正确判定光源方向,以"+"表示能确辨,"−"表示不能确辨。

2. 对数视力表　对数视力表是我国缪天荣教授设计的。其视标大小的数值用对数处理后,增进率相等,即任何相邻两行视标大小之比恒为 1.258 96……,它使用 5 分记录法表示视力增减的幅度,也可以用小数记录,但统计时必须以行数表示,如在 5m 处能辨认第一行,记录为 4.0(0.1);能辨认第二行,记录为 4.1(0.12);能辨认第三行记录为 4.2(0.15);余类推。能辨认第十一行则记录为 5.0(1.0),5.0 以上为正常视力。表中共 14 行视标,最佳视力可测至 5.3(2.0)。

国际标准视力表存在着视标增进率不均以及视力统计不便等缺点。对数视力表设计于 60 年代后期,但这种表采用的 5 分记录法与国际通行的记录法不相适应。目前仍以国际标准视力表为最常用。

(二)近视力检查

近视力检查使用标准近视力表。在充足自然光线下或良好照明条件下,将近视力表置于眼前 30cm 处,两眼分别检查,由最大视标 0.1 开始,顺序向下,能辨 1.0 视标者,该眼视力为 1.0/30cm,如在 30cm 不能辨认 1.0 行,则将视力表向前或向后移至能辨明最小视标字向的距离为止,然后分别记录,如 1.0/20cm 等。正常近视力为 1.0/30cm。

未加镜片矫正的视力称为裸眼视力;用适度镜片矫正后的视力称为矫正视力。

二、视野检查(周围视力)

视野是眼向正前方固视时所见的空间范围。视野检查对视网膜及视路疾病的诊断具有参考价值。对于一些主要依据眼底检查诊断的眼底病,则视野检查不列为必做项目。

需要做视野检查的患者,应根据其视力及体力来决定做何种检查,视力极差者只能做光定位。光定位是一种对视野的最粗略估计。对于卧床患者,一般只能做对比视野检查以粗略估计。

怀疑为视路病变的患者必须做视野检查。青光眼患者也是视野检查的主要对象,其目的为:①视盘有可疑变化需要进一步做视野检查以帮助诊断;②青光眼早期可能出现特殊的视野损害,视野检查作为早期诊断的手段之一;③已确定诊断者要做视野检查以明确神经损害的程度;④定期视野检查以观察疗效、了解疾病发展情况。

常用的视野检查方法有以下几种:

(一)周边视野检查

1. 对比法 检查者与受检者相距约 2m,相对而坐,双方的眼睛在同一水平。如检查右眼,则遮盖受检者的左眼和检查者的右眼,检查者的左眼与受检者的右眼互相注视。检查者举起手指,在两人面前中间于各个方位分别自外向内移动,受检者能看到手指时立即告诉检查者,检查者要注意比较自己与受检者的视野差别。检查过程中两个人的头不得转动,眼睛也不得转动,必须向正前方固视。如果受检者与检查者同时看到手指,则证明受检者与检查者的视野大致相同,即在检查者视野正常的前提下,受检者的视野也大致正常。另一眼的检查方法相同。此法简便,不需仪器,有一定准确性,但精确度不够,且无法做记录以供存查比较。

2. 周边视野计检查法 常用弧形视野计,主要检查有无视野缺损。弧形视野计的主要构造为一个宽 75mm 的半弧形金属板,底面为黑色或灰黑色,半径为 330mm,中央固定,可以旋转,弧的中央为 0°,两端为 90°(图 4-1)。

受检者的下颌置于视野计的下颌支架上,遮盖一眼,使受检眼与视野计的 0° 在同一水平线上,受检眼注视中央点不动,检查者操纵视标,沿弧板内面,由周边缓慢向中央移动并询问受检者是否能看见视标,当受检者看到视标时,根据弧板侧面刻度记录于视野图上。旋转弧板,分别在至少 8 个不同的子午线上检查,并将所记录的各点连接起来,即得出该眼的视野范围。必要时可检查 12 个子午线。

　　视野范围可因视标的大小、颜色、检查的距离、光线的强弱、背景的不同，受检者鼻梁的高低、瞳孔和睑裂的大小及受检者精神与健康状况而有所改变。通常用直径 3mm 的视标，若视力很差，可改用直径 5mm 的视标。视标的颜色常用洁白无反光者，必要时可选用色彩鲜明的红、蓝、绿色视标。

　　正常视野（白色）的范围平均为颞侧 90°，鼻侧 60°、下侧 70°、上侧 55°。蓝、红、绿色视野依次递减 10° 左右，绿色视野最小。视网膜外层及脉络膜病变时，蓝色视野显著缩小，用色视标测中心暗点蓝色大于红色；视神经病变时，红、绿色视野缩小，中心暗点红色大于蓝色。据此，有的学者认为色视标检查能够比

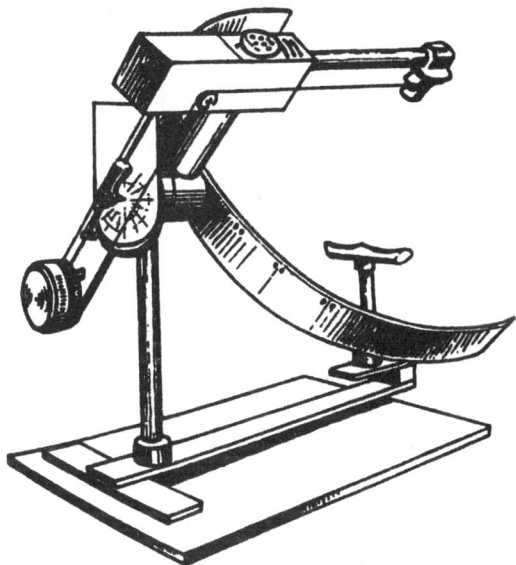

图 4-1　弧形视野计

较敏感地发现病变。但亦有学者认为颜色视标与白视标引起的视野差异是刺激强度不同所致，直径同为 1mm 的视标，红色的刺激强度只有白色的 1/7。因此，只用白视标做检查即可，不一定要用颜色视标。

　　（二）中心视野检查

　　1. TBC 型中心视野分析仪检查法　这种分析仪是一种阈值上静态单点自动定量微机视野计。视野屏分四个区 124 个视标点，每个视标点分五级光，每个点均由一级光向五级光自动升级。它可以自动检测、自动监视眼位，自动打印灰度图、数值表和结果统计（总灰度值）。不仅可准确地记录视野的部位和深度、总灰度值，还能显示中心视野缺损的总"体积"，可以为中心视野的损害程度提供一个标准数量指标和定量诊断依据，常用于青光眼、眼底病、视神经和影响视路的颅内疾病的定性和定量诊断。

　　受检者于检查前暗适应 5 分钟，根据年龄和屈光状态加矫正镜片，调置好体位、头位、眼位，将回答键交给受检者并解释使用方法，嘱受检眼注视正前方，发现闪光目标即按键，勿遗漏注视点附近的点和最外圈的点，并自开始即按规定操作坚持到结束。分析仪自动打印检查结果，灰度图的 A、B、C、D 区表示视野部位，暗点级别代表视野缺损的深度，总灰度值表示 30° 视野缺损的总体积。

　　2. 平面视野屏检查法　是较简单的动态检查中心视野的方法。视野屏是将 1m² 的黑绒布镶嵌在木架上，以布屏中心为圆心，以 5° 为间隔，画出 6 个同心圆及 4 条径线，并在圆心两侧 15.5°、水平线下 1.5° 处标出生理盲点范围（图 4-2）。受检者坐在屏前 1m 处，遮盖其中一眼，下颌置于支架上，受检眼正对屏幕中心并注视不动。检查者持视标由周边向中央在各径线上缓慢移动，测验受检者的辨别情况并随时用小黑头针插于绒布上做标记，检查完毕再转记于视野表上。检查时的各项条件均应记录，以留作复查时比照。

三、色觉检查

　　色觉是在明亮处视网膜视锥细胞的主要功能之一。通常认为色觉正常者视锥细胞有感

受三种原色(红、绿、蓝)的感光色素,每一种感光色素主要对一种原色光产生兴奋,而对其余两种原色仅发生程度不等的反应,如在红色光的作用下,感红光色素发生兴奋,感绿光色素有弱的兴奋,感蓝光色素的兴奋更弱。如果视锥细胞缺少某一种感光色素,就形成先天性色觉障碍,先天性色觉障碍者往往不自觉其有色觉异常。色觉障碍也可以是后天性的,在视网膜到大脑皮质中枢之间的视路上,任何部分的损害都可能形成后天性色觉障碍,红、绿色觉障碍在视网膜及视路病变时早于蓝出现,脉络膜病变时则反之。

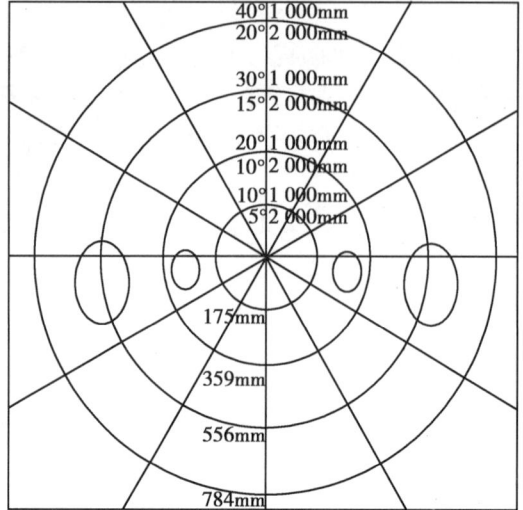

图 4-2 平面视野计屏

色觉障碍包含色弱与色盲两种类型。色盲是无法正确感知部分或全部颜色之间的区别;色弱为能辨认颜色但感受性较低的轻度色觉异常。按照三原色学说,对 1 种原色缺乏辨别力者,称为二色视觉,包括红色盲、绿色盲、蓝色盲,蓝色盲少见;对 2 种原色缺乏辨别力者,为全色盲,更加罕见。色弱分为红色弱、绿色弱、蓝色弱三种,蓝色弱亦少见。

(一) 彩色线团挑选法

在一堆各种色彩混杂的线团中选取某色线团,让受检者挑选出颜色相同的线团,视其所挑选的颜色是否正确初步判断有无先天性色觉异常。

(二) 假同色表(色盲检查表)

国际上常用的有石原忍氏假同色表,国内常用的有俞自萍假同色表。检查在自然光线下进行,距离为 0.5m,不必两眼分别进行,屈光不正者可戴镜受检,让受检者在 5 秒内读出,然后按表内所附说明书,判定为何种色盲或色弱。

(三) 色盘棋子试验法

色盘由 15 个有色棋子做成,棋子的一面颜色接近但逐渐变色,背面则按颜色的渐变顺序编上序号。检查者将 1 号棋子放在最前,嘱受检者依次将与前一个棋子颜色最接近的棋子排在前一个棋子之后,排好后根据其排列的棋子是否按 1 → 15 的顺序来判断有无色觉障碍。

四、暗适应检查

当人从明处进入暗处时,对光的敏感度逐渐增加,最终达到最佳状态的过程称为暗适应。反之,由暗处到明处,也需经过一段时间方能适应,这种适应过程称为明适应。在暗适应状态下,视网膜的中心视力和色觉极度降低,但对光的敏感度却大大增加。当维生素 A 缺乏、青光眼及某些视网膜、视神经病变时,均可使视网膜的敏感度显著下降而发生夜盲,故暗适应检查对这些疾病的诊断有一定帮助。

(一) 对比法

是一种简单、粗略的方法,以夜光表上的荧光时数作为在暗室里检查的指标。将夜光表放在铺有白布的桌面上,用 75W 电灯投照桌面,检查者和受检者并肩而立,同时注视桌面白布 5 分钟(这一过程称为明适应),然后关闭电灯,继续注视桌面,直至看到表的时数刻度开始发光为止。在检查者暗适应正常的前提下,如果检查者和受检者在同一时间、同一距离发现光亮,则表明受检者的光觉大体正常。如果受检者需要向前移近才能发现光亮,则可根据两人的距离比推算受检者光学损害的大概程度。如受检者与检查者所需的距离比为 1:2,则受检者的光觉约为正常人的 1/4(因光的亮度与距离的平方成反比);如两人的距离比为 1:3,则受检者的光觉约为正常人的 1/9。需要比较准确地测定光觉能力时,可用暗适应计检查。

(二)暗适应计法

常用 Hartinge 计、Goldmann-Weeker 计等,基本结构相似,有可调光强度的照明装置及记录系统。暗适应计重点检查暗适应曲线及其阈值。现介绍 Goldmann-Weeker 计检查法。检查前受检者先在暗室停留 10 分钟,然后进入绝对暗室,面对暗适应计的球口,固定下颌,双眼注视球中央 2 分钟,继而接受球面内 3 000asb 亮度的前曝光共 5 分钟,立即熄灭前曝光灯,在绝对黑暗下令受检者注视球中央试盘中心上方 11° 投射的红光点,并分辨试盘上的黑白条道。检查前先将试盘亮度调节旋钮转到最大,使打孔记录杆针尖对准记录图表对数 7 单位处。

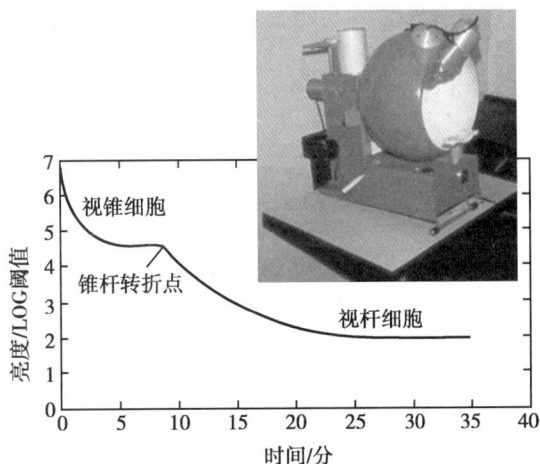

图 4-3　暗适应曲线

记录表安放在自动转鼓上。记录图表纵坐标为亮度,用对数单位表示;横坐标为时间,单位为分。当受检者能分辨黑白条道时,迅速转动旋钮减弱试盘的亮度至不能分清黑白条道为止,待其又能分清黑白条道时,在图表上打孔记录亮度,再继续降低试盘亮度至不能分清黑白条道,待其又能分清黑白条道时在图表上打孔记录,如此反复,持续 30 分钟。取下图表,连接记录表上的针孔点即绘成暗适应曲线(图 4-3)。

第三节　眼前段检查

眼前段包括胞睑、两眦、白睛、黑睛、神水、黄仁、瞳神、晶珠、眼珠。检查时先右后左,如一眼患有红赤畏光、流泪疼痛等胞睑、白睛、黑睛病变时,可先检查健眼,在完成常规视功能检查后行仪器及器械等检查。检查时由外而内,双眼对比,动作应轻巧、小心细致。

检查时可利用自然光线或聚光手电筒作光源,其顺序及方法如下:

一、胞 睑 检 查

检查胞睑皮肤色泽,是否红赤、青紫,是否红肿如桃或虚起如球,有无潮红而起疹或糜烂渗液。胞睑是否活动正常、开闭自如,是否垂闭难开或开提不闭,再比较两眼是否对称。胞睑有无硬结,触之是否疼痛拒按,硬结是否与皮肤粘连,有无脓头或溃破,如有外伤史,应检查有无皮肤撕裂。检查睑缘是否内卷或外翻,睫毛排列是否整齐规则,有无倒睫乱睫或睫毛脱落,睫根有无鳞屑、脓疱、痂皮、溃疡。胞睑红肿疼痛者应检查患侧耳下前方有无肿核,是否压痛。

检查胞睑内面是否光滑,有无红肿与小脓点,有无滤泡、乳头、结石、异物、瘢痕及新生物,有无如石榴子样排列的扁平乳头及排列整齐的滤泡。

附:眼睑翻转法

(一) 上睑翻转法

1. 单手翻转法　嘱受检者向下看,检查者拇指放在受检眼上睑中央近睑缘处,示指放在上睑中央眉弓下凹陷处,两指夹捏皮肤向前下方轻拉,然后示指轻压睑板上缘,拇指同时将上睑皮肤向上捻转,上睑即被翻转,露出上睑结膜。此时另一手拇指在下睑轻轻向上推眼球,即可暴露上穹窿结膜。

2. 双手翻转法　以拇指、示指夹捏受检眼上睑近睑缘处皮肤,向前轻拉,捻转,另一手持玻璃棒或棉签横置于睑板上缘,向下压迫,上睑即被翻转。

(二) 下睑翻转法

嘱受检者向上看,检查者左手拇指将下睑轻轻往下拉,即可暴露下睑和穹窿结膜。

(三) 婴幼儿眼睑翻转及眼珠检查法

检查者与家长对坐,患儿头向检查者平卧在家长两膝上,家长用两肘夹住患儿两腿,双手按患儿两手,检查者用两膝固定患儿头部避免其乱动,两手拇指轻轻拉开上下睑,并稍加挤压,眼睑即可翻转。如有黑睛疾病或外伤时,禁止使用本法,以免引起眼珠穿孔,若必须检查眼珠,则应用眼睑拉钩轻轻牵开上下睑进行检查。

二、两 眦 检 查

查看两眦是否红肿、干裂或糜烂。大眦内泪阜及皱襞有无红肿。泪窍是否存在,是否吻贴眼球,有无外翻或内翻。睛明穴下方有无红肿压痛,是否能触及肿物,有无瘘管;压迫眦部有无黏液自泪窍溢出,量多少;外眦上方是否能触及肿块及压痛等。

泪液分泌量检查可用希尔默试验(Schirmer test):在双眼睑正常开合的情况下,用5mm×40mm 滤纸条,将一端折叠 5mm,置于下睑内侧 1/3 的胞睑内面,其余部分垂挂于下睑皮肤面,轻闭双眼,5 分钟后拿下滤纸,测量被泪液浸湿的长度。正常平均为 15mm 以上,不足 5mm 为异常。

附:泪道检查

(一) 泪道冲洗法

泪道冲洗法是将生理盐水或药液注入泪道并观察液体流向的方法,用以探测泪道是否通畅及清除泪囊中积存的分泌物。其作用为:①判断泪道是否通畅、有无狭窄、阻塞部位在何处;②清洗泪囊内积存的分泌物,并注入药液以治疗;③作为泪囊及内眼术前常规清洁消毒。

方法:用 0.5%~1% 丁卡因溶液点眼 2 次,或用蘸有丁卡因溶液的小棉签,夹在内眦上、下泪点之间 2~3 分钟后,去除棉签,让受检者取坐位或仰卧位,头稍后仰,检查者左手轻拉下睑暴露泪小点,如泪小点太小可先用泪点扩张器暴露泪小点,右手持装有 5~10ml 生理盐水或药液并套有专用泪道冲洗针头的注射器,将针头对准下泪小点垂直插入,深度约 1.5mm,再使针头向鼻侧转 90° 至水平位,针头沿泪小管缓缓向鼻侧推进,直至触及骨壁,再将针头稍稍后退,随后缓缓注入冲洗液。若有阻力,则不可强行推注。在注入液体后,可询问受检者是否感觉咽部有液体流入,若为婴幼儿,则可观察其有无吞咽动作。

若泪道通畅,液体顺利流向鼻咽腔,受检者会立即感觉液体直达咽部;若鼻泪管狭窄,冲洗时检查者会感到有阻力,并见大部分冲洗液从上泪点反流,少部分入咽部。鼻泪管阻塞者,液体全部从上泪点反流;漏睛患者,液体从上泪小管反流并带脓样黏液;泪总管与泪囊汇合处阻塞者,鼻咽部无进水感觉,检查者将针头推进时有坚韧的抵抗感,液体推进阻力很大;泪小管阻塞者,液体从原泪点反流(图4-4)。

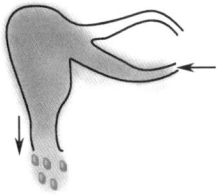

泪道通畅:顺利流向下鼻道　　鼻泪管狭窄:少量或点滴往鼻腔　　鼻泪管阻塞:从上泪小管反流

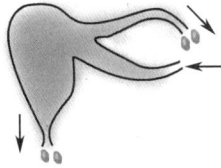

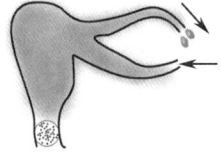

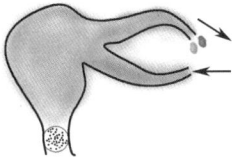

漏睛症:带脓性黏液从上泪小管反流　　泪小管阻塞:原路反流　　泪小管汇合处阻塞:从上泪小管反流

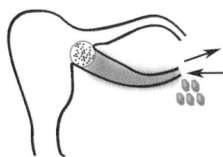

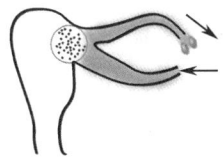

图 4-4　泪道冲洗结果分析

冲洗前应向受检者及家属解释冲洗的目的和方法,以取得理解与合作,冲洗针头行进时要动作轻柔,以免损伤泪小管壁。冲洗时针头勿顶住泪小管内壁,否则可能造成液体推注困难而误诊。如液体推注后出现眼睑浮肿,则可能为误伤泪道致冲洗液进入眼睑皮下组织所致,应中止冲洗,必要时使用抗生素以预防感染。如为漏睛患者,冲洗前应先挤压内眦下方,使分泌物被压出后再冲洗。如下泪小管阻塞,液体不入鼻咽腔而全部由原泪点反流者,可再从上泪小点进针冲洗,以判断阻塞部位及情况。

（二）荧光素钠溶液试验法

用 1%~2% 荧光素钠溶液 1 滴滴眼 2~5 分钟后,观察鼻液是否被染成绿色,以判断泪道的通畅情况,是否有狭窄或阻塞。如 1 分钟内结膜囊内的色液消失而鼻液出现绿色,说明泪道通畅,排出功能良好;如 5 分钟后色液仍停留在结膜囊内而不出现在鼻腔,则表示泪道阻塞。亦有以味觉试剂滴入,观察受检者感觉以做判断。

三、白睛检查

检查白睛时,以示指和拇指轻轻将上、下胞睑分开,并让受检者向上、下、左、右各方转动眼球,观察白睛有无充血,是弥漫充血还是局限充血,明显红赤还是隐隐淡红,远离黑睛部位明显还是围绕黑睛红赤呈抱轮状;用手指轻推压,观察血管是否随之移动。白睛有无异物、撕裂、结节、肿胀或小疱疹,是否拒按。白睛透明度如何,有无失去光泽、晦暗无光,有无皱纹,黑睛两侧的白睛上有无泡沫样物。白睛有无发黄、污灰、青蓝色斑或鲜红出血斑。有无与胞睑粘连。如有外伤史,更要注意白睛有无贯通伤,有无异物或眼球内容物嵌顿于创口等。

四、黑睛检查

检查黑睛大小及透明度,有无光泽,表面是否光滑,知觉是否正常。注意有无灰白色混浊与血管伸入。如有混浊,则应注意其位置在正中或偏旁,其形态是点状、片状、树枝状、地图状或圆盘状,大小及深浅程度如何。混浊部位表面光滑还是粗糙,境界清楚还是模糊,滴荧光素钠后着色与否,并观察黑睛有无凹陷、溃烂,如黑睛有血管伸入,则要观察血管是鲜红色树枝状还是暗红色毛刷状,必要时绘图表示。

观察有无角膜后沉着物(keratic precipitates,KP),其形状、颜色、大小及分布部位如何。

黑睛上如有膜样物,应观察其颜色、形状、厚薄,来自哪个方向,是进行性发展还是处于静止状态。

如有外伤史,应检查黑睛上有无异物,有无贯通伤痕迹,有无黄仁绽出,必要时拍摄 X 线片。如条件允许,应使用裂隙灯显微镜检查有无较细微的病变。如眼痛甚难睁开,则应滴表面麻醉药后再检查,动作宜轻,小儿可借眼睑拉钩帮助开睑。

荧光素钠染色法:用 1%~2% 荧光素钠溶液滴眼并轻瞬目,使荧光素钠均匀涂布,再用生理盐水冲洗。如黑睛表层缺损或溃烂,则该处被染成绿色;如黑睛完好表面光滑则不着色。

黑睛知觉检查法:将棉签前端棉纤维捻出一纤细尖端,从受检眼颞侧伸入轻触黑睛,如立即引起瞬目,表示黑睛知觉正常。注意检查时勿使棉签触及眉毛与睑缘,棉签不可从正前方伸入。

五、神水(房水)检查

观察神水是否清澈透明,有无混浊、积脓、积血,有无异物,并注意观察前房深浅。

六、黄仁检查

观察黄仁色泽是否正常,是否色如褐土般晦暗,纹理是否清楚,有无肿胀、膨隆、缺损、萎缩,根部有无离断。黄仁上有无新生血管、结节,有无趋前与黑睛粘连或靠后与晶珠粘连;当眼球转动时,黄仁有无震颤。

七、瞳神检查

注意瞳神大小、形态、位置、对光反射,要两侧对比。观察瞳神形状是圆形、花瓣状或不规则形,位于正中或偏于某侧,瞳孔大小是否正常,两眼瞳孔是否等大,对光反射灵敏、迟钝或消失,并详细记录。

瞳孔对光反射检查法:用电筒光直接照射受检眼时,该眼瞳孔缩小,称为直接对光反射,另眼瞳孔也缩小则称为间接对光反射。

八、晶珠检查

首先检查晶珠是否透明,如发现灰白色混浊,则应观察其形态呈羽毛状、车辐状、点状、片状、珊瑚状或圆形,是散在还是局限于某部位,在中央或周边,必要时散瞳检查。其次,要注意晶珠有无脱位,如前房深度增大,黄仁震颤,可能是晶珠全脱位至神膏所致;前房深浅不等,可能由晶珠半脱位引起,有时还可于瞳神内看到一新月形的边缘,用检眼镜可以看到两个眼底像。

九、眼 珠 检 查

注意眼珠的大小,有无突出或内陷,位置有无偏斜,嘱受检者头部固定眼珠向各个方向注视,以观察眼珠是否转动自如,有无某方位转动受限(正常眼向外转时黑睛外缘可达外眦角,向内转时瞳神内缘和上下泪窍成一直线),眼珠有无沿上、下、左、右方向或旋转式的颤动。

附:眼球突出度检查法和斜视检查法

(一) 眼球突出度检查法

1. 普通尺测量法 将带有毫米刻度的透明直尺的顶端放在颞侧眶缘,令受检眼平视正前方,检查者从侧面观察角膜顶点在尺上的刻度值,即为眼球突出度数,并将两眼测定的结果做比较。

2. 眼球突出计测量法 将眼球突出计平放在两眼前,突出计支架两侧的小凹固定在两颞侧眶缘,令受检者向前直视,当检查者从眼球突出计的反光镜中看见两条黑线重叠时,观察角膜顶点的位置,角膜顶点在尺度上的度数即为眼球突出的度数(图4-5)。记录眼球突出度数与两颞侧眶缘的距离,以便下次检查做对照。

我国正常人眼球突出度为12~14mm,平均为13.6mm,两眼相差应小于2mm。正常眶距平均值为96~98mm。

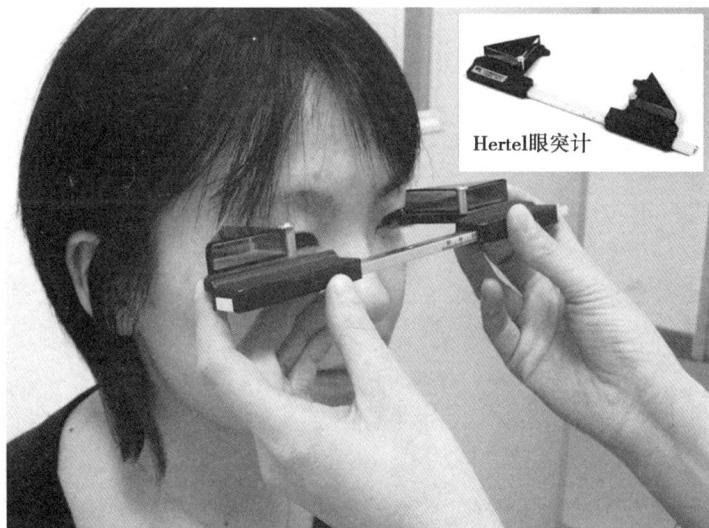

图4-5 眼球突出计测量法

(二) 斜视检查法

1. 遮盖法 受检者双眼平视正前方,检查者用一遮板交替遮盖一眼,如遮盖任何一眼另一眼均固定不动,则是正位。若遮盖右眼,左眼注视,将遮板迅速移遮左眼,此时如右眼移向鼻侧则属外斜视,移向颞侧则属内斜视。以同法检查另一眼。

2. 角膜反光点测定斜视角　检查者将一电筒光置于受检者两眼之间正前方约30cm处，受检者双眼注视电筒光，检查者在正前方观察电筒光在受检眼角膜上反光点的位置。如反光点在两眼角膜正中央，则两眼位置正常；如反光点偏于正中央的内侧为外斜视，偏于正中央的外侧为内斜视。根据反光点偏位的距离，估计出斜视的度数。反光点在瞳孔边缘者约为斜视 10~15°；反光点在角膜边缘者约为斜视 45° 左右；反光点在上述两个位置中间者约为斜视 30°。

第四节　内 眼 检 查

内眼各部分(如玻璃体、视网膜、脉络膜、视盘)病变及某些全身性疾病(如高血压、糖尿病、血液病、肾病等)的眼底病变，都要进行内眼检查，以协助诊断。

内眼检查常在暗室内进行，借助光学仪器透过瞳孔观察，一般可在瞳孔正常大小状态下窥视，必要时可在眼压正常的情况下以药物散瞳，做较详细的检查。

检眼镜是用于检查内眼的仪器，分为直接与间接两种。直接检眼镜所见的为正像，放大约 16 倍，可见范围较小；间接检眼镜所见的为倒像，能放大 4 倍，可见范围大。目前我国比较普遍使用的是直接检眼镜。

一、直接检眼镜检查法

检查者手持检眼镜柄，示指按在检眼镜的轮盘边缘，以便根据需要拨转(图 4-6)。

检查右眼时，检查者右手持镜，站于受检者右侧，以自己的右眼观察；检查左眼时则相反(图 4-7)。

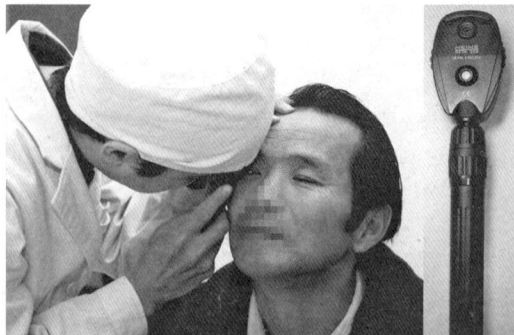

图 4-6　持直接检眼镜法

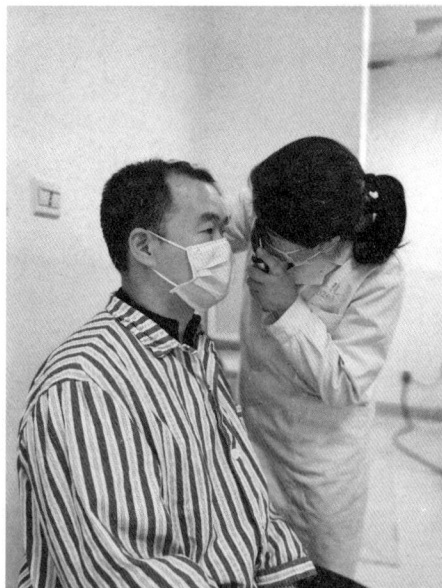

图 4-7　直接检眼镜检查法

先利用检眼镜做透照法检查眼内屈光间质的透明度。检查者将直接检眼镜的轮盘转至

+8~+12 屈光度处,嘱受检者双眼直视远方,然后将检眼镜放在受检眼前 10~20cm 处,将检眼镜光线射到受检眼的瞳孔区,从检眼镜小孔窥视。正常瞳孔区呈弥漫性橘红色反光,如发现点状、线状或团状黑影时,嘱受检者向各个方向转动眼珠后向前注视不动,若混浊随眼珠转动而移动,提示混浊在角膜或晶状体上;若眼珠停止转动后,黑影仍不停地游动,提示混浊在玻璃体内。

透照法检查完毕,可将检眼镜轮盘拨到"0"位置上,准备检查眼内各部。将检眼镜移至受检眼前 2~3cm 处对眼内进行窥视,注意勿触及受检眼的睫毛,并嘱受检者向受检眼的外上方注视。若受检眼与检查者窥视眼均为正视眼,便可看清眼底像。如受检眼或检查者有屈光不正时,应调整转盘度数,至能看清视神经乳头形态为止。

为使眼底检查细致而不遗漏,检查时可按以下顺序进行。

1. 视神经乳头(视盘) 正常视神经乳头呈圆形或稍呈椭圆形,边界清楚,颜色淡红。中央偏颞侧颜色较浅而稍凹陷,其大小虽因人而异,但绝不达到视神经乳头边缘;生理凹陷底部隐约可见一些暗灰色的小点,该处即为筛板。视网膜中央血管由视神经乳头中央部进入眼底,视神经乳头上的静脉有时可见搏动。注意观察视神经乳头的大小、形态、边缘是否清楚,颜色如何,有无红赤或褪色,有无水肿、出血、渗出,生理凹陷有无扩大或加深,甚至呈杯状,视神经乳头上的血管有无偏向鼻侧及屈膝样改变,动脉有无搏动,有无新生血管或赘生物。可疑青光眼者,应测量杯盘直径比值(简称杯盘比,常表示为杯 / 盘或 C/D)。正常人的杯 / 盘常在 0.3 以下,如果杯 / 盘>0.6,应进一步排除青光眼。

2. 视网膜中央血管 视网膜中央血管进入眼内分上、下两支后,再分为颞上、颞下、鼻上、鼻下四支,然后又分许多小支,分布于视网膜各部。动脉色鲜红,较细,静脉色暗红而较粗。正常时,动脉与静脉第 1~2 分支的管径之比为 2:3,通过血管壁可以看到血柱。

视网膜血管是人体唯一用检眼镜可以直接看到的血管。检查时要注意血管的粗细,有无狭窄或局部扩张现象;血管走行有无变直或迂曲,动脉血管壁反光是否增强,是否呈铜丝状,甚至银丝状外观,血管两旁有无白鞘伴行,或因阻塞呈一条白线状;静脉血管有无变粗、怒张、扭曲呈腊肠样外观。注意观察相对等的动脉与静脉管径的比例,动静脉交叉处有无交叉压迫征及有无侧支循环形成等。

3. 视网膜 正常的感觉层视网膜是透明组织,因脉络膜及色素上皮层使眼底呈均匀的深橘红色外观,也有因脉络膜色素较多并充实于血管之间,使红色脉络膜血管可透见而呈豹纹状眼底。

4. 黄斑区 黄斑位于视网膜后极、视神经乳头的颞侧略偏下方,距视神经乳头 2~2.5 视神经乳头直径左右,范围略大于一个视神经乳头,颜色较视网膜其他部位为深,无血管。其中央可见一针头大反光点,为中央凹光反射。青少年因视网膜反光强而在黄斑周围可见一反光晕。

检查时要注意黄斑区有无水肿、出血、渗出、色素紊乱、萎缩斑或黄斑裂孔,更要注意观察中央凹光反射是否存在。

二、间接检眼镜检查法

间接检眼镜是由一个中央有圆孔的凹面反光镜、一个 +13 屈光度的凸透镜,配合一较强的光源所组成。检查者与受检者在暗室相对而坐,距离约 0.5m。置光源于受检者左后方,与其眼部在同一水平面上。检查者右手持凹面反光镜放于自己右眼前,将光线反射入受检眼瞳孔内,即可见红光反射,如屈光间质有混浊存在,可立即发现。然后用左手拇指和示指持+13D之透镜,放在受检眼前约8cm处。此时将凸透镜稍微前后移动,即可通过凹面镜中央孔看到受检眼眼底之倒像(图4-8)

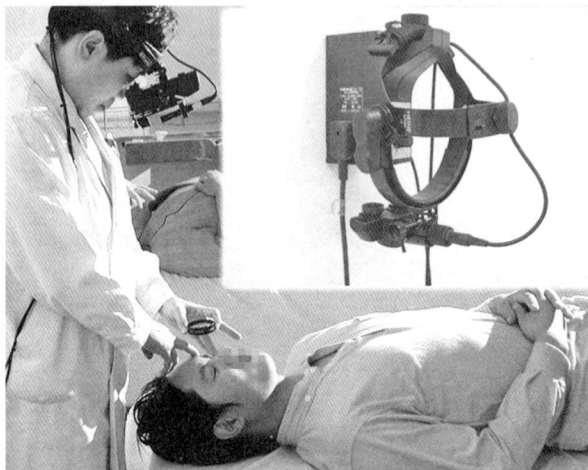

图4-8　间接检眼镜及检查法

检查右眼的视神经乳头,嘱受检者注视检查者右眼;检查左眼视神经乳头时,则注视检查者左眼;检查黄斑时,应注视反光镜之观察孔;检查其他各部时,可嘱受检者向各方向转动眼球以配合。

三、眼底检查记录方法

眼底检查结果需绘成简图并做记录。描述眼底病变的部位,通常以视神经乳头、视网膜血管、黄斑为标志,注明病变的方位,以及病变与这些标志位置的关系,如颞上方、颞下方、鼻上方、鼻下方等。距离一般以视神经乳头直径来测算,如距视神经边缘约多少视神经乳头直径。病变的大小也以视神经乳头的大小为对照,如约1/2视神经乳头大小等。

每一视神经乳头直径实际约1.5mm。病灶如有隆起或凹陷,则以若干屈光度表示,每3屈光度相当1mm。

画简图时,一般使用不同颜色的铅笔标识眼底及其病变。通常以红色标识视网膜动脉、视网膜出血;蓝色标识视网膜静脉、视网膜脱离;黄色标识渗出物;黑色标识视网膜色素等。

第五节　眼压检查

常用的检查方法有指测法与眼压计测量法。

一、指测法

此法借助检查者指尖感觉到的眼球张力估计眼球的硬度。检查时无需任何仪器,方法简便灵活,但所得结果较粗糙,且检查者需有较丰富的经验,方可对眼压做出较正确的估计。

检查者将两手的示指尖腹面放在上睑板上缘的皮肤面上,两指交替轻压眼球,借示指尖感到的波动,估计眼压高低(图4-9)。

记录方法:"T_n"表示眼压正常;"T_{+1}"表示眼压轻度增高;"T_{+2}"表示眼压中度增高;"T_{+3}"表示眼压极高,眼球坚硬如石。如眼球稍软于正常,记录为"T_{-1}";"T_{-2}"为中等软;"T_{-3}"为眼球极软。

图4-9 眼压指测法

二、眼压计测量法

(一) 压陷式眼压计法

压陷式眼压计是以一定重量的砝码(有5.5g、7.5g、10g和15g四种)压陷角膜的深度来计算眼压的(图4-10)。

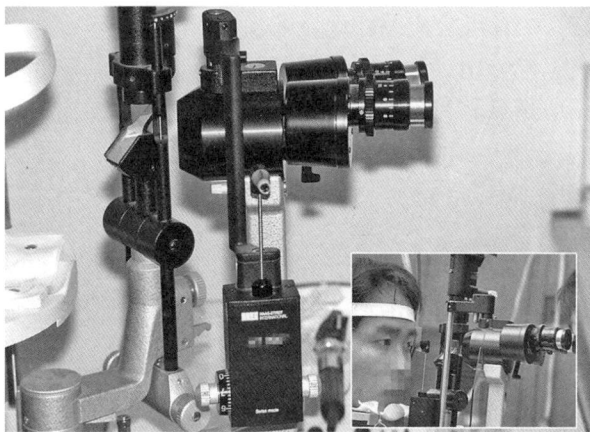

图4-10 压陷式眼压计

测前先在标准试盘上测试眼压计,指针指在"0"时为准确。然后用75%酒精棉球消毒眼压计的底板及压柱下端露出部分,待干后方可使用。测量时,受检者低枕仰卧,滴0.5%丁卡因(对丁卡因过敏者可用1%~2%利多卡因)2~3次做表面麻醉后,双眼自然睁开,注视正上方目标,使角膜恰在水平正中位,检查者右手持眼压计,左手拇指、示指轻轻分开上、下眼睑,并固定在上下眶缘上,切勿压迫眼球,操作时避免检查者左手遮挡另一未检眼,右手持眼压计使之垂直,将底板轻轻放在角膜中央。开始用5.5g砝码测量,迅速读出指针所指刻度后立即提起眼压计,以免擦伤角膜。如指针读数小于3时,则应更换较重砝码,重新测量。测量完毕,点消炎眼药水1~2滴,以防感染。

测出的读数查换算表求得实际眼压值(mmHg)。记录时以所使用的砝码重量为分子,指针所指的刻度为分母,换算所得实际眼压值记在等号之后,如右眼5.5/4=2.75kPa

(20.55mmHg)，左眼 7.5/5=3.43kPa(25.55mmHg)。正常眼压为 1.36~2.77kPa(10~21mmHg)。低于 1.36kPa(10mmHg)为低眼压，超过 2.77kPa(21mmHg)时，应进一步检查以排除青光眼。

压陷式眼压计的缺点是不能排除巩膜硬度的影响，可用 5.5g 与 10g(或 7.5g 与 15g)砝码各测 1 次，然后查表得出校正眼压。

(二) 压平式眼压计法(NCT 法)

压平式眼压计利用电子学、光学、气流学技术，以空气脉冲作为压平的力量，当角膜被喷射的气体压平到所需范围(3.6mm 平面)时，压平部位反射光则由仪器的监视系统所记录，气流造成压平角膜所需时间与眼压成比例，计算机系统根据所需时间换算成眼压(kPa)，以数字显示结果。

测量时如气流斜向角膜可使读数偏高；泪液多可使测量值偏高；瞬目、挤眼可使眼压值受影响。

此法在测量时仪器不与眼球接触，不需做表面麻醉，操作简单，无交叉感染风险，受检者无不适感。缺点是仪器价格昂贵，角膜混浊、高度散光、固视不良者不宜使用。

第六节　裂隙灯显微镜检查

裂隙灯显微镜由光源投射系统与光学放大系统两个部分组成。光源投射系统即裂隙灯，光学放大系统即显微镜，两者组合成裂隙灯显微镜(图 4-11)。

裂隙灯显微镜既能十分清楚地观察眼的浅表细微病变，又可通过调节焦点和光源宽窄，做成光学切面，使深部组织的病变也能层次分明地被观察到，还可配合前置镜、接触镜、前房角镜与三面镜等来检查前房角、后部玻璃体、视网膜周边部等，用途甚为广泛。

裂隙灯显微镜检查必须在暗室内进行，才能获得良好的效果。检查时，受检者头部固定在头架上，下颌置颌架上，前额要接触头架上的横行弧形挡板，双眼睁开。一般先用低倍显微镜观察，因为低倍镜的观察范围较大而物像清晰。倍数越高，物像越大，范围越小。常用的检查方法有以下几种：

一、弥散光线照明法

裂隙灯与显微镜的角度可以增大，同时将光源的裂隙也开大，广泛照射眼部，通过显微镜观察，可以粗略地检查到眼睑、结膜、前巩膜、角膜等眼前部组织。如有病变存在，则换用其他照明法仔细观察。

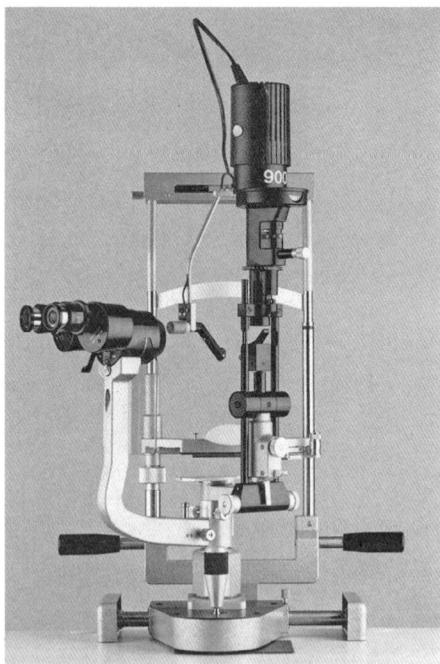

图 4-11　裂隙灯显微镜

二、直接焦点照明法

直接焦点照明法是将光源焦点与显微镜焦点联合对在一起，是临床上最常用的检查法。

它可自前到后观察角膜、前房、晶状体及玻璃体前 1/3 等各层次的细微病变。

(一) 角膜

裂隙灯强光照射在透明的角膜上,则角膜呈现一个灰色的长立方体光学切面,其前面向裂隙灯方向突出,后面呈凹陷状(图 4-12),借此可以观察其弯曲度、厚度、有无角膜异物及角膜后沉淀物,角膜各层有无浸润、溃疡、瘢痕等病理改变及其形态。移动检查部位,按此法可全面搜寻角膜上更为细小的病变。

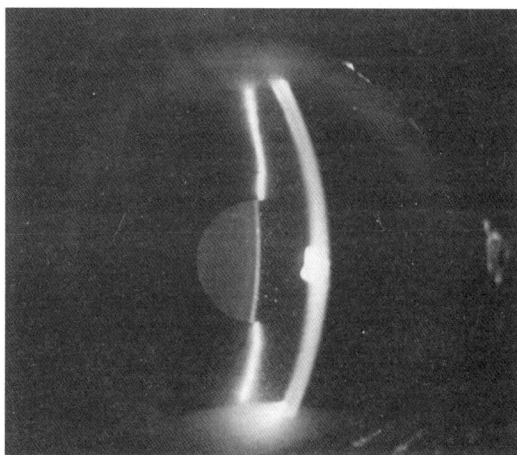

图 4-12　角膜光学长立方体

(二) 前房

将操纵杆向受检眼方稍为推进,显微镜及裂隙灯的焦点便从角膜移至前房,将裂隙调节成细小光柱射入前房,以详查前房水是否透明,有无混浊物,如房水出现灰光带,并可看到有细小颗粒于房水内游动,提示房水混浊,称房水闪光(又称 Tyndall 现象)阳性。

(三) 晶状体

将操纵杆继续稍向受检眼方前移,并做成窄裂隙光投射在晶状体上,晶状体出现一光学切面。将焦点从晶状体前囊渐渐后移,便可以逐一看清晶状体核、皮质、囊膜等各层次的情况。如看到晶状体有混浊,应仔细观察其部位、形态,以便分析属于何种类型的混浊。

(四) 玻璃体

用窄裂隙光投射在玻璃体内,可以看到前 1/3 玻璃体。当瞳孔放大时看得比较清楚,可见其像悬挂的淡灰色薄薄纱幕,随眼球运动而有轻度飘动。如发现玻璃体内有棕色或白色的点状、条状或乱丝状混浊物,或纱幕样物,且密度增大、线条较粗、动荡甚者,皆为病理改变。

三、后部反光照明法

后部反光照明法又称后照法,即将灯光照在受检查目标的后方,用于检查角膜与晶状体用直接照明法不易查出的一些细微病变。由于显微镜的方位不同,后照法又可分为以下两种:

（一）直接后照法

显微镜位于反射光路中。如检查角膜后沉着物，则将灯光照射在后沉着物的背后，显微镜观察的方向恰在反射光路里，以虹膜作背景，看到灰白色的后沉着物衬在明亮的虹膜照亮区上，显得特别清晰。

（二）间接后照法

与直接后照法相仿，只需改变显微镜的方向即可，即显微镜观察方向不在反射光路中，不以虹膜作背景，而以瞳孔作为背景，角膜上的目标被侧逆光照射，在黑色的瞳孔背景衬托之下，目标甚为清晰。晶状体及其后方的混浊物，在眼底反光的衬托下亦显得醒目。

四、角巩膜缘分光照明法

角巩膜缘分光照明法是将裂隙灯光照在角膜缘，利用角膜的透明性，光线能在角膜缘内部全反射，使角膜缘其他部位出现明亮的光晕，尤其对侧特别清楚。此时显微镜焦点对准角膜，如角膜有任何混浊，如薄翳、水疱、沉着物、血管、伤痕等，均一目了然。

五、镜面反射带照明法

角膜及晶状体前后面均十分光滑，当光照射到各个表面时均能形成规则的反光。显微镜在规则反射的光路上，看到的光反射称镜面反射。如在某一表面上有不光滑部分，则该处呈不规则反射。因此，用镜面反射带照明法可仔细观察角膜前后与晶状体的前后囊膜。

六、间接照明法

将灯光聚焦在检查目标的旁侧，再用显微镜观察目标。如将灯光照在角膜缘附近的巩膜上，则易于检查角膜缘的角膜部分；灯光投射到虹膜上，则观察附近虹膜组织情况等。

第七节　荧光素眼底血管造影

荧光素眼底血管造影（fundus fluorescein angiography，FFA）是 20 世纪 60 年代新兴的眼科诊断技术。其方法是将荧光素钠注入静脉，应用装有特定滤光片组合的眼底照相机，快速连续拍摄随血液在眼底血管内流动的荧光素循环状态，以及荧光素在血管外组织中扩散的正常或异常形态和部位，为临床诊断和科研提供有价值的客观依据。

荧光素眼底血管造影具有普通检眼镜不具备的独特作用，广泛应用于临床，了解了很多视网膜、脉络膜和视神经病变的机制，提高了眼底病的诊疗水平，成为眼底病诊断和科研的重要手段，被誉为 20 世纪 60 年代眼科学的重大进展之一。

一、基　本　原　理

（一）荧光素

临床使用的是荧光素钠，分子式 $C_{20}H_{10}O_5Na_2$，分子量 376.3，在 pH=8 时荧光最强。注射后约 60% 的荧光素在血液中与血清蛋白结合，少量与血细胞结合，其余为游离荧光素，游离的荧光素可以发出很强烈的荧光。静脉注射常用浓度为 10% 或 20%，剂量为 15~20mg/kg。荧光素钠不参加体内代谢，24 小时内从体内完全排出，很少有不良反应。

(二) 滤光片

1. 荧光素在血液中,吸收波长 490nm 的蓝色光后,能发出最强烈的荧光。因此,应选用只能让蓝色光通过而不让其他波长光线通过的滤光片,此滤光片称为"激发滤光片",安装在光源前方。

2. 当荧光素循行到眼底血管中时,被特定波长的激发光所激发,便发出强烈的荧光,此荧光呈绿色,波长为 520nm。为了提高荧光显影的清晰度,要在观察目镜前安置一片便于 520nm 波长光谱通过而其他波长光谱不能通过的滤光片,称为"屏障滤光片"。

(三) 眼底照相机

眼底照相机配备滤光片系统和电子闪光装置、自动卷片同步曝光装置、电动计时器、资料记录器等。

(四) 胶片

选用 135mm、27DIN(ASA400)的全色胶片。

综上所述,荧光素眼底血管造影是用荧光素钠注入血管作为造影剂,荧光素随血流进入眼底血管时,在蓝色光波的激发下,发出黄绿色荧光,从而提高眼底血管的可见度和清晰度,以了解眼底血管的微细结构和微循环的变化,以及血管组织的病理生理改变。

二、荧光素眼底血管造影的方法与要点

(一) 造影前准备

1. 详细询问病史及有无过敏史。对严重高血压、心脑血管疾病、肝肾功能损害者应谨慎,避免出现意外。

2. 向患者解释造影的步骤及注意事项,消除紧张心理,检查前可酌情给予抗过敏药和镇吐药。

3. 造影前要获取常规眼科检查资料,如视力(裸眼及矫正)、眼压等,并且应对受检眼充分散瞳后详查眼底,并确定造影时需重点拍摄的部位及时间节点,以供造影图像解释时参考。

4. 检查者必须熟悉所用眼底照相机的性能,并准备好需要的物品。

(二) 检查方法

1. 患者的颏部放在眼底照相机的托架上,额部紧贴支架。

2. 先拍摄普通眼底照片和放置滤光片后的对照片。

3. 于肘前静脉或肘正中静脉注射荧光素,一般在 4~6 秒内注射完毕,在推注荧光素时开始计时。

4. 连续拍摄早期造影片(即从动脉前期到静脉早期),每秒 1~2 张,待静脉充盈后停止连续拍摄,改为选择性拍摄,同时转动镜头尽可能观察眼底周边部,重点拍下有病变的部位,间隔时间可根据病情设定。应依照不同疾病,在最合适的时间、最主要的部位拍摄最有价值的荧光图像,提供临床参考。

5. 对注射荧光素后有反应者须及时对症处理。

6. 负片用高反差显影剂冲洗。负片冲洗后,置于读片灯,详细观察放大图像,结合其他眼部检查资料,全面分析,写出造影报告。

7. 要做好造影负片及资料的登记、分类、保管工作,以备随时查阅。

三、荧光素眼底血管造影的临床意义

1. 检眼镜下看到的像是静止的、表面的,而造影所见的像是动态的和内在的。

2. 能够观察到视网膜毛细血管水平的结构。

3. 能够观察到视网膜血管的功能改变。

荧光素眼底血管造影能够提供眼底常规检查以外的许多宝贵资料,大大丰富了眼底病基础研究和临床诊断的内容。

四、正常荧光素眼底血管造影图像

(一) 臂 - 视网膜循环时间

荧光素从肘前静脉或肘正中静脉注入后随血循环到眼底的时间,称为臂 - 视网膜循环时间(A-RCT),正常为 10~15 秒。

(二) 荧光素眼底血管造影的分期

1. 视网膜动脉前期 睫后短动脉的充盈比视网膜中央动脉提前 0.5~1.5 秒,此阶段称视网膜动脉前期,其特征是:①视盘淡弱的早期荧光;②脉络膜斑块状或地图状荧光;③如有睫状 - 视网膜动脉存在也在此时出现。

2. 视网膜动脉期 从视网膜中央动脉开始充盈至静脉充盈前,称为视网膜动脉期。动脉内血流速度很快,1~2 秒后所有动脉则完全充盈。

3. 动静脉期 动脉充盈之后和微静脉充盈之前为动静脉期,或称毛细血管期。

4. 视网膜静脉期 当荧光素从微静脉进入口径较大的分支静脉时,便沿着静脉管腔边缘走行,形成明显的"层流",到荧光素全部充盈静脉腔后,层流现象消失,此时称为视网膜静脉期。荧光素从视网膜动脉充盈到静脉出现层流需要 2.5~3 秒。静脉荧光可持续 15~20 秒以上。

5. 后期荧光 指荧光素从眼底消退之后所见的残余荧光。个体差异较大,一般认为荧光素注射后 10~15 分钟以上为后期荧光。

(三) 正常的黄斑暗区

在造影照片中,正常的黄斑部为暗区。一般认为系该处色素上皮的色素颗粒较浓密,而且黄斑区叶黄醇增多,吸收了大部分荧光所造成的,认识此种暗区与异常荧光遮蔽的不同非常重要。

五、异常荧光素眼底血管造影图像

(一) 循环动态的异常

1. 充盈迟缓 A-RCT 延长,动脉前期延长,可以见到动脉充盈前峰,静脉回流缓慢。

2. 充盈缺损 指视网膜或脉络膜血管网中某支或某部位无荧光素充盈,说明该处有前部循环障碍。

3. 充盈倒置 指睫后动脉和视网膜中央动脉充盈的次序颠倒,即出现视网膜中央动脉先充盈而睫后动脉后充盈。

4. 逆行充盈 当某分支动脉阻塞时,阻塞动脉的近端主干无荧光素充盈,而末梢却有荧光素充盈,这种现象多出现在静脉期。

5. 荧光遮蔽　当眼内有出血、机化物、增生物、渗出物、色素团块及异物等存在时,不论在屈光间质、视网膜前、视网膜内还是视网膜下,都可以遮蔽背景荧光,出现弱荧光区,境界有时很锐利,与该物质的大小部位一致。

(二) 荧光渗漏

当血 - 视网膜屏障和脉络膜屏障受到损害,荧光素从血管外渗,称为荧光素渗漏。荧光渗漏出现两种继发现象。

1. 组织着色　流出的荧光素使周围组织着色,如血管壁着色、视网膜着色、瘢痕着色或巩膜着色等。

2. 染料积存　流出的荧光素积存在组织腔隙中,如视网膜色素上皮下、神经上皮下。积存与着色不同之处在于荧光素液最终能将所积存的腔隙轮廓勾划出来,着色则是境界不清晰、形态不规则。

(三) 色素上皮损害的异常荧光

1. 透见荧光　由于色素上皮内的色素脱失,所以能够透见其后的脉络膜荧光,也称为窗样缺损,特点为造影早期出现荧光,造影过程其形态不变,亮度随脉络膜背景荧光的增强而增强,随脉络膜背景荧光的消退而消退。

2. 色素上皮脱离　造影早期即显荧光,随脉络膜背景荧光增强而增强,造影过程其形态不变,后期脉络膜背景荧光消退后仍保持强荧光。

(四) 异常血管

常见为新生血管,可见于视盘上、视网膜前或视网膜下,特征是新生血管在造影早期即有荧光渗漏。

(五) 自发荧光及假荧光

1. 自发荧光　见于视网膜星状细胞错构瘤和视神经乳头的玻璃疣。

2. 假荧光　眼底白色病变区(如视神经萎缩、脉络膜视网膜上的白色瘢痕及裸露的巩膜组织)常能反射激发荧光,使胶片显影,在阅片时需注意区别。

第八节　视觉电生理

Homaran 在百余年前发现离体的蛙眼在强光照射下有一正电位发生,这是研究视器电生理的开始,以后从生理学的角度对视器的电活动开展了很多研究,并通过这个方面的研究了解到很多有关视器的生理功能,在此仅介绍一些较实用的临床检查。

一、视网膜电图

视网膜受到光刺激后,从感光细胞到双极细胞及无足细胞等能产生一系列的电反应,以后传到神经节细胞,视网膜不同的细胞能产生不同的电位,视网膜电图(electroretinogram,ERG)就是这种不同电位的复合电波(图 4-13、图 4-14)。视网膜电图由一连串的波组成。最先明显出现的是一个负相 a 波,而后产生一个正相 b 波,如患者极合作,光照后眼仍不动,则可记录到缓慢上升的正时相 c 波,此 c 波实际上与眼电图所记录的视网膜休息电位一致。此外,改变检测条件,还可测到早感受器电位(early receptor potential,ERP)、震荡电位(Ops)等。

a 波:负相波,即晚感受器电位,起源于杆体细胞及锥体细胞内段,代表明视反应。

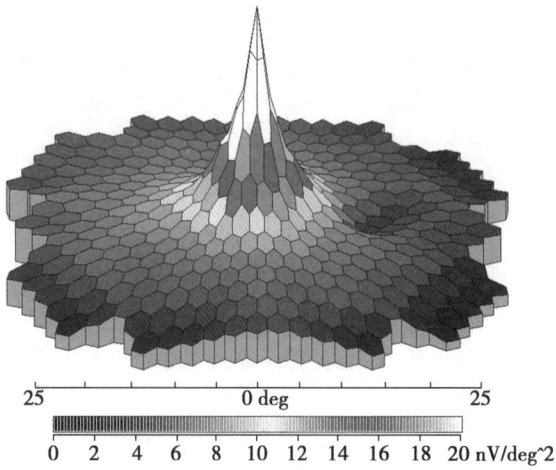

图 4-13 视网膜电图

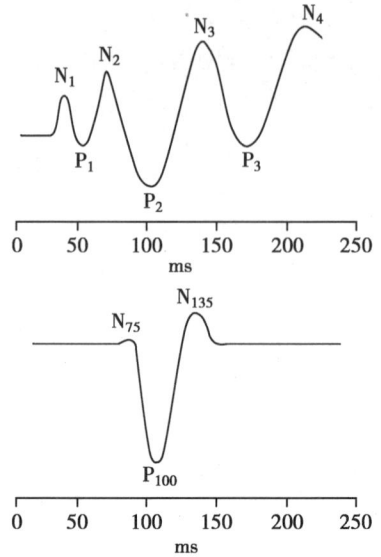

图 4-14 视网膜各层的电反应

b 波:临床分析最有用,能协助了解视网膜的功能。b 波的起源目前尚未清楚,它主要反映双极细胞周围的电活动,与感受器的色素浓度及神经节细胞的活动均有关,它随暗适应时间的延长而振幅上长,也随刺激光强度在一定范围内相应上长。但在光过度增强下,由于 a 波加大而 b 波变低。在一定光强度刺激下,如 b 波在正常值以下,可以认为视网膜功能下降。或者将恰能引起正常眼发生 b 波的刺激光强度定一阈值,在视网膜功能下降时此阈值会上升。据测定,糖尿病视网膜病的阈值可上升一个对数单位以上。在 b 波下降时,从神经节细胞上传的电位减少。a 波、b 波的观察指标包括振幅和峰值时的 b/a 振幅比值。

c 波:起源于视网膜色素上皮,或为色素上皮 - 视感受器的复合体。用直流放大器、较慢的扫描速度记录。c 波振幅取决于刺激光的强度和持续时间,并与暗适应时间的长短有关。c 波观察的是振幅和峰时。记录了眼电图后,c 波就不那么重要了。

早感受器电位:起源于光感受器外段,主要来自视锥细胞。用强光刺激及高速扫描记录。这是一个开始的负波,出现在 a 波以前,高速记录时方能与 a 波区分清。早感受器电位只出现在视锥体细胞及色素上皮良好的条件下。

震荡电位(Ops):起源于视网膜无长突细胞或内颗粒层的轴突,是出现在 b 波上升段上的几个小波。在暗适应状态下用高强度白光刺激,可以记录到 4~6 个子波。观察每个子波振幅的潜时及各子波振幅的变化趋势。在一些由视网膜微循环障碍引起的视网膜疾病,震荡电位明显降低或消失,而 b 波可变化不显著。

二、眼 电 图

眼电图(electro-oculogram,EOG)在临床上可分两类,一类用于检测视觉功能,称为视觉眼电图;另一类用于检测眼球运动功能,称为运动眼电图。视觉眼电图常用于眼科临床,本部分介绍的即为此。

视觉眼电图是记录眼的静电位变化的一种客观定量检查法。眼的静电位持续存在于眼的角膜和后极部之间,其大部分来源于视网膜色素上皮。然而静电位并不是一种真正静止不变的电位，而是一种缓慢变化的、在短时间不易被察觉变化的电位。与快速反应的神经电活动不同，静电位是视色素代谢所伴有的电变化。眼的静电位随外界的照度变化而出现有规律的波动。照度强，电位渐升高；照度弱，电位渐降低。因此，电位变化可随昼夜改变而有规律地波动。另外，不同年龄可有一定差异，青年人的光峰较大，老年人的光峰较小。

把两个电极分别置于眼的两眦角皮肤上，当眼球转动到一个固定角度时便可记录到眼的静电位。暗适应状态的静电位与明适应状态的静电位不同。经暗适应后测出的眼静电位将降至最低值，即眼电图的暗谷；明适应后，眼静电位上升，在明适应 8~11 分钟后将达到最高值，即眼电图的光峰。光峰与暗谷的比值叫作 Arden 比，通常为 2~2.5，正常范围的最低值是 1.8。正常眼电图包括暗谷和光峰组成的一条曲线，从这条曲线中可以确定三大类十个指标：①电位幅值性指标，包括光峰电位（LEP）、暗谷电位（DEP）、基值电位（BVP）、电位差（PD）；②电位比值性指标，包括 Arden 比（LEP/DEP）、Giliem 比（PD/BVP）、峰基比（LEP/BVP）、差峰比（PD/LEP）；③电位时值性指标，包括光峰时间（LPT）、暗谷时间（DDT）。眼电图的各项指标正常值，因测试条件不同而结果并不一致，各实验室应有自己的诊断指标。

眼电图主要反映视网膜色素上皮 - 光感受器复合体的功能。当视网膜在一定范围受累时，眼电图可出现记录异常。一般来说眼局部病变小时，眼电图可正常。但某些视网膜色素上皮遗传变性患者于年幼时，在临床症状发生前也能测出眼电图异常，甚至此病的基因携带者眼电图也异常。如视网膜色素变性、无脉络膜症、脉络膜黑色素瘤等的眼电图表现为平坦形；视网膜脱离、高度近视、老年性黄斑变性的眼电图表现为 Arden 比降低。眼电图的测定应用于临床已越来越广泛，除使用明、暗适应状态测定眼电图外，还有局部眼电图、色光（红光、蓝光）眼电图以测定黄斑区功能。除用光刺激测定眼电图外，还有使用药物引起色素上皮反应，诱发眼静电位反应而测定眼电图者，如葡萄糖负荷试验，可测出正常人较试验前的 Arden 比增高，而糖尿病患者则不增高。

三、视觉诱发电位

给予视觉系统一特定的光刺激，在给予刺激或撤除刺激时，引起大脑皮质的枕区产生可以测出的电位变化，就是视觉诱发电位（visual evoked potential，VEP）。视觉诱发电位的信号微弱，需经过叠加、放大才能记录下来（图 4-15）。视觉诱发电位代表光刺激所诱发的视皮层活动。视觉诱发电位主要起源于视网膜中心 20° 之区域内的视锥细胞，用明视条件测出的视觉诱发电位几乎专反映 10°~15° 中央视网膜区域的功能。光刺激在临床上有两种类型：闪光刺激和图像刺激。闪光刺激为一种强度高、间期短的光刺激，其方法简单，即使用于屈光间质明显混浊者仍有效，但不够敏感，波形变异较大。图像刺激是以棋盘格或条栅等图形，用不同的时间频率、不同的刺激方式发放刺激，最常用的是黑白棋盘格。图像刺激用于屈光间质清晰时，图像视觉诱发电位的波形可信，是目前最常用的刺激方式。

闪光视觉诱发电位（F-VEP）主要测量潜时为 80ms 前后的阴性波（N_1）和 100ms 前后的阳性波（P_{II}）的振幅和峰潜时以作为观察指标。而图像视觉诱发电位（P-VEP）的波形表现为阴、阳、阴三相波，即 N_{75}、P_{100}、N_{145}，主要观察 P_{100}。P_{100} 的波形表示视敏度，潜时表示神经传导情况。

视觉诱发电位虽然几乎专门反映视网膜中央凹的活动，但是随着检测条件的改变（如棋盘格大小、亮度对比等),受检测的区域也可改变。因此,临床上除用于检查中心性浆液性脉络膜视网膜病变、黄斑变性等黄斑病变外,还可用于检查糖尿病性眼底病变、青光眼、视神经炎、缺血性视神经病变、视路病变等。此外,还可用于客观检查视力、伪盲,以及用于弱视的诊断和治疗效果的评估。VEP 是一项比较敏感而可靠的客观定量检查法。但 VEP 的改变是非特异性的,所以往往需结合临床或配合其他电生理检查和超声波、荧光素眼底血管造影等,才能做出综合、客观的分析。

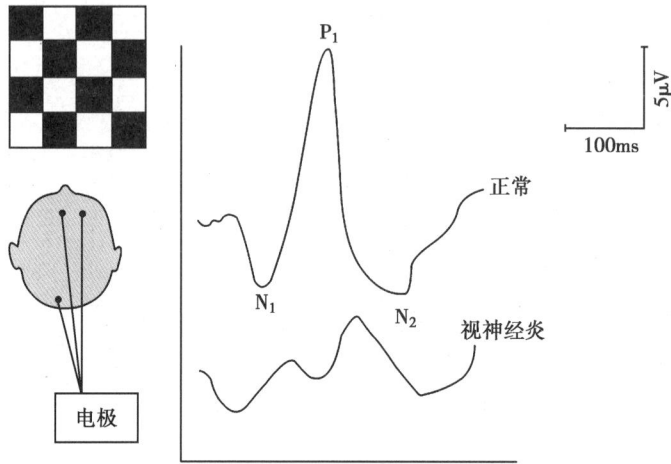

图 4-15　视觉诱发电位

四、视觉电生理的临床运用

　　视觉电生理检查往往需要变更检测条件,才能查出眼底疾病有意义的改变。如黄斑病变,用一般的视网膜电图往往测不出来,需要借助聚焦视网膜电图或局部视网膜电图。依照刺激条件的变化,全视野刺激法也可以反映视网膜不同部位的功能。如暗视条件下,ERG 主要反映周边部视网膜功能,而明视条件下则主要反映后极部功能。而图形刺激的 ERG,在黄斑部病变和视神经病变等的检测中显示出其优越性。明视的 VEP 几乎专反映 10°~15° 中央视网膜区域的功能。变更刺激野,则可协助诊断视路病变、青光眼等。

　　对单一项的视觉电生理检查的分析往往较困难,如果能综合几项电生理检查,可以对病变进行深度分析。如对于眼底病变,尽管有屈光间质混浊,也可把深层视网膜疾病(如视网膜色素变性、视网膜脱离)与浅层视网膜病变(如视网膜循环障碍)鉴别出来。在深层视网膜病变时,眼电图的光峰和 ERG 的早期成分受累。在浅层视网膜病变时,仅有 ERG 晚期成分受累,如 b 波和振荡电位改变。假如眼电图和 ERG 均正常,仅有 VEP 异常,则视觉疾病可能位于或主要位于视网膜的神经节细胞或视路上,如青光眼或视神经炎。假如所有视觉电生理检查均正常,便几乎可以肯定地排除视路的器质性病变。

第九节　眼科超声检查

　　研究和应用超声的物理特性,诊断人体疾病的科学叫超声诊断学。它是声学、电子工程学与医学相结合的一门学科。

超声诊断目前主要应用反射原理,即依据超声的良好指向性和与光的反射、折射、衰减及多普勒效应等物理特性,应用不同类型的超声诊断仪器,采用各种扫查方法,将超声发射到体内,并在组织中传播。当正常和病理组织的声阻抗有一定差异时,它们组成的界面就发生反射和散射,再将此回声信号接收,加以检波等处理后将之显示为波形、曲线或图像等。由于各种组织的界面形态、组织器官的运动状况和对超声的吸收程度等不同,其回声有一定的共性和某些特性,结合生理、病理解剖知识与临床医学,观察、分析、总结这些不同反射规律,可对患病的部位、性质或功能障碍程度做出概括性以致肯定性的判断。

超声诊断疾病的范围相当广泛。在眼科,可用于眼部的生物测量、诊断眼内异物和肿瘤、视网膜脱离、玻璃体混浊和积血等,协助诊断眶内疾病的性质及了解有关血管的血流动力学情况。超声诊断的符合率甚高,且对人体无损伤、无痛苦、无危害,目前已成为诊断学领域中非侵入性检查的主要方法之一。

一、眼科超声诊断仪原理及类型

超声诊断的种类很多,分类复杂,目前常按显示回声的方法分类。在眼科诊断中常用的有:

(一) 超声示波诊断法

超声示波诊断法即 A 型(Amplitud mode)诊断法。此法是将回声以波的形式显示出来,为幅度调制型。回声强则波幅高,回声弱则波幅低。目前常用作眼部的生物测量,也可用于部分眼部疾病的诊断。

(二) 超声显像诊断法

超声显像诊断法即 B 型(Brightress mode)诊断法。此法是将回声信号以光点的形式显示出来,为辉度调制型。回声强则亮,回声弱则暗。光点随探头的移动或晶片的交替轮换而移动扫查。由于探查连续,可以由点、线而扫描成眼部的解剖断面,因此是二维空间显示,故又称二维法。目前常用作眼部疾病的诊断,是眼科超声检查中应用最多的一种方法。

(三) 超声光点扫描法

超声光点扫描法是在辉度调制型中加入慢扫描锯齿波,使回声光点从左向右自行移动扫描,故亦称 M 型(Motion type)诊断法。它是 B 型中一种特殊的显示方法,常用于探查心脏,即超声心动图。亦可应用于眼部作 B 型超声诊断使用。

(四) 超声频移诊断法

超声频移诊断法即 D 型(Doppler type)诊断法。此法应用多普勒效应,当探头与反射体之间有相对运动时,回声的频率有所改变,此种频率的变化称为频移。频移的程度与相对运动的速度成正比。距离变近则频率增加,距离变远则频率减少。其增减的数字可用检波器检出。多普勒可获得 D 型超声频谱图及声像图。在眼科,多普勒诊断技术发展较快,可用于了解颈内动脉、眼上静脉、睫后动脉等血流动力学情况。

近年来,新的超声诊断仪器不断推出,一个仪器往往可有双重显示或多重显示,常见的有 A 型和 B 型、M 型和 D 型的组合,更有在同一空间位置上显示 A 型和 B 型的复合显示方式,使诊断更加方便。

二、探 查 方 法

(一) 注意事项

超声检查前,医生需了解病史,以及眼部病变性质、部位和其他检查情况,然后以超声仪做全面、细致、有重点的检查。要取得患者的充分合作,对不合作的儿童,可予口服水合氯醛,使患儿熟睡后检查。对新鲜眼外伤或手术后患者,应注意消毒并轻巧准确操作,避免压迫眼球致眼球内容物溢出。

探查宜在暗室内进行。受检者仰卧于检查床上,检查者坐于床侧,右手持探头,左手操作调整仪器或打印、摄影记录。

(二) 探查方法

1. 直接检查法　常用闭睑式。在眼睑表面涂抹导声剂,然后探头直接接触眼睑进行探查。常规探测各区域,发现病变后则从不同探测位置用不同的入射角度指向病变区,以确定病变的位置、形状、边界及与眶内重要结构的关系,建立立体概念。之后,降低灵敏度,并与正常结构回声对比,以了解病变反射强度,并可酌情做动力学试验及磁性试验等。

2. 间接探测法　在探头前安装充有消毒注射水的软套或杯样水槽,探测时探头与眼之间有水相隔,有助于充分显示眼前段组织,常用于生物测量或眼前段的探测。

三、正常眼超声图像

正常眼超声图因探测方法及部位不同而有差别。A 型超声间接法于眼轴位探测时,能清楚显示角膜、晶状体前后表面均为单高波,视网膜玻璃体界面与眼球壁及球后组织的复合波形(图 4-16)。

若用直接法探测,则只能显示晶状体后界面及球壁和球后组织波形。B 型超声仪直接法轴位扫描时,始波区为不整齐的光带,眼睑、角膜、前房、虹膜和部分晶状体均掩盖在此区内,常只显示晶状体后界光带、玻璃体暗区、弧形眼球后壁界面回声,球后脂肪垫带显示一“W”形光区,其间的三角形切迹为视神经所在位置(图 4-17)

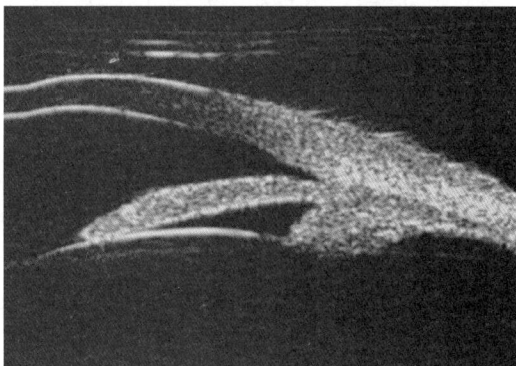

图 4-16　人体正常眼部组织 A 型超声图像

四、几种常见眼病的超声诊断

超声检查可诊断多种眼部疾病,常见的有视网膜脱离、视网膜母细胞瘤、视神经炎、玻璃体混浊及出血、眼内异物等。

(一) 原发性视网膜脱离

脱离的视网膜在玻璃体腔内为一条状或断断续续的略呈弧形的光带,光带长度与网膜脱离范围及扫描位置角度有关。光带与眼壁之间为无回声暗区。若视网膜全脱离则呈漏斗状,声像图显示“八”字形光带。A 型超声则显示脱离的视网膜在玻璃体平段内为一单高波,网膜脱离的范围和高低可在不同部位显示。

（二）视网膜母细胞瘤

典型病例呈球形或半球形,肿物自眼球壁向玻璃体腔隆起。部分病例肿瘤形状不规则,充满于玻璃体腔。肿瘤呈实性反射,当有钙斑形成时,肿瘤内可引起强回声,将仪器灵敏度降低后仍可看到钙斑回声光点。可伴有视网膜脱离,尤其是向脉络膜发展的肿瘤更为多见。视神经变粗或眶内蔓延也可被超声探测发现。

（三）视神经乳头炎

轻者超声图像多正常,严重者可见视神经乳头回声光斑向玻璃体暗区隆起,视神经两侧的光点向后延长,并可有视神经束直径增宽。

（四）视神经乳头水肿

声像图上视神经乳头回声光斑突入玻璃体暗区内,前缘锐利,光度较亮,视神经乳头

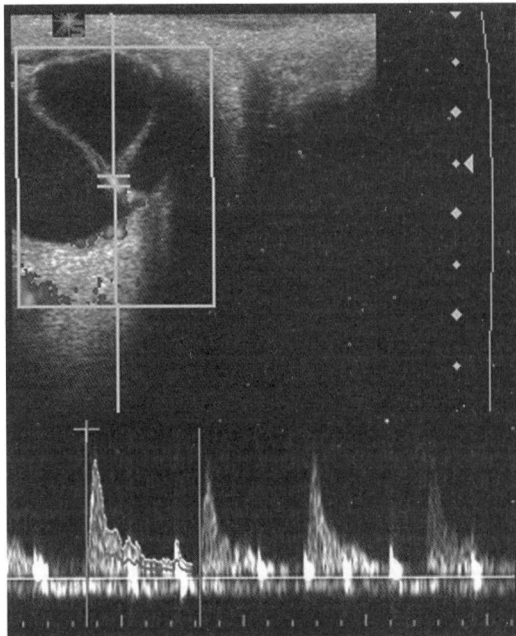

图 4-17　人体正常眼部组织 B 型超声图像

内部有中强度回声光点。视神经乳头水肿和视神经乳头炎在声像图上有时难以鉴别,但前者多由高颅压引起,眼底改变影响双侧;后者虽然也可两侧发病,但在发病时间上有间隔。有报道高颅压者视神经束增宽,检出率高于视神经乳头水肿,值得注意。

（五）玻璃体积血

声像图可有下列几种:

1. 少量积血　弥漫于玻璃体内,散在的血细胞不能形成声学界面,故无回声光点出现。

2. 中等量积血　血细胞凝集,可见弥散的弱回声光点。

3. 多量积血　若形成较大凝块,则可见各种形状的回声光团。

4. 若合并玻璃体后脱离,血液沉积于玻璃体后界膜,则形成膜状反射,与视网膜脱离不同之处是不与视神经乳头粘连,且厚薄不均。积血形成的血块越硬,则形状越规则、回声越强,而且积血的回声光团常随眼球运动而移动。

（六）眼内异物

声像图的特征为强回声光点,尾随回声,声影,无回声裂隙,磁性试验阳性,可伴有玻璃体积血、玻璃体机化物等改变,这些改变均可得到超声证实。

第十节　光学相干断层扫描

光学相干断层扫描(optical coherence tomography,OCT)是近年来发展较快的一种新型层析成像技术,应用于眼科的临床诊断,是继 X 射线计算机断层成像(X-CT)和磁共振成像(MRI)之后的又一大技术突破,近年来已得到了迅速的发展。

OCT 是一种新的光学诊断技术,可进行活体眼组织显微结构的非接触式、非侵入性断层成像,可用于眼后段结构(包括视网膜、视网膜神经纤维层、黄斑和视盘)的活体上查看、轴向

断层及测量,是特别用于帮助检测和管理眼疾(包括但不限于黄斑裂孔、囊样黄斑水肿、糖尿病视网膜病变、老年性黄斑变性和青光眼)的手段。OCT现分为时域和频域两类,各有优缺点。时域OCT性价比高,足以完成大多数眼底疾病及青光眼的检查。

OCT是超声的光学模拟品,但其轴向分辨率取决于光源的相干特性,可达$10\mu m$,且穿透深度几乎不受眼透明屈光介质的限制,可观察眼前节,又能显示眼后节的形态结构,在眼内疾病尤其是视网膜疾病的诊断、随访观察及治疗效果评价等方面具有良好的应用前景。

第十一节　五轮辨证法

五轮辨证法是中医眼科学五轮学说的重要实践应用。眼与五脏六腑有不可分割的密切关系,《审视瑶函·五轮不可忽论》指出:"脏有所病,必现于轮。"临床应用五轮理论,通过观察各轮外显症状,推断相应脏腑内蕴病变的方法,即为眼科独特的五轮辨证法,这是古代中医眼科学宏观辨证与微观辨证相结合的发展,是从眼局部进行脏腑辨证的方法。五轮辨证的意义主要在于确定病位,故临证时必须结合四诊和病因辨证、气血津液辨证等方法,才能制定全面正确的治疗方案。

一、肉　　轮

(一) 实证

胞睑红肿多属脾胃积热;睑弦赤烂而痒,多属脾胃湿热或外感风邪;胞睑皮下硬结,不红不痛,多属痰湿结聚;眵泪黏胶,睑内颗粒累累,多属脾胃湿热蕴结;外伤或术后致胞睑肿胀,多属气滞血瘀。

(二) 虚证

上睑下垂多属中气不足,若自幼上睑下垂则为先天禀赋不足;睑内色泽较淡,多属脾虚血少;两睑虚肿,多属脾虚湿泛或脾肾阳虚;胞轮振跳,多属血虚生风;胞睑频频眨动,多属脾虚肝旺。

二、血　　轮

(一) 实证

两眦红赤,多属心火上炎;赤脉粗大且刺痛,多属心经实火;眦头红肿溢脓,多属心脾积热,兼有气血瘀滞。

(二) 虚证

两眦血丝淡红,干涩不舒,多属心经虚火或相火上炎;大眦漏睛疮溃漏难敛,属正虚邪留。

三、气　　轮

(一) 实证

白睛红赤属肺经风热;赤丝鲜红满布为肺经实热;白睛结节隆起,血脉紫暗,多属肺经热毒郁结,气血瘀滞;白睛浮肿,多属肺气不利;红赤肿起,属肺热亢盛。

(二) 虚证

白睛红丝淡而稀疏或局限,多属肺经虚火;白睛青蓝,属气虚血滞;白睛干涩少泪,属肺阴不足。

四、风　　轮

(一) 实证

黑睛生翳初起多属外感风热之邪;翳大浮嫩或有溃陷,多属肝火炽盛;黑睛混浊或兼有血丝伸入,多属肝胆湿热兼有瘀滞。

(二) 虚证

翳久不敛或时隐时现,多为肝阴不足或气血不足。

五、水　　轮

(一) 实证

瞳神紧小,黄仁肿胀,眼坠痛拒按,多属肝经风热或肝胆实火;绿风内障,眼珠胀痛欲脱,多属肝胆火炽;黄液上冲,属脾胃热邪炽盛。

(二) 虚证

瞳神干缺多属肝肾不足或阴虚火旺;瞳神变色多属肝肾不足或心脾两亏。

五轮辨证对临床有一定的指导意义,但存在局限性。如白睛发黄,病位虽在气轮,但其因不在肺,而是脾胃湿热交蒸肝胆,胆汁外溢所致;又如黑睛生翳,其病位在风轮,与肝胆有关,但也可因肺阴不足或痰湿内阻、湿热蕴结所致;瞳神疾病,不但与肾有关,且与肝及其他脏腑均有密切关系。故临证时,不可拘泥于五轮,而应从整体出发,四诊合参,才能得出正确的诊断。

第十二节　辨外障与内障

"障"是遮蔽之意。《审视瑶函》曰:"障者遮也,如物遮隔,故云障也。内外障者,一百零八症之总名也。"虽然古代眼病列症繁多,但均从内障与外障归类。外障者乃从外而遮。《审视瑶函》指出:"外障者,乃睛外为云翳所遮,故云外障。"内障则由内而蔽。《景岳全书》指出:"外障者,外无云翳,而内有蒙蔽。"指外眼症状不显的内眼病。现就内外障辨证特点分述如下:

一、外　　障

外障指发生于肉轮、血轮、气轮、风轮等部位的病变之总称,即指发生于胞睑、两眦、白睛、黑睛的眼病。

外障眼病病因多为六淫外袭或遭受外伤,也可由食滞、湿毒或痰火等引起。《张氏医通》指出:"外障诸证虽殊,究其本,不出风火湿热内蕴。"《医宗金鉴》谓:"外障之病,皆因六淫所感,然必因其人内热外蒸,腠理不密,相召外邪,乘虚而入。"但临床上也有因虚致病,如脾虚不能上举致上胞下垂,或先天禀赋不足而生外障眼病。

外障眼病的发病特点多为突然起病,发展快,外病比较明显,如胞睑肿胀如桃或睑弦赤烂,风赤疮痍,白睛红赤,眵多黏结,热泪如汤,翳膜遮睛,上胞下垂,胬肉攀睛等。同时,外障眼病的局部自觉症状比较突出,如目痒且痛,羞明流泪,不能睁眼,间或伴有寒热头痛、二便不利等全身症状。一般来说,外障眼病以实证为多,如胞睑红肿,多属脾胃积热;睑弦赤烂,多属脾胃湿热;皮下硬结,多属痰湿结聚;胞内椒疮,粟疮累累,多属湿热蕴结;大眦溢脓,多属心脾积热;两眦赤痛或大眦内红肉肿起,多属心火上炎;白睛红赤,多属肺经风热;红赤如火,多属肺经实火;白睛血脉紫赤迂曲,多属气滞血瘀;黑睛星翳初起浮嫩,多属肝经风热;翳色黄白或有溃陷赤痛难忍,多属肝火炽盛;翳色淡绿或黄绿,伴黄液上冲,多属三焦热毒炽盛;翳色白浊如腐渣,多属湿热蕴结。

此外,上胞下垂,多属脾虚气陷;胞内色淡,多属脾虚血少;两眦赤脉淡红,多属心经虚火;白睛隐隐淡红,多属肺经虚火;黑睛翳久不敛,时隐时现,多属肝阴不足或气阴两虚。上述皆为虚证,故不能一概认为外障皆属实证。

二、内　　障

内障有广义与狭义之分。狭义内障专指瞳神中生翳障者,主要病变在晶珠;而广义的内障则泛指水轮疾病。《证治准绳》谓:"内障在睛里昏暗,与不患之眼相似。"此即指发生于瞳神及其后一切眼内组织的病变。对于眼外观端好而只有视觉方面改变的内障眼病,则需要使用现代医疗仪器(如检眼镜、荧光素眼底血管造影、视觉电生理仪等)检查以协助发现眼内组织(包括神膏、视衣、目系、血脉等)有无充血、渗出、水肿或萎缩等病变。

内障眼病的病因多为七情过伤、过用目力及疲劳过度等,导致精气耗损,血脉阻滞,脏腑经络或血气功能失调。也可由外伤引起。《原机启微》指出:"肝木不平,内挟心火,为势妄行,火炎不制,神水受伤,上为内障,此五脏病也。劳役过多,心不行事,相火代之……火盛则百脉沸腾,上为内障,此虚阳病也。膀胱小肠三焦胆,脉俱循于目,其精气亦皆上注,而为目之精。精之窠为眼。四腑一衰,则精气尽败,邪火乘之,上为内障,此六腑病也。神水黑眼,皆法于阴;白眼赤脉,皆法于阳。阴齐阳侔,故能为视。阴微不立,阳盛即淫。《阴阳应象大论》曰:壮火食气,壮火散气。上为内障,此弱阴病也。"说明了五脏六腑受损,阴阳不平衡,均可发生内障。《医宗金鉴·眼科心法要诀》指出:"内障之病,皆因七情过伤……脏腑内损,精气不上注于目。"由此看来,发生内障的病因有脏腑内损,气血两亏,目失濡养;阴虚火旺,虚火上炎;忧思郁怒,肝失条达,气滞血瘀;或由某些外障眼病(如火疳、凝脂翳等)邪气内侵,或撞击伤目。

内障眼病的发病特点有瞳神外观端好与瞳神外观异常两种,且伴有视物昏蒙。瞳神外观端好的眼病主要以视觉异常为主,如视物昏蒙、暴盲、青盲,或眼前黑花,或萤星满目,蛛丝飘舞,或视物变形,视物变色,或入夜目盲,或盲无所见等。瞳神外观异常的眼病则以瞳神紧小或散大,或瞳色变白、变黄为一般表现,多见于瞳神紧小、瞳神干缺、绿风内障、青风内障、圆翳内障等疾病。

内障眼病有虚证与实证,也有虚实夹杂之证。若瞳神紧小,抱轮红赤,多属肝热上攻;瞳神散大多为肝火亢盛,痰火上扰或外伤气血瘀阻;若瞳神干缺,多属阴虚火旺;瞳神色白,多属肝肾不足或气血两亏;视物昏蒙而兼见萤星满目,飞蝇幻视,蛛丝飘舞,则多属脾肾亏虚、痰湿内阻所致神膏混浊;视物变形、视物易色,属肝气郁结、脾湿内阻或肝肾不足;入夜目盲,属肾阳虚亏;视瞻昏渺日久,多属肝肾阴虚;暴盲多属脉络受阻或视衣脱落,抑或目系受邪,气血逆乱;青盲多属病程日久,气血津液受损,脏腑虚衰。

内障初起,有虚有实或虚实夹杂,病至晚期,则多属虚证。内障病变在瞳神之内,又因眼内结构精细,病情复杂,需借助现代仪器检查才能诊断,并结合全身症状,辨证求因,审因论治。

总之,外障、内障主要依据部位而分,所见症状有一定的特点,但属虚属实,必须将局部症状与全身症状相结合,遵循八纲辨证、脏腑辨证、病因辨证等方法,进行归纳分析,不能拘泥于外障属实、内障属虚之说。

第十三节　辨　常　见　症

一、辨视觉异常

视觉包括形觉、光觉和色觉。

(一) 形觉

形觉表现为视力与视野。

1. 视力　正常人视力是反映黄斑区功能的中心视力,可分为远视力与近视力。注视 5m 或 5m 以外的目标称远视力,阅读距离 30cm 时的视力称近视力。正常视力为 1.0 以上(国际标准视力表)。

2. 视野　视野分为中心视野与周边视野,中心视野反映固视点外 30° 范围以内的视野,周边视野的正常范围为颞侧 90°、鼻侧 60°、下方 70°、上方 55°。因视网膜黄斑部对颜色的感觉最敏感,向周边逐渐减弱,所以各种颜色视野较白色视野小,由外向内为白色、黄色、蓝色、红色、绿色,其颜色视野依次递减 10° 左右。

(二) 色觉

色觉反映视网膜辨别各种颜色的能力,黄斑中央凹的色觉敏感度最高。由于圆锥细胞内感光色素异常或不全所出现的色觉紊乱称为色弱或色盲。

(三) 光觉

光觉反映视网膜感光细胞对光的敏感性,主要表现为暗适应,在暗适应下只有光觉而无形觉和色觉。视杆细胞的视紫红质减少可出现暗适应障碍,表现为视网膜对弱光的敏感度下降,称夜盲。

(四) 辨视觉异常

对视觉异常的辨证,必须把自觉症状与检查所得结合起来综合分析。视觉异常主要有视力下降、视野缩窄、视物易色、视物变形等。《证治准绳》曰:"目内外别无证候,但自视昏渺蒙昧不清也。有神劳,有血少,有元气弱,有元精亏而昏渺者,致害不一。"《景岳全书》也指出:"七情不节,肝气上逆,或挟火邪而为蒙昧不明。"

视力下降伴白睛红赤,属外感风热;视力下降兼见翳膜遮睛,灼热赤痛,羞明流泪或瞳神紧小,属肝胆火炽;视力骤降而目外观端好,兼有头晕头痛,属气血瘀滞,脉络郁闭;视力急降且兼有眼球转动牵引痛,属肝气郁结,目系受邪;视力急降兼见眼前红光满目,属血热妄行,或肝气上逆,或虚火上炎,脉络瘀滞;视力急降且伴有视物晃动,多因脾虚湿困、浊气上泛所致视衣脱落;暴怒伤肝引起视力骤降者,多因肝气上逆,清窍受扰。视力缓降而目外观端好,多属血少神劳,肝肾两亏,阴虚火旺或肝郁气滞;内障日久,视物不见或仅辨光觉者,多属气血两亏。入暮目暗,若小儿体虚瘦弱者,多属肝血虚少;若兼视野缩窄者,则属肝肾阴虚或肾阳不足。

能近怯远者为近视,属阳气不足;能远怯近者为远视,属阴精亏损。

眼前黑花飞舞,云雾移睛,多属痰浊上泛,或肝肾不足,阴虚火旺;坐起生花,多属精血亏少,目失所养。

视物变形,视直为曲,视大为小,视小为大者,属痰湿内阻,肝气郁结或肝肾不足;视一为二者,多属风痰阻络,或阴虚血少,筋脉失于濡养。

由于导致视觉异常的原因复杂,必须结合内眼检查及整体情况进行辨证。

二、辨　痛　痒

痛痒之症皆可见于内外障眼病,可单独出现或两者兼有之。

(一) 辨目痛

外障引起的目痛常常表现为刺痛、涩痛或灼热痛,内障引起的目痛则大多数表现为胀痛、牵引痛或眼珠深部疼痛。

引起疼痛的原因主要有热邪、寒邪或瘀滞导致气血流通不畅,不通则痛。一般来说,灼热痛多属风热;涩痛多属津液不足或血虚生燥;隐痛绵绵多属阳气不足,阴寒内生,气血运行不畅;胀痛多属肝胆实热,肝火上炎,或肝阳上亢,或气滞血瘀;痛如针刺,多属邪热亢盛,或热盛兼有瘀滞。胞睑肿硬赤痛,大便秘结者,属阳明实火;白睛微红微痛,干涩不舒者,属水亏血虚;目痛而红赤者,属风热壅盛。目痛拒按者属实证,目痛喜按者属虚证,目痛得热则减者属寒证,目痛得凉则缓者属热证。眼珠深部疼痛或眼珠转动时疼痛加剧,多属肝郁气滞或阴虚火旺所致目系患病;目痛伴头痛呕吐,瞳神散大,多属肝胆火盛,痰热上扰之绿风内障;目痛兼见红赤,瞳神紧小,多属肝经风热或肝胆火邪上攻。

目痛牵连头痛与经络循行的部位有关。目痛连头顶后项者,为太阳经受邪;目痛连颞颥者,为少阳经受邪;目痛连前额、眼眶、鼻颊者为阳明经受邪;目痛连颠顶痛者,为厥阴经受邪。

(二) 辨目痒

目痒虽有因风、因火、因湿与因血虚等不同,但临床上以风邪引起者居多,辨证需从目痒的程度及兼症、季节或诱因等方面进行综合分析。《证治准绳》指出:"有风邪之痒;有血虚气动之痒;有虚火入络,邪气行动之痒;有邪退火息,气血得行,脉络通畅而痒。"

目赤目痒,迎风尤甚,属外感风热;睑弦赤烂,眵泪交加,瘙痒不已,多属脾胃湿热兼风邪;胞内颗粒肥大,痒如虫行,多属风邪兼有瘀热;痛痒兼作,为邪毒炽盛;痒涩不舒,时作时止,为血虚生风,常见于老年人与妇女。春夏之季目痒发作,痒极难忍,过期而愈,多为感受时邪所致之时复;进食鱼蟹等食物或某些药物而目痒,兼有胞睑浮肿或湿烂,或全身皮肤起疱疹者,多为饮食不和所致。若目病将愈而痒,多为气血渐复。

三、辨　翳　与　膜

古代眼科医籍中,眼病以"翳"命名者甚多。狭义的翳,专指黑睛上的混浊;广义者则包括瞳神内晶珠的混浊。本部分仅介绍黑睛上翳之辨证,且与易于混淆的黑睛上的膜加以分辨。

(一) 辨翳

起于黑睛的混浊称为翳,可呈点状、树枝状、地图状或虫蚀状等。根据混浊的形态、色泽、深浅程度不同,翳的名称也甚多,但首先要区别是新翳还是宿翳,再结合其他症状进行辨证。

1. 新翳　凡黑睛上混浊呈灰白色,表面粗糙,边界模糊,具有发展趋势,伴有不同程度的目赤疼痛、畏光流泪等症者均属新翳,如聚星障、凝脂翳及花翳白陷等。黑睛新翳多因外感所致。《银海精微》指出:"凡翳起于肺,肺家受热,轻则朦胧,重则生翳。"又曰:"翳自热生。"

星翳初起,稀疏色淡,浮于风轮,抱轮微赤者,属聚星障,轻者其邪可从表而解;邪盛正实,内热素盛者,外邪易入里化热,可致星翳连缀成片,翳色黄白,多见溃疡,白睛混赤,此属花翳白陷。治之及时者,其邪可从气分而解,但须防止病变继续扩大,或向纵深发展。如感受邪毒,发展迅速,翳满风轮,状如凝脂,则属凝脂翳,若不及时抢救,极易导致黑睛溃破。如翳生日久,不见进退者,为正虚邪衰之象,聚星障、花翳白陷皆可出现此候。因此,临床上对于新翳,必须辨别表里虚实,严密观察其发展变化,不能掉以轻心。

黑睛之翳还可由他轮病变影响而生,且常波及黄仁与瞳神,其中的因果关系亦须明辨,以免贻误病情。

新翳愈后,轻者可消散,重者则转为宿翳。

2. 宿翳　凡黑睛混浊,表面光滑,边缘清晰,无发展趋势,不伴赤痛流泪者,统属宿翳范畴,如冰瑕翳、云翳、厚翳及斑脂翳等。近代临床常分以下几种:翳薄如浮云、如淡烟,需在集光下始见者,称云翳;翳色灰白混杂,色较坚沉,或在自然光线下可见者,称斑翳;翳厚色白如瓷,一望即知者,称白斑。

宿翳是新翳愈合后或外伤之后遗留的瘢痕,若能早治,尚能使翳部分消退,或大部分祛除,若日久邪气已定,则药物难以奏效。此时,翳对视力影响的程度主要取决于翳的部位,大小、厚薄则在其次。翳遮瞳神,视力可明显减退,翳在黑睛边缘,虽然大而厚,对视力也无多大影响。宿翳证候多为气血瘀滞或气血虚弱。

(二) 辨膜

自白睛或黑白际起障一片,或白或赤,渐渐向黑睛中央蔓延者,称为膜。膜中赤丝密集者,称为赤膜,多属肝肺二经风热壅盛,脉络瘀滞;膜中赤丝不显者,称为白膜,多属肺气壅实。凡膜薄色淡,尚未掩及瞳神者为轻;膜厚色赤,掩及瞳神者较重;膜生阔大,赤厚如血积肉堆,掩没整个黑睛者,最为严重。膜厚色红者多属实,膜白菲薄者常为虚中夹实。赤膜需与胬肉鉴别,胬肉者自眦部横贯白睛,伸入黑睛表面,为状如筋膜的翼状赘片,为心肺经壅热所致。

四、辨 红 肿

红肿是红赤与肿胀相兼出现,是外障眼病常见的临床表现,多发生于胞睑和白睛。红肿的病因多以热为主,"热胜则肿"。

胞睑微红、微肿、微痒者,多属风热之邪初犯;胞睑红肿疼痛者,为脾胃热盛;若胞睑红肿如桃,灼热疼痛,为脾胃热毒壅盛,兼有硬结、脓点而拒按者,为脾胃热毒壅盛,兼有瘀滞;胞睑红肿湿烂者,为湿热蕴结。睑弦赤烂,或结鳞屑皮,或起水疱,痒痛并作,或睫毛脱落或秃睫,甚则睑弦变形,多属脾胃素有湿热蕴结,复感风邪。胞睑肿起若球,皮色光亮,不伴赤痛者,为脾肾阳虚,水气上泛;胞睑青紫肿胀,为气血瘀滞。

白睛暴赤,浮肿兼有痒痛眵多,为肺经风热;白睛红赤如火,为肺经实热或三焦热盛;白睛混赤,浮壅高起者,为热毒较甚,气滞血瘀;白睛浮壅,状如鱼胞,为肺气壅盛,或因过敏所致;白睛红赤隐隐,伴干涩不爽,为肺经虚热。抱轮红赤,羞明流泪,为肝胆实热;抱轮微红,目昏泪出,为阴虚火旺。

大眦赤痛或赤脉传睛,为心经实热;眦部赤烂,多为湿热之邪所致。

血翳包睛多为肝肺热胜,热极成瘀;黑睛肿胀,属肝胆火盛。

目珠突出眶伴胞睑肿胀者,为痰火壅盛;鹘眼凝睛者,属气血瘀滞。

五、辨　眵　泪

眼眵是外障眼病中常见的临床表现。眵多眵少以辨虚实,眵多且硬结,为肺经实热;眵多且稠黄似脓,为热毒炽盛;眵多且黏胶,为湿热之邪;眵稀不结,为肺经虚热。

迎风流泪兼胞睑微肿而痒者,多属风盛;热泪如汤,多属肝经风热;冷泪长流,多属肝肾不足,或排泪窍道阻塞所致。

第十四节　辨眼底常见症

眼底包括视神经乳头、视网膜、脉络膜等组织。眼底各组织与五脏六腑相关,眼底之病理变化反映脏腑功能状态。

充血:主要表现为视神经乳头充血、视网膜血管充盈,多为炎症的早期征象,因肝气郁结、气血失和或血瘀阻滞,血行障碍,或肝气上逆、气血郁闭所引起。

水肿:主要表现为视神经乳头水肿、视网膜水肿,多见于炎症期或因颅内压增高所致,多为水湿停留,瘀滞结聚,多与肺、脾、肾三脏功能失调,气化障碍有关。

渗出物:主要表现为视网膜上或下有黄白色团块状渗出物,玻璃体尘状或团絮状混浊,多因脏腑功能失调,水液运化、排泄功能障碍而产生痰、湿等病理产物。

出血:主要表现为视神经乳头出血、视网膜出血或脉络膜出血,甚则玻璃体积血。根据病程长短及出血颜色,可分为早期、中期、晚期三个阶段。其病因多为热邪所犯,血受热迫,溢于络外,与心、肝、脾三脏有关。

循环障碍:主要表现为眼底血管痉挛或阻塞,以及血管管径改变。由于血液循环于血管之中,循环障碍皆与气血失和、气滞血瘀有关。肝主疏泄,条达气机,如肝失疏泄,气机不畅,则可导致脉络瘀阻。

增生:主要表现为玻璃体增生及视网膜机化物形成,视网膜上或视网膜下新生血管、色素增生等。出血性眼底病变所致增生者,多属气血瘀滞,久郁成结;炎性眼病所致增生者,多属痰湿蕴结。日久不消,新生血管形成者,皆为气血瘀滞,或正虚邪留,虚实夹杂。

变性、萎缩:主要表现为视网膜退行性变或视神经萎缩、视网膜脉络膜萎缩,多见于病变后期,久病体虚,气血不足,不能上荣于目,目不得滋养而出现变性萎缩,也可由于先天禀赋不足所致。

一、辨视神经乳头

正常视神经乳头颜色淡红,边界清楚。视神经乳头色红,隆起,边界模糊者,多属肝经郁热或血分热盛或气滞血瘀;视神经乳头隆起明显,且为双侧性者,多见于颅内压增高;视神经乳头色淡白或苍白伴血管变细者,多属气血不足或肝肾亏损,不能濡养目系;视神经乳头呈蜡黄色,多属先天禀赋不足,后天肝肾亏虚。

二、辨视网膜

(一)辨视网膜出血

血色鲜红者,为血热妄行;出血量多者,为肝火亢盛;出血反复发作者,乃肝肾阴虚,虚火上炎;出血伴有气短懒言者,为脾气虚弱,统摄失权。外伤所致出血色紫暗或暗红者,为气滞血瘀;出血日久呈暗红色者,为气滞血瘀。

(二)辨视网膜水肿

视网膜局限性水肿多见于黄斑区,常因脾虚有湿或痰湿内阻所致;后极部视网膜弥漫性水肿或兼见视神经乳头水肿,为肝热上冲或阴虚火旺所致。外伤后视网膜水肿为气滞血瘀。

(三)辨视网膜渗出物

新鲜渗出物呈灰白色或淡黄色,边缘模糊,为脾运不畅或肾水上泛,痰湿蕴聚,或肝气郁结;陈旧渗出物呈黄色,边缘清楚,为痰瘀互结所致。

(四)辨视网膜增生物

出血日久不散变生膜状物者,属气血瘀滞;炎症所致的视网膜增生,多因痰湿凝结。

(五)辨视网膜新生血管

发生于视网膜上或视网膜下的新生血管,多因气血瘀滞或气虚血瘀所致。

三、辨视网膜血管

视网膜静脉粗细不匀呈腊肠状,伴视网膜出血者,为气滞血瘀,脉络瘀阻;视网膜静脉充盈变粗者,多为阴分不足或阴虚火旺。视网膜动脉细小,伴视神经乳头颜色淡白者,为气血不足或脉络阻滞,精血不能上注于目所致。

四、辨黄斑病变

黄斑区水肿、渗出,多为脾失健运,水湿停滞,或痰湿积聚瘀滞;若水肿经久不消,多属脾肾不足,气化失职,水湿停留。黄斑区出血,多因脾虚不能统血,或血热上逆所致。黄斑变性,多为脾气虚弱或肝肾不足或先天禀赋不足所致。

五、辨眼底色素

视网膜色素变性,多因先天禀赋不足,命门火衰或肝肾不足,精血亏虚所致。炎症后出现视网膜色素沉着,多为肝肾虚亏或脾肾气虚兼有血瘀。

六、辨玻璃体混浊

玻璃体呈絮状或尘状混浊者,多为痰湿内阻或湿热内蕴,浊气上泛或阴虚火旺,虚火上炎所致。玻璃体积血早期多为阴虚火旺,虚火上炎所致;后期则多为气滞血瘀,或正虚邪实。玻璃体液化多属肺肾不足或气阴两虚所致。

第十五节 脏 腑 辨 证

脏腑辨证是根据脏腑的生理、病理特点,对脏腑功能失调而产生的症状进行分析、归纳,以明确判断疾病的具体部位、性质和正邪斗争等情况的一种辨证方法。由于眼与脏腑之间有着密切的联系,脏腑功能失调会引起眼的相应部位发生病症,故脏腑学说也是眼科进行脏腑辨证的理论基础。《审视瑶函》指出:"脏腑之疾不起,眼目之患即不生。"脏腑辨证是中医辨证方法中的重要组成部分,眼科的五轮辨证皆以脏腑学说为基础。

一、脾与胃的辨证

(一)脾胃虚弱

眼部表现:胞睑浮肿,胞肿如球,上胞下垂,上举无力。脾主运化水湿,湿邪内阻可致视网膜水肿,出现视直为曲,视正反斜,视物变形,视大为小。小儿脾虚肝旺,可致疳积上目。黑睛溃陷经治日久不愈,是为脾气虚。

全身表现:身倦乏力,少气懒言,面色萎黄,肌肉消瘦,食少腹满,便溏,舌淡,苔白,脉缓弱。

(二)脾不统血

眼部表现:黄斑部出血、糖尿病视网膜病变出血、血液病引起视网膜出血,多为脾虚无力统摄而致血溢脉外。

全身表现:以脾胃虚弱证候为主,或兼见全身性出血、皮下出血、便血等。

(三)脾胃湿热

眼部表现:胞生硬结,针眼,睑弦赤烂,风赤疮痍,睑内椒疮,粟疮累累,眵多黏稠,视神经乳头水肿,视网膜水肿,视网膜渗出物,病程缠绵。

全身表现:头重体倦,脘腹胀满,胸闷口黏而甜,口干不欲饮,大便里急后重,便烂不畅,小便黄,舌质红,苔黄腻或白腻,脉滑数。

二、肺与大肠的辨证

(一)风热犯肺

眼部表现:白睛红赤,痒痛并作,羞明流泪,眵多黄稠,胞睑红肿或白睛溢血,白睛生疱,黑睛生翳初起等,皆为风热之证,乃病之初期。

全身表现:头痛发热,恶风寒,口渴、咽痛、咳嗽痰黄,舌尖边红,苔薄黄,脉浮数。

(二)肺热壅盛

眼部表现:白睛红赤肿痛,或为火疳,羞明流泪甚,目眵燥结或黏稠。

全身表现:发热头痛,口干欲饮,大便秘结,小便短赤,舌质红,苔黄厚干,脉数。

(三)肺阴不足

多因久病伤阴或燥热耗伤肺阴所致。

眼部表现:眼干涩痛,白睛微红,眵泪不结,或胬肉淡红,时轻时重,金疳微红,病久难愈。

全身表现:干咳痰少而稠,口干烦躁,骨蒸烦热,盗汗,颧红声嘶,便干结,舌红少津,薄苔或无苔,脉细数。

三、心与小肠的辨证

(一) 心火亢盛

眼部表现:两眦红赤,脉络赤虬,或生漏睛疮,泪窍溢脓,或生胬肉攀睛,或血翳包睛,或视网膜血管炎,血管迂曲,出血。

全身表现:面赤口渴,口舌生疮,小便短赤刺痛,舌红,苔黄,脉数。

(二) 心阴不足

眼部表现:视物昏花,眦部赤脉淡红,干涩不舒,或眼底视神经乳头淡白,视网膜缺血、视网膜血管阻塞等。

全身表现:心悸健忘,失眠多梦,面色无华,唇舌色淡,头晕,口咽干燥,脉细弱或结代。

四、肝与胆的辨证

(一) 肝气郁结

眼部表现:视物模糊伴眼胀痛,眼珠变硬,视瞻昏渺,青风内障,眼底可见视神经乳头充血,或视神经乳头生理凹陷加深扩大,视网膜水肿,视网膜晦暗或渗出物。

全身表现:胸胁胀痛,善太息,嗳气,胸闷痞满,精神忧郁,女性患者常伴有月经不调,或行经腹痛、经前乳房胀痛等,舌暗红,苔白,脉弦。

(二) 肝气上逆

眼部表现:眼胀痛伴头痛,瞳神散大伴视力下降,眼珠变硬,眼底见视网膜血管痉挛、阻塞或出血。

全身表现:胸胁胀痛,恶心呕吐,嗳气,口干苦,脉弦。

(三) 肝火上炎

眼部表现:眼痛眼胀,羞明流泪,抱轮红赤或白睛混赤,黑睛生翳,状如凝脂;或瞳神紧小,神水混浊,黄仁肿胀,纹理不清;或瞳神散大,瞳色淡绿,眼珠变硬。眼底可见视神经乳头水肿,视网膜水肿、渗出、出血等。

全身表现:头痛头胀,胁肋灼痛,烦躁易怒,面赤颧红,口干口苦,便秘尿赤,舌红,苔黄,脉弦数。

(四) 肝胆湿热

眼部表现:黑睛生翳如虫蚀,经久不愈,抱轮红赤,神水混浊,黄仁肿胀,瞳神紧小,神膏混浊,眼底可见视网膜或脉络膜水肿、渗出,甚则出血等。

全身表现:头痛头重如裹,体倦乏力,肢节酸痛,或呕恶腹胀,大便不畅,小便短赤,外阴瘙痒,舌红,苔黄腻,脉弦滑数。

(五) 肝血不足

眼部表现:干涩昏花,隐涩羞明,举睑无力,胞轮振跳,频频眨目,或入夜目盲,视物易色。

全身表现:头昏眼花,面色无华,肢体麻木,筋脉拘急,肌肉瞤动,爪甲不荣,女性患者月经量少或闭经,舌淡白,脉细弱。

(六) 肝肾阴亏

眼部表现:自觉视物昏蒙,双眼干涩,或无时泪下,或眼前似有云雾状阴影飘动,晶珠混浊,神膏混浊,眼底可见视神经乳头颜色淡白或苍白,眼底出血、血管阻塞等,多为视力下降而眼外观端好,或见瞳神干缺。若肝风内动则可见口眼㖞斜,或风牵偏视。

全身表现:头晕耳鸣,五心烦热,腰膝酸软,失眠多梦,盗汗,舌红,少苔或无苔,脉细。

五、肾与膀胱的辨证

(一) 肾阴不足

眼部表现:干涩不舒,视物昏蒙,瞳神干缺,瞳神淡白或晶珠混浊,眼底可见视网膜出血、视网膜萎缩、视神经乳头颜色淡白、血管变细等。

全身表现:头昏健忘,耳鸣耳聋,腰膝酸痛,失眠多梦,夜间口干,盗汗,舌红无苔,脉细。

肝肾同源,肾阴不足可导致肝阴不足,肝阳上亢,出现头痛目眩,眼珠作胀,面热目赤,耳鸣失眠等症。肾阴不足亦可导致虚火上炎,出现手足心热,虚烦不眠。

(二) 肾精不足

眼部表现:多见于胎患内障,眼珠小,黑睛小,以及发育不良所致的先天性缺损,如虹膜缺损、脉络膜缺损等。

全身表现:小儿生长发育迟缓,智力和动作迟钝,骨骼痿软,囟门迟闭;男子精少不育,女子经闭不孕;或见早衰脱发齿动、健忘呆钝、动作迟缓等。

(三) 肾阳不足

眼部表现:眼外观端好,视力下降,或晶珠混浊,眼底视网膜水肿、视神经乳头水肿等。

全身表现:面色㿠白,形寒肢冷,神疲乏力,夜尿多,口淡乏味,若膀胱气化失职,可出现身肿面浮,小便不利,舌体胖,苔白,脉沉细。

第十六节 八 纲 辨 证

八纲,即表、里、寒、热、虚、实、阴、阳八个辨证的纲领。八纲辨证是通过四诊所获得的资料,按八纲体系进行综合分析,概括为 8 个具有普遍性的证候类型,用以表示疾病的性质(寒热)、病变的部位和病情的轻重(表里)、邪气的盛衰及体质的强弱(虚实)、疾病的类别(阴阳),为治疗提供依据,是一切辨证的总纲。八纲中的阴阳又可概括其他六纲,表、实、热属阳,里、虚、寒属阴。故阴阳又是八纲之总纲。

一、辨 表 里

《素问病机气宜保命集》指出:"眼之为病,在腑则为表,当除风散热,在脏则为里,宜养血安神;暴发者为表易治,久病者为里难愈。"外障眼病病位在表,内障眼病病位在里。风、寒、暑、湿、燥、火六淫之邪从外而入侵者属表证,喜、怒、忧、思、悲、恐、惊七情过伤,脏腑内损,病自内生者属里证。表证一般发生于胞睑、两眦、白睛、黑睛等浅表组织,其特点是病位浅,起病急,病情较轻,如眼部沙涩痒痛,流泪眵多,畏光羞明,胞睑微肿或赤烂,白睛红赤,黑睛生翳等,病程短而易治。里证一般发生于瞳神以内,如内障眼病或外障眼病失治,邪气由浅入深,病变由表入里。由内而生者如视力急降或缓降,瞳神变白或瞳神紧小、瞳神干缺,或瞳神散大、眼前萤星满目,或视物变形等。外障失治病变由浅入深者,如胞睑肿痛,白睛混赤,黑睛凝脂,黄液上冲,血灌瞳神,睛高突起等。表证与里证有虚证、实证及虚实夹杂之分。表证未除而邪入里,或里证复感外邪,皆为表里同病。正如《审视瑶函》所指出:"按目病有外感,有内伤,外感者风寒暑湿燥火,此标证也,患者致目暴发疼痛,白睛红肿,眵泪赤烂,其势虽急易治;内伤者,喜怒忧思悲恐惊,此七情也,患者致黑珠下陷,或起蟹睛,翳膜障蒙,或白珠不红,瞳神大小,视物昏花,内障不一,其势虽缓,难治。"

二、辨寒热

寒热是辨别阴阳盛衰的关键,"寒热者,阴阳之化也"。寒证通常指机体阳气不足或感受寒邪所致的证候,有表寒与里寒之分。表寒证主要表现为涕泪交流,迎风冷泪,冷泪长流,兼有全身冷痛、头痛项强、鼻塞等表证。里寒证表现为冷泪长流,不能久视,入夜目盲,能近怯远诸症。以上表现结合全身症状,如肢冷畏寒、小便清长、舌淡白等,即为"阴盛则寒""阳虚生外寒"之所指也。

热证通常指机体感受热邪或脏腑积热所引起的证候,可分为表热、里热、实热、虚热等。表热证的表现有胞睑红肿,白睛红赤,黑睛星翳初起,畏光流泪眵多。表热证未解入里,病情加重而形成里实热证时,表现为胞睑肿痛、化脓、白睛混赤、黑睛凝脂、黄液上冲等热毒壅盛之证,伴有口干、便秘、舌红、苔黄等全身表现。病程日久未愈,脏腑功能失调,津液受损,阴虚火旺引起虚热证,有心烦口干、骨蒸劳热、盗汗、舌红、少苔等全身表现。

寒热之为病,虽有本质的区别,但又互相联系、互相转化,临证时需加以细辨。

三、辨虚实

虚实是辨别病邪与人体正气盛衰的纲领。《素问·通评虚实论》指出"邪气盛则实,精气夺则虚"。虚指正气不足,由正气虚所致的证候即虚证;实指邪气盛,邪气过盛所致的证候即实证。一般认为,新病多实,久病多虚;暴病多实,缓病多虚;外障多实,内障多虚;年轻体壮者多实,年老体弱者多虚。但不能机械地套用此类原则,必须整体与局部相结合进行辨证。

实证多为病邪盛、正气足、发病急骤的内外眼病,其特点是发病急,症状明显,变化快,眼部表现为眼痛眵黏,热泪如汤,视力骤降,胞睑红肿赤痛或赤烂而痒,白睛红肿,抱轮红赤,或白睛混赤,黑睛生翳或凝脂,黄液上冲,或血灌瞳神,瞳神紧小或散大呈绿色,眼底见水肿、渗出、出血、血管阻塞等,兼见面红气粗、口渴便秘、口苦咽干、胸闷烦躁、舌苔黄、脉洪数有力等全身症状。

虚证多为正气不足、脏腑功能减退的慢性或先天性内外障眼病,其特点是发病缓慢或反复发作,眼部表现为眼干涩隐痛,举睑无力,或冷泪长流,胞睑虚肿如球,上胞下垂,黑睛花翳白陷难愈,蟹睛或眼珠塌陷,眼底见视网膜退变、色素沉着、黄斑变性等,兼见神疲乏力、面色萎黄或㿠白、心悸气短、自汗盗汗、腰膝酸软、头晕耳鸣、四肢不温、舌淡胖、脉细弱等全身症状。

四、辨阴阳

阴阳是辨别疾病性质的纲领,是八纲的总纲,一切疾病都可归纳为阴阳两大类。

表证、热证、实证皆属于阳证,多见于外障眼病。里证、寒证、虚证皆属于阴证,多见于内障眼病。

临床应用八纲辨证时,既要注意八纲的基本证候,又要善于综合归纳,并注意八纲之间的相互转化、相互配合,如表里同病、寒热互见、虚实兼夹时,应根据轻重缓急,具体证候具体分析,才能做出正确的辨证,进一步提高治疗效果。

(刘求红)

第五章 岭南眼科治法

岭南眼科的治疗方法众多,可分为内治、外治两大类,内障眼病以内治为主,外障眼病多需配合点眼、洗眼、敷眼、手术等外治法。此外,岭南眼科亦常配合应用针灸、推拿等方法。

第一节 内 治 法

眼与脏腑、经络密切相关,重视内治法是中医治疗眼病的特色。不论外感或内伤眼病,皆可根据眼部表现,结合全身状况进行辨证,用内治法调整脏腑功能或攻逐病邪。即使对某些确需用外治法或手术治疗的眼病,亦可配合内治法,内外同治,提高疗效。现将眼科常用内治法介绍如下:

一、祛风解表法及方剂

祛风解表法在眼科应用较广,主要适用于风邪侵袭引起的外障眼病初期,凡白睛突然红赤、黑睛新生翳障、胞睑疮疡初起,头痛恶寒、发热、脉浮等,皆可应用本法。风邪侵袭有风寒、风热之分,以风热引起的外障眼病最常见。

(一)疏散风热法

疏散风热法用具有辛凉宣散与苦寒清热作用的药物组成方剂,以疏风散热,治疗因风热侵犯所致的眼病,即外障眼病初期,眼部表现为眼痒疼涩、热泪频流、羞明灼热、眵多眵燥、胞睑肿胀、白睛红赤、黑睛生翳浮嫩等,可有恶风发热、头痛鼻塞、舌红、苔薄黄、脉浮数等全身表现。暴风客热、聚星障、凝脂翳、针眼、瞳神紧小等初期,均可用本法。

【常用方剂】

1. 驱风散热饮子 方中羌活、薄荷、牛蒡子疏散风邪;连翘、山栀、大黄、甘草清热泻火解毒;赤芍、当归尾活血以助消肿退赤。

2. 新制柴连汤 方中柴胡、蔓荆子、荆芥、防风祛风散邪止痛;黄连、黄芩、山栀、龙胆草清肝泻火退赤;赤芍配木通清热凉血,退赤止痛;甘草和中清热。

疏风散热药多升散,易伤津动液,故阳盛火升、内热壅盛、阴虚津少、表虚多汗及目赤疼痛日久者慎用,以免伤津动液,耗散阳气。风热之邪侵袭有风重于热或热重于风之分,风热之邪深入可致里热壅盛,所以当分清风甚还是热甚、偏表还是偏里。如风重于热,疼痛流泪症状较著者,可适量配伍少量辛温解表药,尤其黑睛翳障,用之有加强祛风止痛、止泪、退翳的功效。热重于风,红肿较著者,则重用清热药。疏散风热法之方剂由辛散轻扬之品组成,不宜久煎,以免药性耗散。

(二) 疏散风寒法

疏散风寒法以辛温解表药为主组成方剂,以辛温解表、逐邪通络,治疗因风寒入侵引起的眼病,眼部表现为眉心作痛、泪多难睁、泪冷眵稀、眼感紧涩不爽、睑硬睛痛,或胞睑虚浮、白睛淡红,全身表现见恶风寒、发热头痛、身痛无汗或少汗、苔薄白、脉浮紧等。

【常用方剂】

1. 羌活胜风汤　方中羌活、独活、白芷、川芎、防风、荆芥、薄荷、柴胡疏风解表;桔梗、前胡宣肺以助疏散;黄芩清上焦肺热;白术、甘草调胃和中。

2. 四味大发散　本方为散剂,方中麻黄、细辛辛温散寒、止痛;藁本祛风散寒;蔓荆子祛风止泪;老姜温中散寒;共奏发散风寒之功。

疏散风寒法用于外障眼病初起无热证者。可根据经络辨证配伍引经药,如前额痛用白芷,颠顶、后项痛加藁本,眉棱骨痛重用羌活,太阳穴痛加柴胡,风痰引起的眉棱骨痛配伍白附子。风寒之邪侵入,易蕴积化热,化热则不能用本法。本法方药多辛香燥烈,不宜用于多汗、阴虚火旺证等,以免耗伤津液,致热势炽盛。煎药亦不宜太久,以免药性耗散。

二、泻火解毒法及方剂

泻火解毒法在眼科应用甚广。本法用具有泻火解毒作用的寒凉药物清除邪毒,治疗火热邪毒引起的眼病,主要用于热毒时邪外侵,六淫外袭日久,失治或误治,化火内攻;或素有脾胃积热,或肝胆火炽,攻冲眼目。常见眼病有针眼硬结成脓、漏睛疮、天行赤眼、火疳、凝脂翳溃陷、瞳神紧小、真睛破损等。火热毒邪所致之眼病,病情严重。眼部表现可见胞睑红赤漫肿或溃脓,白睛红赤壅肿或白睛混赤,黑睛溃烂如凝脂,黄液聚于黑睛与黄仁之间,瞳神紧小,常伴视力骤降,疼痛拒按,灼热羞明,热泪如汤,眵多黏结,全身表现可见身热、烦渴、便秘干结、尿短赤、舌红、苔黄燥、脉数实等。

(一) 清热泻火法

火性上炎,火热毒邪可循经上犯目窍,因此,必须根据脏腑辨证,参考五轮辨证,灵活运用清热泻火法。如眼胞红肿赤痛、口渴喜饮、便秘溲赤之脾胃热毒上攻证,用清泻胃火法;抱轮红赤、黑睛生翳、目珠疼痛、面红烦躁、舌边红、苔黄之肝火上炎证,用清泻肝火法;赤脉传睛、血翳包睛、刺痛泪出、漏睛溢脓、心烦不寐、舌尖红、苔黄之心火上炎证,用清泻心火法;白睛红赤、灼热疼痛、口干咽燥之肺火上攻证,用清泻肺火法。

【常用方剂】

1. 龙胆泻肝汤　方中龙胆草大苦大寒,泻肝胆实火;黄芩、山栀苦寒泻火;木通、车前子、泽泻清利湿热;生地、当归滋养肝血,使邪去而正不伤;柴胡条达肝气;甘草和中解毒。

2. 泻心汤　方中大黄、黄连、黄芩为大苦大寒之品,黄连清泻心火,黄芩清热泻火,大黄通泄、导热下行,全方共奏泻火解毒、化湿泄热之效。对于眼病的目赤肿痛、迫血妄行,泻火即止血。如李时珍说:"用泻心汤,亦即泻脾之湿热,非泻心也。"

(二) 清热解毒法

火热与毒邪往往相兼而化,泻火与解毒相辅相成,可根据火与毒的轻重,结合脏腑辨证,灵活选方用药。

【常用方剂】

黄连解毒汤 方中黄连泻心火,兼泻中焦之火;黄芩泻上焦之火;黄柏泻下焦之火;山栀通泻三焦之火,导火下行。

(三)泻火通腑法

眼分五轮,分属五脏,由于脏腑表里关系,可使脏火从腑而解。邪毒炽盛的急重眼病,可数脏之火并存,尤以阳明之火最烈,对眼病威胁也最大。故凡有大便燥结者,可用泻火通腑法,阳明之火一降,各脏之火递减,眼症也随之而平,即"釜底抽薪"之意。

【常用方剂】

眼珠灌脓方 方中生大黄、玄明粉泻腑通便,导热下行;生石膏、天花粉清脾胃之热;金银花、黄芩、栀子、夏枯草清热泻火;枳实、竹叶行气散郁火;瓜蒌仁解毒排脓。

(四)清热凉血法

热邪由表入里,或脏腑热毒炽盛,深入血分,可用清热凉血法。清热凉血法多用于火热邪毒炽盛而致内外眼出血者。

【常用方剂】

犀角地黄汤 方中犀角(现以水牛角代)清热凉血,并能解毒;地黄养阴清热,凉血止血;芍药和营泄热;丹皮泻血中伏热,凉血散瘀。

泻火解毒法为寒凉直折法,用之不当可损伤脾胃阳气,故不宜久用,并要根据病情轻重和体质强弱,慎重选药。本法为实火而设,虚火绝不可用。又因本法所用药物属寒凉之性,久用可致气血凝滞、翳障难退、瘀血难消,故对黑睛生翳、脓毒肿痛等应用本法时,必须掌握分寸,注意药物配伍。

三、滋阴降火法及方剂

滋阴降火法用甘咸寒凉的滋阴药组成方剂,以滋养阴液、清降虚火,适用于阴液亏损,虚火上炎攻冲眼目者,常见于金疳、火疳、白涩症、聚星障、瞳神干缺、青风内障、云雾移睛、视瞻昏渺等。此类眼病多起病较缓,症状时轻时重,病程长而易反复发作,或有周期加重的特点。眼部表现为白睛隐隐红赤,黑睛星翳乍隐乍现,翳陷不敛而少赤痛,瞳神干缺变形,或有瞳神散大,眼压增高,或视网膜出血、黄斑部水肿等,可伴有头晕失眠、两颧潮红、盗汗梦遗、五心烦热、烦躁易怒、耳鸣耳聋、口苦咽干、舌红少苔、脉细数或虚数等全身表现。

【常用方剂】

1. 补心汤 方中人参、黄芪益心气;知母、麦冬滋阴液;连翘清心;远志养心神;当归补血养心;生地滋阴凉血;甘草和中;桔梗载药上行。

2. 十珍汤 方中生地、当归、白芍滋阴血;地骨皮、知母、丹皮滋阴清虚热;天冬、麦冬增阴液;人参益心气;甘草清热和中。

滋阴降火法在具体应用时尚需进一步辨证。诚如《审视瑶函》说:"一肾水而配五脏之火,是火太有余,水甚不足。"虚火有心、肺、胃、肝、肾之分,临床多见肾肝虚火,当根据脏腑辨证,参考五轮所见而立法处方。由于滋阴降火药多具寒凉滋腻之性,故外感诸邪、脾胃虚弱或痰湿内蕴者禁用。

四、祛湿法及方剂

祛湿法以芳香、淡渗、苦寒、健脾等药物为主组成方剂,通过化湿利水、通淋泄浊等作用,治疗湿邪引起的眼病。湿邪所致的眼病,或因湿邪外侵,或因湿浊内蕴,无论外障或内障眼病,若见胞睑水肿,睑重难睁,睑弦湿烂痛痒,视物昏渺或云雾移睛,胞内粟疮,白睛污黄,黑睛翳如虫蚀、混睛障、神水或神膏混浊,眼底渗出水肿、视网膜脱离,兼见头痛如裹、口不渴或渴不欲饮、胸闷食少、腹胀便溏、四肢乏力或咳吐痰涎等,皆可用本法治疗。

湿邪侵袭的部位和兼邪各有不同。湿邪有外湿、内湿之分,外湿可以内传脏腑,内湿亦可以外溢肌肤,故外湿、内湿可以相兼互见。湿邪有兼寒、兼热之别,尚有脾虚不运、水湿停聚与肾阳不足、阳虚水泛等不同。相应的除湿法亦不少,如风湿犯眼,胞睑湿痒,则除湿兼以祛风;痰湿阻络,胞生痰核,则化湿兼以祛痰通络;湿浊上泛,视网膜水肿,则利水渗湿。以下论述眼科临床常用的祛湿三法。

(一)清热除湿法

清热除湿法以清热燥湿药为主组成方剂,治疗湿热引起的眼病。眼部表现为睑弦、胞睑红赤湿烂,白睛污黄带红,抱轮红赤,黑睛溃烂,或神水、神膏混浊,瞳神紧小迁延难愈,眼底视网膜水肿等,多兼有心烦口苦、小便短赤、身重乏力、苔黄腻、脉濡数等全身表现。湿热之邪引起的眼病颇常见,如不少胞睑病、两眦病、白睛病,常因湿热之邪侵袭或湿郁日久化热而起。另外,聚星障、混睛障、瞳神紧小等亦常与湿热有关。

【常用方剂】

1. 除湿汤　方中黄芩、黄连、连翘清热除湿;枳壳、陈皮理气化湿;滑石、木通、车前子淡渗利湿而清热;荆芥、防风祛风止痒;甘草和中。

2. 甘露消毒丹　方中黄芩、连翘清热解毒;薄荷辛凉透热;绵茵陈、滑石、木通利湿清热;藿香、豆蔻、石菖蒲芳香化浊;射干、贝母宣肺解郁清热,使气化湿亦化。

(二)健脾化湿法

健脾化湿法以辛温燥湿及芳香化湿药为主组成方剂,治疗因脾虚不能运化水湿,湿邪中阻或为痰饮而引起的眼病。眼部表现可见胞睑虚肿,视物昏渺,视瞻有色,眼前黑影如蚊蝇飞舞,眼底黄斑水肿渗出,全身表现可见倦怠乏力、食少纳差、舌淡苔白、脉濡而弱等。一般来说,外障眼病较少使用健脾化湿法,若胞虚肿如球、白涩症等属脾虚湿滞证者,可选用之;内障眼病之云雾移睛、视瞻昏渺、青盲等常选用健脾化湿法。

【常用方剂】

参苓白术散　方中党参、白术、茯苓、甘草补脾益气;山药、莲子补脾益阴;扁豆、薏苡仁健脾渗湿;陈皮、砂仁理气燥湿;桔梗利咽祛痰,又能载药上行直达病所。全方燥湿而不伤阴,为常用的健脾化湿方。

健脾化湿药多辛温性燥,久用易伤阴耗津,故湿热之邪所致的眼病忌用,阴亏津少者亦慎用。

(三)温阳利湿法

温阳利湿法主要用温阳化气、利水渗湿药组成方剂,治疗因阳虚气化失常,水湿停聚引起的眼病。眼部表现可见胞睑浮肿,眼底视神经乳头、视网膜、黄斑水肿、出血等,全身表现可有小便不利、四肢重痛、肢冷形寒、舌淡、苔白或白腻、脉沉等。本法亦主要用于内障眼病,如视瞻昏渺、视瞻有色、青盲、云雾移睛等。

【常用方剂】

真武汤　方中白术、茯苓健脾益气；附子温阳化气；生姜辛散水气；芍药补阴以防利水伤阴。

温阳利湿法所用药物药性更为温燥，阴虚血少、津液亏损者尤应慎用。气虚甚则损及阳，脾肾阳虚往往互见，故应用温阳利湿法时，除用健脾益气利水药外，亦要用温肾助阳药。

五、止血法及方剂

止血法用具有止血作用的药物组成方剂，以终止眼部出血，适用于各种出血性眼病的早期及反复出血者，如胞睑出血、白睛溢血、血灌瞳神、视网膜出血、脉络膜出血及眼外伤出血等。出血的原因不同，止血的具体治法也不同。血热妄行者，宜清热凉血止血，或清肝降火止血；阴虚阳亢者，宜滋阴潜阳止血；虚火伤络者，宜滋阴凉血止血；气虚不摄者，宜益气摄血；眼外伤者，宜祛风散瘀止血。

（一）凉血止血法

凉血止血法以清热药及凉血止血药组成方剂，治疗热邪深入营血，迫血妄行所致的眼病，常见于天行赤眼、血灌瞳神、出血性暴盲及血管阻塞性暴盲等，全身表现可有烦热不安、口干咽燥、舌红、脉数等。

【常用方剂】

1. 宁血汤　方中墨旱莲、生地黄、阿胶、白芍滋阴凉血止血；栀子炭、侧柏叶、白茅根清热凉血止血；仙鹤草、白及、白蔹收敛生肌止血。诸药合用，有较强的滋阴清热、凉血止血功效。

2. 生蒲黄汤　方中生蒲黄、墨旱莲、生地黄、荆芥炭滋阴凉血止血；丹参、丹皮、郁金凉血散血；川芎行血活血。诸药合用，共奏滋阴凉血、止血化瘀之功。

（二）益气止血法

益气止血法以益气摄血药组成方剂，治疗气虚不摄、血溢络外的出血性眼病。气虚不摄所致的出血性眼病多为眼内出血，其血色较淡，血量较多，持续难止，全身表现可有头晕乏力、少气懒言、面色无华、胃纳不佳、舌淡、脉弱等。

【常用方剂】

归脾汤　方中党参、黄芪、白术、甘草健脾益气；龙眼肉、当归、茯神、远志、酸枣仁养心补血安神；木香理气醒脾，使诸药补而不滞。全方共奏养心健脾、益气统血之效。

益气止血法关键在于健脾益气，辅以收敛止血，若脾气健运，复其统摄之职，则血自然复行其常道，而出血自止。

止血之法属急则治标之法，仅用于新鲜出血。若血已止，再无出血倾向时，当逐渐转用活血祛瘀之法。对有反复出血倾向者，出血停止后不宜急于用活血祛瘀法，否则可能引起再度出血。应用止血法时应注意其留瘀之弊，故常以止血药为主，辅以行气消瘀之品。使用止血法应牢记古人所训："塞其流者，莫若澄其源。"塞流，即用止血药制止出血；澄源，即在止血之时，针对出血的原因治疗。止血是治标，澄源才是治本，所以用止血法应结合辨证，辅以清热凉血、益气摄血、滋阴潜阳，甚至活血祛瘀等法。在各种止血方中，均可选用仙鹤草、血余炭、百草霜、藕节、白茅根、棕榈炭、侧柏炭等以加强止血效果。

六、活血祛瘀法及方剂

活血祛瘀法以活血祛瘀药为主,适当配伍理气药组成方剂,以消散瘀滞、通经活络,改善血行、促进眼部瘀血吸收。瘀血引起的眼部证候复杂,如胞睑肿硬,红赤紫胀,白睛赤丝虬脉,白睛溢血,黑睛混浊,水肿增厚,或有赤脉伸入,黄仁肿胀或有赤脉盘绕,血灌瞳神,神水混浊,玻璃体积血;又如眼底出血日久,眼底可见机化物或机化条索,或出现眼底退行性改变。除以上表现外,还可有眼部痛剧,持续不止,拒按,痛有定处,舌有瘀点瘀斑,甚或眼底病后期视力不提高等。

【常用方剂】

1. 祛瘀汤　方中川芎、当归尾、桃仁、赤芍、丹参活血祛瘀;生地黄、墨旱莲凉血止血;泽兰活血利水;郁金活血行气。

2. 补阳还五汤　方中重用黄芪益气,以使气行则血行;当归尾、赤芍、川芎、桃仁、红花、地龙活血化瘀通络。

凡血瘀之证,多兼气滞,气为血之帅,气行则血行,故应用活血祛瘀法时应适当辅以行气之品或通窍之药。本法具有破瘀作用,不宜久用,以免耗伤正气,气血虚弱及孕妇忌用。应用活血祛瘀法时,必须结合全身情况加减用药。对既有眼部瘀滞,又有全身气虚证候者,应慎重使用活血祛瘀力峻猛之品,必要时配伍补气药同用。若有血虚者,应补血活血祛瘀。若因寒而血瘀者,当温经散寒,活血祛瘀。如因热而血瘀,须在散瘀之中不忘用清热药。若血瘀日久,眼中见机化条索或团块者,则应破血散瘀、软坚散结。

七、疏肝理气法及方剂

疏肝理气法用疏肝解郁理气药组成方剂,以改善或消除肝气郁滞证候,直接或间接地促使眼部脉络和畅、气血运行有序,而达到退赤、消肿、降眼压、明目的目的。本法广泛适用于肝气郁结导致气机不调的一切内外障眼病,尤以青风内障、绿风内障、视瞻昏渺、暴盲等内障眼病为宜。眼部表现可有目赤胀痛,眉棱骨痛,视物渐朦甚或视力剧降,瞳神散大,眼压升高等,常兼见头晕目眩、胸胁胀闷、嗳气、咽部似有物阻、神疲、烦躁易怒、妇女月经不调、脉弦等全身表现。

【常用方剂】

逍遥散　方中柴胡疏肝解郁;当归、白芍养血和营;白术、茯苓、甘草健脾和中;生姜、薄荷理脾行气散郁火。

疏肝理气法为眼科常用治法,对慢性眼病、内障眼病尤为常用。肝郁则易化火,故疏肝理气之中常需酌加清火之品。肝郁常兼血虚或脾气虚弱,所以疏肝理气法常配伍健脾养血药。肝郁日久,气滞血瘀致眼病缠绵者,则需配伍活血化瘀药。疏肝理气法所用药多辛温气燥,故阴亏者慎用,并注意药物配伍。

八、益气养血法及方剂

益气养血法用具有补养气血作用的药物组成方剂,以消除气血虚弱证候,达到明目作用,主要治疗各种原因导致气血虚衰引起的眼病。益气养血法所治眼病多为慢性内外障眼病而兼有全身气血不足证候。眼部表现可有羞明,目痛,起坐生花,冷泪频流,睁眼乏力,久视眼胀,夜盲,暴盲,青盲,胞睑虚肿,上胞下垂,目无神光,眦部血丝淡红,黑睛边缘生翳久而不愈,黑睛翳陷久不平复,眼底视网膜血管稀细、视网膜出血、视网膜脉络膜萎缩、视盘苍白或蜡黄等。因气血相依,关系密切,故益气养血常同用,但应根据患者具体情况,辨明气虚为主还是血虚为主,而用药有所侧重。

(一) 补气法

补气法用于上述内外障眼病而有头晕目眩、睁眼乏力、常欲闭垂、少气懒言、神疲纳呆、耳鸣自汗、舌淡苔少、脉虚无力等气虚之证者。

【常用方剂】

益气聪明汤　方中黄芪、人参、甘草健脾益气;升麻、葛根升阳益胃;蔓荆子轻清上行并明目;黄柏泻肾火并坚阴;白芍养血和营。

(二) 补血法

补血法用于血亏而致的内外障眼病,多见于失血或久病,表现为面色苍白或萎黄,头晕眼花,不耐久视,心悸失眠,多梦易醒,手足发麻,舌质淡,脉细无力等。

【常用方剂】

当归活血饮　方中当归、白芍、熟地黄补血养血;川芎行气活血;苍术健脾燥湿;黄芪益气;防风、羌活、薄荷行气散滞;甘草补中并缓和诸药。

(三) 气血双补法

气血双补法用于气血亏虚而致的内外障眼病,表现为少气懒言,乏力自汗,面色苍白或萎黄,心悸失眠,舌淡而嫩,脉细弱等。

【常用方剂】

芎归补血汤　本方名为补血汤,实为气血双补。方中熟地、当归、白芍、牛膝补血;川芎活血行气;白术、甘草益气和中;生地黄、天冬、防风共奏滋阴、清虚热、搜肝风之功。

因脾为后天之本、气血生化之源,故应用补气养血法时,应注意调理脾胃。补气养血法用于虚证,如属虚实夹杂证,则可攻补兼施,或先攻后补,或先补后攻。邪气亢盛而无虚证者,忌用本法。本法用于慢性眼病,病程长,可制成丸剂、散剂、片剂等便于长期服用;为利于运化吸收,宜餐前或睡前服药。

九、补益肝肾法及方剂

补益肝肾法用具有补益肝肾作用的药物组成方剂,以消除肝肾亏虚,达到明目作用,为临床常用治法。肝肾不足是许多眼病虚证的主要病机,肝血为养目之源,肾精为司明之本,肝肾同源,同寄相火,肝肾之阴相互资生,故论治时,常常肝肾同治。肝肾不足,内外障眼病均可见之,而以内障眼病更为多见。白涩症、聚星障、瞳神干缺、青风内障、圆翳内障、云雾移睛、视瞻昏渺、青盲、高风内障等属肝肾不足证候者,均可用补益肝肾法。肝肾不足引起的眼病,以肝肾阴虚多见,亦可因肾阳不足而引起。

(一) 滋养肝肾法

滋养肝肾法以补养肝血与滋养肾阴药为主组成方剂,治疗肝肾阴虚引起的眼病。眼部表现为干涩不舒,哭而无泪或冷泪长流,白睛赤脉细小淡红,黑睛边缘陷翳或星点云翳时隐时现,眼外观端好,无视物昏蒙或夜视不见,晶珠或神膏混浊,眼底视神经乳头色淡或蜡黄、视网膜血管变细等,全身表现可有头晕耳鸣、口干咽燥、健忘失眠、盗汗梦遗、腰膝酸软、女子月经不调、舌红苔少、脉细无力等。

【常用方剂】

1. 加减驻景丸　方中菟丝子、楮实子、五味子、枸杞子、熟地黄、当归补益肝肾,滋养精血;川椒温阳以配阴,且能行气,使诸药补而不滞;车前子利水而泻肝肾邪热,既抑诸药之温燥,又防滋腻之碍湿。诸药合用,有补益肝肾、填精养血的功效。

2. 石斛夜光丸　方中人参、天冬、菟丝子补肾安神,强阴填精;五味子、麦冬、杏仁、茯苓、枸杞子、牛膝、生熟地黄补血养阴;防风、甘菊花、白蒺藜、石斛、肉苁蓉、川芎、甘草、枳壳、山药、青葙子祛风清肝,益精血,补肾明目;黄连、决明子、羚羊角、犀角(现以水牛角代)清热消滞,祛风通络解毒。本方药味众多,制为丸剂,合用有补肝肾、益精血、祛风清热、散结明目的功效。

(二) 温补肾阳法

温补肾阳法较滋养肝肾法少用,以温补肾阳药为主组成方剂,治疗肾阳不足引起的眼病。眼部表现有目无光彩,视物昏花,视物变形,视物异色,夜盲,眼底视网膜水肿及渗出物久不消退等,全身表现可有面色㿠白、形寒肢冷、腰酸耳鸣、夜尿频多、阳痿早泄、舌淡、脉弱等。

【常用方剂】

右归丸　方中附子、肉桂、鹿角胶、菟丝子、山茱萸、枸杞子、熟地黄、当归温补肾阳,填精养血;杜仲补肾强筋健骨;山药补中益气。

补益肝肾法所治之眼病亦多为慢性病,病程长,为便于治疗,可制成丸剂、片剂、冲剂等长期服用。为利于吸收,服药时间以餐前或睡前为宜。实证忌用本法,湿邪未尽者不宜早用本法。肝肾不足虽有肝肾阴虚或肾阳虚的区别,临床亦常见阴阳俱虚者,宜阴阳俱补。

十、软坚散结法及方剂

软坚散结法用具有祛痰软坚、消瘀散结作用的药物组成方剂,治疗痰饮引起的眼病。外障眼病之胞生痰核、火疳,内障眼病之视瞻昏渺、云雾移睛等见胞睑肿核、白睛结节隆起,眼底视神经乳头、视网膜、黄斑区水肿渗出、眼内机化膜形成等,均可用本法消散之。常兼见胸闷多痰、心悸失眠、脉弦滑等全身表现。

【常用方剂】

温胆汤　本方以二陈汤为基础,燥湿祛痰、理气和胃;加竹茹、枳实清热化痰,行气消滞。

眼部疾病病因各异,痰往往与多种病因合并而现,与多种证候合并而见,如痰常与湿并见、痰湿郁久积而化热等。因此,治疗时应在软坚散结药的基础上灵活配伍。如痰湿郁结者,配以祛湿化痰药;痰瘀气滞者,配以理气活血药;痰湿夹热者,治以清热化痰。如因脾不运化,肺失治节而生痰者,应佐以健脾理肺药;如因阳气虚弱,津液不运而结聚者,配以温阳补气药;如属阴虚有热,津液被灼,煎熬而成者,则配伍养阴清热药。

十一、退翳明目法及方剂

退翳明目法为眼科独特的治疗方法,用具有退翳作用的药物组成方剂,消除或减轻黑睛翳障,仅适用于黑睛生翳者。黑睛生翳主要因聚星障、凝脂翳、混睛障等导致,亦有因椒疮、火疳等传变而成。

【常用方剂】

1. 消翳汤　方中木贼、密蒙花祛风退翳明目；防风、荆芥发散外邪，退翳明目；当归尾、枳壳、川芎活血行气；生地黄养阴清热退翳；柴胡、蔓荆子疏肝祛风退翳；甘草调和诸药。

2. 石决明散　方中石决明、决明子平肝清热，明目退翳；青葙子清肝热；山栀清利湿热；赤芍活血消滞；荆芥、羌活散外邪；木贼疏散风热，退翳止泪；麦冬清热养阴，既防热邪伤阴，又制药性之燥；大黄泻火，导热下行，兼以活血祛瘀。

运用退翳明目之法，须注意邪气的盛衰、兼证之有无。如病初起，星翳点点，赤痛羞明，流泪较甚，为邪气正盛，当以祛邪为主，治以疏风清热以退翳；星翳极期，或凝脂翳，或陷翳深大，红肿热痛，为火热炽盛，当急予清热泻火以退翳，待赤痛生翳诸症稳定或开始消退时，再配合运用退翳之品。如阴液已伤，则配合养阴清热。病至后期，赤痛羞明诸症已除，遗留翳膜者，则以退翳为主，兼顾扶正，酌加益气养血、补养肝肾之品，或配伍活血祛瘀药以图祛瘀生新。黑睛翳障之极期，热毒炽盛，此时虽可用清热泻火药，但不宜太过。如过用寒凉，可致正伤邪留，邪气冰伏，气血凝滞，翳不易退。退翳之法，贵在及时，若翳已陈旧为宿翳光滑瓷白者，为气血已定，用药难消散。

第二节　外　治　法

外治法是运用具有祛风、清热、除湿、活血通络、祛瘀散结及退翳明目等作用的药物和手术治法，直接施治于眼外部的方法，中医眼科自古即重视外治法。外治法在眼科应用甚广，特别在外障眼病的治疗中占有重要地位，有的眼病甚至单独采用外治法即可收效。现代中医不仅继承了点、敷、熏洗等传统的外治方法，而且融会了现代医学技术，有所改进、发展。

一、点　眼　药　法

点眼药法是中医眼科常用的外治法之一，根据辨证，将所需的药物直接点入眼局部，使药力直达病所，以达到消肿痛、退红赤、去眵泪、止痒涩、除翳膜、放大或缩小瞳孔的目的。本法适用于一切外障及部分内障眼病。胞睑生疮溃烂、椒疮、粟疮、白睛红赤、肿痒、赤丝粗虬、黑睛生翳溃烂、瞳神紧小、瞳神干缺、绿风内障、青风内障及圆翳内障未成熟等，都可使用点眼药法。用药必须严格掌握适应证、用法与用量。点药方法有点眼药粉法、滴眼药水法及涂眼药膏法三种。

（一）点眼药粉法

点眼药粉法为传统中医点眼药法中应用最多者，其历史悠久、疗效可靠。依处方将点眼药制成干燥而细腻的粉末（现代制剂按《中国药典》规定达 200 筛目），点药时，先以左手轻轻揭起眼睑，右手持已消毒的眼科专用两端钝圆的小玻璃棒，用生理盐水蘸湿，再蘸药粉约半粒到 1 粒芝麻大小，点入穹窿部，或直接点入大眦角泪堂处，嘱患者闭目约 5 分钟后方可睁眼，或患者以手按鱼尾穴数次，以助气血流行。轻证每天 3 次，重症适当增加。如系胞睑病，可直接将药粉撒布或涂抹患处；或可将药粉掺入眼药水中（10ml 眼药水掺入约 0.15g 药粉），制成混悬液，点前摇匀，用法如滴眼药水法，此法较容易掌握用量。点药时患者应位于避风处，取坐位或仰卧位。每次用药不可太多，以减轻刺激。初次点药，量更宜少，以使患者逐步适应。玻璃棒有棱尖者不可用，以免误伤眼珠。点药时玻璃棒头不要触及黑睛，尤其黑睛有新翳时更应慎重。

【方剂举例】

1. 珍珠散。

2. 涩化丹

(二)滴眼药水法

滴眼药水法现代治疗目疾最常用的方法,其操作简单、疗效可靠,患者易于接受,适用于内外障眼病,尤以急性眼病最适用。古代多将所需方药煎煮或浸泡,取药液过滤澄清,以无渣为度,用以点眼。现代制药方法已改进,将所需药物提取配制,制备药液后,用滴眼管或滴眼瓶盛装备用。滴药时,患者取坐位或卧位,头微仰偏向患侧,双目上视,医生左手轻轻向下拉开下睑,右手持滴眼管或滴眼瓶,将药水滴入大眦角或白睛下方1~2滴,然后将上睑提起,同时放松下睑,使药液充分均匀地分布于眼内,嘱患者轻轻闭目数分钟。一般每日滴4~8次,遇急重眼病,可适当增加次数,如每小时或半小时滴一次。滴药前要细心核对药名及所滴的眼别。滴管及药瓶的头部不要触及睫毛及皮肤,以免污染。滴有毒药液(如毒扁豆碱或阿托品)时,滴后需用手指压迫泪囊部(睛明穴下方)数分钟,以防药液通过泪道及鼻腔黏膜吸收引起全身中毒。

【方剂举例】

1. 风眼烂眦方。

2. 三黄眼液。

3. 黄连西瓜霜眼药水。

(三)涂眼药膏法

将所需方药精制成粉末、浓汁或提炼后,加油脂或白蜜等赋形剂,制成膏剂,现多用软管封装或小盒散装。本法适用于胞睑湿烂痒痛,以及白睛、黑睛疾病,如风热眼、椒疮、粟疮、凝脂翳、绿风内障等。胞睑疾病可单独用涂抹眼药膏,黑睛、白睛疾病可按病情需要采用白天滴眼药水、睡前涂眼药膏的方法。使用时,用消毒的玻璃棒蘸药膏少许,点于白睛与下睑间的穹窿部,嘱患者闭眼,将玻璃棒横向徐徐自眦角方向抽出。抽出玻璃棒时,切勿于黑睛表面擦过,以防擦伤黑睛。现一般用软管药膏,使用时轻轻向下牵拉患眼下睑,将药膏挤出少许置于下穹窿部,再轻轻向上向外提拉下睑,然后嘱患者闭目,或再用棉球轻轻按揉胞睑2~3分钟即可。如果患处在胞睑,可直接将药膏涂于患处。涂眼药膏法一般每天3次,或临睡前1次。

【方剂举例】

光明眼膏。

二、熏 洗 法

熏洗法包括熏法与洗法。熏法是利用药液煮沸后的热气蒸腾上熏眼部,洗法是将煎剂滤清后淋洗患眼,一般多先熏后洗,合称熏洗法。熏洗法不仅利用药液的温热作用,使眼部气血流畅、疏邪导滞,而且通过药物直接作用于眼,达到祛邪解毒、疏通经络、调和气血、退红消肿、定痛止痒收泪的作用。本法适用于外障急症,如睑弦赤烂、风赤疮痍、椒疮、粟疮、白睛疾病、黑睛疾病等,以胞睑红肿、白睛红赤、羞明涩痛、眵泪胶黏最为适宜。临床上可根据病情选择药物煎成药汁,也可将内服药渣再煎而作熏洗用。

熏眼时趁热将药液倒入容器内,患者俯首面对热气熏眼,眼与药液距离以能耐受为度,熏时最好用布巾将头及盛药器一并蒙盖,使热气集中,保持较久。如所患为胞睑疾病,闭目熏蒸即可;如属眼珠表面疾病,嘱睁眼熏蒸,并频频瞬目,使药力均匀抵达病所。熏法亦可利用内服药液进行,待内服药煎好后,乘蒸气充足,趁热进行熏眼,待药液变温后则可口服。

洗眼时将煎好的滤净药液置于器皿内,用无菌纱布或棉球渍水,不断淋洗眼部。亦可选用适合眼窝缘的玻璃洗眼杯进行眼浴,即用洗眼杯盛洗眼药液半杯,先俯首,使洗眼杯缘与眼窝缘紧紧靠贴,然后仰首,并张眼瞬目,进行洗涤。洗眼的药液亦可用内服药的药渣再煎使用。眼浴可每日进行 3 次,每次约 20 分钟。

熏洗法注意温度不可过高。洗眼液可用手试温,取少许洗眼液滴淋于手背,以不烫手为宜,痒甚者温度可稍高。熏洗法药液温度亦不可过低,以免失去治疗作用。洗剂必须过滤后使用,以免药渣入眼。盛放药液的器皿、纱布、棉球及手必须消毒,尤其对于黑睛有陷翳者,用洗法时更须慎重。眼部有新鲜出血或患有恶疮者,忌用本法。

【常用方剂】

1. 洗眼方。
2. 治火眼红肿如桃方。

三、敷　　法

敷法适用于外障眼病及瞳神紧小、外伤、血灌瞳神等。敷法分为药物敷与非药物敷两类。

(一) 药物敷

药物敷是选用具有清热凉血、舒筋活络、散瘀定痛、化痰软坚、收敛除湿、祛风止痒等作用的药物,制成药末,涂抹或贴敷于胞睑及其周围皮肤的方法,适用于针眼、漏睛疮、暴风客热、天行赤眼、外伤损目、瘀血肿痛等。此法又分为以下三种方法:

1. 药液敷　按病情需要处方煎煮为药液,用纱布蘸药液敷患处。
2. 布包敷　选用新鲜药物(如鲜生地、芙蓉叶、蒲公英、野菊花、生南星、生大黄、蕺菜等)洗净后捣烂,用布包敷胞睑、患处或太阳穴等,亦可加热后再用布包敷。
3. 调糊敷　将所需药物精制成末,用时以水或茶水、蜂蜜、蛋清、姜汁、醋、胆汁、麻油、蛋黄油等调成糊状,敷于胞睑或太阳穴、额部等处。亦可用蓖麻子、巴豆等捣烂敷涌泉穴,以减轻眼部红赤,其主要作用是引热外透下行。

药物敷贴时,勿使药液、药渣掉入眼内,以免引起刺激,甚或损伤眼珠,对有毒药物(如天南星等)尤应注意。新鲜外伤创口不宜用药物敷。对已破溃之疮口,勿使药堵塞破溃口,以利排脓。如用干药粉调成糊状敷眼,则干后再涂,以保持局部湿润为度。如用新鲜药物外敷,则以无变质、洁净为要。

【常用方剂】

1. 一绿散。
2. 四生散。
3. 五黄膏。

(二) 非药物敷

非药物敷分为热敷及冷敷两种。

1. 热敷　气血得热则宣通流畅,热敷可疏通经络、行气活血,以助消肿定痛、退赤消瘀,并可促使脓成穿破,可用于眼病有目赤肿痛症状者,如针眼、黑睛生翳、瞳神紧小。亦可用于眼外伤超过 24 小时的胞睑赤紫肿痛及较陈旧的白睛溢血、血灌瞳神等。热敷一般分为湿热敷及干热敷两种,湿热敷较常用。

(1)湿热敷:对于胞睑及眼眶周围待热敷的部位,先用凡士林或消炎眼膏薄薄涂抹一层,嘱患者闭眼,用单层纱布盖于其上,把特制的棉垫或毛巾或纱布数层重叠,先置于沸水中煮沸约 5 分钟,再用镊子将其夹起拧干,摊开置于患处,时时更换以保持湿热,每次约 20 分钟,每天 3 次。敷毕用软布擦干皮肤。

(2)干热敷:用热水袋或玻璃瓶盛装热水,外包毛巾,置于胞睑之上即可。本法的优点是作用较持久,减少更换的次数。

无论是湿热敷还是干热敷,均应注意温度适中,以能耐受为度,避免烫伤。热敷垫或包裹用的毛巾应煮沸消毒,以免交叉感染。如热敷后红肿蔓延增剧应停用;脓肿已成或新出血的眼病,忌用本法。

2. 冷敷　冷敷可散热、凉血、止血、缓痛、减轻赤肿,适用于热毒壅盛证,红肿灼热、疼痛难忍的眼部局部肿胀及胞睑、眼眶处外伤 24 小时以内的皮下出血肿胀而无破损者。冷敷时通常将重叠之毛巾、纱布浸于冰水或新汲的井水中,拧干后敷于眼部,每 3~4 分钟更换一次敷布,每次 10~15 分钟,每天 2~3 次。有条件者亦可将冰块置于橡皮袋内敷于患处。本法可使气滞血凝,仅为急则治标之法,不可长期使用。对于皮下出血在 1 天之内者,此法可收到辅助止血的功效,1 天后应改用热敷法,以活血散瘀肿。凡皮肤有破损者,勿用此法。

四、冲洗法

在历代中医眼科医籍中,均载有用药汁、盐水、清水等冲洗眼部的方法。现代采用结膜囊冲洗法及泪道冲洗法两种。

(一) 结膜囊冲洗法

结膜囊冲洗法是用水或药液直接冲洗眼部结膜囊的方法。目的有二,一是用以冲洗结膜囊的异物、分泌物及清洁消毒,适用于结膜异物、外障眼病分泌物多者,以及内、外眼手术前消毒;二是用于眼部化学伤,用以消除及中和化学物质。如患者取坐位,则头稍向后仰,将受水器紧贴面颊部颧骨突的下方;如患者取仰卧位,则头稍偏向患侧,将受水器紧贴耳前皮肤,并于外耳道塞一棉球,以防冲洗液流入耳内。操作者左手拇指、示指轻轻分开患眼上下睑,右手持盛装药液之洗眼壶或吊瓶冲洗头,距眼 2~3cm,先冲洗眼外及睑缘,再冲洗结膜囊。冲洗时嘱患者睁眼并转动眼球,以扩大冲洗范围。眼眵较多、内术前冲洗或结膜囊有异物时,应翻转上、下睑,暴露睑结膜及穹窿部,彻底冲洗。冲洗毕,用无菌纱布擦干眼周皮肤,然后除去受水器。

冲洗时洗眼壶位置应适中,太高易使水液四溅,太低则壶嘴接触睫毛造成污染。受水器应与皮肤紧贴,以免冲洗液外流。冲洗时避免直接冲于角膜上,动作应稳、准、轻,不可压迫眼球,尤其对角膜溃疡者更应注意,以免角膜穿孔。角膜溃疡有大量分泌物者,需加用抗生素药液轻轻冲洗。如一眼患传染病需冲洗双眼时,应先冲洗健眼,再冲洗患眼,并注意勿使污染液溅入健眼。如遇化学烧伤时,应反复冲洗结膜囊,直至结膜囊内液体用试纸检测为中性时止。小儿冲洗时采取卧位,固定头部后再冲洗。冬季冲洗时,冲洗液应适当加温,与体温相近方可。传染性眼病使用过的用具,应严格消毒后再用,操作者亦应消毒双手后再进行另一次操作。对不合作者或需反复冲洗者,可在冲洗前于结膜囊内点 0.5% 丁卡因溶液 2~3 次进行表面麻醉,以减少冲洗时的不适。常用冲洗液有生理盐水、2%~4% 硼酸溶液、1%~3% 碳酸氢钠溶液、1/8 000 升汞液、0.37% 依地酸钠溶液等,或根据病情需要配制。

(二) 泪道冲洗法

参见本篇第五章第三节之"泪道检查"。

五、注 射 法

注射法是现代常用的外治方法,包括结膜下注射及球后注射两种。

(一) 结膜下注射

结膜下注射多用于治疗黑睛深层病变及其他眼内病变,或用作手术局部麻醉。注射前先冲洗结膜囊及做丁卡因表面麻醉。注射时,嘱患者头部固定勿动,双眼向上方注视,术者一手拇指或示指牵开下睑,充分暴露下方的球结膜,另一手持装有药液的注射器,将注射头针孔向上,在近穹窿部位刺入球结膜。若为散瞳药,应尽量靠近角膜缘进针。针头方向与眼球成 10°~15°(切忌垂直),以防刺穿眼球,同时要避开血管,然后缓缓注入药液。如需在上方注射,则嘱患者向下注视,术者手指牵开上睑后进行结膜下注射。注射后闭目 2~3 分钟,再涂入消炎眼膏后包眼。结膜下注射可反复进行,但注射部位最好常更换(如选择四个直肌之间血管较少的部位),以免造成粘连。若患眼分泌物较多,不可用此法。

(二) 球后注射

球后注射多用于治疗眼底病变或内眼手术麻醉。注射前常规消毒患眼下睑及近下睑的眶缘皮肤,嘱患者眼球向鼻上方注视固定,在眶下缘的外中 1/3 交界处,用球后注射针头(或长 3.5~4.5cm 的口腔科 5 号针头)垂直刺入皮肤 1~1.5cm,然后将针尖向鼻上方微倾约 45° 角,向眶尖方向缓缓推进,深 2.5~3.0cm,针尖恰好在肌锥内,抽吸无回血,则缓缓注入药液。一般注射量为 1.5~2.5ml。出针后稍压针孔,并轻轻按摩眼球,促进药液迅速扩散。亦有不从皮肤面而从外下方穹窿部进针者,方法同上。注射患者一般会感眼胀,数小时后会慢慢消失,不需特殊处理。如患者感眼胀如脱,并发现患眼渐突出,转动受限,乃因损伤眶内血管而引起球后出血所致,应迅速加压包扎患眼 1~2 天,并服止血药,一般在 1~2 周内出血可自行吸收。

六、常用手术法

手术治疗为中医眼科外治法之一,古称手法。历代中医眼科医家都认识到,不少眼病,如椒疮颗粒、倒睫拳毛、目疡脓成、眼生赘疣、顽固而进展的胬肉攀睛、圆翳内障的翳定障老之时等,仅凭内服药物和一般外治方法不能奏效,必须配合手术治疗。因此,古代医家利用钩、割、镰、烙、针等器械进行手术医治。这些手术方法及器械受历史条件所限,未能尽善尽美,但在千余年前就能应用,却是难能可贵的。现代中医眼科在继承整理古代手术的基础上,吸收了西医消毒、麻醉及一些手术操作和器械的长处,对某些传统手术进行了积极改进,有所发展。现对古人常用的手法做简要介绍,为今后提高眼科手术操作技巧提供参考。

(一) 钩割法

用钩钩起眼部需割除的病变组织,用刀或铍针割除,故称钩割法。本手法记载于《外台秘要》,主要用于切除攀睛之胬肉,以及其他眼表面的赘生物、睥肉粘轮等。如钩割胬肉,据

《太平圣惠方》及《审视瑶函》记载:手术时先用锋利之针穿入肉中,将胬肉挽起,再用锄刀逐步向黑睛和白睛分离,动作要轻,分离要彻底,然后用刀割除之,割毕以火烙,预防复发。其主要操作方法与现代胬肉切除术大体相似。

(二) 镰洗法

镰洗法是用锋针或表面粗糙之器物轻刺或轻刮患部,然后用水冲洗的治法。镰法最早记载于《外台秘要》,《医宗金鉴·暴赤生翳歌》指出:"镰者,或以锋针微刺之,或以灯心草微刮之也。"本法具有祛瘀消滞、散邪泄毒、疏通气血的作用,非针灸及药物之功所能及,适用于胞睑内有瘀积或粗糙颗粒的眼病,如椒疮、粟疮等,近代发展的海螵蛸棒摩擦法亦属镰洗法。

(三) 熨烙法

熨烙指火烙,即将特制的烙器或火针加热至适宜温度,熨烙患部的治法,常用于钩割或镰洗后,其目的在于预防胬肉攀睛、赘生物术后复发,并有止血作用。如《银海精微》指出,胬肉攀睛术后,"头处用火烙之,使其再不复生"。睑弦赤烂日久难愈者,亦可用熨烙法,如《证治准绳》指出:"烙能治残风溃弦,疮烂湿热久不愈者。"

(四) 针法

针法可分为三棱针法、铍针法及金针拨障法。

1. 三棱针法　三棱针即锋针,其手法记载于《银海精微》,主要用于刺刮患部及刺穴放血,有开郁祛邪、逐瘀消滞的功效。主要用于赤热肿痛的实证外障眼病,其手法见于镰洗法。古代还用三棱针轻刺蟹睛疼痛或旋螺尖起,放出恶水,减轻眼珠胀痛,现已不用。

2. 铍针法　铍针如剑锋,两面有刃,可刺亦可割,适用于切除胬肉及其他眼部赘生物,手法见于钩割法。铍针还可用于穿刺切开排脓,或用于剔除白睛或黑睛的异物。

3. 金针拨障法　适用于圆翳内障的翳定障老之时。远在唐代《外台秘要》即有记载,《目经大成》把针拨内障手法的八个步骤予以命名,即审机、点睛、射覆、探骊、扰海、卷帘、圆镜、完璧。现代医家在此基础上,吸收西医同类手术的优点,建立了中西医结合的白内障针拨术及白内障针拨套出术。

第三节　常用药物

中药种类繁多,包括植物药、动物药和矿物药。仅典籍所载,已达3 000种以上。本节仅重点介绍眼科常用的内服及外用药物。

一、常用内服药物

(一) 祛风药

祛风药有祛风解表、消肿止痛、制痒收泪、退翳明目的作用,在眼科应用广泛,尤多用于外障眼病早期。祛风药包括发散风寒和疏散风热两大类。祛风药多辛散,易伤津耗阳,故阳盛火升、阴虚血少、表虚多汗者慎用。

1. 发散风寒药

【荆芥】

疏风散邪而止痒,消肿散结而退目赤。常与防风、羌活配伍,用于外感风寒引起的眼痛;与川乌、川芎同用,治眼部奇痒;炒炭后配伍其他血分药,可治疗早期眼内出血。现代药理研究表明荆芥有解热、镇痛镇静、抗炎、祛痰、平喘、抗过敏作用。常用量 3~10g。

【防风】

祛风而不峻烈。外障眼病而致的目痛,皆可用防风与其他药配伍治疗。与天南星、白附子合用,治疗风邪入络的目睛偏斜或上胞下垂;与木贼、蝉蜕配伍,可治黑睛生翳;与浙贝母、瓦楞子、昆布等配伍,能散结祛瘀,治疗眼部肿硬。现代药理研究表明防风有解热、镇痛镇静、促进巨噬细胞吞噬功能、抗炎、抗过敏作用。常用量 3~10g。

【羌活】

祛风胜湿止痛力强。常用于治疗由风邪或风邪夹湿而致的眼痛、眉棱骨痛或偏头痛。与蝉蜕、防风配伍,治疗风寒、风热或风湿而致的黑睛生翳。现代药理研究表明羌活有抗血栓形成作用。常用量 3~10g。

【独活】

祛风胜湿,通痹止痛。常与羌活配伍,用于目赤肿痛、视物昏渺。现代药理研究表明独活有镇静、解痉、镇痛抗炎、降压(不持久)作用。常用量 3~10g。

【白芷】

止痛,止泪,消肿排脓。与川芎、防风合用,治阳明经头痛、眉棱骨痛,甚至痛连齿颊;与羌活、柴胡配伍,治三阳头痛。治疗外感风邪所致的多泪配伍祛风药;治疗肝虚冷泪配伍补肝药;与清热解毒药合用,可治胞睑红肿化脓。现代药理研究表明白芷有扩张血管作用。常用量 3~10g。

【藁本】

祛风湿,散寒止痛,善达颠顶。常配伍川芎,治疗外感风寒或风湿引起的眼病,兼有颠顶痛、脑后痛或偏头痛;与清热解毒药配伍,治疗热毒壅盛的火疳。现代药理研究表明藁本有扩张外周血管、降血压、抑制心肌收缩、镇痛等作用。常用量 3~10g。

2. 疏散风热药

【薄荷】

轻清凉散,是治疗风热所致外障眼病的常用药。治疗肝郁所致的内障眼病及风热所致的黑睛翳障,常与柴胡配伍应用。现代药理研究表明薄荷有解热及抑制葡萄球菌、链球菌、白喉棒状杆菌及单纯疱疹病毒的作用。常用量 3~10g。

【柴胡】

疏肝理气,升清阳,散风热,退翳明目,为肝经要药及少阳经引经药。与黄芩配伍,治疗风热或郁热引起的眼病;与当归、白芍、枳壳配伍,用于肝郁气滞所致的内障眼病;与蝉蜕、木贼合用,治黑睛所生新翳;脾气不足所致的上胞下垂、圆翳内障、视瞻昏渺或其他内障眼病,在补气药中加柴胡、升麻,可使脏腑精气上升于目。用于清泄肝热量可大,用于升举阳气量宜轻。现代药理研究表明柴胡有解热、镇静、镇痛、抗炎、护肝、利胆、降血脂作用。常用量 3~10g。

【菊花】

疏风清热,解疔毒,明目。本品疏风力弱,清热力强。与桑叶、薄荷等配伍,用于风热目赤肿痛;与决明子、青葙子、夏枯草等合用,治肝火上炎或肝阳上亢所致的目赤肿痛、眼胀头痛;与金银花、连翘等配伍,治眼睑疔疮肿;与枸杞子、楮实子等配伍,用治肝肾不足所致的肝虚冷泪、视物昏花。现代药理研究表明菊花对多种球菌、杆菌及流感病毒有较强的抑制作用,并有解热和降血压作用。常用量 3~15g。

【蔓荆子】

疏风散热,清利头目。与防风、川芎同用,治疗风热眼病,红赤多泪;与党参、黄芪合用,治疗脾虚气弱的圆翳内障。现代药理研究表明蔓荆子有镇静、止痛、退热作用,可用于神经性头痛、高血压头痛等。常用量 3~10g。

【桑叶】

疏风清热,清肝明目。本品祛风力较弱,常与菊花、蝉蜕配伍,治风热眼病;与菊花、决明子、车前子等配伍,用于肝经实热或风热所致的目赤、涩痛、多泪等症;配伍黑芝麻、首乌等,治肝阴不足的目暗昏花。现代药理研究表明桑叶有降血糖、降血压、利尿作用,并对葡萄球菌、伤寒杆菌有一定抑制作用。常用量 6~10g。

【牛蒡子】

疏散风热,清热解毒。配伍金银花、连翘、夏枯草,治疗风热目疾、白睛及胞睑红赤肿痛。现代药理研究表明牛蒡子有通便、消炎、解毒作用,对葡萄球菌、真菌有抑制作用。常用量 3~10g。

(二) 清热药

清热药性寒凉,有清热、泻火、解毒、凉血、明目等作用。眼科疾病的气分和血分实热及脏腑实热证,常用之泄热解毒。清热药味苦性寒,久服易损伤阳气,亦可伤阴化燥,故阴虚内热者慎用;又苦寒易伤胃气,故脾胃虚弱者亦慎用。

1. 清热泻火药

【淡竹叶】

清心利尿,清热除烦,止泪。主要用于心经火盛所致的眦帷赤烂、目赤肿痛等。常与木通、川黄连等配伍。现代药理研究表明淡竹叶对葡萄球菌、铜绿假单胞菌等有抑制作用。常用量 6~12g。

【知母】

清肺胃实热,滋阴降火。与石膏、黄芩配伍,治疗肺胃热盛所致的火疳、眼丹、眼痈等;与黄柏、地黄配伍,治疗肺肾阴亏、虚火上炎所致的慢性内外障眼病。现代药理研究表明知母有降血糖作用,对多种球菌、杆菌有一定抑制作用。常用量 6~12g。

【栀子】

清热利湿,凉血解毒。与黄连、黄柏、黄芩同用,治疗湿热或热证眼病,如目赤肿痛、视网膜水肿渗出等;配伍生地、丹皮、赤芍等,治血热妄行的眼部出血。现代药理研究表明栀子有广谱抗菌作用,并能降血压及利胆。常用量 3~10g。

【夏枯草】

清肝明目,软坚散结。常配伍菊花、石决明等治疗肝胆郁热之目赤肿痛或肝阴不足、虚火上炎之目胀头痛;对火疳引起的白睛里层结节隆起,可配伍泻肺清热的桑白皮、黄芩;对眼底出血、渗出、机化物,可配伍活血化瘀、化痰软结的牡蛎、昆布、三棱、川芎、陈皮、半夏等。现代药理研究表明夏枯草有抑制铜绿假单胞菌、结核分枝杆菌、伤寒杆菌、大肠埃希菌、志贺菌属等作用,并能利尿、降血压。常用量 9~15g。

【青葙子】

清肝凉血,明目退翳。常与决明子配伍,用于肝热所致的目赤肿痛、目生翳障、视物昏暗等。青葙子有轻度散瞳作用,故用于肝热所致的瞳神紧小最适宜,而绿风内障、青风内障忌用。现代药理研究表明青葙子对铜绿假单胞菌有抑制作用。常用量 3~15g。

【决明子】

清肝明目。常与夏枯草、青葙子同用,治疗肝火上炎或肝经风热所致的目赤涩痛、羞明多泪、黑睛生翳。现代药理研究表明决明子有轻度泻下、降血压作用。常用量 9~15g。

【夜明砂】

散血消积,清热明目。常与苍术、海蛤、猪肝等配伍,治疗肝虚雀目。现代药理研究表明夜明砂含微量维生素 A。常用量 3~10g。

2. 清热解毒药

【金银花】

轻宣风热,清热解毒。与连翘等配伍,治疗外感风热眼病热重于风者;与野菊花、蒲公英、紫花地丁配伍,用于针眼、漏睛疮及一切热毒壅盛所致之眼病。现代药理研究表明金银花有广谱抗菌、降血脂作用。常用量 9~15g。

【连翘】

清心泻火,清热解毒。连翘为疮家圣药,眼部疮疖、白睛红赤、黑睛翳障溃烂常用其与金银花、野菊花、天花粉等配伍。现代药理研究表明连翘有明显的抗炎解热作用,对多种致病细菌、病毒、真菌等有抑制作用。常用量 9~15g。

【板蓝根】

清热解毒,凉血消斑。与金银花、牛蒡子等配伍,用于热证眼病之泪多眵黏、黑睛星翳;与生地、白茅根等合用,治疗血热所致的白睛溢血或眼内出血。现代药理研究表明板蓝根有抗病毒作用,对伤寒杆菌、大肠埃希菌、链球菌有抑制作用。常用量 9~15g。

【紫花地丁】

清热解毒,消痈散结。常与金银花、蒲公英等配伍,治疗眼部痈疮及瞳神紧小见热盛毒深、眼内酿脓之症。现代药理研究表明紫花地丁有抑制结核分枝杆菌、葡萄球菌等作用。常用量 5~15g。

【鱼腥草】

清热解毒,消痈肿。常用于治疗胞睑疖肿、漏睛疮。现代药理研究表明鱼腥草有抗病毒作用,并对金黄色葡萄球菌有强烈抑制作用,还有利尿、扩张血管作用。本药可单味用,勿久煎。常用量 10~15g。

【白鲜皮】

清热解毒,除湿祛风。与滑石、土茯苓、薏苡仁等配伍,治疗睑弦赤烂、胞睑红赤痛痒、渗液糜烂等症。现代药理研究表明白鲜皮对皮肤真菌有抑制作用。常用量 6~10g。

【土茯苓】

清热除湿解毒。用于湿热引起的混睛障、花翳白陷、瞳神紧小等。配伍祛风清热药可治睑弦赤烂、风赤疮痍等。现代药理研究表明土茯苓有消除尿蛋白、解汞中毒作用。常用量 15~60g。

3. 清热凉血药

【生地黄】

清热凉血,养阴生津。配伍丹皮、墨旱莲、侧柏叶等,治疗血热妄行而致的眼部出血;配伍麦冬、沙参,治阴虚有热之眼病。现代药理研究表明生地黄能促进凝血而止血,并能强心、降血糖,对皮肤真菌有抑制作用。常用量 9~30g。

【牡丹皮】

清热凉血,活血行瘀。配伍生地黄,广泛用于血热或阴虚内热所致的眼内出血;与桃仁、红花、乳香、没药等同用,治热结瘀滞而致的眼部红肿或眼内存留瘀血。现代药理研究表明牡丹皮对多种杆菌及球菌有抑制作用,并能降血压。常用量 9~15g。

【赤芍】

清热凉血,活血祛瘀止痛。常与生地黄、丹皮配伍,用于血热所致的眼内出血;与当归、桃仁同用,治血热所致的眼部疮疖、肿块。现代药理研究表明赤芍对志贺菌属、伤寒杆菌、葡萄球菌等有抑制作用,并能松弛胃肠道平滑肌。常用量 6~12g。

【地骨皮】

清热凉血,退虚热。与知母、丹皮、天冬等同用,治虚火上炎的白睛涩痛;与桑白皮、黄芩等同用,治肺经郁热之金疳。现代药理研究表明地骨皮有解热、降血压、降血糖作用。常用量 9~15g。

【玄参】

清热凉血,解毒散结。常与紫草、青黛、丹皮等配伍,治疗热入营血、伤阴劫液而致的眼病;与金银花、大黄、紫花地丁等清热解毒药配伍,治眼部疮疖。现代药理研究表明玄参能扩张血管、降血压、降血糖,并对多种真菌有抑制作用。常用量 6~30g。

4. 清热燥湿药

【黄芩】

清热燥湿,解毒泻肺火。与龙胆草、山栀、大黄配伍,治湿热蕴蒸所致的胞睑疮疖、黑睛生翳、瞳神紧小;与丹皮、生地、赤芍、三七等配伍,治内热亢盛所致的白睛溢血、血灌瞳神及视网膜出血。现代药理研究表明黄芩有较广的抗菌谱,并有解热、镇静、抗炎、抗变态反应作用。常用量 3~10g。

【黄连】

清热燥湿,清心除烦,泻火解毒。与黄芩、山栀配伍,广泛用于火毒及湿热引起的各种眼病;与连翘、木通、淡竹叶、山栀配伍,治眦赤肿痛或两眦赤脉。现代药理研究表明黄连有很广的抗菌谱,对多种球菌、杆菌、钩端螺旋体、甚至阿米巴原虫都有抑制作用。常用量 1.5~5g。

【黄柏】

清热燥湿,泻火解毒,退虚热,泻相火。与苍术、山栀、黄芩、黄连等合用,治湿热或火毒所致的眼病;与知母、生地黄配伍,治阴虚火旺之眼病。现代药理研究表明黄柏对细菌的抑制范围及强度与黄连大致相同,并能利尿。常用量 3~10g。

【龙胆草】

泻肝胆实火,燥湿清热。与黄芩、柴胡、木通等合用,治肝胆实热所致的瞳神紧小、绿风内障、青风内障或黑睛生翳;与山栀、苦参、车前子等同用,治眼红赤肿烂、痒涩不适、白睛黄浊等。现代药理研究表明龙胆草有保肝、利胆、抗炎、健胃、利尿及降血压作用。常用量 3~10g。

【苦参】

清热燥湿,祛风杀虫利水。与滑石、薏苡仁、赤芍等同用,治湿热蕴积而发的风赤疮痍、睑弦赤烂、目赤肿痛等。苦参亦可煎水外洗。现代药理研究表明苦参有抗菌、解热、抗炎、抗过敏作用。常用量 3~10g。

5. 通腑泄热药

【大黄】

泄热通腑,凉血祛瘀。常与芒硝配伍,用于眼部红肿热痛而伴有大便燥结的火毒炽盛证;对热入血分引起的眼内出血,用大黄既能止血,又能促进眼内瘀血吸收。现代药理研究表明大黄对多种球菌及杆菌均有强烈抑制作用,能增加肠管蠕动而通便。常用量 3~15g。

【芒硝】

泻热通便,清热解毒。常与大黄配伍,治热毒上壅所致的目赤肿痛、花翳白陷等。芒硝还可制成黄连西瓜霜眼药水,治白睛红赤肿痛。芒硝的主要成分为含水硫酸钠,其硫酸根离子不易被肠黏膜吸收,能使肠道内保持较高的渗透压,阻止肠道对水分的吸收,使肠道扩张,引起机械刺激,促进肠蠕动。常用量 5~10g。

(三) 祛湿药

临床上因脾运失职、湿困脾土而致的眼病比较多见。祛湿药能收湿敛疮,退肿去翳明目,在内外障眼病中均得到广泛应用。常用的祛湿药有芳香化湿药和利水渗湿药两类。芳香化湿药能助脾健运、芳香辟秽;利水渗湿药能畅利小便、渗泄水湿。阴虚血少或津液已伤者慎用祛湿药。

1. 芳香化湿药

【藿香】

发表祛湿,和中化浊。常与佩兰合用,治疗外感湿邪或湿困脾胃所致的内外障眼病。现代药理研究表明藿香能促进胃液分泌,在体外能抑制多种致病性真菌。常用量 5~15g。

【苍术】

健脾燥湿。与厚朴、茯苓等配伍,治脾虚湿困所致的胞睑虚肿、黑睛混浊、云雾移睛、眼底水肿;与羌活合用,治风邪外束之目痒;与石膏配伍,可治湿热所致的眼病。现代药理研究表明苍术含丰富的维生素 A,与猪肝、石决明等配伍,可治肝虚雀目。常用量 6~10g。

【白豆蔻】

芳香化湿,行气化滞。与薏苡仁、砂仁等配伍,治湿浊中阻的瞳神紧小、聚星障等。现代药理研究表明白豆蔻含挥发油,有驱风健胃作用。常用量 3~6g。

2. 利水渗湿药

【茯苓】

利水渗湿,健脾补中,宁心安神。茯苓利水而不伤气,常与猪苓、泽泻、车前子、木通合用,治水湿停留或湿热、寒湿而致的眼部组织水肿等;与党参、白术等配伍,治脾胃虚弱、运化水湿失职的内外障眼病;与酸枣仁、远志等配伍,治眼病伴心悸、失眠。现代药理研究表明茯苓有镇静、利尿、增强免疫力作用。常用量 6~20g。

【薏苡仁】

健脾渗湿,清热排脓。与茯苓、砂仁等配伍,治脾虚湿困的内外障眼病;与冬瓜仁、败酱草、丹皮等配伍,治针眼、火疳、玻璃体积脓。现代药理研究表明薏苡仁对癌细胞有抑制作用,且可收缩子宫,故孕妇慎用。薏苡仁药味淡而力缓,故用量较大,常用量 6~30g。

【车前子】

利水渗湿,清肝明目。治疗肝热所致的内外障眼病,皆可配伍龙胆草、黄芩等;对绿风内障、青风内障、云雾移睛、眼底组织渗出水肿,无论证属虚实,皆可辨证配伍清热药、利水药或补肝肾药。现代药理研究表明车前子能利尿、降血压,还能镇咳祛痰。常用量 3~15g。

【泽泻】

利水渗湿,泻肾火。常配伍茯苓、白术、车前子、猪苓等,治疗水湿滞留或湿热眼病。现代药理研究表明泽泻有利尿、降血压、降血糖及轻度降血脂作用,并能抑制结核分枝杆菌生长。常用量 9~15g。

(四)理血药

理血药能治疗血分疾病,具有止血、通脉及消散瘀血作用。血分疾病包括血虚、血热、血溢、血瘀,血虚宜补血,血热宜凉血,血溢宜止血,血瘀宜活血。凉血药已在清热凉血药中介绍,补血药将在补益药中介绍,在此仅介绍止血药和活血化瘀药。止血药适用于出血性眼病,包括凉血止血药、收敛止血药和祛瘀止血药,应根据出血的原因和性质选择。活血化瘀药适用于气滞血瘀所致的眼病,常与行气药配伍使用。

1. 止血药

【仙鹤草】

收敛止血,调补气血。与白及等配伍,用于各种原因所致的眼部出血,尤以虚证出血更适宜。现代药理研究表明仙鹤草能缩短凝血时间、促进血小板生成,故有较好的止血作用,且对金黄色葡萄球菌有较强的抑制作用。常用量 20~25g。

【白及】

收敛止血,消肿生肌。与藕节、枇杷叶或阿胶、蛤壳、麦冬配伍,用于肺热或肺阴虚热所致的眼部出血。本药质黏而涩,与金银花、皂角刺等配伍,治眼部疖肿溃烂久不收口。现代药理研究表明白及对体外的结核分枝杆菌、链球菌、葡萄球菌有一定抑制作用;白及胶及白及粉皆有物理止血作用,对多种溃疡动物模型有良好的抗溃疡作用。常用量 3~15g。

【侧柏叶】

清热凉血,收敛止血。本药止血而不易留瘀,善清上焦逆血,为止热证出血之要药。如虚寒出血,可配伍干姜、艾叶。现代药理研究表明侧柏叶能缩短出凝血时间,且有镇咳、祛痰、平喘作用。常用量 3~20g。

【墨旱莲】

滋养肝肾,凉血止血。配伍生地、阿胶、丹皮、蒲黄等,治疗阴虚血热所致的眼部出血;与女贞子配伍,治疗肝肾阴虚有热的眼病。现代药理研究表明墨旱莲能抗凝、促纤溶、促淋巴细胞转化、增加冠脉血流量、降低耗氧量、增强耐缺氧能力。常用量 6~10g。

【白茅根】

凉血止血,清热利尿。常与侧柏叶等配伍,治血热妄行的眼部出血。白茅根清热而不伤阴,养阴而不黏腻,止血而不积瘀,配伍车前子、木通,治疗因热而致的伴有小便不利、灼痛之眼病。现代药理研究表明白茅根富含钾盐,具有利尿作用。常用量 9~20g。

【三七】

祛瘀止血,消肿止痛。三七为理血要药,止血而不留瘀,可单独使用,亦可外用。配伍花蕊石、血余炭,用于眼部瘀血久不吸收;配伍乳香、没药,用于眼外伤肿痛;黑睛深层水肿,亦可用三七配伍应用。现代药理研究表明三七可缩短凝血时间、增加冠脉血流量、降低血中胆固醇,并有镇痛、镇静作用。常用量 3~10g。

2. 活血化瘀药

【川芎】

活血行气,祛风止痛。为血中气药,通过配伍应用,治疗不同病因所致的眼痛。气滞眼痛配香附;风邪眼痛配防风;血瘀眼痛配桃仁、红花;血虚眼痛配当归、白芍、熟地。与当归、赤芍配伍,治疗眼内各种瘀血证。现代药理研究表明川芎能扩张冠状动脉、增加冠脉血流量。常用量 3~10g。

【丹参】

凉血祛瘀,养血安神。丹参祛瘀以生新,常配伍当归、红花等,治疗眼内有陈旧渗出或瘀血;与五味子、首乌藤配伍,治眼病血热郁滞证伴心火上炎、睡眠不安。现代药理研究表明丹参可增加冠脉血流量、降血压、改善微循环,并能镇痛,且有一定的抑菌作用。常用量 3~15g。

【桃仁】

活血化瘀,润肠通便。桃仁祛瘀力强,常与红花、赤芍、川芎配伍,治疗气滞血瘀型眼部出血,或出血久不吸收和眼底陈旧性渗出等;配伍火麻仁、瓜蒌仁等,治眼局部红紫肿胀兼肠燥便秘。现代药理研究表明桃仁能抑制血小板聚集、抗血液凝固,并有一定的镇咳作用。常用量 3~15g。

【红花】

活血化瘀,通经止痛。常与桃仁、苏木配伍,广泛用于气滞血瘀所致的胞睑红赤、血翳包睛、眼内出血、眼外伤等。现代药理研究表明红花能降血压、抗血栓形成,对实验动物急性缺血缺氧性脑损伤有明显保护作用。常用量 3~10g。

【泽兰】

活血破瘀,利水消肿。配伍桃仁、红花,治疗眼内出血日久不散;配伍陈皮、半夏,治气滞血瘀所致的视网膜水肿。常用量 3~10g。

【郁金】

活血祛瘀,行气止痛。与丹参、桃仁、红花等配伍,治瘀热所致的眼内出血及瘀滞;与柴胡、当归、白芍等配伍,治肝郁气滞所致的眼胀痛。郁金味芳香,善走窜,可配伍石菖蒲、远志等,治痰阻经络所致的急性眼病,或一些痰气壅滞、视力难以提高的慢性内障眼病。现代药理研究表明郁金能增加冠脉血流量、降血压、降低血液黏度,并有利胆、镇痛作用。常用量 3~10g。

【茺蔚子】

活血化瘀,清热明目。配伍当归、赤芍或青葙子、决明子等,用于血热、血滞所致的内外障眼病;配伍枸杞子、菟丝子等,用于眼底陈旧渗出的内障眼病。现代药理研究表明茺蔚子有明显的利尿降血压作用。常用量 3~10g。

(五) 理气药

凡因气机失调所致的眼病,均须理气药治疗。气虚宜补气,气滞宜行气。补气药归入补益类。本条仅介绍行气药,常用的行气药有疏肝理气、行气导滞的作用。理气药多芳香性温,味辛苦,善于行散,但易耗气伤阴,故阴虚气虚证慎用。

【橘皮】

理气健脾,燥湿化痰。与白术、山药等同用,治疗脾胃虚弱所致的眼病;与半夏、厚朴等同用,治疗痰湿郁结的内外障眼病。橘皮含挥发油,对消化道有和缓的刺激作用,有利于胃肠积气的排出,增加胃液分泌而助消化,并能刺激呼吸道黏膜而助祛痰。常用量 3~10g。

【枳实】

破气消积化痰,散结止痛。与橘皮、木香等同用,用于气郁痰结所致之眼疾。现代药理研究表明枳实能增强肠胃节律性蠕动,利于肠内气体排出。常用量3~10g。

【木香】

健脾行气止痛。与健脾药同用,治脾虚气弱的胞轮振跳、视瞻昏渺等眼病;与行气药配伍,治气郁气滞的眼胀眼痛,或眼病兼有恶心、呕吐等。现代药理研究表明木香对多种球菌、杆菌有不同程度的抑制作用,对胃肠道有兴奋及抑制的双向调节作用。常用量2~10g。

【厚朴】

行气燥湿消积。配伍清热导滞药,用于湿热内阻的白睛红赤、结节隆起疼痛;与温化寒痰之药同用,治疗中焦虚寒湿困所致的眼病。现代药理研究表明厚朴对志贺菌属和葡萄球菌均有较强的抑制作用,并可缓解肌肉强直。常用量3~10g。

(六) 补益药

补益药能滋补人体气血阴阳的不足,具有补虚扶弱、消除衰弱的作用。眼病之虚证,多属气血不足或肝肾亏损,故以益气养血药及补益肝肾药较为常用。对于实邪未尽者,不宜使用补益药。

1. 补气药

【人参】

大补元气,健脾益气,养阴生津,益智安神。可单味用,亦可配伍益气养血药,治疗气虚气陷的暴盲、上胞下垂、青盲、翳陷不起等。现代药理研究表明人参对大脑皮质的兴奋和抑制过程均有加强作用,既能抗疲劳,又能提高对低温或高温的耐受力,可降血糖、调节胆固醇代谢,并有强心作用。常用量5~10g。

【党参】

功能及应用与人参相近而力弱。现代药理研究表明党参能降血压,可使红细胞及血红蛋白增加而使白细胞和淋巴细胞下降。常用量10~30g。

【黄芪】

补气升阳,托毒生肌。配伍党参、白术、升麻等,治中气不足的上胞下垂;配党参、当归,治气虚不能摄血的视网膜出血;配当归、桃仁等,治眼内瘀血久不消散;与党参、当归配伍,治气血不足所致的黑睛翳陷久不敛;与当归、穿山甲、党参配伍,治疗针眼、漏睛疮等脓成不溃或溃烂久不敛。现代药理研究表明黄芪能增强心肌收缩力,有强心作用,并有中度利尿和降压作用,对多种球菌及杆菌有抑制作用。常用量10~15g。

【白术】

健脾补气,燥湿利水。常与党参、茯苓配伍,治脾虚气弱所致的睁眼乏力、不耐久视;与党参、当归配伍,治气血不足的眼病;与苍术、薏苡仁、茯苓、车前子等配伍而健脾利水,治各种原因所致的眼组织水肿。现代药理研究表明白术有保肝、抗凝血作用,并有轻度降血糖作用。常用量6~15g。

【山药】

补脾胃,益肺肾。与党参、白术、茯苓等同用,治脾气虚弱所致的眼病;与知母、天花粉等同用,治消渴而致的眼病。现代药理研究表明山药含多糖、黏蛋白、淀粉酶等,其黏蛋白可水解为有滋养作用的蛋白质和碳水化合物。常用量9~30g。

【甘草】

清热润肺,补脾益气。生用可配伍清热药,治实热证目疾;蜜炙配伍补益药,治虚证眼病。现代药理研究表明甘草亦有镇咳作用。常用量 3~15g。

2. 补血药

【当归】

补血活血,消肿止痛,治血家诸病。与熟地同用,治血虚所致的内外障眼病;与川芎、红花等配伍,治血滞所致的眼内积血;与清热药同用,用于血热所致的内外障眼病。现代药理研究表明当归有降血压及抗凝、改善微循环作用。常用量 6~15g。

【白芍】

养血敛阴,柔肝缓急止痛。与柴胡、白术等配伍,治疗肝气郁结、气血瘀滞之视瞻昏渺、青风内障、青盲;与龙骨、牡蛎等配伍,治疗阴虚火旺之绿风内障、青风内障;与当归、白术、熟地等配伍,治气血虚弱之目暗冷泪。现代药理研究表明白芍对多种球菌、杆菌有抑制作用,对胃肠道平滑肌有松弛作用。常用量 3~15g。

【首乌】

补肝肾,益精血。本品补而不腻,为治疗血虚、肝肾阴虚眼病之良药。现代药理研究表明首乌有促进造血细胞生长、抗衰老、稳定免疫功能等作用。生首乌有一定毒性,不宜久服,临床常用制首乌,常用量 9~30g。

【熟地黄】

补血滋肾。与当归、川芎、白芍配伍,用于血虚、血滞之眼病;与山药、山茱萸配伍,治疗肝肾不足之眼病。现代药理研究表明熟地有促进造血细胞生长、抗血栓形成,以及轻度降血压、降血糖作用。常用量 10~30g。

【枸杞子】

滋补肝肾,益精明目。常与地黄、菟丝子、楮实子等配伍,治肝肾不足、虚劳精亏之目疾。现代药理研究表明枸杞子能增强造血功能及吞噬细胞功能,提高淋巴细胞转化率,并有降脂护肝作用。常用量 6~15g。

3. 补益肝肾药

【菟丝子】

补肝肾,益精髓。常与枸杞子、覆盆子等配伍,治疗肝肾不足所致的视物昏花、目暗不明。现代药理研究表明菟丝子对造血系统粒系细胞生长有促进作用,对实验性心肌缺血有保护作用,并能增强性腺功能及免疫功能。常用量 15~30g。

【沙苑子】

益肾养肝明目。常与茺蔚子、青葙子等配伍,治肝肾亏损、阴虚火旺所致的内外障眼病。现代药理研究表明沙苑子能促进淋巴细胞转化,降低血清胆固醇和甘油三酯,改善血液流变学异常。常用量 9~15g。

【楮实子】

滋肾清肝明目。与茺蔚子、覆盆子等配伍,治肝肾不足的内外障眼病。现代药理研究表明楮实子富含维生素 B 及油脂。常用量 15~30g。

【山茱萸】

补益肝肾,固精明目。常配伍枸杞子、首乌等,治肝肾不足的视昏流泪。现代药理研究表明山茱萸能促进白细胞增长,增强巨噬细胞功能,并能降血压及轻度抑菌作用。常用量10~15g。

【蕤仁肉】

养肝明目。常与蝉花、沙苑子等同用,治肝肾阴虚所致的内外障眼病。常用量9~15g。

【石斛】

养胃阴,清虚热,明目。与天冬、麦冬、女贞子、桑椹配伍,治胃阴不足或肝肾阴虚所致的内外障眼病。现代药理研究表明石斛有退热、促进胃液分泌助消化作用,还能降血压。常用量6~15g。

（七）软坚散结药

许多化痰药具有软坚散结作用,凡因气血凝滞或痰瘀互结而致的胞睑、白睛、黑睛及眼底病变,均可配伍选用。

【半夏】

燥湿化痰,消痞散结。本品化痰散结力强,常配伍海藻、浙贝母、瓦楞子等,治胞生痰核、视瞻昏渺;与白附子、胆南星等配伍,治痰湿阻络的风牵偏视。现代药理研究表明半夏有镇咳、祛痰、抑制呕吐中枢作用。常用量3~10g。

【浙贝母】

清热化痰散结。常配伍陈皮、半夏,治疗痰热互结的眼底陈旧渗出、机化物及增殖性渗出、炎症渗出等。常用量5~15g。

【鳖甲】

软坚散结,滋阴潜阳。常与牡蛎、䗪虫等配伍,治痰热瘀滞而致的眼病。

【昆布、海藻】

消痰软坚,利水消肿。两药常同用,并配伍浙贝母、车前子等,治疗眼部肿物、眼底陈旧渗出、水肿、机化等。常用量10~20g。

（八）退翳药

退翳药多有疏风散热、清泻肝火、退翳明目的作用。黑睛翳障有新翳、宿翳之分,退翳药配伍清热、祛风药用治新翳,配伍益气、养阴、清肝药用治宿翳。翳障日久,用药难退。

【秦皮】

清热燥湿,明目退翳。治疗肝胆湿热之目赤肿痛生翳,可单味煎水洗眼,亦可配伍清热祛风或清热泻火解毒药使用。现代药理研究表明秦皮对志贺菌属、阿米巴滋养体、皮肤真菌均有抑制作用。常用量3~10g。

【木贼】

疏风清热,明目退翳。治疗肝经风热之翳障,配伍龙胆草、青葙子、菊花;治疗黑睛生翳久不消退,伤阴耗液,常配伍枸杞子、白芍、当归。动物实验研究表明50%木贼滴眼液局部使用对金黄色葡萄球菌及铜绿假单胞菌所致的家兔角膜溃疡有治疗作用。常用量3~10g。

【密蒙花】

清肝明目退翳。与菊花、白蒺藜、石决明等配伍,用于肝热而致的目赤肿痛、羞明多泪、黑睛生翳。

【谷精草】

疏散风热,退翳明目。与荆芥、龙胆草配伍,用于肝经风热之目赤肿痛翳障;与生地、玄参等配伍,治阴虚火旺或热邪未尽、阴液亏损之星翳或凝脂翳。常用量 3~10g。

【蝉蜕】

祛风清热,止痒退翳。与薄荷、木贼、密蒙花等同用,治疗黑睛生翳;与防风、荆芥、白蒺藜等同用,治疗睑弦赤烂、椒疮、粟疮、白睛红赤而兼痒涩不适。现代药理研究表明蝉蜕有解热、镇静、抗惊厥、抗过敏作用。常用量 3~5g。

二、常用外用药物

眼科外用药约 300 余味,来源于动物、植物和矿物,具有开窍发散、清热泻火、退翳明目、收湿敛疮、攻毒化腐、消翳化膜、理气定痛和滋补润燥等功能。可单味使用,但多与其他药配伍,制成水、膏、散、锭、膜等剂型,以点眼、洗眼、涂眼。眼科外用药须严格按《中国药典》制剂规定使用,以策安全。简介如下:

(一) 开窍发散药

如麝香、冰片。药性辛散走窜,有活血散瘀、消肿定痛、退翳明目、退赤止痒作用。

(二) 清热泻火药

如牛黄、熊胆、玄明粉、西瓜霜、青黛等。有清热泻火、解毒凉血功能。

(三) 退翳明目药

如珍珠、玛瑙、蛇蜕、水晶、乌贼骨等。能疏散风热、清肝明目。

(四) 收湿敛疮药

如炉甘石、白矾、铜绿等。有收湿敛疮、收泪止痒之功。

(五) 理血止痛药

常用有乳香、没药、血竭、花蕊石、三七等。能活血散瘀、止痛。

(六) 滋补润燥药

如蜂蜜、鸡子黄油等。有缓赤消肿、养血生肌功效。

(刘求红)

第六章　眼科疾病的预防与护理

　　眼科疾病的护理与预防是临床防治眼病的重要内容之一,中医历来重视在疾病治疗中的医护配合,早在《黄帝内经》就提出了"圣人不治已病治未病"的预防思想,其他古代眼科医著和专著中也有不少关于眼病护理与预防方面的记述。护理方面,在《太平圣惠方》和《秘传眼科龙木论》中,记载了煎药、服药的方法,且重视术前的身体调理及术后的护理细节,如行金针拔内障术的患者术后头枕要安稳,宜进食粥饭,排便时勿用力,避免呕逆咳嗽等,至今仍有临床意义。预防方面,《备急千金要方》列举了生食五辛、接热饮食、热餐面食、饮酒不已、房室不节等多项损目原因,告诫人们注意避免。《审视瑶函》则提出"目之害者起于微,睛之损者由于渐。欲无其患,防制其微"的早期防治思想。随着时代的进步,积累了很多临床眼病防治工作的研究经验,使眼病的护理与预防知识得到不断充实和发展。

第一节　眼病的护理

　　正确的护理可以缩短病程,提高疗效。因此,护理工作是医疗工作中不可忽视的环节。早在《黄帝内经》中就有不少护理知识的记载,如四时养生之法、"谨和五味""饮养尽之"的饮食护理法、"观其情志,与其病也"的精神护理等。《伤寒论》则提出用饮食去配合服药以增强疗效,以及服药之后的特殊护理方法,如进桂枝汤时,药物要微火煮取,"服已须臾,啜热稀粥一升余,以助药力,温覆令一时许,遍身絷絷微似有汗者益佳,不可令如水流漓"。眼病患者除一般护理外,尚需注意以下方面:

一、规范操作,加强沟通

　　医护不仅要分工,更要密切合作,病房要有健全的护理制度,门诊要结合宣传护理常识。医护相互告知并明确患者眼病的传染性,对传染性眼病患者用过的毛巾、手帕、枕巾等用具,要煮沸消毒。医生检查患者后,应用消毒液洗手后才能再检查其他人。传染性眼病患者应住单人隔离病房或与患同种眼病者同住,无条件的应严格执行床边隔离,以防交叉感染。传染性眼病患者不可相互接触、交换物品,一切用具及眼部用药均应固定专用,用后严格消毒。单眼患病者,取患侧卧位,以免眼泪流入健眼,引起健眼发病。传染性眼病(如急性细菌性结膜炎、流行性出血性结膜炎、沙眼等)禁止包封眼睛,以免加重病情。眼部用药时,要将用药方法、次数、用药后反应向患者交待清楚。点眼药时,先核对药物、眼别,滴眼药瓶不能触及睫毛,另一手拉眼睑时不能对眼球有压力,动作要轻巧敏捷,特别对于黑睛疾病有穿孔风险或眼外伤真睛破损的患者,不要用力强开眼睑按压眼球,避免造成眼球内容物脱出。对于手术患者,术前做好思想工作,消除顾虑与紧张情绪,做好术前准备与术后饮食、休养护理,讲明术中、术后宜忌事项,争取患者合作。

二、根据病情,合理调养

眼病除药物治疗外,视力、体力、精神等方面的调理亦非常重要。七情的过度变化可导致脏腑功能失调而发生疾病,所以,首先应为患者树立战胜疾病的信心,消除思想顾虑,调和情志。平时少用视力,特别是眼病的急性期,不要做阅读、抄写等加重视力负担的工作。有些眼病怕光,光线过强会引起流泪、眼痛,加重病情,室内窗户可加帘幔,避免灯光直接照射眼部;使用台灯伏案工作者,可适当用灯罩遮挡;太阳光强烈时,外出可戴有色眼镜。有些眼病不宜长时间在暗处工作,如青光眼、老年性白内障、视疲劳、视神经疾病等,不宜在晚上长时间看电视、看电影、阅读等。许多内障眼病(如青光眼、视网膜脱离、视网膜血管病变、视神经病变)、高度近视及某些急性外障眼病患者,必须减少体力劳动,有的则要卧床休息,以免过劳加重病情。患者居处或病房应安静舒适,空气流通、清新。

三、饮 食 护 理

眼病患者的饮食应视病情而定,一般除戒烟忌酒、忌食辛辣腥膻等刺激性食物外,还应少食煎炸油腻食品,多食水果、蔬菜。虚寒性眼病患者,忌寒凉及不易消化的食物。年老体胖者,不宜食肥甘厚味,以免助湿生痰,变生他证,以清淡饮食为宜。年幼体虚患者,忌偏食,应多食新鲜蔬菜和动物性蛋白质食品。内眼手术后患者,以流质或半流质饮食为主,一两天后逐渐加食营养丰富且易消化的饮食。此外,饮食宜饥饱适度,食物应多样化,易于消化和富含营养,辛辣厚腻之品、酒类等为眼病所禁;糖尿病并发眼疾者,应严格控制含糖食品及碳水化合物的摄入量。

四、药物煎服法

在眼病的中医治疗中,中药煎服法对治疗效果有很大影响。在煎药方面,煎药用水和火候都有一定要求。用水必须洁净,煎药前先用适量水浸泡中药饮片,以水淹没药物或稍高为度。火候的控制主要取决于药物的性质和质地,凡辛散轻扬及气味芳香的药物都应避免久煎,应以武火急煎为宜,煮沸数分钟后改用文火略煮即可,以避免久煮致香气挥发,药力损失;补益药则多久煎,使有效成分充分溶出;介壳类、矿石类药物可另先煎;芳香挥发性药物应后下;易溶于水的药物可溶化冲服;较贵重的药物(如人参、三七、川贝母)通常制成散剂,冲入其他药物煎得的药液中同服;胶质药物(如鹿角胶、龟甲胶、阿胶等)当另行烊化,然后混合其他药物煎得的药液服用。在服药方法方面,汤剂多宜温服,发散风寒药最好热服;丸、散等固体剂型,除特别规定外,一般宜用温开水送服。服药时间当根据病情而定,滋补药宜餐前服,驱虫药和泻下药多空腹服,健胃药和对胃肠刺激性较大的药物宜餐后服,其他药物一般也宜在餐后服。无论餐前或餐后服,都应略有间隔,以免影响疗效。急病重症,以汤剂为主,且可每天服 1~2 剂,以使药力相续;慢性眼病,可用膏、丹、丸、散,逐渐调理,缓以图功。

五、眼科常用护理技术

根据病情特点,结合现代护理知识,配合眼科的护理技术,可提高治疗效果,使患者早日康复。

(一) 体位选择

1. 半坐位 用于外伤或手术后出现前房积血的患者,以及孔源性视网膜脱离患者中裂孔在下方者。对于老年患者,为了预防坠积性肺炎,也提倡尽早取半坐位。靠背要垫舒适,坡度可随意调整,一般以 30°~60° 为宜。

2. 侧卧位 用于视网膜脱离裂孔在两侧的患者,采取向裂孔方向的侧卧位,以利于裂孔的闭合复位。一般要保持头部不动,身体可变换体位,以使患者舒适为宜。

(二) 喂饮法

对于双眼包扎的患者,需协助其进食。饮食前帮助患者洗净双手,下颌部垫一块长方形饮巾,说明饮食内容,温度要合适。喂饮时先以匙接触患者口唇,以提示患者张口,进食速度不宜太快,待患者咀嚼和下咽完毕后再喂下一口。

(三) 剪睫毛法

多用于内眼手术前。准备眼科小剪 1 把,纱布 1 块。剪刀两叶涂眼膏,以便粘住剪下的睫毛,不使其落入结膜囊内。剪上睑睫毛时嘱患者向下注视,剪下睑睫毛时则向上注视。操作者手指压住下睑或上睑皮肤,使睑缘皮肤轻度外翻,分别剪除上、下睑睫毛。注意勿损伤睑缘皮肤。操作完毕,检查有无睫毛留于睑缘或结膜囊。

(四) 眼部保护法

用保护眼的用品(如敷料、眼镜等)使眼球免受外界因素的刺激,常用以下方法:

1. 眼垫包扎法 用于眼部手术后、外伤、角膜溃疡、眼睑闭合不全、复视或眼球缺失等情况。眼垫包扎前,于结膜囊涂眼膏,覆盖眼垫后用胶布固定在眼眶周围皮肤上即可。

2. 绷带包扎法 绷带包扎牢固,加压效果确切,用于某些外眼或内眼术后、小儿及不合作又需包封眼的患者。根据病情选用单眼绷带包扎、双眼绷带包扎或加压绷带包扎。包扎时多用几层敷料,缠绕时稍加压力。眼科通常用窄卷绷带,先在额部绕头 1~2 周,然后经患侧耳下部向前上方过患眼至对侧耳上方,再绕过枕骨下方,经患侧耳下绕至患眼,如此缠绕数次。双眼绷带包扎则用"8"字绷带包扎法。包扎松紧度以患者能耐受为度。

3. 眼罩、眼镜法

(1)眼罩:内眼手术后,为防止眼球受压或不慎碰伤而出血,可于眼垫上方覆盖一个眼罩,一般用铝或塑料制成。

(2)有色防护眼镜:患有角膜病、眼底病时,为防止光线刺激患眼,但不适合长期包盖患眼时,可戴有色防护眼镜。

(3)黑色针孔眼镜:对于视网膜脱离的患者,术后为减少眼球运动,可戴黑色针孔眼镜。

第二节 眼病的预防

自然界的四季气候变化与人体的生理变化息息相关,为了减少眼病的发生,应防患于未然,要认真贯彻"预防为主"的方针,做好防病治病工作。

一、饮食有节,起居有常

饮食有节,起居有常,可以增强体质,提高抗病力,预防眼病的发生。

饮食要适度,不可暴饮暴食,少食炙煿及膏粱厚味。儿童更应注意调节饮食,切忌偏食及恣食肥甘不易消化食物。

生活起居、工作学习、文体活动都应有规律,强度适当,避免过度劳累与不当用眼。

二、七情调和,避免时邪

七情调和,精神愉快乐观,则脏腑安和,百脉和畅,可减少或预防眼病,对于已病者,可促进康复。

时邪可导致眼病,尤其外障眼病。为预防眼病,应顺应四时,慎调寒暖,加强锻炼,增强体质。夏秋时节有急性细菌性结膜炎流行时,个人与集体单位应采取隔离措施,局部点药或服药预防,以免广泛流行。

三、讲究卫生,保护视力

养成良好的卫生习惯是预防和减少眼病的有效措施。眼科检查器械、药品、敷料等要严格消毒,以免交叉感染。

教育儿童从小养成良好的用眼习惯,读书姿势要端正,眼距读物保持 30~40cm 距离。乘车、卧床时勿看书,阅读时光线照度要适宜,一般阅读 1 小时左右要休息片刻,闭目或视远、按摩眼周穴位,以消除眼疲劳。出现屈光不正时要及时就医,勿随意戴别人的眼镜。

四、预防眼外伤

做好预防眼外伤的安全宣传教育,特别是儿童,以预防爆竹炸伤眼睛,玩耍时击伤、刺伤眼睛,异物入目等。对工人、农民进行安全生产教育,农民要预防被农作物、树枝等划伤眼睛及泥沙入目等;工人要预防机械性、化学性损伤等;从事超声波、激光等相关工作人员更应注意眼部防护,避免离子辐射伤、微波眼外伤等。若不慎损伤眼部,要及时检查治疗,以免延误病情。

附:眼保健操

眼保健操通过刺激眼周腧穴,达到消除眼疲劳、保护视力和预防近视的目的。共分为六节,操作方法如下:

(一) 揉攒竹穴

双手拇指螺纹面分别按于双眉头凹陷处的攒竹穴上,其余四指自然放松、弯曲,指尖抵在前额上。随音乐口令,每拍按揉 1 圈,连做 4 个八拍。力度适中,以有轻微酸胀感为宜。

(二) 按压睛明穴

双手示指螺纹面轻按在鼻骨两旁近眼内角处的睛明穴上,其余四指自然放松、握起,呈空心拳状。随音乐口令,有节奏地上下按压穴位,每拍 1 次,共 4 个八拍。力度适中,以有轻微酸胀感为宜。

(三) 按揉四白穴

两手示指和中指并拢,轻按在鼻翼两侧,随后放下中指,示指指尖所在的位置就是四白穴。双手示指螺纹面分别按在两侧穴位上,拇指支撑在下颌骨凹陷处,其余四指自然放松、握起,呈空心拳状。随音乐口令,有节奏地按揉穴位,每拍1圈,做4个八拍。动作幅度不要太大。

(四) 按揉太阳穴、刮上眼眶

太阳穴在外眼角与眉梢之间、向后约3cm的陷窝处。先用双手拇指螺纹面分别按于两侧太阳穴上,其余四指自然放松、弯曲。随音乐口令,每拍按揉1圈,连做4拍。然后,拇指保持在太阳穴位置上不动,用双手示指的第二指间关节桡侧,稍加用力从眉头刮至眉梢,两个节拍刮1次,连刮2次。如此交替,做4个八拍。力度适中,以有轻微酸胀感为宜。

(五) 按揉风池穴

风池穴在颈后枕骨下,及两侧大筋外侧凹陷处,相当于耳垂水平。双手示指和中指并拢,用螺纹面按在风池穴上,其余三指自然放松。随音乐口令,有节奏地按揉,每拍1次,做4个八拍。为保证按揉的舒适度,头部可稍微前倾。

(六) 揉捏耳垂、脚趾抓地

双手拇指和示指螺纹面捏住耳垂正中眼穴,其余三指自然并拢弯曲,随音乐口令,有节奏地揉捏穴位,每拍揉捏1圈;揉捏的同时,双脚的全部脚趾跟随节拍做抓地运动,每揉捏耳垂一圈,做抓地运动一次。连做4个八拍。力度适中,以有轻微酸胀感为宜。

注意事项:操作前剪短指甲,洗净双手,操作时要闭眼,按揉要轻缓,以有酸胀感为度。如睑部有疮疖等不宜操作,待痊愈后操作。

(刘求红)

下　篇

第七章 胞睑疾病

第一节 睑弦赤烂

睑弦赤烂是以睑弦红赤、溃烂、刺痒为临床特征的眼病,又名风弦赤眼、沿眶赤烂、风沿烂眼、迎风赤烂等。病变发生在眦部者,称眦帷赤烂;婴幼儿患此病者,称胎风赤烂。本病常为双眼发病,病程长,病情顽固,时轻时重,缠绵难愈。

睑弦赤烂相当于西医学的睑缘炎,包括鳞屑性睑缘炎、溃疡性睑缘炎、眦部睑缘炎。鳞屑性睑缘炎是睑缘皮脂溢出导致的慢性炎症,屈光不正、视疲劳、营养不良或长期使用劣质化妆品等可能是本病的诱因。溃疡性睑缘炎是睫毛毛囊及其附属腺体的慢性或亚急性化脓性炎症,多为金黄色葡萄球菌感染,亦可由鳞屑性睑缘炎遭受感染转变而成。眦部睑缘炎主要由摩 - 阿(Morax-Axenfeld)双杆菌感染所致,或与抵抗力低下及 B 族维生素缺乏有关。

病因病机:

1. 脾胃蕴热,复受风邪,风热合邪触染睑缘,伤津化燥。

2. 脾胃湿热,外感风邪,风、湿、热邪相搏,循经上攻睑缘而发病。

3. 心火内盛,风邪犯眦,引动心火,风火上炎,灼伤睑眦。

【病案精选】

[病史资料]

苏某某,女,52 岁,广东恩平人,生活在广州,干部。2016 年 7 月 8 日初诊。

主诉:右眼睑弦赤痒 3 天。

现病史:患者于 3 天前吃荔枝后感右眼睑弦瘙痒灼热,继而睫毛根部红赤、有鳞屑,伴有咽干、口渴,大便调,小便黄。

既往史:平素身体健康,喜食辛辣之品及海鲜。否认糖尿病、高血压、传染病及遗传病史。

体检:神清,舌红,苔薄黄,脉浮数。

眼部检查:视力:右眼 1.0,左眼 1.0。右眼上下睑弦红肿,睫毛根部有鳞屑附着。

[辨治思路]

1. 主证分析 右眼睑弦赤痒,睑弦红肿,睫毛根部有糠皮样鳞屑,符合睑弦赤烂诊断。西医诊断为睑缘炎(鳞屑性睑缘炎)。

2. 证候分析 风性善行,风盛则痒,热盛则痛,风热客于胞睑而痛痒交作,睑弦赤痒、灼热疼痛;风热伤津化燥,睫毛根部有糠皮样鳞屑。咽干、口渴、小便黄、舌红、苔薄黄、脉浮数,为风热偏盛证。

3. 立法处方

辨证:风热偏盛。

治法:祛风止痒,清热凉血。

选方:银翘散加味。

连翘 15g,金银花 15g,桔梗 12g,薄荷 6g,竹叶 10g,生甘草 10g,荆芥穗 8g,淡豆豉 5g,牛蒡子 12g,蝉蜕 10g,乌梢蛇 10g,天花粉 10g,赤芍 15g。每日 1 剂,水煎服,连服 4 剂。

治法与用药分析:本案患者因吃荔枝致脾胃蕴热,复感风邪,外邪引动内火而发。治以银翘散加味。方中金银花入肺、胃经,味甘性寒,轻清疏散,透表邪,散热解毒,为君药。连翘入肺,味甘性微寒,善清心肺而除上焦热毒;荆芥穗入肺经,味辛性偏温,祛风,散表邪,配金银花散热解毒,二药共为臣药。桔梗、薄荷、竹叶、淡豆豉、牛蒡子为佐药,配金银花疏风清热。甘草调和诸药为使。诸药配伍,共奏疏风清热、清热解毒之功。加蝉蜕、乌梢蛇以祛风止痒;天花粉以生津润燥;赤芍增强清热凉血、消肿退赤之功。

外治法:将鳞屑和痂皮洗去,用白鲜皮、蝉蜕、防风、菊花煎汤外洗,每天早晚各 1 次。

辨证调护:忌食虾蟹、辛辣燥热之品。

[转归及对策]

2016 年 7 月 12 日:患者右眼睑弦赤痒、红肿、睫毛根部有糠皮样鳞屑减轻。继服 2016 年 7 月 8 日方 4 剂。

2016 年 7 月 16 日:右眼睑弦赤痒、红肿、睫毛根部糠皮样鳞屑消退。

本病症状以痒、赤为主,痒重则风邪偏盛,赤重则热邪偏盛。风温之邪尚在肌表之间,邪浅病轻,故治以祛风止痒为主,辅以清热凉血,使邪从表解,病易痊愈。痊愈后嘱患者调整饮食,忌食虾蟹、辛辣燥热之品,注意用眼卫生以防复发。本病病位在睑缘,故需内外治法兼顾。

诊疗特点

[诊断要点]

1. 患眼睑弦、眦部赤痒灼痛,睫毛根部有鳞屑或溃疡为诊断依据。

2. 鳞屑性睑缘炎主要表现为睑缘潮红刺痒,睫毛根部有白色鳞屑。

3. 溃疡性睑缘炎主要表现为睑缘溃疡,生脓结痂,秃睫,睫毛乱生,痛痒并作,畏光流泪。

4. 眦部睑缘炎主要表现为眦部睑缘红、肿、湿润、糜烂,且灼热奇痒。

[辨证要点]

睑弦赤烂的辨证论治,应遵循辨病与辨证相结合的原则,全身辨证与局部辨证相结合。根据发病部位不同,以及痛痒、红赤、糜烂等局部表现,结合舌象、脉象进行辨证。睑弦赤烂的主因是风、湿、热,主症是痒、烂、赤。临床常以痒、烂、赤各症的轻重来辨别风、湿、热各邪的多寡,痒重则风邪偏盛,烂重则湿邪偏盛,赤重则热邪偏盛。治疗时需进行系统检查以明确病因。病因明确者,应首先针对病因治疗。

[治法方药]

1. 风热偏盛证

证候:睑弦赤痒,灼热疼痛,睫毛根部有糠皮样鳞屑,舌红,苔黄,脉浮数。

治法:祛风止痒,清热凉血。

方药:银翘散加味。银翘散以疏风清热为主,睑弦红赤甚者可加赤芍清热凉血;痒甚者加蝉蜕、乌梢蛇等祛风止痒;糠皮样鳞屑多者加天花粉生津润燥。

2. 湿热偏盛证

证候:痛痒并作,睑弦红赤溃烂,出脓,出血,污秽结痂,眵泪胶黏,睫毛成束,或倒睫、睫毛脱落,舌红,苔黄腻,脉濡数。

治法:清热除湿,祛风止痒。

方药:除湿汤加味。方中荆芥、防风祛风邪;滑石、车前子、木通、茯苓除湿清热;黄芩、黄连、连翘、甘草清热解毒;枳壳、橘皮调理脾胃气机,以助化湿。红肿痒痛较重者加金银花、蒲公英、黄柏、栀子以助清热除湿之功。

3. 心火上炎证

证候:眦部睑弦红赤,灼热刺痒,甚则眦部睑弦糜烂出血,舌尖红,苔薄,脉数。

治法:清心泻火。

方药:导赤散合黄连解毒汤加味。导赤散清心导热下行,黄连解毒汤泻火解毒,两方合用清心泻火解毒。红赤较甚者加赤芍、牡丹皮以凉血退赤;痒极难忍者加地肤子、白鲜皮、菊花、防风以祛风止痒。

临证思路

广东地处亚热带,暑天炎热,常用电风扇、空调以消暑热。岭南人的腠理多不密,风热之邪易袭人体,加之荔枝性温热,食之易致脾胃积热。睑弦赤烂由于外邪引动内火,触染胞睑所致,主要与风、湿、热三邪有关,岭南温病学家陈任枚认为:"伏气者,乃人身阳热之气,郁伏于人身之内,而不得外泄者也,其伏匿深沉,郁极而发,或为外邪刺激而发,或为饮食嗜欲逗引而发,其发也多致内外合邪,势成燎原,不可向迩。"治疗时要根据邪之孰轻孰重处方用药,并根据局部表现随症加减。

睑弦赤烂的病因比较复杂,为多因素致病,包括感染、营养不良、不注意用眼卫生、长期使用劣质化妆品、屈光不正、视疲劳等。故应针对病因治疗,内外治法兼顾,注意局部清洁消毒。

现代药理研究表明鱼腥草对引起睑缘炎的球菌和杆菌有抑制作用,故可用鱼腥草注射液冲洗睑缘区,或以鱼腥草注射液加生理盐水做眼浴,也可配伍白鲜皮、蝉蜕、防风、菊花煎汤外洗。

名医验案选读

张皆春治睑缘炎验案

赵某,女,27岁。

初诊:1964年12月2日。双眼睑弦赤烂2年之久,时轻时重。多方求治不愈,今反加重,痛痒兼作,泪出羞明,右眼视物不清。

检查:双眼上下睑弦红赤糜烂,且有黄白色黏液附着,睫毛不整。右眼睫毛倒入,扫擦青睛,风轮花翳遮瞳。

辨证施治:此为睑弦湿烂所致倒睫花翳症。治以清热除湿汤去荆芥、茯苓,加当归、车前子各 9g,木贼 6g。服 6 剂。

处方:薏苡仁 9g,黄芩 12g,蔓荆子 6g,白茅根 15g,甘草 1.5g,当归、车前子各 9g,木贼 6g。

共服上方 6 剂后,双目上下睑弦赤烂近除,右目青睛花翳将尽,但睫毛仍扫青睛。又进上方 12 剂后,睑弦已不赤烂,青睛花翳已除,睫毛仍内倒。停服中药,以单方白茅根 9g、红糖 1 撮、生姜 3 片浸水常服,日 1 次。半月后来诊,弦烂未发,但右眼睫毛仍然倒入,建议手术处理。

解析:睑弦赤烂的主因是风、湿、热,主症是痒、烂、赤。临床常以痒、烂、赤各症的轻重来辨别风、湿、热各邪的多寡,痒重则风邪偏盛,烂重则湿邪偏盛,赤重则热邪偏盛。本例张皆春用薏苡仁、黄芩、蔓荆子、白茅根、木贼退翳除风;车前子有祛湿之功;当归补血养肝以扶其正,活血行血以助散风。此方标本兼顾,主次分明,故用药 10 余剂后大部分症状得以消除。(周奉建,张皆春眼科证治[M].济南:山东科学技术出版社,1980.)

第二节　针　眼

针眼指胞睑边缘生疖,形如麦粒,红肿痒痛,易成脓溃破的眼病,又称土疳、土疡、偷针。本病病名首见于《证治准绳·杂病·七窍门》,《诸病源候论·目病诸候》对其症状做了简明的载述:"人有眼内眦头忽结成疱,三五日间便生脓汁,世呼为偷针。"本病可单眼或双眼发病。

针眼相当于西医学的睑腺炎。睫毛毛囊或附属的皮脂腺感染称外睑腺炎,睑板腺感染称内睑腺炎,主要由金黄色葡萄球菌感染所致。

病因病机:

1. 风热之邪客于胞睑,滞留局部脉络,气血不畅。

2. 喜食辛辣炙煿,脾胃积热,火热毒邪上攻,致胞睑局部酿脓溃破。

3. 余邪未清或脾气虚弱,卫外不固,复感风热之邪,引起本病反复发作。

【病案精选一】

[病史资料]

王某某,女,12 岁,学生。2017 年 5 月 13 日初诊。

主诉:右眼下睑疼痛 2 天。

现病史:患者于 2 天前自觉右眼下睑痒痛,继而睑缘红肿加重,伴有头痛、咽干、胃纳可,大便调,小便黄。

既往史:平素身体健康,否认传染病及遗传病史。

体检:神清,舌淡红,苔薄白,脉浮数。

眼部检查:下睑鼻侧缘肤色微红、肿胀,扪及麦粒大小硬结,推之不动,触痛、拒按。

[辨治思路]

1. 主证分析　右眼下睑痛痒,微红,扪及麦粒大小硬结,推之不动,触痛、拒按,符合针眼诊断。西医诊断为睑腺炎。应与胞生痰核相鉴别,胞生痰核无疼痛,硬结推之可动。

2. 证候分析 患者于岭南5月春夏之交发病,天气由凉转热,风温之邪易袭人体。右眼下睑鼻侧缘肤色微红、肿胀,头痛、咽干,舌淡红,苔薄白,脉浮数,为风热客睑证。

3. 立法处方

辨证:风热客睑。

治法:疏风清热,消肿散结。

选方:银翘散加味。

连翘10g,金银花10g,桔梗10g,薄荷6g,竹叶10g,生甘草6g,荆芥穗8g,淡豆豉5g,牛蒡子10g,菊花10g,香薷6g,扁豆花6g,赤芍15g。每日1剂,水煎服,连服3剂。

治法与用药分析:本案患者为肺卫蕴热兼受湿邪,客于胞睑,气血不畅所致,治以疏风清热,消肿散结,方用银翘散加味。方中金银花入肺、胃经,味甘性寒,轻清疏散,透表邪,散热解毒,为君药。连翘入肺,味甘性微寒,善清心肺而除上焦热毒;荆芥穗入肺经,味辛性偏温,发汗祛风,散表邪,配金银花散热解毒,二药共为臣药。桔梗、薄荷、竹叶、淡豆豉、牛蒡子为佐药,配金银花疏风清热。甘草调和诸药为使。诸药配伍,共奏疏散风清热、清热解毒之功。加菊花、香薷、扁豆花祛风化湿;赤芍凉血消肿散结。本方特点一是芳香辟秽、清热解毒,二是辛凉中配以小量辛温之品,温而不燥,既利于透邪,又不悖辛凉之旨。

外治法:

1. 局部热敷。

2. 耳尖放血。

辨证调护:忌食辛辣肥甘之品,忌挤压。

[辅助检查]

细菌培养、药物敏感试验可协助病因诊断和选择敏感药物。

[转归及对策]

2017年5月16日:患者下睑疼痛消退,胞睑红肿减轻,硬结变软缩小,无触痛。继服2017年5月13日方2剂。

2017年5月19日:下睑红肿、硬结已消退。

本病为风温与湿合病,客于胞睑,邪尚在肌表之间,邪浅病轻。患者在病之初起即来就诊,"欲无其患,先制其微",故早期治以消散为主,病易痊愈。痊愈后嘱患者调整饮食,少吃肥甘厚腻、辛辣之品,注意用眼卫生以防复发。

【病案精选二】

[病史资料]

黎某某,女,28岁,职员,产妇。2016年8月16日初诊。

主诉:右眼上睑疼痛5天。

现病史:患者于1个月前产1子,夜间睡眠少,5天前吃姜醋猪蹄后觉右眼上睑疼痛,自行用红霉素眼药膏外涂患处,未见好转,继而胞睑红肿、疼痛加重,伴口渴喜饮,咽痛,便秘溲赤。

既往史:平素身体健康。否认糖尿病、传染病及遗传病史。

体检:神清,发热,体温37.6℃,舌红,苔黄,脉数。

眼部检查：右眼上睑鼻侧红肿、灼热，扪及硬结，触之有波动感，触痛拒按，白睛红赤肿胀。

［辨治思路］

1. 主证分析　右眼上睑疼痛，上睑鼻侧红肿、灼热，扪及硬结，触之有波动感，触痛拒按，符合针眼诊断。西医诊断为睑腺炎。

2. 证候分析　患者发病于盛夏，夏暑炎热，加之进食温热之姜醋猪蹄，里热炽盛，热盛伤津，上攻胞睑，腐肉成脓，上睑鼻侧红肿、灼热、疼痛，扪及硬结，触之有波动感，触痛拒按，口渴喜饮，咽痛，便秘溲赤，舌红，苔黄，脉数，为热毒壅盛证。

3. 立法处方

辨证：热毒壅盛。

治法：清热解毒，消肿止痛。

选方：仙方活命饮加减。

金银花 10g，赤芍 5g，乳香 5g，没药 5g，陈皮 3g，白芷 10g，防风 5g，皂角刺 5g，天花粉 10g，贝母 10g，甘草 6g，蒲公英 10g，土茯苓 20g，黄连 3g。每日 1 剂，水煎服。

治法与用药分析：本案患者为内外之热合邪，聚于胞睑，发而为病。治以清热解毒为主，理气活血、散结疏风为辅。方用仙方活命饮加减。前人称本方为"痈疮之圣药，外科之首方"。方中金银花味甘性寒，最善清热解毒，为君药。赤芍、乳香、没药、陈皮行气通络，活血散瘀，消肿止痛，气行则营卫畅通，营卫畅通则邪无滞留，使瘀去肿消痛止；白芷、防风透达营卫，可散结消肿，六药共为臣药。皂角刺、天花粉、贝母佐助清热散结，内消肿毒。甘草为使，助清热解毒，调和诸药。加蒲公英、土茯苓、黄连以助清热解毒。诸药合用，共奏清热解毒、化瘀消肿之功，使毒去、瘀散、坚溃肿消，痈肿自愈。

外治法：切开引流排脓。

辨证调护：忌食辛辣肥甘之品，忌挤压排脓。

［辅助检查］

血常规、细菌培养、药物敏感试验可协助病因诊断和选择敏感药物。

［转归及对策］

2016 年 8 月 17 日：患者右上睑疼痛、红肿减轻，引流条仍有脓液引出，体温 36.8℃，继服 2016 年 8 月 16 日方 2 剂，清洁切口，更换引流条。

2016 年 8 月 19 日：右上睑红肿明显减轻，引流条有清稀脓液引出，患者神倦，纳呆，舌淡红，苔薄白，脉缓，在 2016 年 8 月 16 日方基础上去黄连、皂角刺，加黄芪 20g 扶正以驱邪。

2016 年 8 月 20 日：复查引流条未见脓液引出，继服 2016 年 8 月 19 日方 5 剂。

2016 年 8 月 24 日：右上睑无红肿，切口愈合。

本案患者初诊时见口渴喜饮，咽痛，便秘溲赤，舌红，苔黄，脉数，右上睑鼻侧红肿、灼热、疼痛，扪及硬结，触之有波动感，触痛拒按，属热毒壅盛证，方用仙方活命饮加减，以清热解毒、消肿止痛，痈疽将破者加皂角刺，能引之出脓头。脓已成，故切开引流排脓，使邪有出路。治疗 3 天后，热已退，脓液清稀、淋漓不尽，伴神倦、纳呆，考虑患者产后体虚，苦寒攻破之品易伤气，故在 2016 年 8 月 16 日方基础上去苦寒攻破之黄连、皂角刺，加黄芪以补气，托里排脓，扶正以驱邪。痊愈后嘱患者饮食清淡，忌肥甘厚腻、辛辣之品以防复发。

【病案精选三】

［病史资料］

刘某某,女,5岁。2017年3月13日初诊。

主诉:左眼下睑红肿疼痛2天。

现病史:患儿平素偏食,喜吃煎炸之品,2天前吃炸鸡翅后,出现左眼下睑潮红、疼痛,家长自行用金霉素眼膏涂眼,未见好转而来就诊,刻下症见神倦乏力,面色无华,胃纳差,大便不实,小便如常。

既往史:有哮喘病史,双眼胞睑曾多次患针眼、胞生痰核。否认传染病及遗传病史。

体检:神清,形体瘦小,面色无华,舌淡,苔黄稍腻,脉缓。

眼部检查:左眼下睑肤色潮红、肿胀,颞侧扪及麦粒大小硬结,推之不动,触痛拒按。

［辨治思路］

1. 主证分析　左眼下睑红肿疼痛2天,皮色潮红,扪及麦粒大小硬结,推之不动,触痛,符合针眼诊断。西医诊断为睑腺炎。

2. 证候分析　患儿平素体虚,喜吃煎炸之品,脾胃伏热。有双眼胞睑反复患针眼、胞生痰核病史,左眼下睑皮色潮红、肿胀,神倦乏力,面色无华,胃纳差,大便不实,小便如常,舌质淡,苔黄稍腻,脉缓,为脾虚夹邪证。

3. 立法处方

辨证:脾虚夹邪。

治法:健脾渗湿,清热散结。

选方:参苓白术散加减。

党参8g,白术8g,茯苓10g,炙甘草8g,山药15g,扁豆10g,薏苡仁10g,莲子10g,砂仁3g,桔梗8g,蒲公英8g,金银花5g,独脚金8g,布渣叶8g。每日1剂,水煎服,连服3剂。

治法与用药分析:患儿素体脾胃虚弱,运化失调,湿邪内生,加之食用辛辣肥甘之炸鸡翅,脾胃伏热,上扰胞睑,治以健脾渗湿,清热散结,方用参苓白术散加减。方中党参、白术、茯苓、炙甘益气健脾,为君药。配伍山药、扁豆、薏苡仁健脾渗湿,为臣药。佐以甘草益气和中;砂仁和胃醒脾,理气和中。桔梗为使,载药上行。诸药配伍,补中有行,行中有止,清浊各行其道,脾胃之气旺,则运化复常,生化之源自足;脾胃之湿去,则中焦之气旺。加蒲公英、金银花清热解毒;独脚金、布渣叶以助健脾消滞。本方既补脾胃之虚以扶正,又清解脾胃伏热以祛邪,共奏健脾渗湿、清热散结之功。

外治法:

1. 局部热敷。

2. 耳尖放血。

辨证调护:忌食辛辣肥甘之品,忌挤压。

［辅助检查］

血常规、细菌培养、药物敏感试验可协助病因诊断和选择敏感药物。

［转归及对策］

2017年3月16日:患儿左眼下睑疼痛消退,胞睑红肿减轻,硬结变软缩小,无触痛。继服参苓白术散5剂。

2017年3月21日：下睑无红肿，硬结消退，体倦乏力消退，胃纳可，二便调，舌淡红，苔薄白。

本案患儿为脾胃虚弱，兼有伏热，属正虚邪实之证，治以健脾渗湿，清热散结，扶正以祛邪。方用参苓白术散加蒲公英、金银花、独脚金、布渣叶，病情好转后去蒲公英、金银花等寒凉之品以防寒伤脾胃，继服参苓白术散，以旺脾胃之气，复运化之常，生化之源自足；脾胃之湿去，则中焦之气旺。嘱患儿忌食生冷、寒凉之品，注意用眼卫生以防复发。

诊疗特点

[诊断要点]

1. 胞睑局部红肿疼痛。

2. 胞睑边缘扪及麦粒样硬结，压痛拒按。

3. 诊断时还需分清外睑腺炎和内睑腺炎。外睑腺炎炎症在睫毛周围之皮肤面，触痛明显。内睑腺炎有两种情况，一种是急性睑板腺炎，皮肤面局部红肿、疼痛，睑结膜面睑板腺区可见局限性充血；另一种是在原有睑板腺囊肿基础上发生炎症，睑结膜面除局限性红肿外，还伴有睑板腺囊肿存在，临床上又称为感染性睑板腺囊肿。

[辨证要点]

针眼的辨证遵循局部辨证与全身辨证相结合的原则，根据局部红肿疼痛、硬结压痛之轻重，结合全身症状、舌象及脉象进行辨证。

[治法方药]

1. 风热客睑证

证候：病初起，胞睑局限性肿胀，痒甚，微红，可扪及硬结，疼痛拒按，伴头痛、发热、全身不适等症，苔薄白或薄黄，脉浮数。

治法：疏风清热，消肿散结。

方药：银翘散加减。方中薄荷、淡豆豉、荆芥、桔梗、牛蒡子疏风解表；金银花、连翘清热解毒；竹叶、芦根、甘草以助清热。偏热重者，可去荆芥、淡豆豉，加黄连、黄芩以助清热解毒；红肿较甚者，加赤芍、丹皮以凉血消肿。

2. 热毒壅盛证

证候：胞睑局部红肿灼热疼痛，硬结较大，疼痛拒按，或白睛红赤肿胀突出，睑裂，伴口渴喜饮、便秘溲赤，苔黄，脉数。

治法：清热解毒，消肿止痛。

方药：仙方活命饮加减。热毒盛、未成脓者，可去方中之穿山甲、皂角刺，加黄连、黄芩、栀子增强清热解毒之功；口渴者，可加天花粉清热生津；大便秘结者，加大黄以泻火通腑。

3. 脾虚夹邪证

证候：针眼累发，或局部红肿不显而经久不消，或见面色少华，倦怠乏力，或小儿平素偏食、纳呆，舌质淡，苔薄白，脉弱。

治法：健脾益气，散结消滞。

方药：参苓白术散加减。方中党参、白术、茯苓、甘草健脾益气；山药、扁豆、薏苡仁、砂仁、甘草健脾渗湿，理气和中；桔梗载药上行。纳呆偏食者，加山楂、神曲、独脚金和血消滞；局部硬结难消者，多兼痰湿结聚，可酌加浙贝、昆布等化痰散结。

临证思路

未成脓者,应退赤消肿,促其消散;已成脓者,当促其溃脓或切开排脓,使其早愈。平素应注意眼部卫生,增强体质,预防发病,或避免反复发作。

岭南人体质"阳浮阴闭,元气不固",以湿热体质居多。病机常虚实错杂,以脾虚夹湿为主。治疗注重清透化湿,调畅气机,调理脾胃,经方与时方并重,用药轻灵,善用南药,喜用花药。

《证治准绳·杂病·七窍门》中指出针眼多因"犯触辛热燥腻、风沙烟火"或"窍未实,因风乘虚而入",治疗时需辨明虚实,根据邪正之孰轻孰重处方用药,邪实者以疏风清热、解毒消肿为主,正虚邪实者扶正祛邪,治以健脾益气、托里消毒。

其他疗法:

1. 未酿脓者,可将紫金锭用冷开水或清热解毒眼药水调成糊状外敷患处皮肤,或理疗,或用内服中药汤剂熏洗。脓肿尚未充分形成时不宜切开,更不可挤压排脓,否则可使感染扩散,引起眼睑蜂窝织炎,甚至败血症或海绵窦栓塞。

2. 已成脓者,可切开排脓。外睑腺炎由皮肤切开,切口与睑缘平行;内睑腺炎由睑结膜面切开,切口与睑缘垂直。排脓后,涂抗生素眼膏或磺胺嘧啶眼膏。

3. 口服抗生素。

4. 耳尖放血。耳尖消毒后,用三棱针刺破皮肤放血数滴,有退赤消肿作用。

名医验案选读

陆南山治睑腺炎验案

朱某,男,41岁。

初诊:1976年1月24日。患者左眼上睑红肿3日,伴有发热。曾注射青霉素,口服四环素,局部用四环素可的松眼膏。至今更觉红肿加重,疼痛亦甚。

检查:左眼上睑红肿,睑裂不能分开,结膜充血兼水肿,上睑外眦部有硬块及脓头。

诊断:左眼上睑睑腺炎。

辨证施治:左眼上睑红肿而痛,白睛充血,状如鱼眼,脉弦数,舌质红,苔薄白,为针眼积脓未溃,热毒上攻。宜清热解毒,托毒排脓。

处方:穿山甲2.4g,皂角刺2.4g,金银花9g,栀子(炒炭)9g,连翘9g,当归9g,赤芍9g,天花粉9g,黄芩3g。

共服上方2剂后,睑腺炎消退,上睑皮肤充血已退。球结膜充血及水肿亦告痊愈。脉象已见和缓。症状虽转佳,但余热未清,拟清热解毒。前方去穿山甲及皂角刺,加生地黄15g、牡丹皮6g。服5剂而痊愈。

解析:本案患者初诊时辨证为热毒上攻,患处局部虽有脓头,但尚未溃破,故治疗既需清热解毒,又需托毒排脓。穿山甲既能消痈疽于未成,又能托疮疡于将溃之时;皂角刺用于痈疽将破者能引之出脓头,已溃者能引之排脓。两药配合,对于睑腺炎将溃者可以托毒排脓,未溃者有消散之功。天花粉亦能排脓消肿,金银花与连翘消肿散结,当归活血止痛,赤芍活血散瘀,栀子及黄芩泻火解毒。此九味药配伍作用全面,疗效确切。(上海中医药大学中医文献研究所.眼科名家陆南山学术经验集[M].上海:上海中医药大学出版社,2001.)

第三节　上胞下垂

上胞下垂指上胞乏力不能升举，以致睑裂变窄，掩盖部分或全部瞳神的眼病，又称睢目、眼睑垂缓、胞垂，严重者称睑废。"睢目"病名首载于《诸病源候论·目病诸候》，书中对其症状做了形象的描述："其皮缓纵，垂覆于目，则不能开，世呼为睢目，亦名侵风"；《目经大成·睑废》中以"手攀上睑向明开"说明上胞下垂的严重症状。本病可单眼或双眼发病，有先天与后天之分。

上胞下垂相当于西医学的上睑下垂，常因上睑提肌或支配上睑提肌的动眼神经分支病变、重症肌无力、先天异常、机械性开睑障碍所致。

病因病机：

1. 先天禀赋不足，命门火衰，脾阳不足，睑肌发育不全，胞睑乏力而不能升举。

2. 脾虚中气不足，清阳不升，睑肌失养，上胞不能提举。

3. 脾虚聚湿生痰，风邪客睑，风痰阻络，胞睑筋脉迟缓不用而下垂。

【病案精选】

[病史资料]

张某某，男，56岁，广东佛山人，生活在广州，干部。2016年11月15日初诊。

主诉：右眼上睑难睁1天。

现病史：患者就诊当天晨起觉右眼上睑重坠难睁，麻木不仁，眼珠转动不灵，目偏视，视一为二，伴食少纳呆，泛吐痰涎，头晕，恶心。

既往史：平素喜吃生冷之品，身体肥胖。否认有糖尿病、高血压、传染病及遗传病史。

体检：神清，血压110/70mmHg，舌淡胖，苔厚腻，脉弦滑。

眼部检查：视力：右眼：1.0，左眼1.2。上睑肌力为2mm，上睑掩及瞳神1mm，睑裂宽3.5mm。右眼瞳神散大，直径3.5mm，双眼瞳神不等圆。眼位：右眼向外偏斜，右眼向内运动受限。

实验室检查：上睑肌力为2mm。眼位：右眼外斜15°，第二斜视角>第一斜视角。甲硫酸新斯的明0.5mg皮下注射15分钟后上胞下垂未改善。

[辨治思路]

1. 主证分析　右眼上睑重坠难睁，眼珠转动不灵，目偏视，视一为二，符合上胞下垂诊断。西医诊断为上睑下垂。

2. 证候分析　患者素体肥胖、好食生冷之品，致脾阳受伤，脾虚运化失常，聚湿生痰。阳气不固，腠理不密，易受风邪侵袭。风与痰结，风痰阻滞脉络，眼带失养，胞睑筋脉迟缓不用，故上胞下垂，眼珠转动不灵，目偏视，视一为二。食少纳呆，泛吐痰涎，头晕，恶心，舌淡胖，苔厚腻，脉弦滑，为风痰阻络之候。

3. 立法处方

辨证：风痰阻络。

治法：祛风化痰，疏经通络。

选方：正容汤加减。

羌活 15g,白附子 15g,防风 12g,秦艽 6g,胆南星 10g,生甘草 10g,法半夏 8g,僵蚕 5g,木瓜 12g,川芎 10g,丹参 15g,竹沥 10g。每日 1 剂,水煎服,连服 3 剂。

治法与用药分析:本案患者内由痰湿上泛,外由风中经络,风痰阻络而致病。方中白附子辛甘大温,归胃经且善走头面,具祛风解痉之功;羌活辛温,发散风邪,共为君药。胆南星、法半夏、僵蚕搜筋络之风痰并能解痉;防风透散开泄肌表皮毛,疏风祛邪,四药助君药祛风化痰,疏经通络。秦艽性温,归肝胃经,木瓜酸温,归肝脾经,舒经通络,并为佐药。生甘草调和诸药为使。"治风先治血,血行风自灭",故加川芎、丹参、竹沥加强活血祛风化痰之功。

针灸治疗:选取阳白、鱼腰、丝竹空、风池、足三里、丰隆。每日 1 次,10 日为一个疗程。

辨证调护:避风寒,忌食生冷之品。

［辅助检查］

1. 实验室检查　甲硫酸新斯的明试验。

2. 其他辅助检查　上睑提肌肌力检查、同视机检查。

［转归及对策］

2016 年 11 月 18 日:患者右眼上睑重坠难睁、麻木不仁减轻,眼珠转动不灵,目偏视,视一为二,伴食少纳差,无泛吐痰涎,无头晕、恶心,苔厚稍腻,脉弦滑。眼部体征和全身症状有所好转,故在 2016 年 11 月 15 日方基础上加白术 10g、茯苓 15g、砂仁 6g,以加强健脾醒胃化湿之功。每日 1 剂,水煎服,连服 7 剂。针灸治疗同前。

2016 年 11 月 25 日:右眼上睑下垂减轻,睑裂宽 5mm,眼珠转动欠灵,目偏视,视一为二减轻,胃纳可,二便调,舌淡红,苔厚稍腻,脉弦。予补阳还五汤加当归、海风藤以增强养血通络之功。

2017 年 1 月:右眼上睑下垂遮盖黑睛上方 1mm,睑裂宽 7mm,眼珠转动自如,目无偏视,胃纳可,二便调,舌淡红,苔薄白。

本病患者脾胃虚弱,风痰阻络,为本虚标实、虚实夹杂之证,遵循"急则治其标,缓则治其本"之原则,故早期以祛风化痰、疏经通络为主,方用正容汤加减。后期风已息、痰渐化,治当固本,以健脾益气、养血通络为主,方用补阳还五汤加减。配合针刺治疗,以达内外合治之效。痊愈后嘱患者避风寒,忌食肥甘厚味、生冷之品以防复发。

诊疗特点

［诊断要点］

1. 双眼自然向前平视状态时,单眼或双眼上睑缘遮盖上方角膜 2mm 以上,睑裂变窄。

2. 皮下或肌内注射新斯的明鉴别肌源性、神经源性。注射后 20 分钟,上睑下垂改善者为重症肌无力症(肌源性)。

［辨证要点］

根据病史及系统检查明确病因,遵循辨病与辨证相结合、全身辨证与局部辨证相结合的原则。局部辨证以上胞提举有无晨轻暮重、眼珠转动是否异常、有无视一为二及瞳神大小为主,结合全身表现,并辨清先天与后天、肌源性与神经源性的不同。先天不足,多表现为脾虚气弱,后天者多为风痰阻络。

［治法方药］

本病因先天所致,应用药物治疗效果不佳者,宜行手术矫治;后天者在内服中药的基础上常配合针灸治疗。

1. 脾虚气弱证

证候：上胞提举无力，掩及瞳神，晨起或休息后减轻，午后或劳累后加重，严重者眼珠转动不灵，视一为二，常伴有神疲乏力、食欲不振，甚至吞咽困难等，舌淡，苔薄，脉弱。

治法：补中健脾，升阳益气。

方药：补中益气汤加减。方中黄芪、人参、白术、甘草益气健脾补中；当归补血；陈皮健脾行气；升麻、柴胡升阳举陷。全方共奏升阳益气之效。神疲乏力、食欲不振者，加山药、白扁豆、莲子、砂仁以助益气健脾之功。

2. 风痰阻络证

证候：上胞下垂骤然发生，眼珠转动不灵，目偏视，视一为二，头晕，恶心，泛吐痰涎，苔厚腻，脉弦滑。

治法：祛风化痰，疏经通络。

方药：正容汤加减。方中白附子、法半夏、胆南星、僵蚕祛风痰；防风、羌活、秦艽、松节驱风祛湿、通经活络；甘草和中；木瓜柔筋解痉。若目珠转动不灵、目偏视，宜加当归、川芎、丹参、海风藤以增强养血通络之功；若头晕、恶心、泛吐痰涎，加全蝎、竹沥以助祛风化痰。

临证思路

元·释继洪《岭南卫生方》载："岭南既号炎方，而又濒海，地卑而土薄。炎方土薄，故阳燠之气常泄；濒海地卑，故阴湿之气常盛。"岭南民众长期以来有自发应用中草药煲凉茶和煲汤的习惯，使"中医生活化，中药膳食化"。邓铁涛教授常引用此说，认为岭南这种炎热潮湿的气候、民众的饮食习惯，逐渐形成了岭南人的特有体质，即脾气虚弱兼有痰湿。释继洪认为岭南人腠理多不密，阳气多不固，风邪易乘虚而入。

上胞下垂为先天不足者，多表现为脾肾不足，命门火衰；后天者多为脾虚气弱，风痰阻络。治疗上要标本兼治，根据邪之孰轻孰重处方用药，并根据局部表现而随症加减，尚需顾及健脾，扶正以驱邪。

上胞下垂的病因复杂，为多因素致病，有先天性、后天性，有肌源性、神经源性或外伤性，病因不同则临床表现及处理和预后必然不同。属先天性者，多自出生后开始双眼或单眼上睑下垂，程度轻者上睑能部分提起，重者需呈仰首姿势才能看清前方景物，额纹明显增多。重症肌无力所致者，上睑下垂常表现为晨轻暮重，伴有斜视、复视。外伤及上睑提肌所致上胞下垂者，有明确外伤史或外伤瘢痕遗留。由动眼神经麻痹引起之上胞下垂，除上胞下垂外常同时伴有瞳孔散大，患侧眼球向外偏斜，向上、下、内方向运动障碍。

先天所致的上胞下垂药物治疗效果不佳，宜行手术矫治。尤其儿童视功能发育尚未完善，应早期进行手术治疗，防止失用性弱视形成。手术方法可选用上睑提肌缩短术或额肌瓣悬吊术。后天所致者在内服中药的基础上常配合针灸治疗。重症肌无力一般以药物治疗主，但严重下垂病例，因视物障碍影响生活而全身情况尚好者，可考虑手术治疗，手术方法可选用额肌瓣悬吊术。重症肌无力及神经麻痹所致的上胞下垂需请内科会诊，以协调治疗。

名医验案选读

庞赞襄治上睑下垂验案

熊某,女,56岁。

初诊:1986年9月6日。左眼上睑不能抬举,视物困难1个月。左眼视力1.0,左眼上睑垂落,不能抬举,呈闭合状态,眼球向上、下、内、外均不能转动。舌质淡,薄白苔,脉沉细。

诊断:左眼上睑下垂合并麻痹性斜视。

处方:党参、白术、茯苓、当归、黄芪、柴胡、陈皮、附子、肉桂各10g,升麻5g,甘草3g。水煎服,每日1剂。

针刺疗法:取穴为透眉(即丝竹空穴透攒竹穴)、精明、承泣、球后、太阳、风池。手法为太阳、风池两穴针3~5分钟,其他穴可针1寸5分,留针30分钟。

前方服10剂,配合针刺治疗,患者左眼稍能睁开。继服30剂,左眼上睑下垂已愈,但眼球转动不能自如,前方去附子、肉桂,加羌活10g、防风10g,再服15剂。左眼上睑提举有力,睑裂大小恢复正常,眼球转动自如而停药。追踪观察6年,眼球运动正常。

解析:脾胃虚弱,阳气下陷,外受风邪,肌腠疏开,脉络失畅,风邪客于胞睑,则胞睑不能上举,眼球活动受限。治宜健脾和胃,升阳益气,散风疏络。方中党参、白术、茯苓、黄芪、陈皮健脾益气;当归活血养血,疏散风邪,为血行风自灭之义;柴胡、升麻疏肝解郁,升举阳气;附子、肉桂温通脉络,驱散风邪;后加羌活、防风散风疏络。配合针刺治疗,以达内外合治之效。(刘怀栋,张彬,魏素英.庞赞襄中医眼科经验[M].石家庄:河北科学技术出版社,1994.)

第四节 风赤疮痍

风赤疮痍指胞睑皮肤红赤如朱,灼热疼痛,起水疱或脓疱,甚至溃烂的眼病。该病名源于《秘传眼科龙木论·风赤疮痍外障》,书中对其典型症状做了描述:"疮生面睑似朱砂";《世医得效方·眼科》对本病除有相同的认识外,还认为"若经久不治,则生翳膜"。本病多发于春秋季节,以成年患者居多。

风赤疮痍相当于西医学的病毒性睑皮炎、过敏性睑皮炎。常见的有单纯疱疹病毒性睑皮炎、带状疱疹病毒性睑皮炎。

病因病机:

1. 脾经蕴热,外感风邪,风热之邪循经上犯胞睑。

2. 外感风热邪毒,引动内火,风火之邪上攻胞睑,以致胞睑皮肤溃烂。

3. 脾胃湿热中阻,土盛侮木,脾病及肝,肝脾同病,复感风邪,风湿热循经上犯于目。

【病案精选】

[病史资料]

黄某某,男,61岁,山东人,生活在广州,退休。2017年5月8日初诊。

主诉:左眼睑皮肤灼热疼痛、起水疱1周。

现病史:患者于1周前吃姜葱螃蟹后感左眼睑皮肤灼热、痒痛,继而眼睑红肿,出现水疱,部分破溃流水,疼痛剧烈,极痒,伴有头重,胸闷,口中黏腻,胃纳呆,小便黄。

既往史:平素身体健康,情志急躁易怒,喜食肥甘厚味之品及海鲜。否认糖尿病、传染病及遗传病史。

体检:神清,舌质红,苔黄腻,脉滑数。

眼部检查:视力:右眼 1.0,左眼 1.0。眼压:右眼 16mmHg,左眼 16mmHg。左眼睑红肿,疱疹群起成簇,波及前额,其分布不超过颜面中线,部分破溃流水,白睛红赤,角膜荧光染色阴性。

[辨治思路]

1. 主证分析　左眼睑皮肤灼热疼痛,眼睑、前额红肿,疱疹群起成簇,或见破溃破流水,病变部位仅限于左侧不超过鼻中线,符合风赤疮痍诊断。西医诊断为眼部带状疱疹。

2. 证候分析　患者平素情志急躁易怒,喜吃肥甘厚味之品及海鲜,脾胃运化失常,致食积生热,复感风湿之邪,外邪引动内火,风胜而肿,火盛而赤,疼痛难忍,风性善行,湿性黏滞,风湿热毒上攻胞睑而痛痒交作,疱疹簇生,眼睑肿胀、破溃流水;伴有头重、胸闷、口中黏腻、胃纳呆、小便黄,舌质红,苔黄腻,脉滑数,为风湿热毒证。

3. 立法处方

辨证:风湿热毒。

治法:祛风除湿,泻火解毒。

选方:除湿汤加减。

滑石 20g,车前子 15g,黄芩 10g,连翘 10g,枳壳 15g,陈皮 6g,荆芥 6g,防风 10g,生甘草 6g,地肤子 10g,土茯苓 20g。每日 1 剂,水煎服,连服 4 剂。

治法与用药分析:本案患者为风湿热毒上攻胞睑所致,治以祛风除湿、泻火解毒,予除湿汤加减。方中车前子味甘性寒,利水、清肝明目,为君药。滑石味甘性寒,清热、利水解暑助车前子利水除湿;黄芩、连翘、土茯苓清热解毒,共为臣药。佐以荆芥、防风祛风止痒;枳壳、陈皮调理脾胃气机,以助化湿。甘草清热解毒,调和诸药为使。诸药合用,具有祛风除湿、清热解毒之效。本方特点一是以滑石、车前子利小便,湿从小便而出;二是荆芥、防风、连翘解表祛风,邪从表解,加土茯苓、地肤子以助利湿解毒止痒之功。

外治法:可用青黛膏或精制炉甘石粉外涂。或外敷前用生理盐水将疱疹部位皮肤清洗干净,如疱疹生于眉毛之中,先将眉毛剔除干净,取等量云南白药及紫金锭,加入适量生理盐水调匀,均匀涂于患处,每天 1 次。

辨证调护:忌食虾蟹、辛辣肥甘之品。

[转归及对策]

2017 年 5 月 12 日:患者左眼胞睑皮肤红肿、痒痛减轻,破溃流水已止,皮肤结痂,胃纳可,二便如常,舌质红,苔黄略腻,脉数。在 2017 年 5 月 8 日方基础上去荆芥、防风,再服 7 剂。

2017 年 5 月 19 日:左眼睑皮肤无红肿、痒痛,痂皮部分脱落,胃纳可,二便调。继服 2017 年 5 月 12 日方 7 剂。停用青黛膏或精制炉甘石粉外涂。

2017 年 5 月 26 日:左眼睑皮肤痂皮脱落,见有色素沉着。

本病早期为风、湿、热三邪合病,故治以祛风除湿、泻火解毒为主,方用除湿汤加地肤子、土茯苓以加强祛风除湿止痒之功。病及后期,胞睑皮肤红肿、痒痛减轻,风邪已解,故以清热除湿为主,在原方基础上去荆芥、防风,"中病即止"。痊愈后嘱患者调情志,忌食虾蟹及辛辣肥甘之品以防复发。

诊疗特点

[诊断要点]

1. 患眼胞睑皮肤刺痒、灼热、疼痛,胞睑皮肤红赤如朱、生水疱、溃破糜烂为诊断依据。

2. 本病病因不同,证候有异。胞睑湿疹所致者,双眼胞睑皮肤对称红赤,痒痛;单纯疱疹病毒所致者,胞睑或额部皮肤出现团簇水疱,数日后水疱化脓,或破溃糜烂、结痂,同侧耳前可扪及肿核;水痘 - 带状疱疹病毒所致者,胞睑或额部皮肤出现团簇水疱,其分布不超过鼻中线,病变还可累及黑睛,形成翳障。

[辨证要点]

根据病史及系统检查以明确病因,遵循辨病与辨证相结合、全身辨证与局部辨证相结合的原则。局部辨证以胞睑红赤、疼痛、痒之轻重,胞睑皮肤是否有水疱、糜烂,病变是否累及黑睛,及结合全身症状、舌脉象进行辨证。

[治法方药]

1. 脾经风热证

证候:胞睑皮肤红赤、痒痛、灼热,起水疱,或伴发热恶寒,苔薄黄,脉浮数。

治法:除风清脾。

方药:除风清脾饮加减。方中黄芩、黄连、连翘、玄参、知母清脾胃,泻热毒;玄明粉、大黄通腑泻热;荆芥、防风疏散风邪;桔梗、陈皮理气和胃祛湿;生地配大黄以凉血、活血。全方具有清脾泻热、疏散风邪之效。无便秘者,可去大黄、玄明粉;胞睑剧痒者,可加苦参、苍术等清热燥湿之品;皮肤痒甚者,可加薄荷、蝉蜕、木贼以疏风散邪止痒。

2. 风火上攻证

证候:胞睑红赤如朱,焮热疼痛难忍,水疱簇生,甚而溃烂,或伴发热寒战,舌质红,苔黄燥,脉数有力。

治法:清热解毒,疏风散邪。

方药:普济消毒饮加减。方中黄连、黄芩、玄参、连翘、马勃、板蓝根、甘草清热泻火解毒;牛蒡子、升麻、薄荷、僵蚕、柴胡疏散风邪;陈皮理气,疏通壅滞;桔梗载药上行,开泄上焦。全方共奏清热泻火、解毒祛风之效。眼睑红赤、疼痛明显者,可加丹皮、赤芍等以助凉血活血止痛之效。

3. 风湿热毒证

证候:胞睑红赤疼痛,水疱、脓疱簇生,极痒,甚或破溃流水,糜烂,或伴胸闷纳呆、口中黏腻、饮不解渴等,舌质红,苔腻,脉滑数。

治法:祛风除湿,泻火解毒。

方药:除湿汤加减。方中防风、荆芥祛风邪;车前子、滑石、木通、茯苓除湿清热;黄芩、黄连、连翘、甘草清热解毒;枳壳、陈皮理气和胃。热毒较盛者,可加土茯苓、金银花、蒲公英、地丁等以助除湿清热解毒之功;皮肤水疱、脓疱较多,破溃糜烂,极痒者,加地肤子、乌梢蛇、白鲜皮以清利湿热止痒。

4. 肝脾毒热证

证候:胞睑红赤痒痛,水疱、脓疱簇生,涩痛畏光流泪,抱轮红赤或白睛混赤,黑睛星翳或黑睛生翳溃烂,伴头痛、发热、口苦,舌红,苔黄,脉弦数。

治法:清热解毒,散邪退翳。

方药:龙胆泻肝汤加减。方中龙胆草、黄芩、栀子清利湿热,泻火解毒;车前子、木通、泽泻清利湿热;柴胡、生地、当归疏肝养血柔肝;甘草调和诸药。痒甚者,加地肤子、白鲜皮、金银花、防风以疏风散邪;黑睛生翳溃烂者,加木贼、密蒙花、菊花退翳明目。

临证思路

元代释继洪《岭南卫生方》云:"岭南既号炎方,而又濒海,地卑而土薄。炎方土薄,故阳燠之气常泄;濒海地卑,故阴湿之气常盛。"较好地总结了岭南气候对人群体质影响的特点,即气候炎热、潮湿,湿则碍脾。岭南年平均温度和湿度均较高,且持续时间较长,故湿热证及火热证更为普遍。本病为肉轮病,病位在脾胃,脾病及肝,病易及风轮,发为聚星障、瞳神紧小,"欲无其患,先制其微",故要及早治疗,以防传变。本病是胞睑外表面为患,宜内外治兼顾。

其他疗法:

1. 胞睑赤痒、丘疹、水疱溃破致皮肤糜烂者,可涂布滑石粉或炉甘石洗剂以清热除湿止痒。

2. 水疱或脓疱形成而未破者,可局部或用针刺破后涂 1% 龙胆紫药水,以减轻胀痛,并有除湿清热作用。

3. 胞睑红赤、疱疹簇起、灼痛者,可用万花油、云南白药、紫金锭共调研成稀糊状涂于胞睑,以消肿解毒、活血止痛。

4. 如因过敏引起者,应以抗过敏原则医治。

5. 如病变侵及黑睛,需使用抗病毒眼药水滴眼,合并瞳神紧小者需用阿托品眼药水散瞳。

名医验案选读

陆南山治睑腺炎验案

凌某,男,20岁。

初诊:1975年3月22日。1周前出现右眼睑红肿,起病原因不明,虽经治疗(曾用新霉素、金霉素、氯霉素等眼膏或眼药水),但症状依然逐渐加重。

检查:右眼上下眼睑皮肤发红肿胀,类似丹毒,以上睑较重,下睑较轻,痛而痒,皮肤表面有较多疱疹,形似赤豆,内有黄色渗液流出。眼睑不能张开。球结膜充血兼有轻度水肿,眼球上侧的球结膜下有片状出血。舌质红,苔薄白,脉弦数。

诊断:右眼眼睑湿疹。

辨证施治:眼之胞睑,属于脾胃。脾湿与郁热相继上犯,故见右眼上下睑红肿疼痛,皮肤有颗粒似赤豆,色红焮痛,时流黄水。白睛赤脉满布,状若鱼眼,有色赤似胭脂样者一片。拟凉膈清脾饮化裁之。

处方:薄荷 3g,连翘 9g,甘草 3g,黄芩 3g,煅石膏 15g,栀子(炒炭)9g,薏苡仁 24g,茵陈 15g,桑白皮 6g。

共服上方 3 剂后,右眼眼睑肿势减轻甚多,疱疹均已结痂,球结膜下出血消退十之七八。症状已改善,原方未更,续服 5 剂后,局部症状已接近痊愈。为肃清余邪,续服原方 5 剂。

　　解析：本案眼睑皮肤湿疹，有颗粒状疱疹，均有黄水流出。眼睑属于脾胃，其疾病的特征是红肿、赤烂而痒，因此初诊时予清除脾胃火的凉膈清脾饮化裁。处方中所增加的茵陈能清利湿热，薏苡仁可以渗湿排脓，因薏苡仁性微寒而不伤胃，益脾而不滋腻，用之于眼睑湿疹较为适宜；加入桑白皮的用意是针对肺热引起的球结膜下出血，且增强黄芩清肺热之力。（上海中医药大学中医文献研究所．眼科名家陆南山学术经验集［M］．上海：上海中医药大学出版社，2001.）

（钟瑞英）

第八章　两眦疾病

第一节　流　泪　症

流泪症指泪液不循常道而溢出睑弦的眼病,有冷泪和热泪之分。《诸病源候论》记载了目风泪出候、目泪出不止候;《银海精微》则指出"迎风洒泪"及"充风泪出",提出冷泪与热泪的概念。热泪多为暴风客热、天行赤眼等外障眼病所致;冷泪则是目无明显赤痛翳障而流泪,泪水清稀。《证治准绳》将冷泪分为"迎风冷泪"与"无时泪下",主要是泪窍异常所致。本病多见于冬季和春季,可单眼或双眼患病,常见于病后体弱的妇女及老年人。

因眼睑位置异常、泪道狭窄、泪道阻塞及泪道排泄功能不全引起的溢泪可出现与本病类似的证候。

病因病机:

1. 肝血不足,泪窍不密,风邪外袭致泪出。

2. 气血不足,或肝肾两虚,不能约束泪液而流泪。

3. 椒疮或鼻部疾病侵及泪窍,导致泪道阻塞,泪不下渗而外溢。

【病案精选一】

[病史资料]

卢某,女,36岁,公司职员。2014年4月3日初诊。

主诉:双眼无时泪下1年余。

现病史:患者于1余年前生产后,产褥期吹风后出现双眼流泪,无时泪下,遇风加重,在当地医院诊治,未见明显好转,现症状加重,症见双眼流泪,无眼部胀痛不适感,视物模糊,时有头晕,纳眠可,二便调。

既往史:否认高血压、糖尿病病史,否认传染病及遗传病史。

体检:神清,舌淡红,苔薄白,脉沉细。

眼部检查:双眼泪水涟涟,双眼视力均为0.8,眼前段检查及眼底检查未见明显异常。

泪道冲洗检查:双眼泪道冲洗通畅。

[辨治思路]

1. 主证分析　双眼流泪1年余,双眼前段及眼底检查未见明显异常,符合流泪症诊断。

2. 证候分析　患者生产后气血亏虚,不能固摄泪液,再加风邪入侵,泪窍失密,故迎风流泪加重;视物模糊,时有头晕,舌淡红,苔薄白,脉沉细,为血虚夹风证。

3. 立法处方

辨证:血虚夹风。

治法:益气养血,祛风散邪。

选方:补泪止肝散合四君子汤加减。

当归 15g,熟地 15g,川芎 15g,白芍 15g,党参 45g,茯苓 10g,白术 10g,木贼 10g,防风 10g,白蒺藜 10g,甘草 6g。每日 1 剂,水煎 2 次,温服。

治法与用药分析:方中以四物汤合四君子汤益气养血,防风祛风邪,木贼祛风明目,白蒺藜祛风清肝明目,甘草调和诸药。两方合用,可以起到益气养血、祛风散邪之功。

辨证调护:避风寒,禁食生冷之品。勿过用目力,避免伤气耗血。

[辅助检查]

双眼泪道冲洗。

[转归及对策]

2014 年 4 月 17 日:共服上方 14 剂,流泪及视物模糊症状明显改善,继服 2014 年 4 月 3 日方 14 剂。

2014 年 5 月 1 日:患者基本无流泪,视物清晰,双眼视力 1.0。

本案患者生产后气血亏虚,双眼流泪,舌淡红,苔薄白,脉沉细,属血虚夹风证。补泪止肝散合四君子汤加减祛风邪,补益气血,达到补肝止泪功效。

【病案精选二】

[病史资料]

孙某,女,55 岁。2011 年 6 月 15 日初诊。

主诉:双眼反复流泪半年余。

现病史:患者半年前开始流泪,遇风加重,伴视物不清,头晕乏力,气短,纳差,双手甲床色泽青紫,曾在当地医院检查诊为"功能性溢泪",并用中西药及泪道冲洗治疗,效果欠佳。刻下症见双眼流泪,视物不清,头晕乏力,气短,纳差,苔薄白,脉细涩。

既往史:平素血压偏低,否认糖尿病病史。

体检:双眼泪囊区无红肿,按压无分泌物溢出,双眼晶状体中等混浊,眼底未见异常。

泪道冲洗:双眼通畅。

[辨治思路]

1. 主证分析　双眼反复流泪半年余,泪道冲洗通畅,符合流泪症诊断。

2. 证候分析　患者双眼流泪,视物不清,头晕乏力,气短,纳差,双手甲床色泽青紫,苔薄白,脉细涩,证属气血亏虚。

3. 立法处方

辨证:气血亏虚。

治法:补益气血,化瘀养肝。

选方:四物汤加减。

全当归 30g,生白芍 30g,酒赤芍 30g,熟地黄 30g,川芎 10g,鸡血藤 60g,粉葛根 30g。每日 1 剂,水煎服,连服 7 剂。

治法与用药分析:方中当归、地黄、白芍、川芎补益气血,更加赤芍活血化瘀,鸡血藤补血养肝,葛根升举脾阳。

辨证调护:避风寒,忌食辛辣刺激食物。

[辅助检查]

泪道冲洗可了解泪道有无阻塞,是否行探通或手术疏通泪道。若有泪道阻塞,可行泪道造影检查了解阻塞的位置及泪囊大小。还可将2%荧光素钠溶液滴入患眼结膜囊内,稍后用一湿棉签擦拭下鼻道,观察棉签是否被荧光素钠染色,若有则说明泪道通畅,否则为泪道阻塞。

[转归及对策]

2011年6月22日:患者双眼流泪、头晕乏力、纳差明显好转。效不更方,继服1周。

2011年6月29日:诸症悉愈,数月后随访未复发。

肝开窍于目,泪为肝之液,故流泪症常从肝治;流泪症病位在眼睑,原因多为泪囊周围轮匝肌松弛,根据五轮学说,上下眼睑为肉轮,属脾,故宜从脾治,升举脾阳。肝之虚实盛衰常反映于爪甲的色泽,本案患者双手甲床色泽青紫,提示肝经血虚血瘀,脾气不升,治疗以化瘀养肝、通经活络、健脾升阳为法,使瘀血去,脾气升,疾病愈。

诊疗特点

[诊断要点]

双眼或单眼异常流泪;泪道冲洗通畅或通而不畅,或不通,无分泌物溢出。

[辨证要点]

流泪症多以虚为主,辨证需鉴别有无虚邪贼风,或是脏腑本虚,在补虚同时不忘祛风,攻补兼施。

[治法方药]

1. 血虚夹风证

证候:流泪,遇风更甚,隐涩不适,兼头晕目眩,面色少华,舌淡,苔薄,脉细。

治法:补血养肝,祛风散邪。

方药:止泪补肝散加减。流泪迎风更甚者,可加白薇、菊花、石榴皮等以祛风止泪。

2. 气血不足证

证候:无时泪下,泪液清冷稀薄,不耐久视,面色无华,神疲乏力,心悸健忘,舌淡,苔薄,脉细弱。

治法:益气养血,收摄止泪。

方药:八珍汤加减。迎风泪多者,加防风、白芷、菊花以祛风止泪;若遇寒泪多,畏寒肢冷,酌加细辛、桂枝、干姜以温阳散寒摄泪。

3. 肝肾两虚证

证候:眼泪常流,拭之又生,或泪液清冷稀薄,兼头晕耳鸣,腰膝酸软,脉细弱。

治法:养肝益肾,固摄止泪。

方药:左归饮加减。流泪较甚者,加五味子、防风以收敛祛风止泪;泪液清冷者,加巴戟天、肉苁蓉、桑螵蛸,以加强温肾阳之力而助固摄止泪之功。

临证思路

流泪症多从肝论治,病因多为脏腑亏虚,风邪入侵。冷泪多虚证,迎风冷泪与无时冷泪局部表现仅为程度上的不同,而病机方面,迎风冷泪多因窍虚招邪,属轻症;无时冷泪多因脏腑自虚。正如《审视瑶函·迎风冷泪》中提出两者的不同:"此为窍虚,因虚引邪之患。若无时冷泪则内虚,胆肾自伤之患也。"故治疗上,迎风流泪以养血祛风为主,无时冷泪宜补虚为主。流泪,但泪道通畅,或通而不畅者,可药物配合针灸等治疗;若泪道阻塞,可行手术治疗。

名医验案选读

庞赞襄治迎风流泪验案

张某,男,65 岁,退休工人。

初诊:1987 年 11 月 8 日。患者双眼遇风后流泪,冬季为甚 4 年。

检查:双眼远视力 0.6。裂隙灯检查:晶状体轻度混浊。双眼泪道通畅,其余未见明显异常。舌质红,苔白,脉沉弦。

诊断:双眼迎风流泪,圆翳内障。

方药:滋阴止泪汤加减。

处方:熟地 10g,山药 10g,枸杞子 10g,女贞子 10g,地骨皮 10g,盐知母 10g,霜桑叶 10g,五味子 3g,甘草 3g。水煎服,每日 1 剂。

上方服至 1987 年 11 月 15 日,迎风流泪明显减轻,但有时胃部不适,予上方加陈皮 10g、山楂 10g,继服 10 剂,迎风流泪症状全部消失,观察 5 年未复发。

解析:本案患者迎风流泪,以冬季为甚,为肝肾阴虚,肾不纳气,气虚无力摄纳,故泪液外溢,治疗应以滋补肝肾、固摄肾气为主。以熟地、山药、枸杞子、女贞子滋补肝肾、壮水涵养于目;地骨皮、知母、桑叶、五味子清退虚热,固摄肾气;甘草调和诸药。(庞荣,张彬.庞赞襄中医眼科验案精选[M].北京:人民卫生出版社,2012.)

第二节 漏 睛 疮

漏睛疮指内眦睛明穴下方突发红肿疼痛,继而溃破出脓的眼病。漏睛疮病名最早见于宋代《圣济总录》,书中记载:"治睛漏疮,目大出脓汁有窍,以龙脑散点方。"《医宗金鉴外科心法要诀》指出:"漏睛疮在大眦生,肝经风湿病睛明,红肿痛溃脓稠易,青黑脓稀难长平。"此证生于目大眦,由肝热风湿发于太阳膀胱经睛明穴。其穴之处,系藏泪之所。初起如豆如枣,红肿疼痛,疮势虽小,根源甚深。溃破出黏白脓者顺;生青黑脓或如膏者险。并指出初宜疏风清肝内治,溃后须用药捻与敷贴等外治法。本病多见于中老年人,女性多于男性,可单眼或双眼发病,亦有新生儿罹患本病。

西医学之急性泪囊炎可出现与本病相类似的证候。

病因病机:

1. 心有蕴热,或素有漏睛,复感风邪,风热相搏,发为本病。

2. 嗜食辛辣炙煿之品,心脾热毒壅盛,上攻泪窍,气血瘀滞,结聚成疮。

3. 久治不愈,耗伤气血,气血不足,无力祛邪,以致病情反复,缠绵难愈。

【病案精选一】

[病史资料]

王某,女,56岁,家庭主妇。2014年6月1日初诊。

主诉:左眼内眦下方皮肤红肿疼痛1天。

现病史:患者于1天前无明显诱因出现左眼内眦下方皮肤红肿疼痛,未予处理,症状逐渐加重。刻下症见左眼内眦下方皮肤红肿疼痛,流泪,视物清晰。

既往史:否认高血压、糖尿病病史,否认传染病及遗传病史。

体检:舌质红,苔薄黄,脉浮数。

眼部检查:左眼睑泪囊区红肿,未见脓点,无波动感,触痛明显。眼前段及眼底未见明显异常。

实验室检查:血常规、肝功能、肌酐、尿素氮、尿酸、血糖、甘油三酯、胆固醇均正常。

[辨治思路]

1. 主证分析 左眼泪囊区红肿疼痛,符合漏睛疮诊断。西医诊断为急性泪囊炎。

2. 证候分析 患者无明显诱因出现左眼内眦下方皮肤红肿疼痛,舌质红,苔薄黄,脉浮数,为风热上攻证。风热之邪易攻于头面,眼位居上,易被邪侵,风热之邪客于泪窍,气血凝滞,络脉失和,故红肿疼痛,泪窍闭塞故溢泪。

3. 立法处方

辨证:风热上攻。

治法:疏风清热,消肿散结。

选方:驱风散热饮子合五味消毒饮加减。

连翘10g,牛蒡子10g,羌活10g,薄荷10g(后下),大黄10g,赤芍10g,防风10g,当归尾10g,栀子10g,川芎10g,金银花10g,紫花地丁10g,蒲公英10g,甘草6g。每日1剂,水煎2次,连服3剂。

治法与用药分析:方中大黄、连翘、栀子清热泻火解毒为主药;防风、羌活牛蒡子、薄荷祛风散热解表为辅;当归尾、赤芍、川芎活血破瘀消肿;更加用金银花、紫花地丁、蒲公英以消疮散结;佐以甘草为使,调和诸药。

辨证调护:忌食辛辣之品。

[辅助检查]

1. 实验室检查 血常规正常。

2. 其他辅助检查 左眼泪道冲洗:从下泪小点进针,可触及骨壁,冲洗液全部从上泪小点反流,可见少量脓性分泌物。

[转归及对策]

2014年6月4日:患者左眼内眦下方肿胀消退,无明显疼痛,局部皮肤微红,未见脓点形成,在2014年6月1日方基础上去大黄,继服5剂。

2014年6月9日:左眼泪囊区无明显肿痛,无流泪,基本痊愈。

本病因风热上攻于目,处于疾病初期,热邪未入里,方用驱风散热饮子合五味消毒饮加减,以祛风清热消肿。

【病案精选二】

［病史资料］

李某,女,56岁,家庭主妇。2017年7月13日初诊。

主诉:右眼内眦下方皮肤红肿疼痛2天。

现病史:患者于2天前进食辛辣食物后自觉右眼内眦下方皮肤红肿疼痛,未予处理,症状逐渐加重。刻下症见右眼内眦下方皮肤红肿,触痛,无波动感,流泪,右眼视物清晰,全身酸痛,头痛,大便干结,小便黄。

既往史:否认高血压、糖尿病病史,否认传染病及遗传病史。

体检:神清,舌质红,苔黄厚腻,脉数。

眼部检查:右眼睑泪囊区红肿,未见脓点,无波动感,触痛明显。眼前段及眼底未见明显异常。

实验室检查:白细胞计数及中性粒细胞百分比增高。

［辨治思路］

1. 主证分析　右眼泪囊区红肿疼痛,符合漏睛疮诊断。西医诊断为急性泪囊炎。

2. 证候分析　患者饮食辛辣后出现全身酸痛,头痛,大便干结,小便黄,舌质红,苔黄厚腻,脉数,为热毒炽盛证。

3. 立法处方

辨证:热毒炽盛。

治法:清热解毒,消疮散结。

选方:黄连解毒汤合五味消毒饮加减。

黄连10g,黄芩10g,黄柏10g,栀子10g,金银花10g,紫花地丁10g,蒲公英10g,甘草6g。每日1剂,水煎2次,连服3剂。

治法与用药分析:方中以黄芩、黄连、黄柏为主清热解毒,分清热上、中、下三焦之热;栀子清心火;加用金银花、紫花地丁、蒲公英以消疮散结;佐以甘草为使,调和诸药。两方合用,可以起到清热解毒、消疮散结的功效。

辨证调护:忌饮酒及食生冷、温燥之品。

［辅助检查］

血常规见白细胞计数及中性粒细胞百分比增高。

［转归及对策］

2017年7月15日:右眼睑肿胀消退,无明显疼痛,局部皮肤微红,可见脓点,按压有波动感。

2017年7月16日:右眼睑泪囊区可见白色脓点,波动感明显,无明显疼痛,予切开排脓,放置引流条。中药内服托里消毒散加减。

2017年7月18日:右眼泪囊区轻度红肿,中央区切口已自行闭合,无分泌物溢出

2017年7月25日:右眼泪囊区无红肿,皮色正常,无其他不适。

本案患者喜食辛辣炙煿之品,疾病初期证属热毒炽盛,方用黄连解毒汤合五味消毒饮加减;后期脓成,切开排脓配合内服托里消毒散,以托里排毒、促进愈合。

诊疗特点

[诊断要点]

1. 急性起病,常有漏睛病史。

2. 患处胀痛,全身往往伴有恶寒发热等症。睛明穴下方皮肤红肿高起,疼痛剧烈;红肿甚者,可波及下睑、面颊与鼻梁,耳前、颌下可扪及淋巴结肿大。数日后红肿局限,逐渐成脓,质软皮薄,隐见黄白色脓头,继之破溃出脓,病情缓解。亦可病情反复,疮口经久不收,形成瘘管。

3. 泪道冲洗不通。

[辨证要点]

漏睛疮起病急骤,来势较猛,必须及时治疗。应辨明邪热之轻重,还应分清是初期、成脓期还是溃破期。未成脓时宜内治,以消散为主。初起风热上攻,治宜疏风散热,消肿散结;若热毒炽盛,治宜清热解毒,祛瘀消肿;如正不胜邪,邪气留恋,则宜扶正祛邪,托里排毒。如已成脓,则配合外治切开排脓。

[治法方药]

1. 风热上攻证

证候:患处红肿疼痛高起,泪多,头痛,恶寒发热,舌红,苔薄黄,脉浮数。

治法:疏风清热,消肿散结。

方药:驱风散热饮子加减。热甚者去防风、羌活,加紫花地丁、蒲公英、野菊花,以清热消肿。脓未成者,服之可使其消散;脓已成者,服之可使其外溃。

2. 热毒炽盛证

证候:患处红肿高起,坚硬拒按,疼痛难忍,红肿漫及面颊胞睑,身热心烦,口渴思饮,大便燥结,舌质红,苔黄燥,脉洪数。

治法:清热解毒,消疮散结。

方药:黄连解毒汤加减。热甚者,加紫花地丁、蒲公英、野菊花以清热解毒;大便燥结者,加大黄、芒硝、厚朴以通腑泻热;或加用枳实、皂角刺通络祛瘀,消肿止痛,增强清热毒、消疮肿的作用。

3. 正虚邪留证

证候:患处时有小发作,微红微肿,稍有压痛,但不溃破,或溃后漏口难敛,脓汁少而不绝,面色白,神疲乏力,舌淡,苔薄,脉弱无力。

治法:托里排毒。

方药:托里消毒散加减。脓液黄稠者,加连翘以增清热之力;热盛伤阴者,加天花粉、麦冬以养阴清热。

临证思路

漏睛疮病位在心脾,病性多属实,常有漏睛病史,进食辛辣炙煿之物后急性发作。病机多为心脾热盛,上攻泪窍,气血凝滞,结聚成疮。本病发病迅猛,应及早治疗以求消散。早期可内服加局部外敷清热解毒药物以消肿,以免病情发展;后期成脓后宜尽早切开排脓,以免溃后成漏。病处危险三角区者,急性发作时不可挤压患处,以免脓毒扩散,造成走黄,毒陷心包而成危证。

名医验案选读

庞赞襄治漏睛疮验案

王某,女,38岁。

初诊:1970年5月18日。患者左眼患慢性泪囊炎1年之久,1天前突发左眼大眦部下睛明穴红肿硬痛,牵引左侧头痛,羞明,流泪,胃纳减少。

检查:双眼远视力1.0。裂隙灯检查:左眼大眦部下睑红肿,按之剧痛,白睛淡红,风轮清晰。舌质红,苔黄,脉弦细。

诊断:左眼漏睛疮。

方药:清热解毒消肿汤加减。

处方:金银花15g,蒲公英15g,天花粉10g,白芷10g,白术10g,枳壳10g,龙胆草10g,全蝎12g,大黄15g,陈皮10g,川贝母6g,甘草3g。水煎服,每日1剂。

共服上方2剂后,于5月20日复诊,头目痛止,红肿全消而愈,转为慢性泪囊炎而停药。

解析:方中金银花清热解毒;蒲公英清热解毒,消肿散结;天花粉清热生津,消肿排脓;枳壳理气宽中,行滞消胀,燥湿;全蝎息风解痉,祛风止痛,解毒散结;大黄攻积导滞,泻火凉血,行瘀;陈皮行气除胀满,燥湿化痰,健脾和中;川贝母止咳化痰,清热散结;甘草补中益气、泻火解毒,润肺祛痰,缓和药性,缓急定痛。以金银花、蒲公英、天花粉清热解毒;白芷、全蝎祛风散邪,开通玄府,发散郁结;川贝母、陈皮化痰散结;大黄解毒排脓;枳壳、甘草调和诸药。
(庞荣,张彬.庞赞襄中医眼科验案精选[M].北京:人民卫生出版社,2012.)

（刘 红）

第九章 白睛疾病

第一节 暴风客热

暴风客热指猝然感受风热之邪的侵袭,而致白睛暴发以红赤肿胀、灼热痒痛为主要特征的眼病。该病首载于《银海精微》,又名暴风客热外障、暴疾风热外障,俗称暴发火眼。本病多发于盛夏或春秋之季,可散发,也可通过毛巾、水、手为传播媒介而流行于学校、幼儿园、家庭等集体场所。本病发病迅速,多为双眼先后或同时发病,一般在发病后 3~4 天症状最为严重,1~2 周痊愈,预后良好。若失于调治,则病情迁延,可演变成慢性,或发生黑睛星翳。

暴风客热类似于西医学的急性细菌性结膜炎,又称急性卡他性结膜炎。

病因病机:骤感风热之邪,风热相搏,客留肺经,上犯白睛而发病。若素有肺经蕴热,则病症更甚。

【病案精选】

[病史资料]

张某,女,7 岁,学生。2016 年 4 月 6 日初诊。

主诉:双眼红痛,眵多黏稠 1 天。

现病史:患儿于 2 天出现双眼异物感、痒涩,1 天前双眼红痛、羞明流泪、眵多黏稠,伴有轻微头痛、鼻塞、恶风。

既往史:3 天前与邻居急性细菌性结膜炎患儿有接触史。

体检:神清,舌质红,苔微黄,脉浮数。

眼部检查:双眼睑中度红肿,球结膜水肿,结膜囊可见黏液脓性分泌物。

[辨治思路]

1. 主证分析 有急性细菌性结膜炎患者接触史,双眼砂涩痒痛,羞明流泪,眵多黏稠,白睛及睑内面红赤肿胀,符合暴风客热诊断。西医诊断为急性细菌性结膜炎。可进一步检查引起该病的病原菌。

2. 证候分析 患者病变初起,双眼砂涩痒痛,羞明流泪,白睛及睑内面红赤肿胀,舌质红,苔微黄,脉浮数,结合头痛、鼻塞、恶风等伴随症状,为风重于热证。

3. 立法处方

辨证:风重于热。

治法:疏风清热。

选方:银翘散加减。

连翘 10g,金银花 10g,薄荷 6g,防风 10g,牛蒡子 10g,荆芥穗 6g,竹叶 6g,淡豆豉 10g,蝉蜕 6g,牡丹皮 6g,生甘草 6g。每日 1 剂,水煎服,连服 5 剂。

治法与用药分析:方中连翘、金银花既可辛凉解表、清热解毒,又具有芳香避秽的功效,薄荷、防风、牛蒡子解表疏风清热,清利头目,诸药配伍,疏风解表之力倍增;荆芥穗、淡豆豉辛温,有发散解表之功,用之为佐药,助君药发散表邪、透热外出;竹叶清热除烦,清上焦之热,且可生津;蝉蜕明目退翳;牡丹皮凉血活血祛瘀;甘草为使,调和诸药。

外治法:

1. 双眼滴妥布霉素滴眼液,每次 1 滴,每天 4 次。

2. 生理盐水冲洗结膜囊 1 次。

辨证调护:忌食生冷、温燥之品。

[辅助检查]

发病早期和高峰期眼分泌物涂片及细菌培养可发现病原菌。

[转归及对策]

2016 年 4 月 11 日:眼红痛、畏光流泪及恶风头痛等自觉症状基本消失,眼仍有少量分泌物,继服 2016 年 4 月 6 日方 2 剂而愈。

诊疗特点

[诊断要点]

1. 起病急,常双眼同时或先后发病。

2. 多有与本病患者接触史。

3. 患眼磣涩痒痛,灼热流泪,眵多黏稠,白睛及睑内面红赤。结膜刮片见多形核白细胞增多有助诊断。

[辨证要点]

暴风客热症见胞睑红肿,白睛暴赤,热泪如汤,羞明隐涩。辨证应结合全身症状,风重于热者,兼头痛鼻塞,恶寒发热,苔薄白,脉浮数;热重于风者,眼珠剧痛,白睛浮壅,高于风轮,眵泪胶黏,口渴烦躁,便秘尿黄,舌苔黄腻,脉象数实。

[治法方药]

1. 风重于热证

证候:痒涩刺痛,羞明流泪,眵多黏稠,白睛红赤,胞睑微肿,多伴有头痛鼻塞、恶风发热、舌质红、苔薄白或微黄、脉浮数等全身症状。本证以头痛、恶风及舌象、脉象为辨证要点。

治法:疏风清热。

方药:银翘散加减。若白睛红赤明显,可加野菊花、蒲公英、紫草、牡丹皮以清热解毒,凉血退赤。

2. 热重于风证

证候:目痛较甚,怕热畏光,眵多黄稠,热泪如汤,胞睑红肿,白睛红赤,全身并见口渴、尿黄、便秘、舌红、苔黄、脉数等。

治法:清热疏风。

方药:泻肺饮加减。白睛赤肿浮壅者,重用桑白皮,酌加桔梗、葶苈子以泻肺利水消肿;可加生地黄、牡丹皮以清热解毒,凉血退赤;便秘者,可加生大黄以通腑泻热。

3. 风热并重证

证候:患眼焮热疼痛,刺痒交作,怕热畏光,泪热眵结,白睛赤肿,全身症见头痛鼻塞、恶寒发热、便秘溲赤、口渴思饮、舌红、苔黄、脉数等。

治法:祛风清热,表里双解。

方药:防风通圣散加减。热毒偏盛者,去辛温之麻黄、川芎、当归,加蒲公英、金银花以清热解毒;刺痒较重者,加蔓荆子、蝉蜕以祛风止痒。

临证思路

暴风客热起病急骤,胞睑白睛红肿热痛,羞明多泪,或眵多胶黏。病位主要在白睛,属气轮,内应于肺,若出现白睛混赤,黑睛起翳,甚至溃陷,则黑睛受累,属变证范畴。本病辨证以局部病变为主,结合全身整体状况进行辨证分型。若全身伴见头痛鼻塞,恶风发热,舌苔薄白或微黄,脉浮数时,属风重于热证,当重用疏风解表药物;全身伴见口渴尿黄,烦躁不安,大便秘结,苔黄,脉数时,属热重于风证,则重用清热解毒药物。此外,需注意随症加减:若白睛红赤明显,可加野菊花、蒲公英、紫草、牡丹皮以清热解毒,凉血退赤;若白睛赤肿浮壅,则重用桑白皮,酌加桔梗、葶苈子以泻肺利水消肿;若便秘,可加生大黄以通腑泻热;若热毒偏盛,去辛温之麻黄、川芎、当归,加蒲公英、金银花以清热解毒;若刺痒较重,加蔓荆子、蝉蜕以祛风止痒。

用药剂量要随个人体质而异。用中药治疗的同时,也要注意用眼卫生,纠正不良生活习惯。

名医验案选读

韦文贵治暴风客热验案

陈某,男,10岁。

初诊:1964年8月22日。患儿10天来双眼白睛红赤,痛涩难睁,灼热羞明,眵多而黏稠,晨起封住双眼,眼泪不多,大便燥结,有时带血,小便黄少。

检查:右眼视力1.0,左眼视力0.8。双眼睑中度红肿,球结膜高度充血,色鲜红,伴有水肿,角膜因分泌物黏附欠清亮,荧光染色阴性。舌质红,苔黄腻,脉弦数。

诊断:双眼暴风客热。

辨证施治:脾有湿热,肺火炽盛,复感时气邪毒,上攻目窍而发病。治以泻火解毒,清热疏风。予大承气汤合退红良方加减。

处方:生大黄12g,炒枳壳6g,玄明粉6g,生地15g,决明子10g,黄芩5g,炒栀子10g,连翘6g,荆芥5g,生甘草3g。水煎服。

服上方5剂后,羞明涩痛减轻,眵多减少,大便畅,小便清。双眼视力1.0,双眼睑红肿基本消退,球结膜轻度充血,角膜清亮。舌质稍红,苔微黄,脉弦细而数,腑气已行,风热未尽,治以疏风清热为主。处方:甘菊花6g,黄芩3g,荆芥3g,炒栀子10g,连翘5g,决明子10g。3剂,水煎服。

解析:脾肺实热,感受时气邪毒,内外合邪,上攻目窍,治疗以泻火解毒通腑为主,疏风清热为辅。方中决明子、黄芩、栀子清脾肺之热;生地滋阴清热;荆芥、连翘疏风清热;重用大黄12g,复加玄明粉以助泻火通腑之力,而达釜底抽薪之目的;生甘草调和兼清热。腑气通畅,热毒大减,改用疏风清热之法,以肃余邪。(中国中医研究院广安门医院.韦文贵眼科临床经验选[M].北京:人民卫生出版社,2006.)

第二节 天 行 赤 眼

天行赤眼指外感疫疠之气,白睛暴发红赤、点片状溢血,常累及双眼,能迅速传染并引起广泛流行的眼病,又名天行赤目、天行赤热、天行气运等。本病首见于《银海精微》,该书强调其传染性:"天行赤眼者,谓天地流行毒气,能传染于人;一人害眼传于一家,不论大小皆传一遍。"本病多发于夏秋季,常见于成年人,婴幼儿较少见;传染性极强,潜伏期短,多于24小时内双眼同时或先后发病,起病急剧,刺激症状重,常暴发流行,但预后良好。患者常有传染病接触史。

天行赤眼相当于西医学的流行性出血性结膜炎,属病毒性结膜炎。

病因病机:

1. 外感疫疠之气,疫热伤络。

2. 肺胃积热,肺金凌木,侵犯肝经,上攻于目。

【病案精选】

[病史资料]

廖某,男,8岁。2015年6月13日初诊。

主诉:双眼红痛、分泌物多、怕光、流泪7天。

现病史:患儿近7天双眼白睛红赤,痛涩难睁,灼热羞明,眵多而黏稠,流泪,口干、口苦,大便燥结,小便黄少。

既往史:否认传染病及遗传病史。

体检:神清,舌质红,苔黄腻,脉弦数。

眼部检查:视力:右眼0.8,左眼0.8。双眼睑中度红肿,球结膜高度充血,色鲜红伴水肿,结膜下出血,结膜囊可见分泌物,睑结膜可见伪膜,角膜清,荧光染色阴性,眼后节正常。

[辨治思路]

1. 主证分析 急性起病,双眼同时发病,红痛、分泌物多、怕光、流泪、白睛溢血,符合天行赤眼诊断。西医诊断为流行性出血性结膜炎。可行结膜刮片检查明确病因。

2. 证候分析 患儿口干、口苦,大便燥结,小便黄少,舌质红,苔黄腻,脉弦数,结合眼部灼热疼痛、白睛红赤等症状,辨证为热毒炽盛证。

3. 立法处方

辨证:热毒炽盛证。

治法:泻火解毒。

选方:泻肺饮加减。

生石膏15g,黄芩10g,桑白皮10g,连翘10g,栀子6g,赤芍10g,枳壳6g,川木通6g,白芷6g,羌活6g,防风6g,大青叶6g,蝉蜕6g,生大黄3g,甘草6g。每日1剂,水煎服,连服5剂。

治法与用药分析:方中石膏、黄芩、桑白皮清泻肺火;栀子、连翘、川木通、大青叶清热泻火解毒;赤芍凉血活血,消肿退赤;防风、羌活、白芷疏风散邪;蝉蜕散邪退翳明目;生大黄泻火通腑;枳壳、甘草调胃和中。诸药合用,泻火解毒之力倍增。

外治法:

1. 双眼局部滴更昔洛韦滴眼液,每次1滴,每天6次。

2. 生理盐水冲洗双眼结膜囊1次,棉签擦拭睑结膜伪膜。

辨证调护:忌食生冷、煎炸、温燥之品。

［转归及对策］

2015年6月18日:羞明涩痛减轻,眵多减少,大便畅,小便清。视力:右眼1.0,左眼0.9。眼睑红肿基本消退,球结膜轻度充血,角膜清,荧光染色阴性。舌质稍红,苔微黄。腑气已行,风热未尽,治以疏风清热为主。处方:荆芥5g,蝉蜕3g,防风3g,苏叶3g,木瓜3g,黄芩6g,连翘6g,决明子10g。每日1剂,水煎服,3剂而愈。

本案患儿口干、口苦,大便燥结,小便黄少,舌质红,苔黄腻,脉弦数,结合眼部灼热疼痛、白睛红赤臃肿等症状,辨证属热毒炽盛,方用泻肺饮加减,配伍泻热通腑之生大黄,取得泻火解毒、引火下行之功。患儿经治热毒症状改善,改予疏风清热,以清除未尽之余热。

诊疗特点

［诊断要点］

1. 流行季节发病,或有接触史,起病急,多双眼同时或先后发病。

2. 白睛红赤,或白睛溢血呈点片状,耳前或颌下可扪及肿核。

3. 眼分泌物涂片或结膜刮片镜检见单核细胞增多。

［辨证要点］

天行赤眼的辨证论治,应遵循辨病与辨证相结合、全身辨证与局部辨证相结合的原则。热毒炽盛证应泻火解毒,并注意以防后患,清尽未尽之余热。

［治法方药］

1. 疠气犯目证

证候:患眼碜涩灼热,羞明流泪,眼眵清稀,胞睑微红,白睛红赤、点片状溢血,兼见头痛发热、鼻塞流涕,耳前、颌下可扪及肿核,舌红,苔薄黄,脉浮数。本证以白睛红赤、头痛发热等全身症状及舌象、脉象为辨证要点。

治法:疏风清热。

方药:疏风散热饮子加减。宜去方中之羌活、当归尾、川芎,酌加金银花、黄芩、蒲公英、大青叶等,以增强清热解毒之力;若无便秘,可去大黄;若白睛红赤甚、溢血广泛,加牡丹皮、紫草以清热凉血退赤。

2. 热毒炽盛证

证候:患眼灼热疼痛,热泪如汤,胞睑红肿,白睛红赤臃肿、弥漫溢血,黑睛星翳,口渴心烦,或便秘溲赤,舌红,苔黄,脉数。本证以口渴心烦、便秘溲赤等全身症状及舌象、脉象为辨证要点。

治法:泻火解毒。

方药:泻肺饮加减。若白睛溢血广泛,酌加牡丹皮、紫草、生地黄以凉血止血;黑睛生翳者,酌加石决明、木贼、蝉蜕以散邪退翳;便秘溲赤明显者,酌加生大黄、淡竹叶以清热通腑,利水渗湿。

临证思路

天行赤眼多与季节、接触史等有密切关系。本病因疫疬之气或肺胃积热,导致热伤目络而发病,需详辨热邪之轻重。病位在白睛,失治后可波及黑睛。治疗以清热祛邪为法,并注意随症加减:可酌加金银花、黄芩、蒲公英、大青叶等,以增强清热解毒之力;若白睛红赤甚、溢血广泛,加牡丹皮、紫草以清热凉血退赤;若黑睛生翳,酌加石决明、木贼、蝉蜕以散邪退翳;若便秘溲赤明显,酌加生大黄、淡竹叶以清热通腑、利水渗湿。治疗的同时应做好宣传教育及隔离工作,防止暴发流行。

名医验案选读

姚和清治天行赤眼验案

李某,男,27岁。

初诊:天时不正,热邪感染,双目暴赤肿痛,白睛发赤瘀滞,眵多而结,舌赤苔黄,脉象浮数,头痛便秘。

辨证施治:祛风散热,佐以导下。

处方:羌活6g,薄荷3g(后下),炒栀子9g,赤芍9g,连翘9g,牛蒡子9g,川芎3g,当归尾9g,甘草3g,防风4.5g,生大黄9g(后下),黄芩9g。

外治:黄连西瓜霜眼药水滴眼。

经治头痛消失,大便通畅,双目暴赤瘀滞减退。脉数,舌赤,口干。风除,热象尚显,当再予清热。处方:冬瓜子24g,桃仁9g,生薏苡仁24g,水芦根30g,黄芩9g。7剂。

解析:天行赤眼为急性传染性眼病,其主要症状为胞睑红肿,内睑及白睛发赤瘀滞,有时白睛浮肿,或出现点状或片状鲜红色血斑,自觉眼内沙涩灼热,眼眵分泌特多。发病急,病情重,有传染性。重症如失于治疗,可波及黑睛,发生陷翳。轻症仅见白睛赤脉纠缠,在接近两眦及内睑处为多,眼感沙涩发痒,眼眵不多,此种病症另名为赤丝虬脉。亦有白睛仅见少许细小赤脉,内睑发红,但无瘀滞,自觉干涩不舒,此多由患天行赤眼治疗不彻底转变而成,称为白涩症。本例患者热象较重,故以连翘、栀子、黄芩、生大黄、甘草清热解毒,泻火通腑,导热下行;以羌活、防风、薄荷、牛蒡子疏风逐邪;并因邪热甚而致赤脉瘀滞,故佐以赤芍、当归尾、川芎凉血活血化瘀。服用后风散,热邪留恋,所以选用千金苇茎汤以清肺热而消瘀滞。

(姚芳蔚.眼科名家姚和清学术经验集[M].上海:上海中医药大学出版社,1998.)

第三节 时 复 病

时复病指发病时白睛红赤,目痒难忍,每年至期而发,过期而愈,呈周期性反复发作的眼病。本病可迁延数年或数十年之久,随年龄增长而逐渐减轻或痊愈。多见于青少年男性,常双眼发病。

时复病相当于西医学的春季结膜炎,属变应性结膜炎。

病因病机:

1. 肺卫不固,风热外侵,上犯白睛,往来于胞睑肌肤腠理之间而致。

2. 脾胃湿热内蕴,复感风邪,风湿热邪相搏,滞于胞睑、白睛所致。

3. 肝血不足,虚风内动,上犯于目所致。

【病案精选一】

[病史资料]

陆某,男,6岁,学生。2015年6月1日初诊。

主诉:双眼奇痒反复发作1年,复发3天。

现病史:患儿于1年前开始出现双眼奇痒,每年春夏发病,秋后好转。3天前双眼奇痒再发,难以忍受,有异物感,曾至多家医院就诊,滴妥布霉素地塞米松滴眼液、奥洛他定滴眼液后症状减轻,但仍眼痒。

既往史:患儿足月顺产,否认蚕豆病,否认全身性疾病,否认手术史,否认过敏史。

体检:舌质红,苔薄黄,脉浮数。

眼部检查:双眼视力0.8。裂隙灯下见双眼睑结膜呈粉红色,上睑结膜巨大乳头呈铺路石样排列,球结膜略显灰黄,角结膜缘可见胶样隆起。

[辨治思路]

1. 主证分析 双眼奇痒,每年春夏发病,眼部检查见双眼睑结膜呈粉红色,上睑结膜巨大乳头呈铺路石样排列,符合时复病诊断。西医诊断为春季结膜炎。

2. 证候分析 患儿双眼奇痒,舌质红,苔薄黄,脉浮数,辨证为外感风热证。

3. 立法处方

证候:外感风热证。

治法:祛风止痒。

选方:消风散加减。

荆芥10g,羌活10g,防风10g,川芎3g,蝉蜕5g,茯苓10g,陈皮5g,厚朴10g,党参10g,甘草5g,僵蚕5g,金银花10g。每日1剂,水煎服,连服6剂。

治法与用药分析:风热外邪侵袭,客于肺经,循经上犯于白睛,发为本病,郁滞睑肤,则睑内生扁平颗粒,白睛污红;舌质红,苔薄黄,脉浮数,乃外感风热之象。方中荆芥、羌活、防风、蝉蜕祛风散邪为君药;党参、茯苓、厚朴、陈皮理脾除湿为臣药;僵蚕疏风活络止痒,川芎行血祛风,金银花清热解毒,共为佐药;甘草调和诸药,为使药。诸药合用,具有祛风活血则目痒自除、湿去火息则赤肿自消之功。

外治法:双眼滴奥洛他定滴眼液,每次1~2滴,每天4次。

辨证调护:发病季节尽量避免接触花粉和粉尘,阳光强烈时外出注意防晒,戴有色眼镜。忌食辛辣炙煿之品。

[辅助检查]

严重时可行过敏原检查,明确后行脱敏治疗。

[转归及对策]

2015年6月10日:双眼奇痒明显减轻,2015年6月1日方再服6剂。

2015年6月16日:双眼痒痛消失,睑结膜乳头消失。

【病案精选二】

[病史资料]

李某,男,31岁,大学教师。2017年6月8日初诊。

主诉:双眼奇痒、眼红反复发作2月余。

现病史:患者于2个月前出现眼痒、眼红、异物感等症状,在当地医院诊为春季结膜炎,用妥布霉素地塞米松滴眼液、0.2%色甘酸钠滴眼液可缓解症状,停药后瘙痒再次加重。

既往史:平素身体健康,有过敏性鼻炎病史。喜食肥甘厚腻、辛辣之物。

体检:舌质红,苔黄腻,脉滑数。

眼部检查:视力:右眼1.2,左眼1.2。双眼睑结膜可见卵石样扁平乳头增生,球结膜充血(++),略显灰黄,角结膜缘可见胶样隆起,眼眵黏丝状,角膜荧光染色阴性。

[辨治思路]

1. 主证分析　眼痒、眼红,有异物感,眼部检查见双眼睑结膜卵石样扁平乳头增生,符合时复病诊断。西医诊断为春季结膜炎。

2. 证候分析　患者长期饮食辛辣,湿热较重,角结膜缘可见胶样隆起,眼眵黏丝状,舌质红,苔黄腻,脉滑数,辨证属湿热夹风证。

3. 立法处方

辨证:湿热夹风证。

治法:清热利湿。

选方:除湿汤加减。

连翘10g,滑石10g,车前子10g,枳壳10g,荆芥10g,防风10g,生地黄10g,当归10g,赤芍10g,茯苓10g,苍术6g,黄芩6g,地肤子10g,黄连3g,甘草3g。每日1剂,水煎服,连服6剂。

治法与用药分析:患者平素喜食肥甘厚味,脾胃湿热内蕴,复感风邪,风湿热相搏于目,故出现双眼红赤、痒痛难忍等症。舌质红,苔黄腻,脉滑数,乃湿热之征,治宜清热利湿,予除湿汤加减。方中黄芩、黄连、连翘清热解毒;苍术苦寒燥湿;滑石、车前子、茯苓健脾利湿清热;地肤子利湿清热,祛风止痒;荆芥、防风疏风解表,散邪止痒;当归、生地黄养血活血;赤芍解热除烦利湿;枳壳理气化湿;甘草调和诸药。诸药合用,共奏清热利湿、祛风止痒之效。

外治法:双眼滴0.2%色甘酸钠滴眼液,每次1~2滴,每天4次。

辨证调护:发病季节尽量避免接触花粉和粉尘,阳光强烈时外出注意防晒,戴有色眼镜。忌食辛辣炙煿之品,加强体育锻炼增强体质。

[辅助检查]

严重时可行过敏原检查,明确后行脱敏治疗。

[转归及对策]

2017年6月14日:双眼奇痒明显减轻,2017年6月8日方再服6剂。

2017年6月20日:双眼痒基本消除。视力检查同前。双眼睑结膜淡红,球结膜充血减轻,舌淡红,苔薄,脉滑。再服2017年6月8日方6剂,药尽而愈。

诊疗特点

[诊断要点]

1. 胞睑内可见硬而扁平的红色颗粒丛生,状如卵石,或见黑睛及其附近白睛呈污红色,并出现灰黄色或暗红色胶样隆起。

2. 双眼奇痒难忍,有灼热感或碜涩不适,甚则羞明流泪,眵多黏稠呈丝状。

3. 周期性反复发作,一般春夏季发病,秋冬缓解,有自愈倾向。

4. 多见于男性儿童及青少年。

[辨证要点]

时复病多由风邪所致而痒,另当辨别虚实,是实热之邪兼夹风邪,还是虚风内动。风邪仅为诱发的因素,故除祛风止痒、缓解症状外,尚应根据全身脉症综合考虑。本病的治疗最好在发作前即开始,内治、外治相结合,标本兼治。

[治法方药]

1. 风热犯目证

证候:眼内奇痒,灼热微痛,睑内遍生颗粒,状如小卵石,遇风吹日晒或近火熏灼病情加重,且有泪出。

治法:祛风清热,活血消滞。

方药:消风散加减。

常用药:薄荷、牛蒡子、荆芥、防风、连翘、苦参、天花粉、人参、白术、茯苓、甘草、僵蚕、乌梢蛇。

2. 脾胃湿热,兼受风邪

证候:眼内奇痒尤甚,泪多眵稠,胞睑沉重,白睛微黄,色泽污秽,甚则黑白睛交界处呈胶状隆起,亦可伴睑内遍生颗粒,状如小石排列,兼见小便短赤,苔黄腻,脉滑数。

治法:祛风清热。

方药:三仁汤加减。

常用药:荆芥、防风、薄荷、麻黄、大黄、芒硝、滑石、甘草、栀子、黄芩、连翘、石膏、桔梗、当归、白芍、川芎、白术。

3. 肝血不足,虚风内动

证候:眼痒势轻,时作时止,白睛稍显污红,或无明显见症,爪甲不荣,夜寐多梦,舌淡苔白,脉弦细。

治法:补养肝血,息风止痒。

方药:四物汤加减。

常用药:人参、白术、茯苓、白芷、防风、僵蚕、蒺藜、蜈蚣。

临证思路

时复病以双眼奇痒为主要症状,以每年定期发作、过期减轻或自愈为特征。其病位在胞睑内面,白睛及黑白睛交界处。临证时,根据眼痒部位,查看病位所在,若仅累及胞睑内面,病位局限,则病情尚轻;若睑内面及黑白睛交界处病变同时存在,则病情较重。时复病的病性为本虚标实,以脾气虚弱、肺气不足或肝血不足为本,以风、湿、热邪为标。发病期多以标实证候为主,间歇期多表现为本虚证候。其发病内源于患者的体质,外源于诱发因素,故在同样的季节和环境下,增强体质尤为重要,可使病情逐年减轻或痊愈。

名医验案选读

姚和清治时复病验案

陈某,男,23岁。

初诊:双眼奇痒,黑白睛间抱轮灰黄隆起,得病数年,退之不易,舌赤苔黄腻,脉数。

辨证施治:因湿热上窜所致,治当清利湿热。

处方:龙胆草 9g,黄芩 9g,茯苓 9g,泽泻 9g,地肤子 9g,白鲜皮 9g,防风 6g,川芎 6g,赤芍 9g,蝉蜕 3g。7 剂,水煎服。外治:重明眼药水滴眼。

经治,抱轮灰黄隆起减退,奇痒亦瘥。处方:赤芍 9g,当归 9g,川芎 3g,黄芩 9g,炒栀子 9g,生薏苡仁 24g,防己 24g,地肤子 9g。7 剂,水煎服。外治同前。

解析:时复证多因风,或者由于湿热内蕴,复感风邪,邪气稽留,郁于内睑及白睛,导致局部气血瘀滞。本例患者有气虚证候,"诸痒为虚","肺主气,司皮毛",外邪侵袭,肺气不利,失其所司,所以发为本病。方药既有补气固表作用,又有驱风燥湿作用,补中寓散,用于经久不愈且有气虚证候者,效果明显,如有血虚证候,则佐以补血。(姚芳蔚.眼科名家姚和清学术经验集[M].上海:上海中医药大学出版社,1998.)

(刘 红)

第四节 胬 肉 攀 睛

胬肉攀睛指目中胬肉由眦角横贯白睛,攀侵黑睛。本病病名最早见于《银海精微》,又名胬肉侵睛外障、目中胬肉等。《原机启微》认为本病为奇经客邪之病。生于大眦者较常见,也有生于小眦者,或大小眦同生。男多于女,常见于成年人,特别是老年人及户外工作者。病变缓慢,逐渐侵及黑睛,甚者可掩及瞳神影响视力。

胬肉攀睛相当于西医学的翼状胬肉。

病因病机:

1. 心肺两经蕴热,风热外袭,内外合邪,热郁血滞,脉络瘀阻而成。

2. 嗜食五辛酒浆,脾胃蕴积湿热,邪热壅滞眦部所致。

3. 忧思劳怒,五志过极,气郁化火,心火上炎,克伐肺金,致生胬肉。

4. 劳欲过度,心阴暗耗,肾精亏损,水不制火,虚火上炎,脉络瘀滞而致。

【病案精选】

[病史资料]

赵某,男,58 岁,农民。2014 年 6 月 1 日初诊。

主诉:双眼膜状物生长、红赤不退 10 余年。

现病史:患者于 10 年前无明确诱因自觉双眼内眼角处有膜状物生长,红赤明显,初未在意,未诊治,近年来影响视力,遂来就诊。患者平素过食辛热,性格较急躁易怒,心烦多梦,口舌生疮,小便短赤。

既往史:否认糖尿病病史,否认传染病及遗传病史。

体检:神清,舌质稍红,苔黄厚,脉数。

眼部检查:视力:右眼 0.5,左眼 0.6。双眼白睛充血,眼球运动正常,内眦根部生胬肉,体厚色赤,胬肉头部至瞳孔区 1/2 处。

[辨治思路]

1. 主证分析 双眼膜状物生长,红赤不退 10 余年,右眼视力 0.5,左眼视力 0.6,双眼白睛充血,眼球运动正常,内眦根部生胬肉,体厚色赤,胬肉头部至瞳孔区 1/2 处,符合胬肉攀睛诊断。西医诊断为翼状胬肉。

2. 证候分析　患者平时性格较急躁易怒,五志过极,气郁化火,心火上炎,克伐肺金,致生胬肉;舌质红,苔黄厚,脉数,结合眼部表现,辨证为心火上炎证。

3. 立法处方

辨证:心火上炎。

治法:清心泻火。

选方:泻心汤合导赤散加减。

黄连 10g,黄芩 10g,大黄 10g,连翘 15g,荆芥 10g,赤芍 10g,车前子 10g,菊花 10g,薄荷 10g,生地黄 15g,生甘草 6g,淡竹叶 10g。每日 1 剂,水煎服,连服 10 剂。

治法与用药分析:方中以黄连、黄芩、大黄、淡竹叶、生甘草为主,力主清泻上焦之火;车前子清热祛湿,利下焦之火;荆芥、菊花、薄荷祛风解表,消肿止痛,退翳明目;赤芍活血行气,消散血瘀。两方合用,可以起到清心泻火、退翳明目的功效。

辨证调护:忌饮酒及食生冷、温燥之品。

[辅助检查]

眼前段照相。

[转归及对策]

2014 年 6 月 11 日:患者自觉症状好转,双眼视力均为 0.8,胬肉头部后退,体部血管明显消退,继服 2014 年 6 月 1 日方 10 剂。

2014 年 6 月 25 日:双眼视力均为 1.0,胬肉体部血管萎缩,红退膜存,停服煎药,外障眼水滴眼 1 年,随访症状稳定。

本案患者平时过食辛热,心经实火上炎,遂生胬肉。平时性格较急躁易怒,舌质红,苔黄厚,脉数,结合眼部表现,辨证为心火上炎,方用泻心汤合导赤散加减。病情后期症状改善,仅用外障眼水即可达到治疗目的。

诊疗特点

[诊断要点]

1. 初起多无自觉症状,或仅有痒涩感,胬肉侵及黑睛或遮蔽瞳神时,可有视物不清。

2. 眼部检查可见胬肉起自眦角,呈三角形肥厚组织,横过白睛,向黑睛攀附。

[辨证要点]

胬肉攀睛按初期、进展期及静止期分期论治,遵循辨病与辨证相结合、全身辨证与局部辨证相结合的原则。辨证有风热、实热与虚热之分,实者宜泻,虚者宜降。

[治法方药]

1. 心肺风热证

证候:胬肉初生,渐见胀起,赤脉密布,多眵多泪,痒涩畏光,舌质红,苔薄黄,脉浮数。本证以眼部症状及舌象、脉象为辨证要点。

治法:祛风清热。

方药:栀子胜奇散加减。若赤脉密布,加赤芍、丹皮、红花祛瘀消滞;若大便秘结,去羌活、荆芥,酌加大黄、枳实通腑泻热。

2. 脾胃实热证

证候：胬肉头尖高起，体厚而大，赤瘀如肉，生长迅速，痒涩不舒，眵多黏结，口渴欲饮，便秘尿赤，舌质红，苔黄，脉洪数。本证以胬肉肥厚、生长迅速等症及舌象、脉象为辨证要点。

治法：泻热通腑。

方药：泻脾除热饮加减。红赤甚者，加生地黄、玄参、赤芍、丹皮凉血退赤；湿热重者，去黄芪，加茵陈、川木通、土茯苓清热利湿。

3. 心火上炎证

证候：患眼痒涩刺痛，胬肉高厚红赤，眦头尤甚，心烦多梦，口舌生疮，小便短赤，舌尖红，脉数。本证以全身症状及舌象、脉象为辨证要点。

治法：清心泻火。

方药：泻心汤合导赤散加减。小便赤热者，加车前子、泽泻、滑石清热利尿。

4. 阴虚火旺证

证候：胬肉淡红，时轻时重，涩痒间作，心中烦热，口舌干燥，舌质红，少苔，脉细。本证以胬肉淡红及舌象、脉象为辨证要点。

治法：滋阴降火。

方药：知柏地黄丸加减。五心烦热者，加地骨皮、银柴胡；心烦失眠者，加麦冬、五味子、酸枣仁养心安神。

临证思路

胬肉攀睛是一种血轮、气轮进而累及风轮的多轮性疾病。多因日光久照、风沙刺激、海水浸渍、海水反光等因素导致眦角、白睛脉络郁滞，日久赤脉壅滞而成。亦有过食辛辣、嗜酒无度、长期熬夜致脏腑积热，心火上犯而致。本病治疗分内治、外治两法。内治有实热、虚热之分，外治有清热祛风、退翳明目等功效之眼药水，可以延缓胬肉生长，但不能消除胬肉组织。传统眼科强调钩、割、熨、烙等手术疗法，术后结合点药才能防止复发。

名医验案选读

李传课治复发性翼状胬肉验案

李某，男，45岁。

初诊：1998年5月6日。患者右眼不适发红4个月，原有翼状胬肉，于当地医院接受2次手术治疗，现复发，要求中药治疗。

检查：右眼内眦至角膜缘膜状物附着，血管伴行，体部与穹窿结膜相连。舌质红，苔黄腻，脉数。

辨证施治：证属脾胃湿热，治以清热化湿法。

处方：藿香10g，黄芩10g，栀子10g，桑白皮10g，防风10g，菊花10g，赤芍10g，当归尾10g，陈皮6g，甘草3g。

服上方12剂后，自觉症状大有好转，胬肉充血减退并变薄，舌质偏红。改予清心凉血为法，处方：麦冬10g，莲子心5g，生地黄12g，牡丹皮10g，赤芍10g，菊花10g，甘草3g。每日1剂，连服15剂。观察12年，胬肉基本静止，可不必再次手术治疗。

解析:本案患者病位在心肺,兼夹脾胃湿热。胬肉发展迅速多以手术治疗为主,术后复发不宜立即再行手术,配合内服中药,避免风沙与强光刺激,忌烟酒及刺激性食物。胬肉静止期,滴用清热解毒之滴眼液联合非甾体滴眼液,防止转化为进行期。(李传课,李波.李传课眼科诊疗心得集[M].北京:中国中医药出版社,2015.)

第五节 火 疳

火疳是以白睛里层呈局限性紫红色结节隆起,触之疼痛,白睛红赤为主要表现的眼病,又名火疡。本病因心肺两经实火上攻白睛,火邪无从宣泄,结聚克伐肺金而致。好发于成人,女性为多,病程较长,易反复发作,失治可累及黑睛及黄仁,甚至失明。

火疳相当于西医学的巩膜外层炎、前部巩膜炎,常与全身结缔组织病并发。结核、梅毒等疾病也可引起本病。

病因病机:

1. 肺热亢盛,气机不利,致气滞血瘀,滞结为疳,并从白睛而发。

2. 心肺热毒内蕴,火郁不得宣泄,上逼白睛所致。

3. 素患痹证,风湿久郁经络,郁久化热,风湿热邪循经上犯白睛而发病。

4. 肺经郁热,日久伤阴,阴虚火旺,上攻白睛。

【病案精选】

[病史资料]

金某,女,32岁,干部。2015年4月10日初诊。

主诉:左眼红赤胀痛5年余。

现病史:患者于5年前无明显诱因自觉左眼经常发红,眼胀头痛,曾在多家医院检查诊断为巩膜炎,用糖皮质激素、维生素、抗风湿药治疗不能根治,近期症状加重,疼痛较剧,口干,小便黄,大便秘结。

既往史:否认风湿或类风湿疾病,否认传染病及遗传病史。

体检:神清,舌质红,苔薄黄,脉数有力。

眼部检查:视力:右眼1.2,左眼1.0。左眼白睛充血(++),巩膜血管扩张,推之不移,内眦部近角膜缘有一扁平状结节状隆起,压痛明显,角膜透明,瞳孔正常,房水正常。

[辨治思路]

1. 主证分析 左眼红赤胀痛5年余,右眼视力1.2,左眼视力1.0,左眼白睛充血(++),巩膜血管扩张,推之不移,内眦部近角膜缘有一扁平状结节状隆起,压痛明显,符合火疳诊断。西医诊断为巩膜外层炎。

2. 证候分析 心肺热毒结聚,气血瘀滞,壅阻目络,故白睛结节隆起,周围赤脉怒张,压痛明显;舌质红,苔薄黄,脉数有力,结合眼部表现,辨证为心肺热毒证。

3. 立法处方

辨证:心肺热毒。

治法:泻火解毒,凉血散结。

选方:还阴救苦汤加减。

黄连 10g,黄芩 10g,黄柏 10g,生地黄 15g,知母 10g,连翘 15g,龙胆草 10g,羌活 10g,细辛 3g,苍术 10g,炙甘草 6g,川芎 10g,当归 10g,柴胡 6g。每日 1 剂,水煎服,连服 7 剂。

治法与用药分析:方中以黄连、黄芩、黄柏、龙胆草为主,力主清肝泻火解毒;羌活、细辛、苍术祛风消肿止痛;当归、生地黄凉血活血止痛。诸药共奏泻火解毒、凉血散结之功。

外治法:妥布霉素地塞米松滴眼液滴眼、外涂妥布霉素地塞米松眼膏,每天 4~6 次。

辨证调护:忌饮酒及食生冷、腥热之品。

[辅助检查]

1. 实验室检查　血常规、血沉、肝功能、血清尿酸测定、结核菌素试验、类风湿因子、免疫球蛋白、抗核抗体、补体 C3 等。

2. 其他辅助检查　胸部、脊柱、骶髂关节 X 线检查。

[转归及对策]

2015 年 4 月 17 日:便通症减,结节平复,压痛不明显,续服 2015 年 4 月 10 日方 7 剂。

2015 年 4 月 26 日:症状基本消失,为巩固疗效,在 2015 年 4 月 10 日方基础上去黄连、细辛、羌活,加玄参、天冬各 10g,再服 12 剂。1 年内多次随访,未见复发。

本案患者疼痛较甚,内外俱急。舌质红,苔薄黄,脉数有力,结合眼部表现,辨证属心肺热毒,方用还阴救苦汤加减,加用妥布霉素地塞米松滴眼液及眼膏,症状缓解后调整中药方巩固疗效,达到防止复发的目的。

诊疗特点

[诊断要点]

1. 多发于青年女性。

2. 患眼疼痛、畏光、流泪。

3. 眼部检查可见白睛深部向外突起一紫红色结节,大小不等,推之不移,压痛明显,周围紫赤血脉。

4. 病程长,易复发,可致白睛青蓝或瞳神紧小、瞳神干缺。

[辨证要点]

本病发于白睛深层,以肺热蕴结为主,故治疗以泻肺热为本;邪热多累及血分,故酌加活血散结之品。火疳后期往往虚实兼杂,应适当加以祛风、利湿、凉血之品。

[治法方药]

1. 肺热郁火证

证候:患眼疼痛畏光,白睛结节隆起,色紫红,触痛,兼发热、口干、咽痛、便秘,舌质红,苔黄,脉数。本证以眼部症状及全身症状为辨证要点。

治法:泻肺理气,活血散结。

方药:泻白散加减。若热甚,加金银花、连翘、浙贝清热散结;瘀甚者,加延胡索、郁金活血化瘀,散结消滞。

2. 心肺热毒证

证候:发病急、疼痛甚,畏光流泪较重,白睛结节隆起,周围血脉赤紫怒张,口苦咽干,便秘尿赤,舌质红,苔黄,脉数有力。本证以局部症状及全身症状为辨证要点。

治法:泻火解毒,凉血散结。

方药:还阴救苦汤加减。酌情减少细辛、羌活等辛温之品。

3. 风湿热邪攻目证

证候:白睛结节色鲜红,周围赤丝牵绊,眼珠胀痛,骨节疼痛,肢节肿胀,胸闷纳减,舌红,白厚腻,脉滑或濡。本证以全身症状及舌象、脉象为辨证要点。

治法:祛风化湿,清热散结。

方药:散风除湿活血汤加减。红赤者,加丹皮、赤芍、丹参凉血活血消瘀,桑白皮、地骨皮清泻肺热;骨节酸痛者,加秦艽、海桐皮祛风湿、通经络。

4. 虚火上炎证

证候:病情反复,结节不甚高隆,血丝色紫暗,眼酸痛,口干咽燥,便秘不爽,舌红少津,脉细数。本证以局部症状及舌象、脉象为辨证要点。

治法:养阴清肺,兼以散结。

方药:养阴清肺汤加减。阴虚火旺者,加知母、黄柏、地骨皮以滋阴降火;白睛结节日久者,加丹参、郁金、夏枯草以清热消瘀散结。

临证思路

火疳之所以病情复杂、病程迁延,盖因其解剖特点所致。巩膜血脉稀疏,血运较差,一旦发生病变不易痊愈;且常与局部及全身疾病有关,如结核、风湿病、内分泌疾病等,治疗颇为棘手,临床应重视原发病并仔细辨证。早期多为实火犯目,迁延日久,病机虚实夹杂,强调整体辨证,必要时采取中西医结合的方法防止复发。

名医验案选读

黎家玉治火疳验案

冯某,女,66岁,农民.

初诊:1996年11月26日。患者右眼红痛4个月余,经治疗后症状稍减轻,后复发,如此反复拖延4个月。

检查:双眼视力均为0.6,右眼鼻侧结膜弥漫性紫红色隆起,压痛明显。舌质红,苔黄厚干,脉平。

辨证施治:肺经瘀热,实火犯目,治以清热泻肺行瘀为主,方用泻肺饮去羌活加红花,重用石膏。

处方:石膏30g,赤芍9g,黄芩10g,桑白皮15g,枳壳10g,川木通10g,连翘10g,荆芥10g,防风10g,栀子15g,白芷10g,红花10g,生甘草3g。并口服雷公藤片。

共服上方10剂后,诸症消退,无充血,无隆起,无压痛。上方继服15剂并联合口服雷公藤片,随访8个月无复发。

解析:本案患者发病前有曝晒数日史,暑热蒸迫,内外合邪。方用泻肺饮,去羌活以防过于辛燥,加红花配合原方赤芍以活血化瘀,重用石膏为泻肺热。雷公藤片为中药免疫抑制剂,能迅速控制炎症,对本病具有针对性。(江晓芬,黎小妮.黎家玉眼科集锦[M].长沙:湖南科学技术出版社,2005.)

（王小川）

第十章　黑　睛　疾　病

　　黑睛,即西医学的角膜,位于眼球的前部中央,质地透明,无血管,有丰富的三叉神经感觉神经纤维分布,其营养主要来源于房水及泪膜,是眼球屈光系统的重要组织之一。

　　由于黑睛的解剖与生理功能,黑睛疾病的特点有四:①黑睛位于眼前部中央,直接与外界接触,易受邪毒侵袭及遭受外伤,故黑睛疾病是眼科临床的常见病和多发病;②黑睛上无血管,一旦发病,修复缓慢,病程较长;③黑睛有丰富的感觉神经纤维,故发病时疼痛、畏光、流泪等自觉症状明显;④黑睛质地透明,是眼球重要的屈光间质,一旦发病导致黑睛翳障,可严重影响视力。此外,黑睛疾病的临床表现亦有一些共同特点:自觉症状有不同程度的疼痛、畏光、流泪,以及视力下降;体征常有抱轮红赤或白睛混赤,以及星、膜、翳、障等不同形态的黑睛混浊。

　　黑睛属五轮学说中的风轮,内应于肝,因肝与胆相表里,故黑睛疾病常责之于肝胆。其病多由六淫外感、肝经风热所致,或脏腑内损、肝胆失调引起,故治疗常选用入肝经的药物,如柴胡、菊花、决明子、龙胆草等,方药如新制柴连汤、龙胆泻肝汤、加味修肝散等。黑睛疾病是眼科急重难治之病,病程长,恢复慢,若治不及时或治不得当,可波及黄仁而出现黄液上冲、瞳神紧小等变证,甚至可见黑睛溃破,黄仁脱出,形成蟹睛等恶候。愈后多遗留宿翳,可不同程度地影响视力。

　　黑睛疾病的治疗原则是祛除邪气,消退翳障,控制发展,防止传变,促使早期愈合,缩小或减薄瘢痕翳障,尽可能保护视力。在治疗该病时,除中医内治法外,还应视病情配合滴眼药水、涂眼药膏、眼部熏洗及手术治疗等外治法或中西医结合治疗,以提高疗效。

第一节　聚　星　障

　　聚星障指黑睛上骤生多个细小星翳,其形态多样,或连缀,或团聚,或漫散,伴有沙涩疼痛,畏光流泪的眼病。病名首见于《证治准绳·七窍门》谓"聚星障证,乌珠上有细颗,或白色,或微黄,微黄者急而变重,或联缀,或团聚,或散漫,或一同生起,或先后逐渐……"本病常因外感风热之邪上犯黑睛所致,如西医学之病毒性角膜炎,尤以单纯疱疹病毒感染常见;抑或劳目过度致肝阴暗耗,肝液亏损,黑睛失却濡润而致,如西医学之浅层点状角膜炎。临证尤应细辨。

病因病机:

1. 外感风热,上犯于目,外邪客于黑睛,致生翳障。

2. 外邪入里,邪遏化热,或素体阳盛,肝经伏火,内外合邪,肝胆火炽,灼伤黑睛。

3. 恣食肥甘,脾胃受损,湿热蕴中,土反侮木,熏蒸黑睛。

4. 素体阴虚,正气不足,或热病之后,津液耗伤,阴津亏乏,复感风邪致病。

【病案精选】

[病史资料]

胡某某,男,31岁,公司职员。2015年6月8日初诊。

主诉:右眼刺痛、羞明、流泪、视力下降2周。

现病史:患者于2周前患感冒,愈后觉右眼刺痛、羞明、流泪,视力下降。患者近3年来每于感冒或劳累后有类似症状发作,曾在外院诊断为病毒性角膜炎,多次应用更昔洛韦滴眼液、重组人干扰素α2b滴眼液、抗生素类滴眼液等治疗,病情可以缓解,但仍时有复发,每年1~2次,视力逐渐下降。为保持视力,减少复发,故求助中医治疗。伴口苦咽干,鼻塞溲黄。

既往史:平素身体健康,否认传染病及遗传病史。

体检:全身体检无特殊。舌红,苔薄黄,脉数略浮。

眼部检查:视力:右眼0.2,左眼1.0。右眼抱轮红赤,黑睛上方有针尖样翳障,成簇分布,部分融合成树枝状浅溃疡,已波及基质层,树枝末端膨大,呈纵向分布,荧光染色阳性。角膜上有多处树枝状角膜瘢痕,荧光染色阴性。前房房水清,虹膜正常,瞳孔正常,眼后段无特殊。左眼未见明显异常。右眼角膜反射迟钝,左眼角膜反射正常。双眼压正常。

[辨治思路]

1. 主证分析 患者感冒愈后觉右眼刺痛、羞明、流泪,视力下降,有反复发作史,右眼视力下降,抱轮红赤,黑睛上方有针尖样翳障,部分融合成树枝状浅溃疡,荧光染色阳性,右眼角膜反射迟钝,符合聚星障诊断。西医诊断为右眼单纯疱疹病毒性角膜炎。

2. 证候分析 本案患者乃外感风热之邪上犯黑睛所致。患眼刺痛、羞明、流泪,鼻塞,苔薄黄,脉数略浮,表明邪尚在表。然口苦咽干,溲黄,舌红,脉数,部分翳障融合成树枝状浅溃疡,已波及基质层,乃外邪入里,邪遏化热,灼伤黑睛所致。故辨为风热客目,邪渐入里之证。黑睛属五轮学说中的风轮,内应于肝。此证乃外邪侵犯肝经,风热之邪循经上犯,熏灼黑睛而起,故宜从肝胆治之。

3. 立法处方

辨证:风热客目,邪渐入里。

治法:疏风清热,表里双解。

选方:新制柴连汤加减。

柴胡10g,川黄连10g,黄芩10g,赤芍15g,蔓荆子10g,栀子10g,菊花10g,荆芥10g,防风10g,龙胆草10g,甘草6g。每日1剂,水煎服。

治法与用药分析:此方为治疗肝经风热的代表方,方中柴胡、蔓荆子、荆芥、防风清肝经风热;川黄连、黄芩、栀子、龙胆草清泄肝火;赤芍活血,以防热郁血瘀;去木通加菊花以加强清肝经风热之力。诸药合用共奏疏风清热泻火之效。

[转归及对策]

2015年6月15日:患者自觉症状明显减轻。右眼视力0.4,轻度抱轮红赤,角膜星点翳障部分消退,树枝状浅溃疡部分见上皮覆盖,荧光染色范围已明显减少,陈旧性瘢痕仍存。全身症见口干,舌淡红,苔薄黄少津,脉略数。诸证好转,病势已去七八,余邪仍在。黑睛疾病愈后每遗留宿翳影响视力,故治疗中要注意祛翳时机,病势去其七八即可介入,以免攻伐太过,真阴耗损,翳定障老则难治。因余邪未清,故在新制柴连汤基础上,减轻苦寒之药量,去龙胆草以护阴,加蝉蜕祛风、知母滋阴降火,共奏清泄余邪,退翳明目之功。处方:柴胡10g,川黄连5g,黄芩10g,栀子5g,赤芍15g,菊花10g,蔓荆子10g,荆芥10g,防风10g,蝉蜕10g,知母10g,甘草5g。每日1剂,水煎服,再进7剂。

2015年6月23日:自觉症状基本消失。右眼视力0.8,无明显充血,角膜星点翳障继续减少,树枝状浅溃疡基本修复,荧光染色阴性,遗留线状轻薄云翳。全身症见口干,舌淡红,苔薄白,脉细。病愈,诸症缓解,邪退正复,然热病伤阴,遗留翳障,阻碍神光发越,故治疗应转以退翳为主,尽可能恢复视力,选用滋阴退翳汤加减:知母10g,生地黄15g,玄参15g,蒺藜10g,菊花10g,木贼10g,夏枯草20g,蝉蜕10g,青葙子10g,甘草5g。方中知母、生地黄、玄参滋阴降火;菊花、夏枯草、木贼、青葙子清肝明目退翳;蝉蜕、蒺藜退翳;甘草调和诸药。全方共奏滋阴清热、退翳明目之功。并嘱患者日后服用玉屏风散调理体质,注意预防感冒,避免过度劳累,少吃辛辣刺激食物,以减少聚星障复发。此后2年时有复诊,均未复发,右眼视力维持在0.9。

诊疗特点

[诊断要点]

1. 有特定诱因及反复发作病史。

2. 有视力下降及明显的角膜刺激征。

3. 黑睛上见星点状混浊,成簇分布,部分融合成树枝状浅溃疡,波及基质层,荧光染色阳性。

4. 患眼角膜知觉减退。

[辨证要点]

聚星障的辨证需局部辨证结合全身辨证,抓主症、分析病位病性,黑睛翳障属于外障眼病,病位在黑睛。黑睛浅层者病情轻,病程较短,邪在黑睛表层,当以疏散清解为主,愈后视力较好;若病邪由浅入深,形成深层病变,则病情较重,非疏解能治,当治以清热解毒、清热利湿、凉血清热等;若病变波及黄仁,则邪盛深入,已成变证;若反复发作,则当攻补兼施。

[治法方药]

1. 风热客目证

证候:患眼涩痛,羞明流泪,视物模糊,抱轮微红,黑睛浅层点状星翳,或多或少,伴恶风发热,头痛鼻塞,口干咽痛,舌质红,苔薄黄,脉浮数。本病以黑睛点状星翳,恶风发热,舌红,脉浮数为辨证要点。

治法:疏风清热,退翳明目。

方药:银翘散加减。方中常加柴胡、黄芩以增祛肝经风热之功;抱轮红赤,热邪较重者,可加赤芍、丹皮、菊花、紫草以助清热散邪,凉血退赤之力。

2. 肝胆火炽证

证候：患眼胞睑难睁，碜涩疼痛，灼热畏光，热泪频流，视物模糊，白睛混赤，黑睛生翳，扩大加深，形如树枝或状若地图，或兼头疼胁痛，口苦咽干，烦躁尿赤，舌质红，苔黄，脉弦数。

治法：清肝泻火，退翳明目。

方药：龙胆泻肝汤加减。方中龙胆草、黄芩、栀子清利湿热、泻火解毒；车前子、木通、泽泻清利湿热；柴胡、生地、当归疏肝养血柔肝；甘草调和诸药。常加蝉蜕、木贼以退翳明目；小便黄赤者，可加瞿麦、萹蓄以清利小便。

3. 湿热犯目证

证候：患眼泪热胶黏，视物模糊，抱轮红赤，黑睛生翳，状若地图，或黑睛深层翳如圆盘，肿胀色白；或病情缠绵，反复发作；伴头重胸闷，口黏纳呆，腹满便溏，舌红，苔黄腻，脉濡数。

治法：清热除湿，退翳明目。

方药：三仁汤加减。抱轮红赤显著者，可加黄连、赤芍以清热退赤；黑睛肿胀甚者，可加金银花、秦皮、海螵蛸以解毒退翳。

4. 阴虚夹风证

证候：眼内干涩不适，羞明较轻，视物模糊，抱轮微红，黑睛生翳日久，迁延不愈，或时愈时发，常伴口干咽燥，舌红少津，脉细或细数。

治法：滋阴祛风，退翳明目。

方药：加减地黄丸加减。可加菊花、蝉蜕以增退翳明目之功；兼气短乏力、眼内干涩者，可加党参、麦冬以益气生津；抱轮红赤较明显者，可加知母、黄柏以滋阴降火。

临证思路

本病的治疗除祛除邪气，控制发展，促进早日愈合外，还应注意减少或减薄瘢痕组织，尽可能地保护视力。因此，苦寒之品不可太过，点到即止，以免攻伐太过，邪气冰伏，伤及阴津，致翳障厚实影响视力。病邪去其七八，即应及早退翳明目。一般来说，具有清肝经风热之品均具有退翳作用，如菊花、蝉蜕、木贼、决明子、蒺藜、夏枯草等均可选用。

中医药治疗本病往往有独到的疗效，调和阴阳，标本兼治，控制病情的同时还能减少复发是中医药治疗本病的一大优势。

名医验案选读

刘弼臣治聚星障验案

吴某，男，6岁。

证经三日，左眼黑睛生有云翳，周围出现灰白色细小星点，白睛微红，视物不清，目中干涩，迎风流泪，伴有咳嗽流涕，唇赤颧红，大便干，小便黄，苔白脉数，眠食正常。素来性情急躁易怒，肝火内炽，近感风邪，邪郁不宣，风热相搏，上攻于目，因而目生星翳，影响视力，治当疏风清热。

处方：蝉蜕 3g，白蒺藜 10g，木贼 10g，谷精草 10g，川黄连 3g，黄芩 6g，黑山栀 6g，防风 5g，菊花 10g，川芎 3g，生石膏 25g（先煎）。

解析：聚星障属于黑睛疾病，多为黑睛猝起细小星翳，聚在一起，初起易治，日久难疗，而且传变甚快，互相连缀，常能影响视力，此案发病仅仅三天，即现视物不清，由于治疗及时，服药两剂,星翳消散,视力恢复正常。(刘弼臣.刘弼臣临床经验辑要[M].北京:中国医药科技出版社,2002.)

第二节　凝　脂　翳

凝脂翳指黑睛生翳,状如凝脂,多伴有黄液上冲的急重眼病。病名首载于《证治准绳·七窍门》,该书指出其翳之初起"如星,色白",其发展"于障内变出一块如黄脂",此阶段治疗后"珠上必有白障,终生不能脱"。若病情严重,邪毒炽盛,则可"为窟,为漏,为蟹睛"。其后果"内溃睛膏,外为枯凸"。本病多有黑睛表层外伤史,风热邪毒乘伤入侵,起病急,若遇脏腑内热之人,病情更加急重,如不及时治疗或治疗不当,易致黑睛出现化脓性感染,迅速蔓延,毁坏黑睛,甚至黑睛溃破,黄仁绽出,变生蟹睛等恶候,视力严重障碍,甚至失明。

凝脂翳相当于西医学的细菌性化脓性角膜炎,常因角膜外伤后感染葡萄球菌、肺炎双球菌、链球菌、铜绿假单胞菌、肠道杆菌等所致,其中尤以铜绿假单胞菌感染最为凶险。

病因病机:

1. 黑睛外伤,风热邪毒乘伤袭入,黑睛被染。

2. 外邪入里,蕴遏化热,或嗜食辛煿,脏腑热盛,肝胆热毒上灼黑睛。

3. 久病之后气虚阴伤,正气不足,外邪滞留,致黑睛溃陷,缠绵不愈。

【病案精选】

[病史资料]

张某某,男,36岁,工人。2017年7月23日初诊。

主诉:右眼疼痛、畏光流泪、视力下降10天。

现病史:患者于12天前在工厂用砂轮打磨钢制工件时,觉有飞溅碎屑弹入右眼,当时仅觉右眼有异物感,无其他明显不适,未予重视及诊治。2天后,觉右眼疼痛明显加重,畏光流泪,视力模糊。遂前往医院就诊,诊断为:①角膜异物;②细菌性角膜炎。剔除异物后予抗感染治疗,现用左氧氟沙星、妥布霉素、阿托品等滴眼液和眼膏治疗,但效果不明显,仍有明显眼痛,痛连颠顶,夜不能寐,畏光流泪,眼睑难睁,视力明显下降。为求迅速控制病情,医生建议患者中西医结合治疗。起病以来患者伴口苦咽干,头痛烦躁,夜不能寐,便秘2天未解,尿赤而短。

既往史:平素身体健康,否认传染病及遗传病史。

体检:全身体检无特殊。舌红,苔黄略腻,脉弦数。

眼部检查:视力:右眼0.08,左眼1.0。右眼胞睑红肿难睁,白睛混赤,眵多黏稠,黑睛中央偏下方生翳,窟陷如绿豆粒大小,其上覆有大片凝脂样脓液,色黄白,其窟陷周围黑睛水肿混浊,黑睛内壁有多量尘样沉着物,神水混浊,伴黄液上冲,脓性液平面约2mm,瞳孔药物性散大,虹膜纹理模糊,晶状体尚清晰,眼底欠清。左眼正常。

[辨治思路]

1. 主证分析　右眼疼痛、畏光流泪、视力下降10天,右眼视力0.08,胞睑红肿,白睛混赤,眵多黏稠,黑睛生翳,窟陷深大,上覆凝脂样脓液,黑睛后壁尘样沉着物,神水混浊,伴黄液上冲,瞳孔已在外院药物性散大,符合凝脂翳诊断。西医诊断为细菌性化脓性角膜炎。

2. 证候分析　患者黑睛异物伤后未及时治疗,致风热毒邪乘伤而入,入里蕴遏化热,热毒上灼黑睛,壅滞蓄腐成脓。患者为成年男性,素为内热阳盛之人,内外合邪,病情更为凶险。伴口苦咽干、头痛烦躁、便秘尿赤、舌红、苔黄略腻、脉弦数,皆为里热炽盛之征。黑睛为风轮,在脏属肝,治以肝胆为先。

3. 立法处方

辨证:肝胆火炽。

治法:清泄肝胆实热。

选方:龙胆泻肝汤加减。

龙胆草15g,生地黄15g,当归10g,柴胡10g,木通10g,泽泻10g,车前子10g,栀子10g,黄芩10g,大黄10g(后下),川黄连10g,生甘草6g。每日1剂,水煎服,连服3剂。

治法与用药分析:黑睛为风轮,在脏属肝,治以肝胆为先,龙胆泻肝汤为清肝胆实火的代表方。因患者有苔黄腻等之湿热征,故选用此方以清肝胆湿热,加用川黄连以增强清热之力,加用大黄以治腑实便结之症。另嘱患者按西医院医嘱继续抗感染治疗,中西医结合以求尽快控制病情。

[转归及对策]

2017年7月26日:右眼疼痛明显减轻,夜晚已能入眠。右眼视力0.1,白睛混赤减轻,眼眵减少稀薄,黑睛溃陷未再扩大,凝脂稀薄水样,唯前房积脓未见减少,仍有约2mm脓性液平面,伴烦躁咽干,大便秘结6天未解,小便黄赤,舌红苔黄,脉弦数有力。病情已得到控制,诸症好转。然前房积脓未见减少,烦躁咽干,大便秘结,小便黄赤,舌红苔黄,脉弦数有力,此乃热盛腑实之象,邪毒无处宣泄,热壅于上,熏蒸黄仁、黑睛致黄液上冲。治当清泄腑实,釜底抽薪,清泄结合,祛邪外出。在2017年7月23日方基础上加小承气汤加减:龙胆草15g,生地黄30g,当归10g,柴胡10g,木通10g,泽泻10g,栀子10g,黄芩10g,川黄连10g,大黄10g(后下),芒硝10g(溶服),厚朴10g,生甘草6g。每日1剂,水煎服,再进3剂。仍用龙胆泻肝汤清泻肝胆实火,然湿象不明显,故去车前子以防利湿太过,伤及阴津,加重生地剂量以增液行舟,配小承气汤泄腑实,釜底抽薪。

2017年7月29日:每天均有排便1~2次,初硬后烂,偶有腹绞痛,排便后缓解,自觉右眼疼痛明显缓解,畏光流泪等症状亦减轻。右眼视力0.3,白睛抱轮红赤,眵少,黑睛溃陷部分修复,病灶周围角膜浸润水肿明显减轻,凝脂基本消退,前房积脓基本吸收,未见脓性液平面。角膜沉着物仍存,房水混浊减轻,瞳孔药物性散大,伴咽干,略显疲倦,夜眠尚好,舌红苔少,脉略数。病情进一步好转,釜底抽薪后,壅盛于内之邪毒得以宣泄,病势已去七八,然咽干、略显疲倦,有攻伐太过、气阴两虚之虑,亦恐苦寒之剂过用,致邪毒冰伏,翳障厚实影响视力,故在祛邪之余,要兼顾正气。扶正祛邪、退翳明目是余下治疗之大法。选用滋阴退翳方加减:知母10g,生地黄30g,玄参10g,麦冬15g,黄芪15g,白术10g,栀子10g,野菊花10g,木贼10g,蝉蜕10g,蒺藜10g,甘草6g。每日1剂,水煎服,再进5剂。方中知母、生地滋阴降火;玄参、麦冬养阴;黄芪、白术健脾益气;栀子清三焦郁热余邪;野菊花、木贼、蝉蜕、蒺藜清热退翳明目;甘草调和诸药。共奏益气养阴、扶正祛邪、退翳明目之功。此后依法加减,共服10余剂中药,病情痊愈,症状消失,视力恢复到0.7。嘱日后注意劳动防护,一旦异物入目应及时处理。

　　凝脂翳是黑睛受损后,六淫风热邪毒乘虚而入引起的黑睛急重眼病,若治疗不及时或处理不当,易造成黑睛化脓性感染,必伴黑睛溃陷,甚至黑睛溃破,黄仁绽出,变生蟹睛等恶候,愈后黑睛必留翳障,严重影响视力。因此,及时合理的诊治非常重要。本病诊断并不困难,有外伤史,明显的眼痛,畏光流泪,视力下降,患眼充血,黑睛溃陷,上覆凝脂,即可做出诊断。但仍需与湿翳(即西医之真菌性角膜炎)相鉴别。后者多因植物性外伤、湿热毒邪侵袭引起,发展较慢,其病灶上覆盖物状如豆腐渣或牙膏,大而粗糙,易刮下,病变常逐渐向四周及纵深发展,溃腐周围可见足状及丝状浑浊,即"伪足现象",实验室检查涂片有菌丝或培养有真菌,而凝脂翳刮片或培养常可找到致病菌。

　　本病治疗需及时合理,切勿拖延,应根据病情发展合理选择中西医结合治疗,以尽快控制病情,减少斑翳面积,保护视力。

诊疗特点

[诊断要点]

1. 近期有黑睛外伤史。

2. 起病急,眼痛、畏光、流泪,视力下降明显。

3. 白睛混赤,黑睛混浊、溃陷,覆盖黄白色凝脂状物,伴黄液上冲。

4. 角膜刮片、涂片及细菌培养有助于诊断。

[辨证要点]

　　以眼部症状及翳障形态等局部辨证为主,结合全身辨证。本病多有明确的外伤史,初起病变较浅,治以疏风清热,清肝泻火;中期病变较深,症状重,伴黄液上冲,波及阳明,当通腑泻火,清热解毒;后期正虚邪留,当治以扶正祛邪。

[治法方药]

1. 风热壅盛证

　　证候:病初起,头目疼痛,畏光流泪,抱轮红赤,黑睛生翳,表面污浊,如覆薄脂,舌红,苔薄黄,脉浮数。

　　治法:祛风清热,退翳明目。

　　方药:新制柴连汤加减。方中柴胡、蔓荆子、荆芥、防风祛风散邪止痛;黄连、黄芩、山栀、龙胆草清肝泻火退赤;赤芍配木通清热凉血,退赤止痛;甘草和中清热。

2. 里热炽盛证

　　证候:头目剧痛,羞明流泪,热泪如汤,眵多黏稠,视力障碍,胞睑红肿,白睛混赤浮肿,黑睛生翳,凝脂大片,神水混浊,黄液上冲,眵泪,凝脂色黄或黄绿,常伴发热口渴,溲赤便秘,舌红,苔黄厚,脉弦数或脉数有力。

　　治法:泻火解毒,退翳明目。

　　方药:四顺清凉饮子加减。眼赤热肿痛较重者,可加丹皮、玄参、乳香、没药以凉血化瘀;口渴便秘明显者,可加天花粉、生石膏、芒硝以增清热生津、泻火通腑之功。

3. 气阴两虚证

　　证候:眼痛羞明较轻,眼内干涩,抱轮微红,黑睛溃陷,凝脂减薄,但日久不敛,常伴口燥咽干,或体倦便溏,舌红脉细数,或舌淡脉弱。

　　治法:滋阴益气退翳。

方药:滋阴退翳汤或托里消毒散加减。偏于阴虚者,用滋阴退翳汤加减;偏于气虚者,用托里消毒散加减。

临证思路

凝脂翳因黑睛外伤失治,致风热邪毒乘虚入侵,入里蕴遏化热,热毒上灼黑睛,壅滞蓄腐成脓所致。且黑睛为风轮,在脏为肝,故治疗主责于肝胆。黑睛病后每留翳障,影响视力,且宿翳难治,故治翳需及早,热邪渐去,就应及早退翳明目,不可用苦寒之品一味攻伐,致正气亏耗,翳障冰伏。后期益气养阴,退翳明目,即为此意。

名医验案选读

韦玉英治凝脂翳验案

王某某,男,59岁。

初诊:1978年5月10日。

主诉:左眼视物模糊伴疼痛、流泪4天。

病史:患者4天前割菜时被杂草扎伤左眼,并用脏手揉眼,当晚即感左眼磨痛,翌晨症状加重伴流泪,即去医院求治,予抗生素滴眼液每日数次点眼,因眼病加重伴剧烈偏头痛、视物不清来我院门诊。

检查:左眼视力仅能数指,眼睑稍肿,眼球压痛明显,热泪如汤,球结膜重度充血水肿,角膜正中灰白溃疡,面积约5mm×6mm,伴有脓脂样沉淀物,前房积脓占其三分之二,瞳孔被遮。左侧头痛如劈,口干喜冷饮,大便干结。舌质红,苔黄腻,脉洪大有力且数。

诊断:左眼凝脂翳,黄液上冲(左眼匐行性角膜溃疡合并前房积脓)。

辨证:毒热壅盛,肝经积热。

治法:泻火解毒,破瘀消脓。

方药:清热消脓方。

金银花、野菊花、防风、生石膏各20g,生锦纹、全瓜蒌、天花粉、夏枯草各15g,赤石脂15g,黄芩10g。先水煎服3剂,若大便每天2~3次偏稀可继续服3剂。

二诊:角膜溃疡面积缩小,前房积脓基本吸收,自觉刺激症状明显减轻,头痛缓解,大便仅服药后前两天每天两解,仍偏干,小便赤热,原方生锦纹、全瓜蒌减量为各10g,生石膏15g,另加车前子15g(包煎),再服5剂。

三诊:溃疡已愈合,眼部充血消失。改为养血活血、退翳明目之法,予四物退翳汤(生地15g,当归、白芍、川芎、木贼、白蒺藜、谷精草、密蒙花、川楝子各10g)7剂,未复诊。

解析:本案患者因直接外伤诱发,病势凶险,预后差。黑睛受损后复受脏手污染,邪毒乘隙而入,加之患者平素性急,肝有积热,外受邪毒,内外合邪,乘袭肝经,延及瞳神而成"凝脂",邪毒化火上燔则成"黄膜上冲",如不及时救治,有由黑睛破溃成"蟹睛"之危。患者年近花甲,但体质尚壮,根据急则治其标的原则,采用上病下治、釜底抽薪法,先泻火解毒,使腑气畅通,热毒下泄,则能直折上炎之火热,有利病机转化。然峻下猛剂只可暂服,不可久用,以免损阴伤胃,一旦病势大减,则以养血活血、清肝明目之剂,扶正祛邪,余邪尽,翳障退,目渐明。(赵峪,韦企平.韦玉英眼科经验集[M].北京:人民卫生出版社,2004.)

(李景恒)

第三节　湿　翳

　　湿翳指黑睛生翳,翳形微隆,外观似豆腐渣,干而粗糙的眼病。病名首载于《一草亭目科全书》,但书中无详细论述。其多发于炎热潮湿的气候环境,又以夏秋收割季节更常见。本病多单眼发病,病程较长,可反复发作,严重者会引起黑睛毁坏而失明。

　　湿翳相当于西医学的真菌性角膜炎,由镰刀菌、念珠菌、曲霉菌等真菌感染所致。

　　病因病机:多因稻谷、麦芒、植物枝叶擦伤黑睛,或角膜接触镜戴取不慎损伤黑睛,或黑睛手术造成轻度黑睛外伤等,致湿毒之邪乘伤侵入,湿遏化热,熏灼黑睛而致病。

【病案精选】

[病史资料]

刘某,女,48岁,农民。2017年10月10日初诊。

主诉:左眼被树枝划伤后出现明显疼痛伴视力下降10天。

现病史:患者于10天前在花园剪草时不慎被树枝划伤左眼,当时左眼疼痛、流泪,在某医院诊断为真菌性角膜溃疡(经细菌培养证实)。先后用氧氟沙星滴眼液、金霉素眼膏及两性霉素、那他霉素等抗真菌滴眼液治疗,症状曾缓解。近几天眼痛加重,伴头痛、心烦、小便黄、纳呆、口苦。

既往史:否认糖尿病、高血压病史,否认传染病及遗传病史。

体检:神清,舌质淡,苔黄腻,脉弦数。

眼部检查:视力:右眼1.2,左眼指数/眼前。左眼结膜混合充血,角膜中央区5mm×5mm浸润混浊,达实质深层,病灶正中有直径约3mm溃疡凹陷,表面有腐渣样苔垢,瞳孔直径约3mm,对光反射灵敏。

实验室检查:角膜病变组织刮片涂片查到真菌菌丝。

[辨治思路]

　　1. 主证分析　左眼被树枝划伤后出现明显疼痛伴视力下降10天,左眼视力指数/眼前。左眼结膜混合充血,角膜中央区5mm×5mm浸润混浊,达实质深层,病灶正中有直径约3mm溃疡凹陷,表面有腐渣样苔垢,符合湿翳诊断。西医诊断为真菌性角膜炎。应进一步检查真菌的种类。

　　2. 证候分析　患者眼痛加重,伴头痛、心烦、小便黄、纳呆、口苦,神清,舌质淡,苔黄腻,脉弦数,结合眼部局部的表现,辨证为热重于湿证。

　　3. 立法处方

辨证:热重于湿。

治法:清热祛湿。

选方:甘露消毒丹加减。

　　飞滑石15g,淡黄芩20g,绵茵陈15g,石菖蒲15g,川贝母15g,木通15g,藿香、连翘、白蔻仁、薄荷、射干各10g,生地黄15g,赤芍10g,密蒙花10g,白芷6g,石决明25g(先煎),赤石脂10g,白术6g,夏枯草10g,川芎6g,甘草5g,防风6g。每日1剂,水煎服,连服10剂。

　　治法与用药分析:本方主治湿温、时疫,邪留气分,湿热并重之证。湿热交蒸,则发热、肢酸、倦怠;湿邪中阻,则胸闷腹胀;湿热熏蒸肝胆,则身目发黄;热毒上壅,故口渴、咽颐肿痛;湿热下注,则小便短赤,甚或泄泻、淋浊;舌苔白或厚腻或干黄为湿热稽留气分之征。治宜利湿化浊,清热解毒。方中重用滑石利水渗湿,清热解暑,两擅其功,茵陈善清利湿热而退黄,黄芩清热燥湿,泻火解毒,三药相合,正合湿热并重之病机,共为君药。湿热留滞,易阻气机,故臣以石菖蒲、藿香、白豆蔻行气化湿,悦脾和中,令气畅湿行;木通清热利湿通淋,导湿热从小便而去,以益其清热利湿之力。纵观全方,利湿清热,两相兼顾,且以芳香行气悦脾,寓气行则湿化之义;佐以解毒明目,令湿热疫毒俱去,诸症自除。

辨证调护:忌饮酒及食生冷、温燥之品。

[辅助检查]

1. 实验室检查　病原体培养可发现真菌生长。

2. 其他辅助检查　角膜共焦显微镜检查可显示角膜感染组织的超微结构,辅助真菌性角膜炎的诊断。

[转归及对策]

2017年10月20日:左眼刺激症状减轻,大便稀,每日4~5次。左眼角膜中央溃疡面积缩小,实质层仍水肿混浊。舌质淡,脉细。2017年10月10日方白术加量至30g,再服14剂。继续滴用抗真菌滴眼液。

2017年11月4日:左眼刺激症状明显减轻。左眼视力0.1,左眼结膜充血减轻,角膜溃疡基本愈合,实质轻度混浊。大便偏稀,舌质淡红,边有齿痕,脉细。2017年10月20日方黄芩改用6g,加苍术10g,继服4剂。

2017年11月9日:左眼无刺激症状。左眼视力0.2,角膜中央区大片云翳,实质水肿减退。改用平肝疏风、养血活血、退翳明目法。处方:石决明15g,蒺藜10g,川楝子10g,菊花10g,羌活6g,薄荷6g(后下),当归10g,生地黄15g,川芎6g,木贼10g,密蒙花10g,蝉蜕6g,桔梗6g。10剂,隔日1剂,水煎服,以图退翳明目、巩固疗效;继用那他霉素滴眼液点眼。

本例患者发病有明显的诱因,角膜病灶区刮片培养证实有真菌菌丝,故及时投用两种抗真菌药滴眼控制病情。患者眼局部及全身症状均较明显,属热重于湿证,治以清热祛湿为先,宜用甘露消毒丹加减。3次复诊,均以该方化裁,取效明显,提示对发病急猛的角膜溃疡,局部用药结合脏腑辨证服药,可及时控制病情,缓解症状。无论真菌、细菌还是病毒感染的角膜炎,炎症消退,仅残留云翳或斑翳后,可以用益气活血、清肝退翳法以助翳消睛明。不应急于频用各种退翳眼药,以防虚不受补,邪毒活化,病情复发。

诊疗特点

[诊断要点]

1. 多有稻谷、麦芒、树枝、树叶等植物性黑睛外伤史。

2. 黑睛生翳,表面微隆,外观似豆腐渣,干而粗糙,眵泪黏稠。

3. 眼部检查所见严重而自觉症状较轻。

4. 病变部位刮片涂片或培养有助于诊断。

[辨证要点]

湿翳的辨证论治,应遵循辨病与辨证相结合、全身辨证与局部辨证相结合的原则,需进行实验室检查以明确原因。病因明确者,应首先进行抗真菌治疗。湿翳治疗时应注意辨明湿与热的轻重。

[治法方药]

1. 湿重于热证

证候：患眼畏光流泪，疼痛较轻，抱轮微红，黑睛之翳初起，表面微隆，形圆而色灰白，多伴脘胀纳呆、口淡便溏，舌淡，苔白腻而厚，脉缓。

治法：化湿清热。

方药：三仁汤加减。泪液黏稠者，可加黄芩、茵陈以清热利湿；口淡纳呆较重者，常加茯苓、苍术以健脾燥湿。

2. 热重于湿证

证候：患眼碜涩不适，疼痛畏光，眵泪黏稠，白睛混赤，黑睛生翳，表面隆起，状如豆腐渣，干而粗糙，或见黄液上冲，常伴便秘尿赤，舌红，苔黄腻，脉濡数。

治法：清热祛湿。

方药：甘露消毒丹加减。黄液上冲较甚者，可加薏苡仁、桔梗、玄参以清热解毒排脓；大便秘结者，可加芒硝、生石膏以通腑泄热。

[外治法]

1. 点眼　抗真菌类滴眼液首选 5% 那他霉素滴眼液，或 0.1%~0.2% 两性霉素 B 滴眼液，频频滴眼，可联合 0.5% 氟康唑滴眼液，好转后适当减少用药频率。合用散瞳类滴眼液或眼用凝胶，如 1% 硫酸阿托品滴眼液或眼用凝胶。

2. 熏眼　可用苦参、白鲜皮、车前草、金银花、龙胆草、秦皮等水煎，待温度适宜时熏眼，每天 2~3 次。

3. 手术治疗　对黑睛溃破或即将溃破者，可及时行结膜瓣遮盖术或角膜移植术。

[其他治法]

1. 可口服中成药甘露消毒丸。

2. 严重真菌感染者可联合口服或静脉滴注抗真菌药物。

临证思路

湿翳的病因比较单一，为真菌感染所致，多数病例有植物性黑睛外伤史及手术史，首先予抗真菌治疗，结合辨证论治。早期以清热祛湿为主，热与湿偏重不同，选方各有侧重，后期要适时加用退翳明目药。

名医验案选读

李传课治真菌性角膜炎验案

吴某，男，21 岁，农民。

初诊：1967 年 9 月 18 日。自述 8 月 20 日上山割牛草，不慎被草叶划伤右眼黑睛，当时未予重视，4 天后觉右眼沙涩不适，疼痛，怕光流泪，黑珠生翳，至县医院诊治，诊断为匐行性角膜溃疡(查阅病历，予青霉素 20 万 U，链霉素 0.1g 球结膜下注射，已 5 次)，治疗 1 周，病情未见好转，遂前往专署人民医院检查，涂片报告有真菌菌丝，诊断为真菌性角膜溃疡，予磺胺醋酰钠滴眼液点眼，2% 碘化钾液点眼，已治 10 余天，病情有好转，但时轻时重，要求联合中药治疗。刻下症见怕光流泪，目痛头昏，有沉重感，小便黄短，大便不畅，舌苔腻偏厚,根部带黄。

检查:右眼视力眼前 5 寸(1 寸 =3.3cm)数指,眼睑痉挛,结膜囊有白色黏性分泌物,混合充血较重,角膜中央有不规则状溃疡,表面隆起,覆有腐渣样坏死组织,边缘呈迂曲状,周围有小结节状浸润;前房积脓,约占前房 1/4,有黏稠感,不能随头位转动而移动;瞳孔药物性散大。

辨证施治:证属湿热,法当化湿清热。

处方:藿香 10g,佩兰 10g,陈皮 3g,茵陈 10g,苦参 10g,黄芩 10g,薏苡仁 10g,大黄 10g(后下),栀子 10g,滑石 12g(包煎),甘草 3g。局部用原西药(抗真菌与散瞳)点眼,并用秦皮 10g、菊花 10g、苦参 10g、白鲜皮 10g 煎汤先熏后洗,每天 2 次。

1967 年 9 月 23 日:服上方 5 剂,大便通畅,前房积脓减少,舌苔仍腻,但根部已不黄,予上方去大黄加苍术 3g。

1967 年 9 月 28 日:服上方 5 剂,局部病情明显好转,角膜溃疡表面较清洁,前房积脓消失,混合充血减轻,药已奏效,继用上方 5 剂。

1967 年 10 月 4 日:眼部刺激症状基本消失,无黏性分泌物,溃疡表面较清洁,上皮开始生长,但基质层仍有轻度浸润。病至恢复阶段,转用退翳法,兼清余邪。处方:茵陈 6g,苍术 3g,茯苓 10g,薏苡仁 6g,秦皮 10g,黄芩 10g,木贼 10g,蒺藜 10g,赤芍 10g,防风 10g。

1967 年 10 月 10 日:服上方 5 剂,症状消失,舌苔已转正常,散瞳视力 0.1,其余无特殊。上方去茵陈、苍术、黄芩,加蝉蜕、蔓荆子、赤芍各 10g,继服 5 剂。以后仍守此法,先后加用石决明、蛇蜕、蝉蜕、丹参等退翳之品,共服 20 剂,局部结瘢,基质浸润消失。

解析:本案状似凝脂,实非凝脂,《审视瑶函》指出,凝脂为疾最急,翳呈肥浮脆嫩,但善变而速长。而本病起病缓,进展慢,翳呈黏腻污浊,实与湿邪特性相符,当从湿翳论治,以清热为主,祛湿为辅。方中苦参大苦大寒,苦能燥湿,寒能清热,为主药;栀子、黄芩清热燥湿;藿香、佩兰芳化湿浊;茵陈、滑石、薏苡仁清热利小便,使湿从小便出;大黄重浊,性降下行,荡涤肠胃,通利大便,使湿热火毒从大便出。诸药配合,专在清利湿热。(李传课 . 角膜炎证治经验[M].北京:人民卫生出版社,1990.)

第四节 混 睛 障

混睛障指黑睛深层呈现一片灰白翳障,混浊不清,蔓延黑睛,影响视力的眼病,又名混睛外障、气陷。《证治准绳·七窍门》指出:"混睛障证:谓漫珠皆一色之障也,患之者最多。有赤白二证,赤者易治于白者,赤者怕赤脉外爬,白者畏光滑如苔,有此二样牵带者,必难退而易发。若先因别证而生混障,则障去而原病见矣。若无别证,到底只是一色者,若混障因而犯禁触发者,则变证出,先治变证,后治本病。"本病病程缓慢,往往经过数月治疗方能逐渐减轻,但多数仍留瘢痕而影响视力。

混睛障与西医学之角膜基质炎相似。大多属于抗原 - 抗体在角膜基质内的免疫反应,常与先天性梅毒、结核、单纯疱疹病毒感染、带状疱疹、麻风等有关。

病因病机:多因肝经风热或肝胆热毒蕴蒸于目,邪伏风轮,热灼津液,瘀血凝滞引起;或邪毒久伏,耗损阴液,肝肾阴虚,虚火上炎所致。

1. 风热外袭,上扰目珠,侵犯黑睛。

2. 脏腑热盛,肝胆热毒,循经上攻于目,火郁经脉,气血壅滞,黑睛混浊与赤脉混杂。

3. 素体亏虚,脾胃虚弱,运化无力,内生湿热,熏蒸于目,损伤黑睛。

4. 邪毒不解,久伏体内,耗伤阴液,虚火上炎,黑睛受灼,发为本病。

【病案精选】

[病史资料]

杨某,女,21岁,文员。2015年3月13日初诊。

主诉:左眼发红,畏光流泪,视物不清1月余。

现病史:患者曾在东莞某医院诊治,康-华氏反应强阳性,诊断为梅毒性角膜实质炎,注射青霉素,病情不减,反而加重。现左眼仅辨明暗,不识人物。平素纳可,二便调,睡眠可,有冶游史,口苦咽干,便秘溲黄。

既往史:否认糖尿病病史,否认遗传病史。

体检:神清,舌红,苔黄,脉弦数。

眼部检查:左眼视力手动/眼前,胞睑难睁,抱轮红赤,黑睛深层呈圆盘状混浊,蔓延至整个黑睛,表面粗糙,外观如毛玻璃状,伴黑睛后壁沉着物,神水混浊;赤脉从黑睛边缘侵入黑睛深层,呈毛刷状排列,累及整个黑睛,形成赤白混杂的翳障,合并瞳神紧小。

实验室检查:梅毒螺旋体血凝试验(TPHA)阳性。

[辨治思路]

1. 主证分析 左眼发红,畏光流泪,视物不清1月余,白睛混赤,抱轮红赤,黑睛深层呈圆盘状混浊,蔓延至整个黑睛,表面粗糙,外观如毛玻璃状,伴黑睛后壁沉着物,神水混浊,瞳神紧小,符合混睛障诊断。西医诊断为角膜基质炎。本病例与梅毒螺旋体感染有关。

2. 证候分析 黑睛属风轮,内应于肝,肝胆热毒炽盛,因热致瘀,或火郁脉络,故见黑睛深层翳若圆盘、混浊肿胀、赤脉贯布、白睛混赤等眼症;口苦咽干、便秘溲黄及舌象、脉象均为肝胆热毒之候。

3. 立法处方

辨证:肝胆热毒。

治法:清肝解毒,凉血化瘀。

选方:银花解毒汤加减。

金银花15g,蒲公英15g,甘草6g,连翘10g,柴胡10g,黄芩10g,龙胆草10g,蔓荆子15g,黄芩10g,陈皮3g,土茯苓20g,天花粉15g,大黄4g,枳壳5g。每日1剂,水煎服,连服14剂。

治法与用药分析:方中金银花、蒲公英清热解毒;蔓荆子、黄芩清泄肺热;龙胆草泻肝清热;天花粉清热生津;大黄通腑泻热;枳壳疏散热邪;甘草调和诸药,兼以解毒。黑睛灰白混浊肿胀增厚者,可加车前子、茺蔚子以利水消肿;黑睛赤脉瘀滞者,可选加当归尾、赤芍、桃仁、红花以活血化瘀;口渴欲饮者,可加生石膏、知母以助清热;便秘者,可加玄明粉以助大黄通腑泻下;若系梅毒引起者,可加土茯苓以驱梅解毒。

辨证调护:饮食宜清淡,少食辛辣煎炸之物,以免助火生热。

[辅助检查]

1. 血清学检查,如康-华氏反应、荧光密螺旋体抗体吸收试验(FTA-ABS)或梅毒螺旋体血凝试验(TPHA)阳性。

2. 结核菌素试验阳性,或胸透、胸部摄片见肺部结核灶等。

[转归及对策]

2015年3月27日:左眼视物较前清晰,白睛混赤减退,黑睛混浊日渐减少,伴黑睛后壁沉着物,神水混浊;能识眼前之物,但不能察明细微,瞳神紧小。予2015年3月13日方再服14剂。

2015年4月12日:左眼视物较前清晰,视力0.1,白睛无混赤,黑睛混浊减轻,不伴黑睛后壁沉着物,神水混浊,予滋阴退翳汤30剂。处方:酒生地黄、当归各9g,酒白芍、麦冬、知母各6g,天花粉、木贼、谷精草、玄参各9g。

2015年5月12日:左眼视力0.3,白睛无混赤,黑睛仍有部分混浊,不伴黑睛后壁沉着物,神水混浊,嘱停药。

本病之辨证,须细审因。肝经风热所致者,治宜疏风清热;肝胆热毒所致者,治宜泻肝解毒;湿热内盛者,宜清热化湿;阴虚火炎者,治宜滋阴降火。外治以消障退翳和扩瞳为要。

诊疗特点

[诊断要点]

1. 黑睛深层呈灰白色混浊增厚,晦暗无光泽,如磨玻璃状。

2. 抱轮暗红或白睛混赤。

[辨证要点]

混睛障应遵循辨病与辨证相结合的治疗原则,需进行实验室检查以明确病因。治疗时应注意辨疾病病位之表里、病性之虚实、病邪之轻重。若梅毒、结核等原发病因确切者,须综合治疗。

[治法方药]

1. 肝经风热证

证候:黑睛混浊,抱轮红赤,畏光流泪,头眼俱痛,舌红,苔薄黄,脉浮数。

治法:祛风清热。

方药:羌活胜风汤加减。

常用药:羌活、防风、独活、白芷、前胡、荆芥、桔梗、薄荷、柴胡、川芎、黄芩、白术、枳壳。

2. 肝胆热毒证

证候:黑睛混浊,赤脉贯布,抱轮暗赤,刺痛流泪,便秘尿赤,口苦苔黄,脉数。

治法:泻肝解毒。

方药:银花解毒汤加减。

常用药:龙胆草、黄芩、桑白皮、天花粉、金银花、蒲公英、大黄、枳壳、蔓荆子。

3. 湿热内蕴证

证候:患眼胀痛,羞明流泪,抱轮红赤,或白睛混赤,黑睛深层呈圆盘状灰白色混浊、肿胀,常伴头重胸闷,纳少便溏,苔黄腻,脉濡数。

治法:清热化湿。

方药:甘露消毒丹加减。

常用药:滑石、茵陈、黄芩、石菖蒲、贝母、藿香、生地、天冬。

4. 阴虚火旺证

证候:病情反复发作,疼痛不显,抱轮微红,舌红少津,脉细数。

治法:滋阴降火。

方药:滋阴降火汤加减。

常用药:当归、川芎、生地、熟地、黄柏、知母、麦冬、白芍、黄芩、柴胡、甘草。

［其他治法］

1. 局部点用退云散、犀黄散以消障退翳。

2. 早期即应结合 1% 阿托品滴眼液充分散瞳。若散瞳不及时,愈后往往遗留瞳神干缺,严重影响视力。

3. 内服药渣煎水过滤作湿热敷,每天 3 次。

临证思路

内治法用于急性发病者,以疏风清热解毒为主;病程日久者,以补肝益肾、祛瘀通络为主。外治法以消障退翳、扩瞳为主。

名医验案选读

陈达夫治角膜基质炎验案

唐某,女,13 岁。

左眼发红,疼痛,流泪,视物模糊 6 个月,右眼相继发病 2 个月。曾在当地用中西药治疗,无明显好转。刻下症见口干口苦,大便干结,小便短黄,舌质红,苔黄,脉弦数。

检查:视力:右眼 0.05,左眼眼前 / 手动。双眼抱轮红赤,黑睛中央起灰白色翳障,形状不规则,右边界模糊,左边界清楚,表面不光滑,似毛玻璃,黑睛边缘赤脉如毛刷状伸向中央,左多于右,眼内结构不清。

辨证施治:此为厥阴外障,热毒偏甚。治以平肝清热,解毒祛瘀。

方药:石决明散加减。

处方:石决明 25g,决明子 25g,青葙子 18g,赤芍 15g,栀子 10g,荆芥 10g,麦冬 15g,木贼 15g,大黄 6g,桃仁 10g,红花 10g,土茯苓 25g,萆薢 25g。

服上方 6 剂后,病情无变化,在原方基础上加珍珠母 1.5g。又服 6 剂后,双眼红赤减轻,视力稍有好转,口干、便结等症痊愈,但感眼干涩,改予甘露饮加茯苓、乌贼骨。处方:天冬 12g,麦冬 12g,生地黄 12g,熟地黄 12g,茵陈 10g,黄芩 10g,枳壳 10g,蒲公英 25g,茯苓 25g,乌贼骨 25g。

服 56 剂后,红赤全消,赤脉亦封闭,黑睛遗留薄翳。右眼视力 0.6,左眼视力 0.3。改服石决明散加乌贼骨,明目退翳。

解析:本案因湿热毒邪侵犯肝经所致,湿入厥阴肝经而从热化,郁久伤阴,损及风轮中层。方中石决明、决明子、青葙子清肝明目;木贼、荆芥疏风止泪;栀子、大黄泻火;桃仁、红花、赤芍祛络通络止痛;土茯苓解毒;萆薢利湿;麦冬养阴生津。继服甘露饮,方中用二冬、二地养阴清热,茵陈、黄芩清热化湿,枳壳理气,蒲公英、茯苓、萆薢除湿解毒,乌贼骨退翳明目。

(罗国芬 . 陈达夫中医眼科临床经验［M］. 成都:四川科学技术出版社,1985.)

（刘求红）

第十一章 瞳 神 疾 病

第一节 瞳 神 紧 小

瞳神紧小指各种原因导致瞳神失去正常展缩功能,持续缩小,甚至小如针孔的眼病,又名瞳神焦小、瞳神缩小、瞳神细小。本病多发于青壮年,类似于西医学的前部葡萄膜炎,主要包括虹膜炎、虹膜睫状体炎、前部睫状体炎等。临床具有病情变化多端,易反复发作及缠绵难愈的特点。如失治误治,常因并发他症而导致严重视力损害。

病因病机:

1. 肝经风热或肝胆火热,循经上攻,煎熬神水,灼伤黄仁,致瞳神紧小,缩而不展。

2. 外感风湿,郁久化热;或素体阳盛,内蕴邪热,复感风湿,致风热湿邪上攻瞳神而发病。

3. 久病伤阴或素体阴亏,虚火上炎,神水受伤,瞳神失养。

【病案精选】

[病史资料]

黄某,男,34岁,职员。2015年10月8日初诊。

主诉:双眼红痛伴视力下降2月余。

现病史:患者于2个月前因过度疲劳出现双眼红赤隐痛,视力下降,于当地医院就诊,诊断为前葡萄膜炎,曾用地塞米松、吲哚美辛及阿托品滴眼液治疗1个月,效果不明显,现头痛如裹,口干乏味,小便不利,大便正常。

既往史:否认风湿病病史,否认遗传病及传染病史。

体检:神清,舌质红,苔厚白,脉濡滑。

眼部检查:视力:右眼0.2,左眼0.6。双眼睫状充血(++),角膜水肿,角膜后沉着物(++),虹膜纹理欠清,瞳孔药物性散大,边缘不齐,眼底窥欠清。

[辨治思路]

1. 主证分析 双眼红痛伴视力下降2月余,右眼视力0.2,左眼视力0.6,双眼睫状充血(++),角膜水肿,角膜后沉着物(++),虹膜纹理欠清,瞳孔药物性散大,边缘不齐,眼底窥欠清,符合瞳神紧小诊断。西医诊断为急性虹膜睫状体炎。

2. 证候分析 患者过度疲劳,肝胆湿热郁遏,循经上攻,煎熬神水,导致瞳神紧小,缩而不展;舌质红,苔厚白,脉濡滑,结合眼部表现,辨证为肝胆火炽证。

3. 立法处方

辨证:肝胆火炽。

治法:清泻肝胆。

选方:龙胆泻肝汤加减。

大黄 5g(后下),黄芩 10g,生地黄 15g,龙胆草 10g,泽泻 10g,车前子 15g,川木通 10g,生甘草 3g,当归 10g,柴胡 6g,山栀子 10g,青葙子 15g。每日 1 剂,水煎服,连服 7 剂。妥布霉素地塞米松滴眼液、1% 阿托品滴眼液点眼,每日 3~6 次。

治法与用药分析:方中黄芩、龙胆草、栀子泻肝经实火,清下焦湿热;木通、车前子、泽泻淡渗利湿,逐热由小便而出;青葙子凉血活血,弥补火热伤阴之虞,另有扩瞳之功;甘草泻火解毒。

辨证调护:忌食生冷刺激食品。

[辅助检查]

1. 实验室检查 血常规、血沉、肝功能、血清尿酸测定、结核菌素试验、免疫指标(类风湿因子、免疫球蛋白、抗核抗体、补体 C3)等。

2. 其他辅助检查 胸部、脊柱、骶髂关节 X 线检查。

[转归及对策]

2015 年 10 月 17 日:右眼视力 0.5,左眼视力 0.6,睫状充血已退,角膜水肿消退,角膜后沉着物减少,效不更方,2015 年 10 月 8 日方再服 14 剂。

2015 年 11 月 3 日:症状全部消失,右眼视力 0.7,左眼视力 0.6,2015 年 10 月 8 日方去龙胆草、栀子,加玄参 10g,再服 14 剂;停用阿托品滴眼液。

2015 年 11 月 18 日:双眼视力 1.0,改服杞菊地黄丸 1 个月巩固,以防复发。

本案肝胆湿热郁遏,循经上攻,煎熬神水,导致瞳神紧小,缩而不展。舌质红,苔厚白,脉濡滑,结合眼部表现,证属肝胆火炽,方用龙胆泻肝汤加减。诸症缓解后治以补益肝肾巩固疗效,达到防止复发的目的。

诊疗特点

[诊断要点]

1. 眼珠坠痛,眉棱骨痛。

2. 抱轮红赤或白睛混赤。

3. 黑睛后壁尘埃状、点状或羊脂状附着物。

4. 神水混浊,瞳神缩小,展缩失灵。

[辨证要点]

黄仁属瞳神,为五轮中之水轮,内应于肾与膀胱,其发病多责之于肾、膀胱,但与其他脏腑亦密切相关。证候类型有虚有实及虚实夹杂,虚证多因脏腑内损,气血不足,真元耗伤,精气不能上荣于目所致;实证常由风热攻目,气火上逆,肝胆火炽,风湿热邪搏结,目窍不利等引起;虚实夹杂证则由阴虚火旺,肝阳化风等引起。

[治法方药]

1. 肝经风热证

证候：发病急，视物模糊，眼珠坠痛拒按，畏光流泪，抱轮红赤，黑睛后壁点状或尘埃状附着物，神水微混，黄仁肿胀，瞳神轻度缩小，伴有发热头痛、咽干不适，舌红，苔薄黄，脉浮数。本证以眼部症状及全身症状为辨证要点。

治法：祛风清热。

方药：新制柴连汤加减。眼痛明显者，加生地黄、丹皮凉血止血止痛；神水混浊明显者，加车前子、猪苓、白茅根清热利水。

2. 肝胆火炽证

证候：眼珠疼痛较甚，痛连眉棱骨、颞颥，视物不清甚至视物不见，咽干口苦，烦躁易怒，小便黄赤，大便干结，舌红，苔黄腻，脉弦数。本证以局部症状及全身症状为辨证要点。

治法：清泻肝胆。

方药：龙胆泻肝汤加减。大便秘结者，加大黄、芒硝通腑泻热；黄液上冲者，加生石膏、知母、金银花、蒲公英清热泻火；眼痛剧烈者，加乳香、没药、夏枯草清热活血止痛。

3. 风湿夹热证

证候：发病或急或缓，病程缠绵，眼珠坠胀疼痛，眉棱骨、颞颥闷痛，伴头重胸闷，肢节酸痛肿胀，舌红，苔黄腻，脉濡数。本证以全身症状及舌脉为辨证要点。

治法：祛风清热除湿。

方药：抑阳酒连散加减。热邪重者，酌减羌活、独活等辛温发散之品，加金银花、蒲公英加强清热解毒之功；湿重于热者，去知母、黄柏等，酌加薏苡仁、茯苓、滑石渗利水湿；目赤疼痛者，加赤芍、郁金、丹皮凉血活血止痛。本证以全身症状及舌脉为辨证要点。

4. 阴虚火旺证

证候：病势较缓，时轻时重，眼痛较轻，干涩不适，视物不清，伴有心烦失眠，五心烦热，口燥咽干，舌红少苔，脉细数。

治法：滋阴降火。

方药：知柏地黄丸加减。瘀滞明显者，加茺蔚子、郁金、赤芍活血祛瘀通络。

临证思路

本病早期应及时扩瞳和相关治疗，防止瞳神粘连，减少并发症的产生。根据病情，在中医辨证治疗的基础上，针对病因，综合治疗，才能达到控制病情、减少复发的目的。葡萄膜为多气多血的组织，容易发生气滞血瘀，变生痰湿，因此，行气活血、祛痰化湿、补气益血等治法运用较多。

名医验案选读

李传课治葡萄膜炎验案

彭某，女，19岁。

初诊：2010年6月18日。双眼视力减退10天。13岁时曾因双眼红痛、畏光流泪、视力减退在当地医院诊断为双眼葡萄膜炎，使用糖皮质激素及环磷酰胺等药物治疗后病情好转，但时常反复。15岁时因并发性白内障行晶状体超声乳化术联合人工晶状体植入术，术后口服糖皮质激素，现又觉双眼不适。舌质红，少苔，脉数。

检查：右眼戴镜视力 0.1，左眼戴镜视力 0.25；右眼眼压 13mmHg，左眼眼压 14mmHg。

双眼房水闪光,瞳孔无粘连,玻璃体轻度混浊,视网膜脉络膜可见多个大小不一的陈旧及新鲜黄白色病灶,黄斑部水肿。

辨证施治:辨证为阴虚血热,治以养阴凉血。

处方:生地黄15g,丹皮10g,赤芍10g,黄连10g,连翘10g,麦冬12g,玄参10g,芦根15g,千里光10g,甘草3g。

服上方7剂,自觉症状减轻,房水闪光消失,再服40剂,配合使用泼尼松片每日40mg,晨起顿服,每周减1片。47天后,自觉症状减轻,房水闪光消失,再服40剂,右眼戴镜视力0.5,左眼戴镜视力0.7,右眼眼压15mmHg,左眼眼压16mmHg,视网膜新鲜渗出物吸收,黄斑水肿吸收。嘱服用滋阴明目丸,观察4年,视力稳定,未见复发。

解析:葡萄膜炎为临床常见眼病,病因病机复杂,是一类免疫性疾病,糖皮质激素与免疫抑制剂有效,但减量或停用时病情又可反复,且长期使用有副作用。葡萄膜炎患者长期使用糖皮质激素治疗常呈现阴虚火旺或脾肾阳虚证候,根据患者证型,辨证论治,常可以达到改善症状、减少复发的目的。(李传课,李波.李传课眼科诊疗心得集[M].北京:中国中医药出版社,2015.)

第二节 绿 风 内 障

绿风内障是以头目剧痛,视力急降,眼珠变硬,瞳神散大,瞳色淡绿为主要临床表现的急性眼病,又名绿风、绿风障症、绿盲。本病多见于40岁以上的中老年人,可双眼先后或同时发病,女性常见,发病急,病情重,应及早治疗,若误诊误治,易导致失明。

绿风内障相当于西医学之急性闭角型青光眼急性发作期,恶性青光眼也可参考本病辨证论治。

病因病机:

1. 悲郁忧思,暴怒气结,郁久化火,火盛生风,风火上扰头目,致玄府闭塞,神水积滞。
2. 久病劳倦太过,真阴亏耗,水不涵木,阴不制阳,阳亢化风,上扰头目。
3. 肝胃虚寒,清阳不升,浊阴不降,饮邪上逆,阻遏清窍,致玄府闭塞,神水积滞。

【病案精选】

[病史资料]

王某,男,70岁,退休干部。2015年3月14日初诊。

主诉:左眼胀痛伴视力剧降3天。

现病史:患者秉性暴躁,3天前因玩牌过度疲劳出现头疼如劈,恶心呕吐,水食不进,左眼胀痛欲出,视力下降,当地医疗室给予静脉滴注50%葡萄糖注射液及注射镇痛药,疼痛不能缓解。刻下症见口苦咽干,小便黄,大便4天未行。

既往史:有高血压病史10余年,否认糖尿病及传染病史。

体检:表情痛苦,舌质红,苔黄燥,脉弦数。

眼部检查:右眼视力0.6,左眼视力光感。左眼睑肿胀,白睛混合充血(+++),角膜水肿,前房浅,瞳孔极度散大,对光反射消失,晶状体混浊,眼底窥不清。右眼眼压17.30mmHg,左眼眼压61.75mmHg,血压160/90mmHg。

［辨治思路］

1. 主证分析　左眼胀痛伴视力剧降 3 天,左眼视力光感,左眼睑肿胀,白睛混合充血 (+++),角膜水肿,前房浅,瞳孔极度散大,对光反射消失,晶状体混浊,眼底窥不清,右眼眼压 17.30mmHg,左眼眼压 61.75mmHg,血压 160/90mmHg,符合绿风内障诊断。西医诊断为急性闭角型青光眼急性发作期。

2. 证候分析　患者秉性暴躁,易于动怒,因情绪不佳,整日玩牌,过度疲劳,肝火上炎, 气机不畅,脏腑失调,神水受阻,导致眼压升高,疼痛明显;舌质红,苔黄燥,脉弦数,结合眼部表现,辨证为肝胆火炽证。

3. 立法处方

辨证:肝胆火炽。

治法:清热泻火,平肝息风。

选方:龙胆泻肝汤加减。

大黄 5g(后下),黄芩 10g,生地黄 15g,龙胆草 10g,泽泻 10g,车前子 15g,川木通 10g,生甘草 3g,当归 10g,柴胡 6g,山栀子 10g,煅磁石 15g,石决明 30g(先煎)。每日 1 剂,水煎服, 连服 5 剂。

口服醋甲唑胺片 50mg、小苏打片 0.5g,每日 2 次;静脉滴注甘露醇;1% 毛果芸香碱滴眼液滴眼,每日 6 次。

治法与用药分析:方中以黄芩、龙胆草为主,力主清肝泻火;大黄通腑泻下;磁石、石决明平肝潜阳,磁石另有治疗瞳神散大、视物不明的功能。

辨证调护:保持情绪稳定,避免刺激,低盐饮食。

［辅助检查］眼前段照相、房角镜检查。

［转归及对策］

2015 年 3 月 20 日:便通症减,夜能入睡,稍能进食。视力:数指 /60cm,眼球充血(++), 角膜水肿已退,瞳孔仍大,对光反射迟钝。2015 年 3 月 14 日方去大黄再服 7 剂。

2015 年 3 月 28 日:症状基本消失,眼球充血(+),瞳孔直径 4mm,对光反射迟钝,眼压 21.89mmHg,视力 0.06。继服 2015 年 3 月 20 日方 14 剂。

2015 年 4 月 12 日:左眼视力 0.2,改服逍遥丸、维生素 B_1 片、甲钴胺等。症状稳定,建议手术,以防复发。

本案因肝火上炎,气机不畅,脏腑失调,神水受阻,导致眼压升高,疼痛明显;舌质红,苔黄燥,脉弦数,结合眼部表现,辨证属肝胆火炽,方用龙胆泻肝汤加减。加用降眼压西药,后调整中药巩固疗效,建议手术治疗达到防止复发的目的。

诊疗特点

［诊断要点］

1. 患眼疼痛、视力剧降,伴恶心呕吐。

2. 眼部检查白睛混赤,黑睛雾状混浊,瞳神散大,展缩失灵,瞳色淡绿。前房变浅,房角关闭。眼压升高,多在 50mmHg 以上。

［辨证要点］

绿风内障属瞳神疾病,多因情志失调,五志化火,气火上逆;或邪热内犯,肝胆火盛,热极生风,风火上攻头目;或脾湿生痰,痰郁化热,痰火郁结,上攻于目,导致眼孔不通,玄府闭塞,气血不和,神水瘀滞。

[治法方药]

1. 肝胆火炽证

证候:发病急,眼胀欲脱,头痛如劈,视力剧降。白睛混赤,黑睛雾状水肿,前房消失,瞳神散大呈淡绿色,眼硬如石。恶心呕吐,口苦口干,尿黄便结,舌红苔黄,脉弦数。本证以眼部症状及全身症状为辨证要点。

治法:清热泻火,平肝息风。

方药:绿风羚羊饮加减。眼胀痛难忍者,加夏枯草、香附、决明子清肝理气;胸闷不适者,加郁金、川楝子疏肝理气;恶心呕吐者,加半夏、陈皮和胃降逆。

2. 肝阳上亢证

证候:发病急,眼胀欲脱,头痛如劈,视力剧降。白睛混赤,黑睛雾状水肿,前房消失,瞳神散大呈淡绿色,眼硬如石。身热面红,眩晕,恶心呕吐,尿黄便结,舌红苔黄,脉弦滑数。本证以局部症状及全身症状为辨证要点。

治法:平肝潜阳,化痰息风。

方药:将军定痛丸加减。眩晕明显者,加石决明、钩藤等平肝潜阳;恶心呕吐者,加代赭石、竹茹清热降逆止呕;目珠胀痛者,加泽泻、猪苓、通草利水泻热导滞。

3. 肝胃虚寒证

证候:眼珠胀痛,视物昏蒙。白睛混赤,黑睛雾状水肿,前房消失,瞳神散大呈淡绿色,眼硬如石。头痛喜裹,颠顶疼痛,干呕吐涎,食少神疲,四肢不温,舌淡,苔白,脉弦。本证以全身症状及舌脉为辨证要点。

治法:疏肝降逆,温中散寒。

方药:吴茱萸汤加减。头痛喜裹,加藁本祛风止痛;畏寒肢冷,食少神疲者,加干姜、白术温中散寒。

🐛 临证思路

绿风内障治疗以保存视功能为主要目的,由于发病急、危害大,治疗应争分夺秒,迅速降低眼压,中医治疗重在疏肝理气、活血利水、潜阳息风为先,待病情缓解,再审因论治,在辨证的基础上酌加滋补肝肾、活血通络之品,以保护视神经、促进视功能恢复。外治方面,局部用药及手术治疗十分重要,还可配合针灸、激光等方法综合治疗。

📜 名医验案选读

李传课治急性闭角型青光眼验案

汪某,女,58岁。

初诊:右眼胀痛难忍8小时。2004年8月19日在某医院眼科做散瞳检查,晚12时开始觉右眼胀痛伴同侧头痛,恶心欲呕。舌质红,苔黄,脉弦数。

检查:右眼视力0.01,非接触眼压56mmHg。右眼混合充血,角膜雾状水肿,前房浅,瞳孔散大呈竖椭圆形,晶状体混浊,眼底窥不清。

辨证施治:辨证为肝胆风火,治以清肝息风、降火止痛。经西药紧急处理后给予中药治疗。

处方:石决明 20g,夏枯草 10g,玄参 10g,知母 10g,防风 10g,黄芩 10g,茯苓 20g,车前子 12g,甘草 3g。

共服上方 5 剂后,自觉症状大有好转,继用西药,建议患者入院手术治疗,避免再次发作。

解析:绿风内障多因情志失调,五志化火,肝胆火盛,或阴虚阳亢,导致眼孔不通,玄府闭塞,气血不和,神水瘀滞。因此,病既急者,以收瞳神为先,瞳神得收,目即有生意。先以西药紧急缩瞳降压,再辨证论治。急性期多以绿风羚羊饮加减,如经手术治疗后,眼压已经下降,仍有轻微胀痛者,可用平肝潜阳之法,用石决明散加减。(李传课,李波.李传课眼科诊疗心得集[M].北京:中国中医药出版社,2015.)

第三节 云雾移睛

云雾移睛指外眼端好,自觉眼前似有蚊蝇或云雾样黑影飘荡,甚至视物昏蒙的眼病。

云雾移睛相当于西医学之玻璃体混浊,常由葡萄膜或视网膜炎症、出血,以及玻璃体变性、液化等引起,可单眼或双眼发病。

病因病机:

1. 肝肾亏虚,阴精不足,不能上濡于目,目窍失养。

2. 久病或产后,气血亏虚,不能上荣于目,神膏失养。

3. 湿热蕴蒸,或痰湿内蕴,浊气上泛,扰及清窍。

4. 各种原因致眼内出血,气滞血瘀,血溢神膏。

【病案精选】

[病史资料]

胡某,男,39 岁,干部。2014 年 11 月 7 日初诊。

主诉:双眼前蛛丝样漂浮物 2 月余。

现病史:患者素有近视,戴镜已久,近 2 月余发现双眼前有蛛丝样漂浮物,经检查诊断为双眼高度近视、玻璃体混浊,曾口服维生素类药物、氨碘肽滴眼液等治疗 1 个月未见好转。刻下症见精神欠佳,记忆力减退,头晕耳鸣,腰膝酸软,小便频数。

既往史:其父有高度近视病史,否认传染病史。

体检:神清,舌淡红,苔薄白,脉细数。

眼部检查:裸眼视力:右眼 0.1,左眼 0.06。眼球轻度突出,角膜透明,瞳孔正圆,对光反射灵敏,晶状体无混浊,玻璃体内纤维样物,眼底近视改变。

[辨治思路]

1. 主证分析 双眼前有蛛丝样漂浮物 2 月余,右眼裸眼视力 0.1,左眼裸眼视力 0.06,眼球轻度突出,角膜透明,瞳孔正圆,对光反射灵敏,晶状体无混浊,玻璃体内纤维样物,眼底近视改变,符合云雾移睛诊断。西医诊断为玻璃体混浊。

2. 证候分析 患者及其父均有高度近视病史,先天禀赋不足,元阳不固,精血亏虚,神膏失养,幻影自出,导致眼前有蛛丝样黑影飘荡;舌淡红,苔薄白,脉细数,结合眼部表现,辨证为肝肾亏虚证。

3. 立法处方

辨证:肝肾亏虚。

治法:补益肝肾。

选方:明目地黄丸加减。

熟地黄 15g,生地黄 15g,山药 15g,泽泻 10g,山茱萸 10g,丹皮 10g,柴胡 6g,茯苓 15g,当归 10g,五味子 10g。每日 1 剂,水煎服,连服 10 剂。口服卵磷脂络合碘片,每次 2 片,每日 3 次。

治法与用药分析:方中熟地、生地、当归滋阴补血;五味子补肾纳气;山药、山茱萸补肾益精;泽泻、茯苓、丹皮防滋补碍气。

辨证调护:节制房事,少饮酒。

[辅助检查]

眼部 B 超、眼底照相。

[转归及对策]

2014 年 11 月 18 日:患者自觉身体状况有所好转,眼前黑影缩小,颜色变淡,继服 2014 年 11 月 7 日方 20 剂。

2014 年 12 月 10 日:精神恢复,黑影消失,双眼视近物清晰,2014 年 11 月 7 日方加何首乌 10g 再服 15 剂,诸症消失,停用药物。

本案患者先天禀赋不足,元阳不固,精血亏虚,神膏失养,幻影自出,导致眼前有蛛丝样黑影飘荡;舌淡红,苔薄白,脉细数,结合眼部表现,证属肝肾亏虚,方用明目地黄丸加减,联合口服卵磷脂络合碘片,症状改善后加用何首乌补益气血,达到巩固疗效的目的。

诊疗特点

[诊断要点]

1. 眼前云雾样阴影漂浮,或蚊蝇飞舞,形状不一,飘移不定,视力或有下降,甚至视物昏蒙。

2. 眼部检查可见玻璃体腔点状、尘状、絮状、丝状、网状混浊,或见闪辉样结晶,或雪花飘浮,眼底可有水肿、渗出、出血或退行性改变。

[辨证要点]

神膏疾病的辨证应眼部及全身合参,综合辨证。虚者常由肝肾亏损,气血亏虚,目窍失养;实者以痰湿内蕴,郁久化热,湿热浊气上犯,目中清纯之气被扰;亦有气滞血瘀,血溢络外,滞于神膏所致。

[治法方药]

1. 肝肾亏损证

证候:眼前蚊蝇飞舞,视物昏蒙,或能近怯远,神膏混浊,可伴头晕耳鸣、腰膝酸软,舌红苔少,脉弦细。本证以眼部症状及全身症状为辨证要点。

治法:补益肝肾。

方药:明目地黄丸加减。神膏混浊明显者,加丹参、茺蔚子祛瘀明目;阴虚火旺者,加知母、黄柏、麦冬滋阴降火。

2. 气血亏虚证

证候：眼前蚊蝇飞舞，视物昏蒙，或能近怯远，神膏混浊，可伴头晕心悸、乏力倦怠、面色无华，舌淡红，苔薄白，脉细弱。本证以局部症状及全身症状为辨证要点。

治法：益气补血。

方药：八珍汤加减。气虚甚者，酌加黄芪益气健脾；阴血不足者，加天冬、麦冬滋养阴液。

3. 湿热内蕴证

证候：眼前蚊蝇飞舞，视物昏蒙，或能近怯远，神膏混浊，可伴头重胸闷、口苦心烦、小便黄赤，舌红，苔黄腻，脉濡数。本证以全身症状及舌脉为辨证要点。

治法：化湿清热。

方药：三仁汤加减。热重者，酌加黄芩、栀子清热泻火；湿重者，加车前子、猪苓利湿清热；食少纳呆者，酌加白扁豆、茯苓健脾和中。本证以全身症状及舌脉为辨证要点。

4. 气滞血瘀证

证候：眼前蚊蝇飞舞，视物昏蒙，或能近怯远，神膏混浊，或可见眼底出血病灶，伴有情志不舒、胸胁胀痛，舌质紫暗或有瘀斑，脉弦涩。

治法：行气活血。

方药：血府逐瘀汤加减。眼内出血初起，混浊物鲜红者，去桃仁、红花，酌加丹皮、焦栀子、三七凉血散瘀；瘀久不散，混浊物呈灰白色者，酌加三棱、莪术、昆布、海藻化瘀散结。

临证思路

本病应局部辨证结合全身辨证，虚者治宜补益肝肾或益气补血，实者治宜清利湿热、化痰降浊、活血化瘀等。同时重视治疗原发病，达到标本兼治的目的。

名医验案选读

李传课治飞蚊症验案

苏某，男，51岁。

初诊：2010年10月18日。右眼前点状黑影飘动7天。自觉头晕耳鸣，腰酸不适，夜尿2~3次，舌淡红，苔薄白，脉细。

检查：右眼视力、眼压、眼底检查均正常，玻璃体混浊（+）。

辨证施治：此为肝肾亏损证，治宜滋补肝肾。

处方：熟地黄15g，白芍10g，当归10g，川芎10g，菟丝子15g，覆盆子12g，枸杞子15g，蔓荆子10g，丹参15g。

服上方15剂后，自觉症状大有好转，服药后无不适，继服15剂，并用枸杞子100g、桑椹50g、瘦肉适量炖服，每月2~4次。服药30剂，眼前黑影消失，精神状态改善。嘱口服杞菊地黄丸以巩固疗效。

解析：生理性飞蚊症不是器质性疾病，治疗时应向患者说明病情，消除紧张情绪，结合药膳，滋补肝肾的同时养血活血，达到血养膏、膏护瞳神的作用。（李传课，李波．李传课眼科诊疗心得集［M］．北京：中国中医药出版社，2015.）

（王小川）

第四节 络阻暴盲

络阻暴盲指眼外观正常,一眼或双眼视力猝然急剧下降,视衣可见典型缺血性改变为特征的致盲眼病。《证治准绳·七窍门》首载"暴盲"之名,又称为"落气眼"。《抄本眼科》对本病特点的描述较为准确,书中说"不害疾,忽然眼目黑暗,不能视见,白日如夜"。本病以中老年多见,无性别差异,发病急骤,多为单眼发病,多数患者伴有高血压等心脑血管疾病。

络阻暴盲相当于西医学的视网膜动脉阻塞。视网膜中央动脉的主干或分支阻塞后,引起其所供应区域的视网膜发生急性缺血,导致视功能急剧损害或丧失,主要表现为一眼突然发生无痛性完全失明。

病因病机:

1. 暴怒惊恐,气机逆乱,气血上壅,血络瘀阻。

2. 嗜食肥甘燥腻,或恣酒嗜辣,痰热内生,上壅于目,导致血脉闭塞。

3. 年老体弱,肝肾阴亏,肝阳上亢,气血上逆,瘀滞脉络。

4. 心气不足,推动无力,血行滞缓,血脉瘀塞。

【病案精选】

［病史资料］

左某,男,55岁,私企业主。2015年8月4日初诊。

主诉:右眼突然视物模糊,伴右侧头痛5天余。

现病史:患者于5天前突发右眼视物模糊,伴剧烈右侧头痛,立即至某医院急诊就诊,诊断不明,经吸氧、注射消旋山莨菪碱、口服维生素C和维生素B_1治疗无效,遂来我院就诊。患者平素胸胁胀满,急躁易怒,头痛眼胀。

既往史:有高血压病史9年,否认糖尿病病史,否认传染病及遗传病史。

体检:神清,舌质稍红,舌有瘀点,脉涩。

眼部检查:右眼视力:指数/眼前,左眼视力:1.2;双眼眼前段正常,右眼视神经乳头色淡,边缘不清,视网膜动脉变细,甚则如白线状,静脉亦变细,后极部视网膜水肿混浊呈乳白色,黄斑呈典型樱桃红点。

［辨治思路］

1. 主证分析　右眼突然视物模糊,伴右侧头痛5天余,视网膜动脉及静脉均显著变细,甚则呈白线状,后极部视网膜水肿混浊呈乳白色,黄斑呈典型樱桃红点,符合络阻暴盲诊断。西医诊断为视网膜中央动脉阻塞。应进一步检查引起动脉阻塞的原因。

2. 证候分析　患者平素胸胁胀满,急躁易怒,头痛眼胀,纳可,二便调,睡眠不实,舌有瘀点,脉涩,有高血压病史9年,视网膜后极部灰白色混浊水肿,黄斑区有樱桃红点,辨证为气血瘀阻证。

3. 立法处方

辨证:气血瘀阻。

治法:行气活血,通窍明目。

选方:通窍活血汤加减。

桃仁 10g,红花 10g,当归 30g,川芎 18g,生地 15g,赤芍 15g,茯苓 10g,苍白术各 15g,生甘草 10g,生姜 6g,大枣 6枚,葱白 4茎,黄酒一斤(分 3次用完)。每日 1剂,水煎服,连服 10剂。

治法与用药分析:方中桃仁、红花活血通经,祛除瘀滞;赤芍通顺血脉,行血中之瘀滞,与桃仁、红花配合用于瘀滞重者最为相宜,且赤芍味苦微寒,借以缓和方中其他药物的辛温之性;川芎辛温香窜,功能行气活血,乃血中之气药,与桃仁、红花、赤芍配伍使用,加强行血散瘀的作用;葱、姜辛散,能通达上下表里之血脉,为通阳活血之品;姜枣配合,可以补脾益胃,缓和他药辛香过烈之性,保护脾胃不受刺激,并能促进食欲,增强消化功能,有利于药物吸收;大枣甘缓,能益血止血;酒是辛散之品,善通血脉。诸药合用,构成上达颠顶、活血通窍的佳方。

[辅助检查]

荧光素眼底血管造影右眼中央动脉主干 15秒无灌注,40秒后动脉开始充盈,视网膜循环时间明显延长。

[转归及对策]

2015年 8月 14日:右眼视力提高到 0.05,但头痛未减。视盘颜色恢复正常,后极部仍有水肿,视网膜动脉有细血柱通过,视网膜转为淡红色,在 2015年 8月 4日方基础上去生姜,加五灵脂 10g、全蝎 10g、桂枝 10g、珍珠母 20g,再服 8剂。

2015年 8月 22日:头痛明显改善,但仍不时有少许头痛。右眼视力 0.1,视盘颜色恢复正常,后极部无明显水肿,视网膜动脉有血柱通过,视网膜转为淡红色,黄斑部中央凹反射未见。改用养血活血、行气通络法,方用血府逐瘀汤加减:当归 15g,熟地 15g,川芎 15g,白芍 15g,桃仁 15g,红花 10g,半夏 10g,竹茹 10g,枳实 10g,陈皮 10g,甘草 6g,茯苓 10g。每日 1剂,水煎服,连服 15剂。嘱平素少食肥甘厚腻之品,注意控制血压。

2015年 9月 8日:头痛完全改善。右眼视力 0.2,视盘颜色恢复正常,后极部无明显水肿,视网膜动脉有血柱通过,视网膜转为淡红色,黄斑部中央凹反射未见。予日常口服丹参片。

本案患者平素胸胁胀满,急躁易怒,头痛眼胀,纳可,二便调,睡眠不实,舌有瘀点,脉涩,有高血压病史 9年,视网膜后极部灰白色混浊水肿,黄斑区有樱桃红点,辨证为气血瘀阻证。右侧头部剧烈疼痛,乃血脉瘀滞所致,予通窍活血汤。经过治疗,视网膜血脉瘀滞渐通,血液循环逐渐恢复,右眼视力逐渐提高,头痛是药力到达右侧头部,血脉中的瘀滞欲通而未通的反应,故二诊加五灵脂以加强活血化瘀之力,加珍珠母以解右侧头痛,去生姜避免久用过于温散。三诊法转养血活血、养肝止痛,以免久攻伤正,使瘀血尽而功能得以恢复,病遂痊愈。

诊疗特点

[诊断要点]

1. 起病急,多见于 50岁以上老年人,可有风眩、消渴及心血管疾病史等。

2. 患眼视力骤然剧降,甚至无光感,无痛痒等感觉。

3. 瞳孔散大,直接对光反射迟钝或消失。

4. 视神经乳头色淡,边缘不清,视网膜动脉变细,甚则如白线状,静脉亦变细,后极部视网膜水肿混浊呈乳白色,黄斑呈典型樱桃红点。

5. 荧光素眼底血管造影可见以下几种表现:①中央动脉主干无灌注;②动脉及静脉迟缓充盈,视网膜循环时间延长;③检眼镜下所见的血流"中断"部位仍有荧光素通过;④毛细血管无灌注区形成;⑤部分血管壁荧光素渗漏;⑥晚期患者可能见不到阻塞的荧光征象。

[辨证要点]

本病辨证应首辨疾病阶段,患者突发视力下降或丧失为急性期,应迅速结合全身症状及舌脉明确病因病机,为气血瘀滞或痰热或肝阳上亢等,尽早抢救、尽快治疗;发病日久则多为气虚血瘀。

[治法方药]

1. 气血瘀阻证

证候:骤然盲无所见,眼外观正常,眼底可见视网膜中央动脉或分支动脉阻塞,胸胁胀满,急躁易怒,头痛眼胀,舌有瘀点,脉弦或涩。本证以愤怒暴悖及舌脉为辨证要点。

治法:行气活血,通窍明目。

方药:通窍活血汤加减。失眠者,加首乌藤、酸枣仁以宁心安神;胸胁胀满甚者,加郁金、青皮以行气解郁;视网膜水肿甚者,加琥珀、泽兰、益母草之类活血化瘀,利水消肿;头昏痛者,加天麻、牛膝以引血下行,平肝息风。

2. 痰热上壅证

证候:骤然盲无所见,眼外观正常,眼底可见视网膜中央动脉或分支动脉阻塞,体型多较胖,头眩而重,胸闷烦躁,食少恶心,口苦痰稠,苔黄腻,脉弦滑。本证以体型较胖或目眩头重及舌脉为辨证要点。

治法:涤痰通络,活血开窍。

方药:涤痰汤加减。酌加地龙、川芎、郁金、牛膝以助活血通络;热邪较甚者,去人参、生姜、大枣,加黄连、黄芩以清热涤痰。

3. 肝阳上亢证

证候:骤然盲无所见,眼外观正常,眼底可见视网膜中央动脉或分支动脉阻塞,目干涩,头痛眼胀或眩晕时作,急躁易怒,面赤烘热,心悸健忘,失眠多梦,口苦咽干,舌红,脉弦细或数。本证以年老久病,或头晕耳鸣、面赤烘热等症及舌脉为辨证要点。

治法:滋阴潜阳,活血通络。

方药:镇肝熄风汤加减。可酌加石菖蒲、丹参、丝瓜络以助通络活血;心悸健忘、失眠多梦者,加首乌藤、珍珠母以镇静安神;五心烦热者,加知母、黄柏、地骨皮降虚火;视网膜水肿混浊明显者,加车前子、益母草、泽兰活血利水。

4. 气虚血瘀证

证候:发病日久,视物昏蒙,动脉细而色淡红或呈白色线条状,视网膜水肿,视盘色淡白,伴有短气乏力,面色萎黄,倦怠懒言,舌淡有瘀斑,脉涩或结代。本证以视盘色淡及全身症状为辨证要点。

治法:补气养血,化瘀通脉。

方药:补阳还五汤加减。心慌心悸、失眠多梦者,加夜交藤、柏子仁以养心宁神;视衣色淡者,加枸杞子、女贞子等益肾明目,滋阴养血;情志抑郁者,加柴胡、白芍、青皮、郁金疏肝理气解郁。

[针灸治疗]

基本处方:睛明,球后,风池,太冲,光明。

球后、睛明皆位于眼部,旨在通调眼部气血;风池为足少阳经穴,内通眼络,可通络明目;

太冲为足厥阴肝经原穴,光明为足少阳胆经络穴,原络配用,以疏肝理气、养肝明目。

加减运用:气血瘀滞加合谷、膈俞、三阴交以行气活血,通络明目;痰热上壅加丰隆、内庭清热化痰;肝阳上亢加行间、太溪育阴潜阳,平肝明目;气虚血瘀加脾俞、足三里健脾益气,以资气血生化之源,加三阴交活血化瘀。

操作方法:毫针刺,用泻法。脾俞、足三里用补法。

[其他治疗]

1. 抢救措施 ①亚硝酸异戊酯 0.2ml 吸入,每隔 1~2 小时再吸 1 次,连用 2~3 次。舌下含化硝酸甘油片,每次 0.3~0.6mg,每日 2~3 次。②球后注射妥拉唑啉 12.5mg 或阿托品 1mg。③间歇性按摩眼球,以降低眼压。④吸入 95% 氧及 5% 二氧化碳混合气体。

2. 中成药 ①复方丹参滴丸舌下含服,用于各型络阻暴盲,每次 10 粒。每日 3~4 次。②葛根素注射液肌内注射,用于各型络阻暴盲,每次 100mg,每日 2 次;或静脉滴注,每次 300~400mg 加入 5% 葡萄糖注射液或 0.9% 氯化钠注射液 500ml 中,每日 1 次,20 天为一个疗程。③醒脑静注射液静脉滴注,适用于气血瘀阻证,每次 10~20ml 加入 0.9% 氯化钠注射液 250ml 中,每日 1 次,10 天为一个疗程。

临证思路

络阻暴盲的病因比较复杂,为多因素致病,多发生在有高血压(64%)、糖尿病(24%)、心脏病(28%)、颈动脉粥样硬化(32%)的老年人,青年患者比较少见,发病者常有偏头痛(1/3)、血黏度异常、血液病、口服避孕药和外伤等诱因,或因风湿性心脏病而有心内膜赘生物,与视网膜血管炎症、视网膜低灌注、高血压、动脉硬化、血液高黏度和血流动力学异常等有密切关系。视网膜脱离手术或眶内手术、下鼻甲或球后注射泼尼松龙等药物偶有引起,表现为一眼突然发生无痛性完全失明,有的患者在发作前有阵发性黑蒙。

本病的病理基础是"血瘀"导致脉络不通,注意行气活血、祛瘀通窍,且应随症加减:兼气虚者,重加黄芪、太子参、山药;兼气滞者,加枳壳、香附;兼血热者,加生地黄、丹皮;兼寒证者加桂枝、吴茱萸;黄斑水肿者,加益母草、猪苓、白茅根;网膜有渗出者,加海藻、昆布。用药剂量要随个人体质而异,初病可量重,久病要注意兼顾正气。注意定期检查眼底,有新生血管时应及时激光治疗。

名医验案选读

姚芳蔚治视网膜动脉阻塞验案

朱某,男,71 岁。

现病史:患者于 3 天前突然左眼失明,当即至某医院急诊抢救,经治疗视力无明显改善,遂来就诊。现症见:右眼视力 0.9,左眼视力手动 / 眼前。双眼外眼无异常,晶状体皮质轻度混浊。眼底检查见右眼视网膜动脉普遍狭窄变细,反光增强,动静脉比例为 1:3,交叉压迫明显,左眼视盘色泽偏淡,边界模糊,视网膜动脉显著变细,呈银丝状,静脉亦细,后极部视网膜呈弥漫性水肿,黄斑部色暗红。血压 160/80mmHg,舌质暗红,边有齿印,脉细涩。

辅助检查:血胆固醇 5.38mmol/L,三酰甘油 2.2mmol/L。

诊断:双眼视网膜动脉硬化,左眼视网膜中央动脉阻塞。

辨证:气虚血瘀。

治法:益气活血通络。

处方:干地龙 12g,赤芍 12g,当归 12g,川芎 10g,红花 10g,桃仁 10g,黄芪 45g,茯苓 12g,泽泻 12g,白芷 10g,丹参 30g,葛根 30g,山楂 12g。3 剂。另舌下含服麝香保心丸,每日 3 次,每次 3 粒,同时配合针刺治疗。

3 天后复诊,左眼视力眼前 1 尺数指,视网膜水肿减退,在上方基础上加白术 12g,继续舌下含服麝香保心丸及针刺治疗。3 天后再诊,左眼视力增至 0.05,后极部网膜水肿消退,二诊方去茯苓、泽泻,加党参 12g,停服麝香保心丸,继续配合针刺治疗。7 天后查视力为 0.1,继服三诊方及针刺治疗。7 天后再查视力,增至 0.2,视盘色淡,黄斑中央凹反射可见,停针刺治疗,嘱继续服药 14 剂。此后因视力未再提高而终止治疗。

解析:本案患者年老气虚,不能推动血液运行,致眼部脉络受阻,又因旧血不去而新血难生致血虚。气虚、血瘀、血虚三者为患,虚实夹杂,终致目络受阻,目窍失养,而失去视物辨色之功能,故用补气活血兼有养血通络作用的补阳还五汤治疗,获得良效。(姚芳蔚.眼底病的中医治疗[M].上海:上海中医药大学出版社,1995.)

(刘求红)

第五节 络 损 暴 盲

络损暴盲指视衣脉络受损出血致视力突然下降的内障眼病。《证治准绳·七窍门》对本病的病因病机进行了详细描述,指出:"乃否塞关格之病。病于阳伤者,缘忿怒暴悖,恣酒嗜辣好燥腻,及久患热病痰火人,得之则烦躁秘渴。病于阴伤者,多色欲悲伤,思竭哭泣太频之故,患则类中风,中寒之起。"中老年发病者常有高血压等病史,青年发病者常有反复发作的眼前黑影及视力障碍史,可单眼或双眼发病。

络损暴盲相当于西医学之视网膜中央或分支静脉阻塞、视网膜血管炎等因血管壁渗漏或破损引起出血而视力骤降的眼病。

病因病机:

1. 暴怒惊恐,气机逆乱,气血上壅,血络瘀阻。
2. 嗜食肥甘燥腻,或恣酒嗜辣,痰热内生,上壅于目,导致血脉闭塞。
3. 年老体弱,肝肾阴亏,肝阳上亢,气血上逆,瘀滞脉络。
4. 心气不足,推动无力,血行滞缓,血脉瘀塞。

【病案精选一】

[病史资料]

吴某,男,45 岁,部门经理。2014 年 7 月 13 日初诊。

主诉:右眼视力下降 1 月余。

现病史:患者于 1 个月前无明确诱因自觉右眼视力下降,在某区医院诊断为"眼底出血",当时右眼视力 0.5,住院治疗 1 周,右眼视力继续下降。患者形体肥胖,时有眩晕胀闷,平素性格较急躁易怒,纳可,二便调,睡眠不实。

既往史:有高血压病史 5 年,否认糖尿病病史,否认传染病及遗传病史。

体检:神清,舌质稍红有瘀点,苔厚腻,脉弦滑,偶有结代。

眼部检查:右眼前节正常,眼底视盘红,边界清楚,视网膜颞下分支静脉充盈、迂曲,伴随线状、火焰状、片状出血,黄斑区淡黄色硬性渗出多,视网膜水肿,中央凹反射不见。左眼前后节正常。

[辨治思路]

1. 主证分析 右眼视力下降1月余,眼底检查右眼视衣络脉充盈、迂曲,伴随线状、火焰状、片状出血,符合络损暴盲诊断。西医诊断为视网膜分支静脉阻塞。应进一步检查引起静脉血管阻塞的原因。

2. 证候分析 患者形体肥胖,时有眩晕胀闷,平素性格较急躁易怒,纳可,二便调,睡眠不实,舌质稍红有瘀点,苔厚腻,脉弦滑,偶有结代,有高血压病史5年,结合眼底局部黄斑区淡黄色硬性渗出多,辨证为痰热互结证。

3. 立法处方

辨证:痰热互结。

治法:清热化痰,化瘀通络。

选方:桃红四物汤合温胆汤加减。

当归15g,熟地15g,川芎15g,白芍15g,桃仁15g,红花10g,半夏10g,竹茹10g,枳实10g,陈皮10g,甘草6g,茯苓10g,三七粉3g(冲服)。每日1剂,水煎服,连服14剂。

治法与用药分析:桃红四物汤方中以破血力强之桃仁、红花为主,活血化瘀;以甘温之熟地、当归滋阴补肝、养血调经;白芍养血和营,以增补血之力;川芎活血行气、调畅气血,以助活血之功。温胆汤方中半夏辛温,燥湿化痰,和胃止呕,为君药。臣以竹茹,取其甘而微寒,清热化痰,除烦止呕。半夏与竹茹相伍,一温一凉,化痰和胃、止呕除烦之功备;陈皮辛苦温,理气行滞、燥湿化痰;枳实辛苦微寒,降气导滞,消痰除痞。陈皮与枳实相合,亦为一温一凉,理气化痰之力增。佐以茯苓,健脾渗湿,以断生痰之源。以甘草为使,调和诸药。两方合用,共奏痰瘀互治、清热通络之功。

辨证调护:忌饮酒及食生冷、温燥之品。

[辅助检查]

1. 实验室检查 血液流变学检查可了解血浆黏度和全血黏度,可进行 β 凝血球蛋白和血小板第Ⅳ因子含量测定。

2. 其他辅助检查 荧光素眼底血管造影所见因阻塞部位(总干、半侧、分支)、阻塞程度(完全性、不完全性)及病程之早晚而有所不同。

[转归及对策]

2014年7月27日:眩晕胀闷改善,睡眠实,右眼视力0.7,眼底出血减少,黄斑区渗出有所减少。予2014年7月13日方继服14剂。

2014年8月16日:头晕明显改善,睡眠实,右眼视力0.9,眼底出血大部分吸收,黄斑中央凹反射可见;停服煎药,只冲服三七粉3g,至2014年11月底,眼底检查未见出血,嘱平素少食肥甘厚腻之品,注意控制血压。

本案患者体胖,时有眩晕胀闷,平时性格较急躁易怒,舌质稍红有瘀点,苔厚腻,脉弦滑,结合眼底出血,辨证属痰热互结证,方用桃红四物汤合温胆汤加减,配合活血化瘀之三七,取得清热化痰、化瘀通络之效。病程后期,痰热症状改善,只用三七一味,取其活血通络之效。

【病案精选二】

[病史资料]

陈某,男,67岁,农民。2015年3月21日初诊。

主诉:右眼突见红影伴视力急剧下降20天。

现病史:20天前,患者右眼突见红影飘动,视力急剧下降至眼前手动,于某医院诊断为右眼视网膜中央静脉阻塞,予烟酸、维生素C、卵磷脂络合碘等口服,并嘱联合中医治疗。患者时有头昏,平素纳可,二便调,睡眠正常,血压180/110mmHg。

既往史:有高血压病史12年,否认糖尿病病史,否认传染病及遗传病史。

体检:神清,舌尖稍红,苔黄稍厚,脉弦而有力。

眼部检查:右眼前节正常,眼底视盘边界模糊,静脉明显扩张、迂曲,动脉变细,A:V=1:3,视网膜水肿,以视盘为中心广泛放射状、火焰状出血,黄斑结构不清,有黄白色渗出。左眼底动脉呈二期动脉硬化性改变,未见出血及渗出。

辅助检查:总胆固醇280mg/dl。荧光素眼底血管造影右眼视网膜循环时间稍延长,静脉管壁荧光素渗漏,毛细血管扩张及大量微血管瘤形成,黄斑囊样荧光积沉。

[辨治思路]

1. 主证分析　右眼视力下降20天,眼底检查右眼视衣络脉扩张、迂曲,伴随放射状、火焰状出血,符合络损暴盲诊断。西医诊断为视网膜中央静脉阻塞。应进一步检查引起静脉血管阻塞的原因。

2. 证候分析　患者时有头昏,平素纳可,二便调,睡眠正常,舌尖稍红,苔黄稍厚,脉弦而有力,有高血压病史12年,结合眼底局部黄斑区淡黄色硬性渗出多,辨证为气滞血瘀证。

3. 立法处方

辨证:气滞血瘀。

治法:通窍活血,化瘀止血。

选方:血府逐瘀汤加减。

桃仁12g,红花9g,当归9g,生地黄9g,川芎5g,赤芍6g,牛膝9g,桔梗5g,柴胡3g,枳壳6g,甘草3g。每日1剂,水煎服,连服14剂。

治法与用药分析:本证为瘀血内阻胸中,气机郁滞,瘀久化热所致,即王清任所称"胸中血府血瘀"之证。胸中为气之宗,血之聚,肝经循行之分野。胸中瘀血阻滞,气机不畅,清阳不升,故胸痛、头痛,痛如针刺而有定处;瘀血日久,肝失条达,故急躁易怒;肝气犯胃,胃失和降则上逆,或呃逆日久不止;血瘀日久化热,则内热烦闷,入暮潮热;热扰心神,则心悸失眠;瘀血阻滞,新血不生,肌肤失养,故唇暗或两目黯黑;舌质暗红,有瘀斑或瘀点,脉涩或弦紧,均为血瘀之征。治宜活血化瘀为主,兼以行气、凉血、清热。方中桃仁破血行滞而润燥,红花活血化瘀以止痛,共为君药。赤芍、川芎助君药活血化瘀;牛膝长于祛瘀通脉,引瘀血下行,共为臣药。当归养血活血,祛瘀生新;生地黄凉血清热除瘀热,与当归养血润燥,祛瘀不伤正;枳壳疏畅胸中气滞,桔梗宣肺理气,两药配伍,一升一降,开胸行气,使气行血行;柴胡疏肝理气,为佐药。甘草调和诸药,为使药。本方活血祛瘀药、行气药、养血药合用,活血而又行气,祛瘀而又生新,可作为通治一切血瘀气滞的基础方。

辨证调护:忌饮酒及食生冷、温燥之品。

［辅助检查］

1. 实验室检查 血液流变学检查可了解血浆黏度和全血黏度,可进行 β 凝血蛋白和血小板第IV因子含量测定。

2. 其他辅助检查 荧光素眼底血管造影所见因阻塞部位(总干、半侧、分支)、阻塞程度(完全性、不完全性)及病程之早晚而有所不同。

［转归及对策］

2015 年 4 月 4 日:视力开始好转,出血有所吸收,继续服药 2 个月,视力恢复至 0.5。眼底视盘边界清,静脉迂曲明显改善,但仍较健眼充盈,视网膜出血全部吸收,黄斑中央凹反射未见,且有黄色星芒状硬性渗出,色素增生紊乱。

目中血脉属于手少阴心经,本病应属于手少阴心经目病,其初期主要表现为血热妄行,治宜止血凉血;中期离经之血成瘀,治宜活血化瘀,行气通络;后期瘀血已去,但已造成组织损害,当养血扶正,以滋养肝肾为主。本案患者眼底静脉迂曲、出血,故以活血化瘀为法,以通窍活血汤或血府逐瘀汤为主方。

诊疗特点

［诊断要点］

1. 中老年患者常有高血压等病史,青年患者常有反复发作的眼前黑影及视力障碍史。

2. 眼底检查见视网膜静脉阻塞者,可见视网膜静脉粗大迂曲、扩张,视网膜火焰状出血斑遍布眼底各处,并可见视网膜水肿,重者可见视盘充血、水肿,病情发展则可出现视网膜黄白色硬性渗出或棉絮状白斑,或见囊样黄斑水肿、视网膜动脉反光增强等征象。眼底出血量多并进入玻璃体者,眼底无法窥清。

3. 疾病早期,荧光素眼底血管造影可见视网膜静脉荧光素回流缓慢、充盈时间延长,出血区荧光遮蔽,阻塞区毛细血管扩张或有微动脉瘤;后期可见毛细血管荧光素渗漏、静脉管壁染色,或可见毛细血管无灌注区、黄斑区水肿、新生血管。视网膜血管炎者前述表现多出现在视网膜周边部。

［辨证要点］

络损暴盲的辨证论治,应遵循辨病与辨证相结合、全身辨证与局部辨证相结合的原则,需进行系统检查以明确络脉瘀阻的原因。病因明确者,应首先进行去除病因治疗。络损暴盲可见眼底脉络受损出血,治疗时应注意止血而不留瘀,消瘀避免再出血。

［治法方药］

1. 气滞血瘀证

证候:眼外观端好,视力急降,视网膜静脉粗大迂曲、扩张,视网膜可见火焰状出血斑,视网膜水肿,可有眼胀头痛,胸胁胀痛,或情志抑郁,食少嗳气,或愤怒暴悖,烦躁失眠,舌红有瘀斑,苔薄白,脉弦或涩。本证以胸胁胀痛等症及舌脉为辨证要点。

治法:理气解郁,化瘀止血。

方药:血府逐瘀汤加减。出血初期,舌红脉数者,加荆芥炭、血余炭、白茅根、大蓟、小蓟凉血止血;眼底出血较多,血色紫暗者,加生蒲黄、茜草、三七化瘀止血;视盘充血水肿,视网膜水肿明显者,加泽兰、益母草、车前子活血利水;失眠多梦者,加珍珠母、首乌藤镇静安神。

2. 阴虚阳亢证

证候:眼外观端好,视力急降,兼见头晕耳鸣,面热潮红,头重脚轻,失眠多梦,烦躁易怒,腰膝酸软,舌红少苔,脉弦细。本证以头晕耳鸣、面热潮红等症及舌脉为辨证要点。

治法:滋阴潜阳。

方药:天麻钩藤饮加减。潮热口干明显者,加生地、麦冬、知母、黄柏清热滋阴降火;头重脚轻者,宜加龟甲、首乌、白芍平肝滋阴潜阳。

3. 痰瘀互结证

证候:眼外观端好,视力急降,病程较长,眼底水肿渗出明显,或有囊样黄斑水肿,形体肥胖,兼见头重眩晕,胸闷脘胀,舌有瘀点,苔腻,脉弦或滑。本证以眼底出血、水肿、渗出明显及头重眩晕、胸闷脘胀、舌脉为辨证要点。

治法:清热除湿,化瘀通络。

方药:桃红四物汤合温胆汤加减。视网膜水肿、渗出明显者,加车前子、益母草、泽兰利水消肿。

4. 心脾两虚证

证候:病程较久,视网膜静脉反复出血,其色较淡,常伴有面色萎黄或黄白,心悸健忘,肢体倦怠,少气懒言。月经量少或淋漓不断,纳差便溏,舌淡胖,脉弱。本证以病程较久,反复出血及心悸健忘,舌脉为辨证要点。

治法:养心健脾,益气摄血。

处方:归脾汤(《济生方》)加减。纳羞腹胀者。去大枣、龙眼肉,加神曲、砂仁以理气和中;视网膜出血色较淡者,加阿胶止血补血。

临证思路

络损暴盲的病因比较复杂,为多因素致病,与视网膜血管炎、视网膜低灌注、高血压、动脉硬化、血液高黏度和血流动力学异常等有密切关系。外伤、口服避孕药或过度疲劳等均可为发病的诱因。

视网膜静脉阻塞的病理基础是"血瘀"导致脉络不通,治疗需重视活血祛瘀,并注意随症加减:兼气虚者重用黄芪、太子参、山药;兼气滞者加枳壳、香附;兼血热者加生地黄、丹皮;兼有寒证者加桂枝、吴茱萸;黄斑水肿加益母草、猪苓、白茅根;视网膜有渗出者加海藻、昆布。用药剂量随个人体质而异,初病可量重,久病要注意兼顾正气。注意定期检查眼底,有新生血管时要及时激光治疗。

名医验案选读

陆南山治视网膜静脉阻塞验案

杨某,男,60 岁。

初诊:1974 年 3 月 7 日。1974 年 2 月 1 日下午,患者突感右眼视物模糊,并出现黑影,经治疗后略有好转。

检查:右眼视力 0.2,左眼视力 1.5。右眼外观正常,眼底视盘周围呈火焰状出血,视盘血管充盈而紊乱,诊断为右眼视网膜中央静脉血栓。左眼视网膜动脉变细如铜丝状,反光增强,有动静脉交叉压迹,未见出血。

辨证施治:患者体丰气虚,脉象弦而带虚,经常头痛和头昏,眼底出血为气虚不能摄血所致。因气为血之先导,血行必须借助于气,故气虚则血行阻滞,治宜补气通络法。

处方:黄芪25g,当归10g,赤芍9g,地龙3g,川芎 g,桃仁5g,红花5g。

共服上方14剂,头痛、头昏等自觉症状大有好转,眼底出血日渐减退,遂原方再服20剂。右眼视力由初诊0.2提高至0.8。眼底出血大部分吸收,头痛、头昏晕均好转,仅夜眠欠安,略有口干。调整中药,去红花,加钩藤9g、远志5g。共服中药30余日,暂停服药,继观。

解析:本例患者从发病至开始服用中药相距30余天,病已多日。患者体丰气虚、脉象弦虚,眼底静脉栓塞而出血,证属气虚血瘀,方用补阳还五汤。方中黄芪补气,配合活血通络之品,取得血止目明的效果。(上海中医药大学中医文献研究所.眼科名家陆南山学术经验集[M].上海:上海中医药大学出版社,2001.)

第六节　消　渴　目　病

消渴目病指由消渴引起的内障眼病。消渴中晚期可引起晶珠混浊,眼底出血、水肿、渗出、新生血管等内眼病变。本病多双眼先后发病或同时发病,对视力造成严重影响。

消渴目病相当于西医学的糖尿病视网膜病变,是由糖尿病引起的严重眼部并发症,是以视网膜血管闭塞性循环障碍为主要病理改变的致盲性眼病,首先引起视网膜毛细血管壁的周细胞及内皮细胞损害,使毛细血管失去正常功能,进而引起微血管瘤及毛细血管管壁渗漏,造成视网膜组织水肿、囊样黄斑水肿、视网膜出血等病理变化,毛细血管的不断损害引起毛细血管闭塞及视网膜坏死。

病因病机:

1. 气阴两亏,目失所养,或因虚致瘀,血络不畅而成内障。

2. 禀赋不足,脏腑柔弱,或劳伤过度,伤耗肾精,脾肾两虚,目失濡养。

3. 病久伤阴或素体阴亏,阴虚血燥,脉络瘀阻,损伤目络。

4. 饮食不节,脾胃受损,或肝郁犯脾,致脾失健运,痰湿内生,上蒙清窍。

【病案精选一】

[病史资料]

吴某,男,55岁,无业人员。2016年3月9日初诊。

主诉:双眼视物不清1月余。

现病史:患者于1个月前无明显诱因出现双眼视物不清,未予诊治。刻下症见双眼视物不清,无视物变形,无眼胀眼痛,无恶寒发热,无汗出,无头身痛,无胸痛腹痛,无耳鸣耳聋,无口干口渴,纳眠可,二便调。

既往史:有糖尿病病史10余年,皮下注射诺和灵30R(早餐前18U,晚餐前18U),血糖控制情况一般,波动在5~20mmol/L,否认肝炎、结核等传染病病史,否认高血压、冠心病等慢性病病史,否认手术、外伤史,否认输血史,预防接种史不详。

体检:神清,舌暗红,苔薄白,脉弦细。

眼部检查:视力:右眼指数/30cm,左眼0.2;眼压:右眼11mmHg,左眼12mmHg。右眼玻璃体腔血性混浊,眼底窥不清。左眼底视神经乳头色淡红,可见新生血管,边界模糊,C/D约为 0.3,视盘上方可见约 1/3PD 大小出血灶,视网膜血管变细,A/V 约为 1:2,静脉走行迂曲,视网膜平伏,后极部可见散在出血灶及黄白色渗出,黄斑区水肿,中央凹反射未见。

[辨治思路]

1. 主证分析　有糖尿病病史 10 余年,右眼玻璃体腔血性混浊,眼底窥不清,左眼视神经乳头色淡红,可见新生血管,边界模糊,C/D 约为 0.3,视盘上方可见约 1/3PD 大小出血灶,视网膜后极部可见散在出血灶及黄白色渗出,黄斑区水肿,中央凹反射未见,符合消渴目病诊断。西医诊断为糖尿病视网膜病变。

2. 证候分析　患者患糖尿病 10 余年,久易伤气伤津,致气阴两虚;津亏液少则血液黏滞不畅,气虚推动无力致血行迟缓涩滞,瘀血郁久化热,又可伤津耗气,形成恶性循环,瘀阻眼络,血不循经,则导致视网膜水肿、出血。目失濡养,故出现视物模糊。舌暗红,苔薄白,脉弦细皆为气阴两虚、脉络瘀阻之征象。

3. 立法处方

辨证:气阴两虚,脉络瘀阻。

治法:益气养阴,活血通络。

选方:六味地黄丸合参苓白术散加减。

太子参 30g,泽兰 10g,炙甘草 6g,白术 10g,炒白扁豆 15g,三七 10g,酒黄精 15g,山药 15g,薏苡仁 15g,莲子 10g,酒萸肉 15g,川芎 15g。每日 1 剂,水煎服,连服 11 剂。

治法与用药分析:太子参、白术补脾;山药平补三焦;白扁豆、泽兰、薏苡仁健脾燥湿;莲子宁心安神;黄精、酒萸肉补肾精,益肝肾;川芎行气活血;三七活血化瘀通络;甘草调和诸药。

[辅助检查]

1. 实验室检查　血糖、血脂、血尿酸、肾功能、肝功能、糖化血红蛋白测定等。

2. 其他辅助检查　荧光素眼底血管造影、OCT。

[转归及对策]

2016 年 3 月 11 日在表面麻醉下行双眼玻璃体腔注药术,术后予妥布霉素地塞米松滴眼液滴眼。2016 年 3 月 16 日行右眼玻璃体切割 + 复杂视网膜脱离复位术(硅油注入),术后静脉滴注头孢菌素预防感染。

2016 年 3 月 20 日出院情况:患者神清,精神可,双眼视物转清,无眼胀眼痛不适。眼科检查:视力:右眼 0.4,左眼 0.3;眼压:右眼 13.2mmHg,左眼 14.6mmHg。右眼晶状体轻度混浊,玻璃体腔硅油填充,视盘色红,边界清,视网膜血管迂曲,后极部可见多量黄白色渗出及出血,视盘鼻侧可见多量视网膜下黄白色渗出灶。左眼黄斑区视网膜水肿较前减轻。

本病的病机主要为气阴两虚,瘀阻目络,因此用药时既要照顾气阴两虚的本质,又要注意眼底出血的特点,做到止血而不留瘀,化瘀而不动血。

【病案精选二】

[病史资料]

何某,男,56 岁,无业人员。2016 年 8 月 3 日初诊。

主诉:双眼视物模糊 2 年余。

现病史:患者于 2 年前出现双眼视物模糊,诊断为"双眼糖尿病视网膜病变",曾多次住院行双眼玻璃体腔注入抗血管内皮生长因子治疗,并行5次视网膜激光光凝治疗。刻下症见双眼视物不清,无眼胀眼痛,无畏光流泪,无恶寒发热,无汗出,无头身痛,无胸痛腹痛,无耳鸣耳聋,纳眠可,二便调。

既往史:有糖尿病病史10余年;20余年前行"肾结石激光碎石术";10余年前行"背部脂肪瘤切除术",近2年在手术部位复发,现患处破溃流脓,无明显红肿热痛,使用"鱼石脂软膏、头孢克肟颗粒"治疗;2014年5月22日因"酒精性肝炎"住院治疗;2014年10月—2016年6月多次行双眼玻璃体腔注药术;2015年4月接受双眼补充激光治疗。否认结核等传染病史,否认高血压、冠心病等慢性病病史,否认外伤史,否认输血史,预防接种史不详。

体检:神清,舌暗淡,苔白厚,脉弦细滑。

眼部检查:视力:右眼0.4(自镜),左眼0.5(自镜);眼压:右眼21mmHg,左眼15mmHg。双眼晶状体混浊,左眼玻璃体絮状血性混浊,双眼视盘色淡红,边界清,C/D=0.3,视盘表面可见新生血管,视网膜动脉偏细,静脉稍迂曲,A/V = 1:2,视网膜可见多处点状出血及渗出,陈旧性激光斑,黄斑中央凹反射存在。

[辨治思路]

1. 主证分析 有糖尿病病史10余年,双眼视盘色淡红,边界清,C/D=0.3,视盘表面可见新生血管,视网膜动脉偏细,静脉稍迂曲,A/V = 1:2,视网膜可见多处点状出血及渗出,陈旧性激光斑,黄斑中央凹反射存在,符合消渴目病诊断。西医诊断为糖尿病视网膜病变。

2. 证候分析 患者为中老年男性,且患糖尿病多年,年老体虚,脾气虚弱,脾失健运,清阳不升,浊阴不降,以致精气血生成不足,不能上荣于目,目失濡养,故出现视物模糊。脾虚失运,水湿代谢失常,则水湿内盛;病程日久,夹有血瘀,舌暗淡,苔白厚,脉弦细滑皆为脾虚湿盛、脉络瘀阻之征象。

3. 立法处方

辨证:脾虚湿盛,脉络瘀阻。

治法:健脾祛湿,活血通络。

选方:参苓白术散加减。

泽兰10g,炙甘草6g,白术10g,炒白扁豆15g,三七10g(先煎),山药20g,薏苡仁15g,莲子10g,泽泻15g,川芎10g,茯苓20g,黄芩10g,黄连5g。每日1剂,水煎服,连服9剂。

治法与用药分析:白术、白扁豆健脾化湿;山药益气养阴,补脾肺肾;茯苓、薏苡仁、泽泻健脾利水渗湿;莲子补脾益肾,养心安神;三七、川芎、泽兰活血化瘀,通经行气;黄芩、黄连清热解毒;甘草调和诸药。

[辅助检查]

1. 实验室检查 血糖、血脂、血尿酸、肾功能、肝功能、糖化血红蛋白测定等。

2. 其他辅助检查 荧光素眼底血管造影、OCT。

[转归及对策]

2016年8月11日:患者仍感双眼视物模糊,右眼视力0.6,左眼视力0.6(自镜),眼底情况大致同前。住院予静脉滴注脉络宁注射液、苦碟子注射液、丹参注射液活血化瘀,口服滋肾健脾化瘀片滋阴益气、化瘀通络。配合直流电治疗(双眼)、耳针、穴位贴敷、中药封包治疗。

2016年8月18日出院情况:患者神清,精神可,双眼视物转清,无眼胀、眼痛及其他不适。眼科检查:视力:右眼0.6(自镜),左眼0.8(自镜);眼压:右眼14mmHg,左眼13mmHg;眼底检查情况较前好转。

糖尿病视网膜病变日久,视网膜微循环失常,易变生新生血管。而新生血管的发生及反复出血,常导致机化物的形成,若病情进一步发展则可能出现牵拉性视网膜脱离、新生血管性青光眼,最终导致失明。因此,要根据患者的具体情况,主动采取相应措施,阻止病情发展,如采用中药、激光、眼内注药等手段,加速新生血管萎缩,必要时还需行玻璃体切割术配合眼内激光等以抢救视力。

诊疗特点

[诊断要点]

1. 有糖尿病病史,有不同程度的"三多一少"症状,口服葡萄糖耐量试验阳性。

2. 有不同程度的视功能障碍。

3. 眼底检查见视网膜微血管瘤,视网膜水肿、渗出、出血,如玻璃体积血严重常无法看清眼底。

[辨证要点]

消渴目病多因素体阴亏或病久伤阴,虚火内生,火性上炎,灼伤目中血络,血溢目内;或气血亏虚,气无所化,气阴两虚,目失所养,或因虚致瘀,血络不畅而成;或饮食不节,过食肥甘厚腻,致脾胃损伤,或情志伤肝,肝郁犯脾,致脾虚失运,痰湿内生上蒙清窍,或脾不统血而血溢目内;或禀赋不足,脏腑柔弱,或劳伤过度、伤耗肾精,脾肾两虚,目失濡养。

[治法方药]

1. 气阴两虚证

证候:视力下降,或眼前有黑影飘动,眼底可见视网膜、黄斑水肿,视网膜渗出、出血等,面色少华,神疲乏力,少气懒言,咽干,自汗,五心烦热,舌淡,脉虚无力。

治法:益气养阴,活血利水。

方药:六味地黄丸合生脉散加减。自汗、盗汗者,加黄芪、生地黄、牡蛎、浮小麦以益气固表;视网膜水肿、渗出多者,宜加猪苓、车前子、益母草以利水化瘀;视网膜出血者,可加三七、墨旱莲以活血化瘀。

2. 脾肾两虚证

证候:视力下降,或眼前有黑影飘动,眼底可见视网膜水肿、棉绒斑、出血,形体消瘦或虚胖,头晕耳鸣,形寒肢冷,面色萎黄或浮肿,阳痿,夜尿频、量多清长或混如膏脂,严重者尿少而面色白,舌淡胖,脉沉弱。

治法:温阳益气,利水消肿。

方药:加味肾气丸加减。视网膜水肿明显者,加猪苓、泽兰以利水渗湿;视网膜棉绒斑多者,宜加法半夏、浙贝母、苍术以化痰散结;夜尿频、量多清长者,酌加巴戟天、淫羊藿、肉苁蓉等以温补肾阳。

3. 脾虚夹瘀证

证候:视力下降,或眼前有黑影飘动,眼底可见视网膜微血管瘤、出血、渗出等,偶见视网膜新生血管,反复发生大片出血、视网膜增殖膜,口渴多饮、肢体麻木,舌质暗红有瘀斑,脉细弦或细涩。

治法:滋阴补肾,化瘀通络。

方药:知柏地黄丸合四物汤加减。视网膜新鲜出血者,可加大蓟、小蓟、生蒲黄、生三七粉以止血通络;陈旧性出血者,加牛膝、葛根、鸡血藤以活血通络;有增殖膜者,宜加生牡蛎、僵蚕、浙贝母、昆布以除痰软坚散结;口渴者,加麦冬、石斛润燥生津。

4. 痰瘀阻滞证

证候:视力下降,或眼前有黑影飘动,视网膜水肿、渗出,视网膜新生血管、出血,玻璃体可有灰白增生条索或与视网膜相牵,出现视网膜增殖膜,体胖,头身沉重,口唇或肢端紫暗,舌紫有瘀斑,苔厚腻,脉弦滑。

治法:健脾燥湿,化痰祛瘀。

方药:温胆汤加减。可加丹参、郁金、山楂、僵蚕祛痰解郁、活血化瘀;玻璃体增生条索、视网膜增殖膜者,去甘草,酌加浙贝母、昆布、海藻、莪术以化痰祛瘀、软坚散结。

临证思路

消渴目病是难治性眼病,目前尚无特效药,黄斑水肿引起的视功能损害及视网膜新生血管引起的反复出血是其治疗难点。目前,眼内注射抗血管内皮生长因子是治疗黄斑水肿、视网膜新生血管的方法之一,但是与药物和注射治疗相关的并发症不容忽视。

本病的病机主要为气阴两虚,瘀阻目络,用药时既要关注气阴两虚的本质,又要注意瘀血的特点。运用活血化瘀法时,既要注意"活血而不妄行",不滥用峻烈活血破血之品,以防过于"活""化"而引起新的出血,又要注意"止血而不留瘀",不可妄投止血之品,以防过于"凝""滞",造成瘀血停滞,应"活而不破血,止而不留瘀",多用化瘀止血、养血活血之品,临床上常用生地、赤芍、茜草、三七、当归、丹参、鸡血藤、桃仁、郁金等。

消渴目病的预后很大程度上取决于糖尿病的治疗是否积极有效及眼底病变的早期发现、早期治疗。

名医验案选读

姚芳蔚治消渴目病验案

林某,女,30岁。

患者患糖尿病15年,血糖一直控制不理想,3年前双眼底出血,右眼已失明,左眼反复出血4次,此次出血已近3个月,经治疗无效。现症见口干咽燥,神疲乏力,舌红少津,脉细数。

检查:视力:右眼无光感,左眼眼前指数。右眼晶状体后囊混浊,玻璃体高度混浊机化,眼底无法窥见,指测眼球较软。左眼玻璃体混浊积血,眼底无法窥见。

诊断:双眼糖尿病视网膜病变。

辨证:气阴两虚。

治法:益气生津,养阴化瘀。

处方:生地黄30g,玄参18g,麦冬24g,生黄芪30g,党参15g,五味子3g,知母12g,天花粉15g,山楂12g,玉米须30g,三七粉2g(冲服)。7剂。

上方共服3周,口干等症状好转,左眼视力0.06,玻璃体仍高度混浊,眼底无法窥见,为防发生机化,于上方中加煅牡蛎30g、昆布24g。服14剂后再诊,玻璃体积血吸收,混浊减轻,眼底已隐约见到乳头血管等,唯诉头晕,腰酸。调整处方:党参12g,玄参15g,麦冬18g,生地黄24g,山药15g,茯苓12g,泽泻12g,山茱萸12g,山楂12g,牡丹皮12g,玉竹12g,牡蛎30g,

昆布 24g。再服 2 周,因胃痛呕恶调整处方:党参 12g,麦冬 18g,制半夏 12g,薏苡仁 24g,炙甘草 6g,延胡索 10g,川楝子 10g,红枣 15g。服 7 剂,胃痛愈。再予壮水益肾之剂,处方:制首乌 12g,生地黄 24g,山药 12g,茯苓 12g,女贞子 12g,制狗脊 12g,山楂 12g,昆布 24g。连服 3 周,视力 0.2,玻璃体混浊减轻,眼底较清晰,见到较多硬性渗出及机化,出血完全吸收。予:生地黄 24g,山药 12g,茯苓 12g,女贞子 12g,丹参 15g,泽泻 12g,制黄精 12g,玉竹 12g,山楂 12g,麦冬 15g,夏枯草 24g,昆布 24g。服 2 周后查视力达 0.3,眼底像同前,血糖 6.16mmol/L,胆固醇 3.2mmol/L,血压 120/80mmHg,以后改服杞菊地黄丸数月以巩固疗效,随访 3 年,未见复发。

(姚芳蔚.眼底病的中医治疗[M].上海:上海中医药大学出版社,1995.)

第七节　高风雀目

　　高风雀目是以夜盲和视野日渐缩窄为主症的眼病,又名高风内障、阴风障等。《世医得效方》称本病为"高风障",指出"才至黄昏,便不见物"。《目经大成》对夜盲和视野缩窄的记载极为形象,谓"大道行不去,可知世界窄,未晚草堂昏,几疑大地黑"。《证类本草》认为"妇人妊娠食雀脑,令子雀目",《杂病源流犀烛》则提出本病"生成如此,并由父母遗体,日落即不见物",均认识到本病有遗传倾向。

　　高风雀目相当于西医学的原发性视网膜色素变性,这是一组以进行性视网膜感光细胞及色素上皮功能丧失为共同表现的遗传性眼病。典型症状为夜盲,伴有进行性视野缺损,眼底色素沉着和视网膜电图显著异常或无波型为其临床特征。以视杆细胞和视锥细胞受累最为突出,随着病变的发展,视网膜的其余部分及色素上皮层逐渐萎缩,色素游离并积聚在视网膜血管的周围间隙,形成典型的骨细胞样色素沉着,伴随着夜盲和视野缩小,构成了本病的特征性临床表现。

　　病因病机:

　　1. 禀赋不足,命门火衰,阳衰不能抗阴,阳气陷于阴中,目失温煦,以致入暮之时不能视物。

　　2. 素体真阴不足,阴虚不能济阳,阳气不能为用而致夜不能视。

　　3. 脾胃虚弱,气血不足,清阳不升,目窍失养,致入暮不能视物。

【病案精选一】

[病史资料]

钟某,男,16 岁,学生。2014 年 9 月 9 日初诊。

主诉:双眼夜间视物不清 10 余年。

现病史:患者于 10 余年前开始出现夜间视物不清,当时未予重视,未行诊疗。现觉视力下降,夜间难以辨物,无眼痛,无头痛头晕,无恶心呕吐,纳眠可,大小便调。

既往史:否认肝炎、结核等传染病史,否认高血压、冠心病、糖尿病等慢性病病史,否认手术、外伤史,否认输血史,预防接种史不详。

体检:神清,舌淡红,苔薄白,脉细。

眼部检查:视力:右眼 0.6,左眼 0.6;眼压:右眼 11.6mmHg,左眼 13.6mmHg。双眼视盘边界清,色蜡黄,C/D=0.3,视网膜平伏,血管均匀变细,A/V＝1:2,周边部至黄斑区周围视网膜可见骨细胞样色素沉着,未见渗出及出血,黄斑中央凹反射存在。

[辨治思路]

1. 主证分析　双眼夜间视物不清 10 余年,双眼视盘边界清,色蜡黄,C/D=0.3,视网膜平伏,血管均匀变细,A/V＝1：2,周边部至黄斑区周围视网膜可见骨细胞样色素沉着,未见渗出及出血,黄斑中央凹反射存在,符合高风雀目诊断。西医诊断为原发性视网膜色素变性。

2. 证候分析　患者自幼发病,精亏血少,阴虚不能济阳,阳气不能为用,目失濡养,故见夜盲,视野日窄,舌淡红,苔薄白,脉细为脾肾亏虚之征象。

3. 立法处方

辨证:脾肾亏虚。

治法:补益脾肾。

选方:右归丸加减。

熟地黄 20g,山药 10g,酒萸肉 10g,泽泻 10g,覆盆子 10g,金樱子 10g,川芎 10g,赤芍 10g,桃仁 10g,红花 10g,郁金 10g,石菖蒲 15g,路路通 30g。每日 1 剂,水煎服,连服 15 剂。

治法与用药分析:方中熟地黄填精益髓,滋阴补肾;酒萸肉补养肝肾;山药双补脾肾,既养脾阴,又固肾精;三药相伍滋补肝脾肾三脏,即所谓“三阴并补”,重用熟地黄为君,故以滋补肾阴为主。肾为水脏,阴虚而火动,故佐以泽泻利湿泄浊,并防熟地黄之滋腻;加覆盆子、金樱子以益肾养肝,固精缩尿;加川芎、红花、桃仁、郁金、赤芍、石菖蒲、路路通以增强凉血活血、化瘀通络之功。

[辅助检查]

1. 实验室检查　完善相关检查,如血常规、凝血功能、感染四项(乙肝抗原、丙肝抗体、梅毒抗体、艾滋病毒抗体)、血糖、血脂、血尿酸、肾功能、肝功能等。

2. 其他辅助检查　荧光素眼底血管造影可见双眼视网膜血管充盈迟缓、视网膜小血管及毛细血管充盈缺损、荧光遮蔽、视盘强荧光、弥漫性荧光渗漏、黄斑荧光积存。双眼向心性视野缩窄。双眼电生理示中央六边形反光密度重度降低。

[转归及对策]

2014 年 9 月 23 日:双眼视力逐步提高。视力:右眼 0.9,左眼 0.9;眼压:右眼 10.6mmHg,左眼 12.4mmHg。眼底检查基本同前。嘱服用补中益气丸、复方丹参片、杞菊地黄丸等中成药益气养阴活血,注意夜间安全,不适随诊。

本病是遗传性疾病,多有家族史,发病早期病情多较轻且发展缓慢,患者多在儿童或少年时期发病,开始由于夜盲症状较轻,或中心视力或视野尚正常,常不予重视。随着病情发展,在黄昏以后,或在暗光的环境中感觉独自行动困难,但因中心视力尚好,亦未引起重视,导致错过发病早期阶段的诊治机会。因此,应加强宣教,并进行遗传咨询,早期发现,早期治疗。

【病案精选二】

[病史资料]

黄某,男,39 岁,无业人员。2017 年 4 月 18 日初诊。

主诉:双眼视物不清伴夜盲 20 年。

现病史:患者于20年前无明显诱因出现双眼视物模糊,夜盲,伴听力下降,外院诊断为"双眼视网膜色素变性",经治疗后症状改善不明显,视力仍逐渐下降,影响日常生活。刻下症见双眼视物模糊,夜盲,伴听力下降,无视野缺损,无眼胀眼痛,无畏光流泪,无发热恶寒,无心慌胸闷,无腹胀腹痛等不适,纳眠可,二便调。

既往史:否认肝炎、结核等传染病史,否认高血压、冠心病、糖尿病等慢性病病史,否认手术、外伤史,否认输血史,预防接种史不详。

体检:神清,舌暗红,苔薄白,脉弦细。

眼部检查:视力:右眼0.08,左眼0.08;眼压:右眼14mmHg,左眼16mmHg。双眼晶状体稍混浊,双眼底视盘稍蜡黄色,边界清,C/D约0.3,血管管径变细,A/V约1:2,动脉反光增强,中周部视网膜可见大量骨细胞样色素沉着,黄斑区色素紊乱,中央凹反射未见。

[辨治思路]

1. 主证分析 双眼视物不清、夜盲20年,双眼底视盘稍蜡黄色,边界清,C/D约0.3,血管管径变细,A/V约1:2,动脉反光增强,中周部视网膜可见大量骨细胞样色素沉着,黄斑区色素紊乱,中央凹反射未见,符合高风雀目诊断。西医诊断为原发性视网膜色素变性。

2. 证候分析 患者发病已20年,久病致脾胃虚弱,气虚无以运血,易成血瘀,气血不足,清阳不升,目窍失养,故致视物模糊,舌暗红、苔薄白、脉弦细为气虚血瘀之征象。

3. 立法处方

辨证:气虚血瘀。

治法:益气活血。

选方:补中益气汤加减。

生地黄15g,赤芍10g,川芎10g,当归10g,北柴胡10g,黄芪45g,熟党参45g,丹参15g,三七10g,夜明砂10g,桃仁10g,红花10g。每日1剂,水煎服,连服5剂。同时静脉滴注盐酸川芎嗪、醒脑静注射液,双眼丹参离子导入、注射复方樟柳碱活血通络,改善微循环。

治法与用药分析:方中生地黄、赤芍填精益髓,养阴清热;川芎、当归、丹参、红花、桃仁、三七活血化瘀;黄芪、党参补中益气,生津养血;柴胡疏肝理气;夜明砂清肝明目。

[辅助检查]

1. 实验室检查 血常规、血糖、血脂、血尿酸、肾功能、肝功能、感染四项(乙肝抗原、丙肝抗体、梅毒抗体、艾滋病毒抗体)。

2. 其他辅助检查 应行视网膜电图、暗适应、视野及荧光素眼底血管造影检查,以了解病情。

[转归及对策]

2017年4月23日:精神可,双眼视物仍模糊,纳眠可,二便调,舌暗红,苔薄白,脉弦细。眼部检查:视力:右眼0.08,左眼0.08;眼压:右眼14mmHg,左眼14mmHg。眼底检查情况基本同前。2017年4月18日方去红花,加肉桂3g以增强温补肾阳之力,继服5剂。

2017年4月28日:精神可,视物较前稍清晰,纳眠可,二便调,舌暗红,苔薄白,脉弦细。眼部检查:视力:右眼0.1,左眼0.1;眼压:右眼15mmHg,左眼16mmHg。眼底检查情况基本同前。守2017年4月23日方再服5剂,2017年5月3日病情好转,眼部情况稳定,继续治疗。

本病为遗传性疾病,发病机制尚不十分清楚,目前国内外均无确切有效的治疗手段,晚期病情进展较快,预后差。因此,要积极治疗、注意调护,如佩戴遮光眼镜以避免强光刺激、由于暗适应能力差应尽量减少夜间户外活动。

诊疗特点

［诊断要点］

1. 进行性夜盲,晚期视力障碍,最终致盲。视野进行性缩小,早期为典型的环形暗点,随着病情进展,逐渐形成管状视野。

2. 眼底检查可见视神经乳头呈蜡黄色,视网膜血管变细,视网膜骨细胞样或不规则状色素沉着。视觉电生理检查及暗适应检查有助于本病的早期诊断。

3. 视觉电生理检查

(1) mtERG 振幅严重降低,并且随离心度的增加而更加明显,这是早期最灵敏的指标。

(2)暗适应白光 F-ERG 的 a、b 波呈低延迟型甚至熄灭型,是本病的典型征象。

(3) EOG 的光峰和暗谷明显降低或熄灭。

4. 荧光素眼底血管造影早期显示斑驳状强荧光,病变明显时,呈现各种形态的色素斑块状荧光遮蔽,色素脱失处出现窗样缺损,屏障失代偿处荧光素渗漏。晚期显示脉络膜毛细血管萎缩。

5. 暗适应能力差。

［辨证要点］

本病多因禀赋不足,命门火衰,阳虚无以抗阴,阳气陷于阴中不能自振,目失温煦所致;或素体真阴不足,阴虚不能济阳,水不涵木,肝肾阴虚,精亏血少,目失所养;或脾胃虚弱,运化无力,气血化生不足,清阳不升,不能视物。

［治法方药］

1. 肾阳不足证

证候:夜盲多年,视力减退,行动困难,难辨周围环境,可兼见形寒肢冷,腰膝酸软,小便清长,夜尿频,舌质淡,苔薄白,脉沉细。眼底检查视神经乳头边界清,色蜡黄,血管变细,视网膜污秽,周围有骨细胞样色素沉着。视野向心性缩小。

治法:温补肾阳,活血明目。

方药:右归丸加减。宜加川芎、牛膝、鸡血藤等以增活血通络之功。

2. 肝肾阴虚证

证候:眼内干涩不适,入暮或黑暗处视物不清,头晕耳鸣,失眠多梦,舌质红少苔,脉细数。眼底检查视神经乳头边界清,色蜡黄,血管变细,视网膜污秽,周围有骨细胞样色素沉着。视野向心性缩小。

治法:滋养肝肾。

方药:明目地黄汤加减。多梦盗汗者,加知母、丹皮、黄柏等以滋阴清热;眼干涩不适者,可加天花粉、麦冬、北沙参以养阴生津。

3. 脾气虚弱证

证候:夜盲多年,视力昏蒙,行动困难,难辨周围环境,可兼见面色无华,神疲乏力,懒言,少食纳呆,舌质淡,苔白,脉弱。眼底检查视神经乳头边界清,色蜡黄,血管变细,视网膜污秽,周围有骨细胞样色素沉着。视野向心性缩小。

治法:健脾益气,升举清阳。

方药:补中益气汤加减。可加丹参、川芎、三七以加强活血通络之力;视网膜色泽青灰者,加菟丝子、枸杞子、桑椹以滋养肝肾;若兼有血虚之证,可合用四物汤以气血同补。

临证思路

高风雀目是眼科常见的遗传性疾病,病变呈进行性发展,是眼科临床难治之症,目前尚无确切、有效的治疗方法。因此,如何有效地阻止疾病进展、保留有效的视功能,是治疗上的难点。

1. 尽早发现,早期治疗　高风雀目是遗传性疾病,多有家族史,因此应加强宣教,并进行遗传咨询。对患有原发性视网膜色素变性者,其家族成员亦应到医院检查,以便及早明确是否患有该病,并及时给予治疗。

2. 辨证论证,针药结合　高风雀目以虚证为主,虚者主要责之于肝、脾、肾三脏。临床上多见虚中夹瘀,可能由于患者先天禀赋不足,后天摄养失调,而发病年龄又较早,绝大多数为慢性进行性加重,病程冗长,久病生瘀,脉络阻滞所致。疾病早期虚证为主,至晚期虚实兼见,提示在早期确定治疗原则时,即应以"见肝之病,知肝传脾,当先实脾"的理论为指导,阻止病程进展。对早期高风雀目患者施以持久的中医药辨证治疗,将有助于改善其视网膜功能,对保持有效的中心视力、扩大视野、缓解病情有重要的临床意义。同时,可配合针灸治疗,针刺眼周穴位(特别是睛明、球后、承泣等)及根据辨证选取其他相应穴位针刺,可以扩张睫状动脉系统,增加脉络膜的血液供给,使视网膜的视细胞层血流供给量增加,使未完全凋亡的视细胞恢复功能,从而促进视网膜功能的恢复,使相应部位的视野扩大或出现新的可视域。辨证选穴又可以调整肝、脾、肾三脏功能,促进其生精益血以充养目窍,从而使控制病情。另外,亦可以配合眼上直肌搭桥术,有一定的治疗效果。

除此之外,注意日常防护或可避免视功能迅速恶化。强光刺激会加速视细胞外节变性,患者应佩戴遮光眼镜以尽量避免强光刺激。遮光眼镜宜选取与视紫红质同色调的红紫色,亦可用灰色。避免用墨镜,禁用绿色镜片。

名医验案选读

李传课治高风雀目验案

赵某,男,41岁,工人。

初诊:1995年4月7日。双眼夜盲21年,视力下降、视野缩窄17年。现症见神疲乏力,食欲稍减,偶尔便溏,舌淡红,边有齿印,苔薄白,脉弱。

检查:双眼视力均为0.04,不能矫正。双外眼检查无明显异常。双眼底视神经乳头色蜡黄,边界清,视网膜血管显著变细,视网膜呈青灰色,其上有骨细胞样色素沉着。右眼视野:上方35°,下方40°,鼻侧35°,颞侧45°,鼻上方35°,鼻下方35°,颞上方40°,颞下方40°;左眼视野:上方30°,下方35°,鼻侧30°,颞侧40°,鼻上方和鼻下方各30°,颞上方和颞下方各40°。

诊断:双眼视网膜色素变性。

辨证:脾胃气虚。

治法:补脾益气,活血明目。

处方:口服益气明目丸(党参、黄芪、白术、山药、茯苓、菟丝子、黄精、柴胡、葛根、当归、丹参、甘草,研细末为丸),每次 9g,每天 3 次。

服用 2 个月后,于 6 月 14 日复诊,神疲乏力、便溏等自觉症状消失。右眼视力提高至 0.15,左眼视力 0.12。右眼视野扩大 10°~25°,各方向平均扩大 19°;左眼视野扩大 15°~30°,各方向平均扩大 21°。眼底检查及舌象同前。[李传课,彭清华,曾明葵,等.益气明目丸治疗脾胃气虚型视神经萎缩和视网膜色素变性疗效观察[J].中国中医眼科杂志,1997,7(1):14-18.]

第八节 视瞻昏渺

视瞻昏渺指眼外观无异常,但视物昏蒙,且日渐加重,终致失明的眼病。该病名始见于《证治准绳·七窍门》,书中明确指出本病的发病年龄及视力随年龄增长而降低直至失明的特点:"若人年五十以外而昏者,虽治不复光明,盖时犹月之过望,天真日衰,自然目渐光谢。"本病多发于 45 岁以上的中老年人,常双眼发病。

本节主要讨论西医学的老年性黄斑变性。老年性黄斑变性是黄斑区视网膜组织的退行性病变,其病变包括黄斑区脉络膜玻璃膜疣、视网膜色素上皮区域性萎缩、黄斑区脉络膜新生血管膜、视网膜色素上皮细胞脱离、黄斑区盘状退行性变或盘状瘢痕等,其发病率随年龄增长而增高。临床上分为萎缩型与渗出型两型。

病因病机:

1. 饮食不节,脾失健运,不能运化水湿,浊气上泛于目。

2. 素体阴虚,或劳思竭虑,肝肾阴虚,虚火上炎,灼伤目络则视物昏蒙。

3. 情志内伤,肝失疏泄,肝气犯脾,脾失健运,气机阻滞,血行不畅为瘀,津液凝聚成痰,痰瘀互结,遮蔽神光则视物不清。

4. 年老体弱,肝肾两虚,精血不足,目失濡养,以致神光暗淡。

【病案精选一】

[病史资料]

卢某,女,65 岁,退休人员。2014 年 10 月 8 日初诊。

主诉:双眼视力下降 5 月余。

现病史:患者于 5 个月前无明显诱因出现双眼视力下降,时有眼前飞蚊及闪光感,未行系统诊疗,症状不能缓解。刻下症见视物模糊,双眼易疲劳,无发热恶寒,无恶心呕吐,胃口稍差,时有双膝疼痛,双手麻,小便量多,大便硬,眠差。

既往史:有双膝骨关节炎病史 10 年,颈椎病史 6 年,腰痛 5 年。2014 年 7 月发现血脂异常,服用血脂康,每次 2 片,每天 2 次。否认肝炎、结核等传染病史,否认高血压、冠心病、糖尿病等慢性病病史,否认手术、外伤史,否认输血史,预防接种史不详。

体检:神清,舌暗红,苔薄白,脉弦细。

眼部检查:视力:右眼 0.4× 自镜 =0.7,左眼 0.4× 自镜 =1.0;眼压:右眼 11.3mmHg,左眼 11.3mmHg。双眼视盘色淡红,边界清,C/D=0.3,A/V = 1∶2,视网膜平伏,黄斑区视网膜可见黄白色点状渗出,黄斑中央凹反射未见。

[辨治思路]

1. 主证分析 老年患者,双眼视物日渐模糊,黄斑区视网膜可见黄白色点状渗出,黄斑中央凹反射未见,符合视瞻昏渺诊断。西医诊断为萎缩型老年性黄斑变性。

2. 证候分析　患者老年女性,脾气虚弱,失于健运,血行无力,滞而成瘀,神水渐亏,目窍失养,神光发越无门,故视物不清,视久易疲劳;舌暗红,苔薄白,脉弦细,均属气虚血瘀之象。

3. 立法处方

辨证:气虚血瘀。

治法:补气活血。

选方:补阳还五汤加减。

路路通 30g,桃仁 10g,三七 10g,石菖蒲 15g,红花 10g,赤芍 10g,黄芪 45g,丹参 10g,郁金 10g,熟党参 45g,泽兰 10g,川芎 6g。每日 1 剂,水煎服,连服 15 剂。同时予静脉滴注黄芪注射液、盐酸川芎嗪注射液、丹参注射液、醒脑静注射液益气活血通络,改善视网膜循环,提高视功能。

治法与用药分析:方中重用黄芪、熟党参补益元气;红花、赤芍、川芎、桃仁、丹参、三七活血祛瘀;路路通、石菖蒲开窍宁神,通经活络。重用补气药与诸多活血药相伍,使气旺血行,瘀祛络通。

［辅助检查］

1. 实验室检查　血常规、血糖、血脂、血尿酸、肾功能、肝功能、胸片、心电图。

2. 其他辅助检查　应行荧光素眼底血管造影检查、OCT、视野检查等,以了解病情。

［转归及对策］

2014 年 10 月 23 日:神清,精神可,双眼视物较前清晰。眼部检查:右眼裸眼视力 0.6,自镜矫正 0.8,左眼裸眼视力 0.6,自镜矫正 1.0,余眼底检查情况基本同前。患者尚属疾病早期,积极治疗,注意防护,预后良好。

【病案精选二】

［病史资料］

李某,女,64 岁,自由职业。2013 年 2 月 20 日初诊。

主诉:左眼视物模糊 1 年余,右眼视物模糊 4 月余。

现病史:患者于 1 年前无明显诱因出现左眼视物模糊,诊断为"左眼渗出型老年性黄斑变性",予口服甲钴胺分散片,并分别于 2012 年 2 月、2012 年 3 月行左眼雷珠单抗玻璃体腔注入术、左眼贝伐珠单抗玻璃体腔注入术,治疗效果尚可。4 个月前开始出现右眼视物模糊,诊断为"右眼渗出型老年性黄斑变性",并于 2012 年 10 月、2012 年 11 月行右眼贝伐珠单抗玻璃体腔注入术、右眼雷珠单抗玻璃体腔注入术,治疗效果尚可。刻下症见双眼视物模糊,左眼尤甚,无视物变形,无眼胀眼痛,无恶寒发热,无汗出,无头身痛,无胸痛腹痛,无耳鸣耳聋,无口干口渴,纳眠可,二便调。

既往史:否认肝炎、结核等传染病史,否认高血压、冠心病、糖尿病等慢性病病史,否认其他手术、外伤史,否认输血史,预防接种史不详。

体检:神清,舌暗红有瘀斑,脉弦。

眼部检查:视力:右眼 0.4⁻,左眼 0.05;眼压:右眼 12.20mmHg,左眼 3.20mmHg。右眼鼻侧结膜稍充血,可见膜状物生长,尖端侵入角膜缘约 3mm,头圆钝,晶状体混浊,以核性混浊为主,玻璃体轻度混浊,视盘色淡红,边界清,C/D 约为 0.3,A/V 约为 1:2,血管走行正常,视网膜平伏,未见明显出血,黄斑水肿,黄斑区可见大片渗出样改变,中央凹反射未见。左眼晶状体混浊,以皮质性混浊为主,玻璃体轻度混浊,视盘色淡红,边界清,C/D 约为 0.3,A/V 约为 1:2,血管走行正常,视网膜平伏,颞侧血管弓可见视网膜下陈旧性出血斑及片状白色渗出样改变,黄斑区可见脉络膜萎缩灶,黄斑水肿,中央凹反射未见。

[辨治思路]

1. 主证分析　老年患者,左眼视物模糊 1 年余,右眼视物模糊 4 月余,右眼黄斑区水肿,可见大片渗出样改变,中央凹反射未见,左眼颞侧血管弓可见视网膜下陈旧性出血斑及片状白色渗出样改变,黄斑区可见脉络膜萎缩灶,黄斑水肿,中央凹反射未见,符合视瞻昏渺诊断。西医诊断为渗出型老年性黄斑变性。

2. 证候分析　老年女性患者,平素情志不舒,肝失疏泄,肝气犯脾,脾失健运,气机阻滞,血行不畅,气滞血瘀,目失濡养,故视物模糊,眼底水肿、渗出;舌暗红有瘀斑,脉弦,均为气滞血瘀之征象。

3. 立法处方

辨证:气滞血瘀。

治法:疏肝理气,活血化瘀

选方:逍遥散加减。

柴胡 10g,茯苓 15g,白术 15g,郁金 10g,白芍 10g,泽泻 10g,薏苡仁 30g,石决明 30g,浙贝母 15g,三七粉 3g(冲服),丹参 15g,甘草 6g。每日 1 剂,水煎服,连服 3 剂。配合双眼玻璃体腔注药治疗。

治法与用药分析:柴胡疏肝解郁,白芍养血柔肝,两药相伍补肝体而调肝用,使血和则肝和,血充则肝柔;郁金行气解郁活血;石决明平肝明目;泽泻、薏苡仁利水渗湿;茯苓、白术、甘草健脾益气;浙贝母化痰软坚散结;三七粉、丹参活血化瘀。诸药合用,共达疏肝理气、活血化瘀之功。

[辅助检查]

1. 实验室检查　血常规、感染四项(乙肝抗原、丙肝抗体、梅毒抗体、艾滋病毒抗体)、凝血四项、甲功三项、类风湿因子(RF)测定。

2. 其他辅助检查　荧光素眼底血管造影以了解眼底情况。

[转归及对策]

2013 年 2 月 22 日:神志清,精神可,自觉双眼视物较前清晰,无视物变形、眼胀眼痛等眼部不适,纳眠可,二便调。眼部检查:视力:右眼 0.4,左眼 0.1+;眼压:右眼 12.3mmHg,左眼 11.6mmHg。右眼颞侧结膜下出血,左眼鼻侧结膜下出血,余眼部检查情况基本同前。

本案患者病变已进入渗出期,对视功能损害较大,且病程进展亦较快。目前本病的治疗目标是控制、延缓病情进展,消散眼底瘀滞,改善视功能,可予玻璃体腔注射抗血管内皮生长因子等以促使眼底新生血管萎缩,降低再次出血的概率。

诊疗特点

[诊断要点]

1. 45 岁以上患者双眼渐进性视力减退,眼底散在玻璃膜疣,或后极部视网膜脉络膜萎缩病灶,可诊断为萎缩型老年性黄斑变性。

2.突然严重视力障碍,后极部深、浅层出血伴有新生血管和玻璃膜疣或黄斑区盘状瘢痕者,可诊断为渗出型老年性黄斑变性。

[辨证要点]

视瞻昏渺的主要症状为自觉视力下降,视物昏蒙而外眼无异常。病变部位主要在目系,与肝、肾、脾关系密切。本病初期多以脾虚为主,中后期出现痰湿、肝郁、血瘀等实证表现,虚实夹杂,眼底亦常反复渗出、出血、新生血管和瘢痕形成等,虽表现为实证,但因其本质为虚,故治疗上要时时注意固本。

[治法方药]

1.脾虚湿困证

证候:视物昏蒙,视物变形,黄斑区色素紊乱,玻璃膜疣形成,中央凹反射消失,或黄斑出血、渗出及水肿;可伴胸闷,眩晕心悸,肢体乏力;舌质淡白,边有齿印,苔薄白,脉沉细或细。

治法:健脾利湿。

方药:参苓白术散加减。早期水肿明显者,可加薏苡仁、泽泻;水肿消退渗出物吸收缓慢者,可加海藻、昆布等;肝郁者,可加柴胡、白芍等疏肝解郁之品;血瘀者,可加丹参或三七。

2.阴虚火旺证

证候:视物变形,视力突然下降,黄斑区可见大片新鲜出血、渗出和水肿;口干欲饮,潮热面赤,五心烦热,盗汗多梦,腰膝酸软;舌质红,少苔,脉细数。

治法:滋阴降火。

方药:生蒲黄汤合滋阴降火汤加减。出血日久不吸收者,可加丹参、泽兰、浙贝母等活血消滞;大便干结者,可加火麻仁润肠通便。

3.痰瘀互结证

证候:视物变形,视力下降,病程日久,黄斑区可见瘢痕形成及大片色素沉着;伴倦怠乏力,纳呆;舌淡,苔薄白腻,脉弦滑。

治法:软坚化痰,活血明目。

方药:化坚二陈丸加减。常加丹参、川芎、牛膝等活血通络;瘢痕明显者,可加浙贝母、鸡内金、海藻、昆布、瓦楞子等软坚散结。

4.肝肾两虚证

证候:视物模糊,视物变形,黄斑区可见陈旧性渗出,中央凹反射减弱或消失;伴头晕失眠或面白肢冷,神疲乏力;舌淡红,苔薄白,脉沉细无力。

治法:补益肝肾。

方药:四物五子丸或加减驻景丸加减。可加山楂、海藻、昆布以软坚散结。

临证思路

视瞻昏渺是临床常见眼病,以视物昏蒙为主症,病变部位主要在目系,与肝、肾、脾关系密切。临证有虚实之分,以虚证多见。治疗以内服药物辨证论治为主,配合针灸、激光等提高疗效。本病病程长,早期为玻璃膜疣期,此期病变发展缓慢,是治疗的最佳时期;若病变进入晚期则可朝两个方向发展,其一,后极部视网膜脉络膜萎缩病灶,形成萎缩型黄斑变性;其二,后极部深、浅层出血伴新生血管,形成渗出型黄斑变性,病变一旦进入渗出期则将快速发展,预后差。

渗出型的治疗是临床难题,由于黄斑反复渗出、出血终至瘢痕形成,或者出现玻璃体积血,因此临床上需根据具体情况,采取综合治疗手段,如药物治疗、激光、光动力疗法、玻璃体腔内注射抗血管内皮生长因子或玻璃体切割术等。要根据眼底表现结合全身辨证进行药物治疗,分析眼底出血的早晚及量的多少、渗出物的软硬程度、视网膜水肿的轻重等,决定治法是健脾利湿、滋阴降火、软坚化痰、活血明目,还是补益肝肾等。在整个治疗过程中可配合使用碘制剂,以加快积血及渗出物的吸收和改善微循环。

临床上发现本病的发生可能与光的毒性蓄积作用有关,故应尽量避免光损伤,在强光下活动时应佩戴遮光眼镜。

名医验案选读

姚芳蔚治视瞻昏渺验案

沈某,女,58岁。

因双眼视物模糊、变形3个月就诊。症见头晕,时而耳鸣,腰酸,失眠,舌淡,脉细涩。

检查:双眼视力均为0.4,矫正不进步。双眼黄斑区中央凹反射消失,色素分布紊乱,伴散在玻璃膜疣,荧光素眼底血管造影为透见荧光。

诊断:双眼老年性黄斑变性,萎缩型早期。

辨证:肝肾不足,气血失调。

治法:补益肝肾,调理气血。

处方:生地黄24g,赤芍12g,当归12g,川芎6g,山药12g,茯苓10g,泽泻10g,山茱萸10g,牡丹皮10g,丹参15g,郁金10g,炒酸枣仁24g,炒杜仲12g。

服上方7剂,自觉头晕、腰酸等症状减轻,上方去酸枣仁,加枸杞子12g,再服14剂,诉诸症消失,视物模糊好转,检查视力为0.6。上方去杜仲,加炒白芍12g,再服14剂,诉视物进一步清晰,变形亦有好转,检查视力为0.7,眼底黄斑部中央凹反射仍未出现,玻璃膜疣减少。其后在原方基础上调整用药,共治3个月,右眼视力达1.0,左眼视力达0.9,眼底玻璃膜疣消失,黄斑中央凹反射可见,荧光造影正常。(姚芳蔚.眼底病的中医治疗[M].上海:上海中医药大学出版社,1995.)

(王 燕)

第九节 目 系 暴 盲

目系暴盲指发生于视神经部位的各种炎性眼病,或视神经供血不足引起的视神经病变。《审视瑶函·暴盲症》记载:"病于阳伤者,缘忿怒暴悖,恣酒嗜辣,好燥腻及久患热病,痰火人得之则烦躁秘渴;病于阴者,多色欲、悲伤、思竭、哭泣太频之故;伤与神者,因思虑太过,用心罔极,忧伤至甚,惊恐无措者得之。屡有因头风、痰火、元虚、水少之人眩晕发而醒则见。能保养者,亦有不治自愈;病复不能保养,乃成痼疾。"

目系暴盲相当于西医学的视神经炎,前部缺血性视神经病变。视神经炎分为特发性视神经炎、感染和感染相关性视神经炎、自身免疫性视神经炎、其他无法归类的视神经炎四类。

病因病机:

1. 六淫外邪侵袭或五志化火,上攻目系。

2. 情志内伤,肝失条达,气机郁滞,上壅目系。

3. 气滞血瘀,壅阻目系。

4. 久病体虚或素体虚弱、产后等气血亏虚,目系失养。

【病案精选】

[病史资料]

王某,女,45 岁,个体经营者。2017 年 7 月 13 日初诊。

主诉:右眼视物不见 2 天。

现病史:患者于 2 天前劳累后自觉右眼视力明显下降,无眼红痛、畏光流泪,无头痛、恶心、呕吐等表现。在当地医院诊断为"视神经炎",经治疗未见明显好转,已视物不见。为求进一步诊治,门诊拟"目系暴盲"收入院。患者体型略胖,面色略白,少气懒言,神疲乏力,平素纳食可,二便调,心悸,夜寐不安。

既往史:平素身体尚可,否认传染病及遗传病史。

体检:神清,舌质淡红,苔薄白,脉细弱。

眼部检查:右眼无光感,瞳孔略大,直径约 5mm,相对性传入性瞳孔障碍阳性,眼底视盘边界欠清晰,视网膜未见明显渗出及出血。左眼视力 1.5,前后节正常。

[辨治思路]

1. 主证分析 右眼视物不见 2 天,视力已降至无光感,右眼瞳孔略大,直径约 5mm,RAPD(+),视盘边界欠清晰,符合目系暴盲诊断。西医诊断为右眼视神经炎。应进一步检查引起视神经炎的原因。

2. 证候分析 患者发病前劳累过度,过劳耗气伤血,气血亏虚则见少气懒言,神疲乏力,气血不能上荣则面色略白,舌质淡红,苔薄白,脉细弱为气血亏虚证。

3. 立法处方

辨证:气血亏虚。

治法:补益气血,开窍明目。

选方:人参养荣汤加减。

当归 15g,熟地 15g,黄芪 30g,白芍 15g,石菖蒲 15g,白术 10g,远志 10g,首乌 10g,黄精 10g,陈皮 10g,甘草 6g,茯苓 10g,酸枣仁 15g。每日 1 剂,水煎服,连服 7 剂。

治法与用药分析:方中以甘温之熟地、当归、白芍滋养肝血,以增补血之力;黄芪、茯苓补气;首乌、黄精补肾;陈皮行气;石菖蒲开窍明目;酸枣仁、远志安神促眠。诸药合用,可起到补益气血、安神、开窍明目的功效。

针灸:选取百会、四神聪、睛明、球后、太阳、攒竹、翳风、合谷、足三里、三阴交。

辨证调护:避免劳累,少用目力,调畅情志。

[辅助检查]

1. 实验室检查 胆固醇、甘油三酯、低密度脂蛋白均升高。

2. 其他辅助检查

(1)视野检查因右眼视力过低而无法进行,OCT 示右眼视神经纤维层变薄。

(2)荧光素眼底血管造影早期右眼视盘表面毛细血管扩张,荧光渗漏,边缘模糊,晚期视盘强荧光。左眼视网膜未见明显荧光渗漏及遮蔽。

(3)视觉诱发电位 p100 波潜伏期延长,振幅降低。

(4)头颅眼眶 MRI 平扫 + 增强未见明显异常。

[转归及对策]

2017 年 7 月 20 日:右眼视物明显清晰,面色基本如常,少气懒言、神疲乏力有所好转,视力提高至 0.1,予 2017 年 7 月 13 日方继服 14 剂。

2017 年 8 月 4 日:少气懒言、神疲乏力基本消失,夜间渐能入睡,右眼视力提高至 0.6,眼底视盘边界已经清晰。

2017 年 8 月 18 日:右眼视物清晰,视力恢复至 1.0,眼底视盘边界已经清晰。复查视野明显恢复;视觉诱发电位 p100 波潜伏期无延长,振幅正常;OCT 示视神经纤维较前变厚。

本案患者发病前过劳导致气血亏虚,目系失养,为典型气血亏虚证。故治以补益气血法,并配合针灸疏通目络,获效明显。治疗同时应告诫患者今后要防止过劳,尽量少用目力。

诊疗特点

[诊断要点]

视力骤降,瞳孔对光反射异常,RAPD(+),眼底视盘边界不清,充血水肿,结合荧光素眼底血管造影、视觉诱发电位检查可确诊。

[辨证要点]

根据病因病机结合自觉症状及眼底表现辨证。本病发病急,多属实证,常分为 5 型:肝经实热证以头胀耳鸣、胁痛口苦等症及舌脉为辨证要点;肝郁气滞证以喜叹息、胸胁疼痛、头晕目眩、口苦咽干等症及舌脉为辨证要点;气滞血瘀证以心烦郁闷、胸胁胀满等症及舌脉为辨证要点;阴虚火旺证以五心烦热、颧赤唇红、口干等症及舌脉为辨证要点;气血两虚证以面白无华或萎黄、爪甲唇色淡白、少气懒言等症及舌脉为辨证要点。

在辨证论治的基础上,配合通络开窍,加以针灸治疗,往往会提高临床疗效。

[治法方药]

1. 肝经实热证

证候:视力急降,甚至失明,伴眼球胀痛或转动时疼痛,视盘充血肿胀,边界不清,盘周出血、渗出,视网膜静脉扩张迂曲、颜色紫红;伴头胀耳鸣,胁痛口苦;舌红,苔黄,脉弦数。

治法:清肝泄热,兼通瘀滞。

方药:龙胆泻肝汤加减。可加夏枯草、决明子以增强清肝泻火之功;若视盘充血肿胀,可加桃仁、牡丹皮以助活血散瘀、利水消肿;若头目胀痛,酌加菊花、蔓荆子、青葙子、石决明以清利头目止痛;烦躁失眠者,加黄连、首乌藤清心宁神。

2. 肝郁气滞证

证候:患眼自觉视力骤降,眼球后隐痛或眼球胀痛,视盘充血肿胀,边界不清,盘周出血、渗出,视网膜静脉扩张迂曲、颜色紫红;平素情志抑郁,喜叹息,胸胁疼痛,头晕目眩,口苦咽干,妇女月经不调;舌质暗红,苔薄白,脉弦细。

治法:疏肝解郁。

方药:逍遥散或柴胡疏肝散加减。若视盘充血明显或视网膜静脉迂曲粗大,宜加牡丹皮、栀子以清热凉血散瘀;头目隐痛者,加石决明、菊花以清肝明目。

3. 气滞血瘀证

证候:视力骤降,头晕头痛,视盘充血水肿,盘周出血,动脉变细,静脉迂曲;心烦郁闷,胸胁胀满,或伴头痛,情志不舒,胸胁满闷;舌紫暗,苔白,脉弦或涩。

治法:疏肝解郁,理气活血。

方药:血府逐瘀汤加减。肝郁有热者,加丹皮、栀子;气滞重者,加郁金;脉络不通,血瘀明显者,加丹参、鸡血藤行气活血通络;视网膜出血较多者,加三七、茜草化瘀止血;视力下降严重者,加细辛、麝香开窍明目;便秘者,加大黄逐瘀通便。

4. 阴虚火旺证

证候:单眼或双眼发病,视力急速下降,甚至失明;伴头晕目眩,五心烦热,颧赤唇红,口干;舌红苔少,脉细数。本证以五心烦热、颧赤唇红、口干等症及舌脉为辨证要点。

治法:滋阴降火,活血祛瘀。

方药:知柏地黄丸加减。可加丹参、毛冬青以助活血化瘀。耳鸣耳聋较重者,酌加龟甲、玄参、墨旱莲以增强滋阴降火之功;口渴喜冷饮者,宜加石斛、天花粉、生石膏以生津止渴。

5. 气血两虚证

证候:病久体弱,或失血过多,或产后哺乳期发病。视物模糊;伴面白无华或萎黄,爪甲、唇色淡白,少气懒言,倦怠神疲;舌淡嫩,脉细弱。

治法:补益气血,通脉开窍。

方药:人参养荣汤加减。可加丹参、石菖蒲、鸡血藤以活血养血;心悸失眠者,可加酸枣仁、柏子仁、首乌藤以养心宁神。

临证思路

目系与全身脏腑气血均有密切关系,气、血、精、津等上濡目窍,滋养目系。目系可因外邪侵袭、情志失调、气郁血瘀、痰饮积聚、正气亏损、外伤等多种因素导致病变。在病机上与肝肾两脏关系更为密切。临证中应全身辨证与局部辨证相结合、辨病与辨证相结合进行治疗。

名医验案选读

廖品正治目系暴盲验案

秦某,男,54岁。

初诊:2008年4月30日。半个月前双眼视力突降,视物模糊,至省人民医院就诊,诊断为"急性球后视神经炎",住院治疗,予糖皮质激素、营养神经等对症治疗后好转。刻下症见双眼视物模糊,眠差,纳可,二便调,舌紫暗,苔白腻,脉数。

检查:右眼视力0.15(矫无助),左眼视力0.25(矫无助),双眼底视网膜豹纹状改变,视盘颞侧弧形萎缩斑,黄斑结构不清。

辨证施治:此为肝胆火旺、湿瘀阻络所致双眼目系暴盲(急性球后视神经炎),法当清肝明目、活血利水通络,兼补益肝肾。

处方:桑白皮15g、黄芩15g、夏枯草20g、茯苓15g、泽泻15g、泽兰15g、丹参30g、葛根30g、地龙15g、枸杞子15g、楮实子15g、菟丝子15g、合欢皮20g、首乌藤30g。14剂,每日1剂,水煎服。

2008年5月20日:左眼视力有所提高,睡眠好转,右眼发胀,诊断、辨证同前,2008年4月30日方去桑白皮、夏枯草、枸杞子、楮实子、菟丝子、葛根、合欢皮、首乌藤,加黄柏15g、藿香15g、佩兰15g、薏苡仁20g、车前子15g、当归10g、川芎15g,以增强活血利水通络力量。

2008年6月5日:双眼视力提高,眼胀减轻,右眼视物变小,口干苦,夜间尤甚,余症同二诊。因其夜间口干苦,故去泽泻、当归、车前子,加炒栀子12g、黄连3g、芦根20g以增强清热生津力量。

2008年6月12日:患者诉右眼视物稍小,口干苦稍减轻,眠差。舌质暗红,苔黄腻,脉滑数。2008年6月5日方加生牡蛎30g以增安神助眠作用。

2008年7月2日:眼症稳定,口干口苦好转,入眠可,早醒,二便正常,舌红,苔白稍腻,脉数。双眼视力0.5,其余眼部检查同前。

解析:本案患者辨证属肝胆火旺、湿瘀阻络,病位在目系。肝胆火旺,循经上扰,灼伤目系,故视力突降,视物模糊;热扰心神,故眠差;舌质紫暗,苔白腻,脉数为湿瘀络阻、肝胆火旺之征。故治疗当以清肝明目、活血利水通络。方中夏枯草清肝泻火,养肝明目;桑白皮清肝泻火,利水消肿;黄芩清热燥湿泻火;茯苓、泽泻利水渗湿;泽兰、丹参活血祛瘀;地龙通经活络,兼以清热利水;合欢皮安神解郁;首乌藤养心安神;葛根疏散风热,升发清阳,引药上达清窍。然目系与肝肾关系至为密切,故以菟丝子、楮实子、枸杞子补肾益精,养肝明目。诸药合用,体现了攻邪不伤正气、处处不忘固本的学术思想。(李翔.廖品正眼科经验集[M].北京:中国中医药出版社,2013.)

第十节　青　盲

青盲是由多种眼病或全身病变对视神经(目系)造成损伤,最终使视神经(目系)纤维退变、坏死而致视盘颜色变淡或苍白的眼病。《诸病源候论·目病诸候》记载:"青盲者,谓眼本无异,瞳子黑白分明,直不见物耳。"

青盲相当于西医学的视神经萎缩,分为原发性视神经萎缩和继发性视神经萎缩。

病因病机:

1. 先天禀赋不足,或久病体虚、气血不足,或劳伤肝肾,精气亏损,均可致目系失养、神光泯灭。

2. 肝郁气滞,气机不达,或外伤头目,经络受损,气滞血瘀而致目络瘀滞,玄府闭塞。

【病案精选】

[病史资料]

MO,男,20岁,外籍。2009年5月14日初诊。

主诉:双眼视力下降10年。

现病史:代述10年前发生车祸,头面部受到撞击,双眼视力下降明显,后在当地诊为双眼"外伤性视神经萎缩",经治疗未见明显好转。近10年多处求医未效。刻下症见双眼视物模糊,易疲劳,饮食不佳,纳食略少并伴有胃脘泛酸,形体偏瘦小,二便调。

既往史:平素身体尚可,否认传染病及遗传病史。

体检:神清,舌淡红,舌边有齿痕,苔薄白,右脉寸关沉无力。

眼部检查:视力:右眼0.1,左眼0.01。右眼角膜反光点位于瞳孔中央,左侧角膜反光点位于瞳孔外侧。左眼外展未完全到位。右眼瞳孔直径约2mm,对光反射灵敏,左眼瞳孔直径2.5~3.0mm,对光反射迟钝;双眼眼底视盘边界清,色淡。

辅助检查：

1. 双眼视野均有不规则缺损，左眼严重。

2. 右眼视觉诱发电位 P100 波形（VEP-P100）不明显，左眼 VEP-P100 大、中、小方格波形均不明显，提示双眼 VEP-P100 波形不明显，左眼严重。

［辨治思路］

1. 主证分析　有头面部外伤史，双眼视力下降明显，眼底视盘颜色变淡，符合青盲诊断。西医诊断为双眼外伤性视神经萎缩。

2. 证候分析　患者素体肝肾亏虚，故见形体偏瘦小；加之车祸外伤及久病气血亏虚，目系失养，神光泯灭，故双眼视物模糊；气血亏虚则易疲劳；脾失健运则饮食不佳、纳食略少；胃脘泛酸为肝胃不和表现；舌边有齿痕，苔薄白，右脉寸关沉无力为脾气虚及肝肾亏虚之象。

3. 立法处方

辨证：肝胃不和。

治法：健脾和胃，疏肝补肾明目。

选方：四君子汤合三仁五子丸加减。

党参 15g，白术 15g，茯苓 15g，山药 20g，黄芩 10g，柴胡 10g，瓦楞子 10g，薏苡仁 30g，枸杞子 15g，桑椹 15g，菟丝子 15g，炙甘草 10g。每日 1 剂，水煎服，连服 3 剂。配合眼针，推拿足太阴脾经、足少阴肾经、足少阳胆经、足厥阴肝经、足太阳膀胱经、督脉，中脘、肝俞、肾俞及眼部雷火灸。

治法与用药分析：方中党参甘温益气，健脾养胃，柴胡疏肝明目，共为君药；以苦温之白术健脾燥湿，加强益气助运之力；山药、薏苡仁健脾益气；佐以甘淡之茯苓，健脾渗湿，苓术相配，则健脾祛湿之功益著；瓦楞子制酸和胃；枸杞子、桑椹、菟丝子补肾明目；炙甘草益气和中，调和诸药。

［转归及对策］

2009 年 5 月 17 日：胃脘部仍有少许不适，在 2009 年 5 月 14 日方基础上加陈皮 10g、木香 10g，余治疗不变。

2009 年 5 月 21 日：治疗 7 日后，诉双眼视物明显清晰，右眼视力 0.15，左眼视力 0.1，因病程较长，双眼视觉诱发电位改善不甚明显，胃脘症状也有所好转，食欲较前改善。继服 2009 年 5 月 17 日方 30 剂。

2010 年 5 月 21 日：1 年后电话随访，诉视力稳定在右眼 0.15、左眼 0.1。

本案患者病程较长，病久体虚，加之禀赋不足，为典型虚证。脾虚肝郁又导致肝胃不和，故在健脾益气的四君子汤基础上加柴胡疏肝、瓦楞子制酸和胃，后期加陈皮、木香行气疏肝，并增以补益肝肾的枸杞子、桑椹、菟丝子等，诸药配伍，不仅有健脾、补肝肾之功，又达疏肝和胃之效。另外，本病因外伤导致目络瘀阻，故在中药治疗的同时，加以眼针、经络推拿、雷火灸等疏通目络，目络瘀阻得以缓解，故患者的视力得以提高。

诊疗特点

［诊断要点］

根据病史（如外伤史、家族史）可从病因进行诊断，视力下降、眼底视盘颜色苍白或变淡，视野及视觉诱发电位异常。

[辨证要点]

本病多属虚证,久病入络,多见肝肾亏损、气血亏虚、血瘀,常分为4型:肝郁气滞证以情志抑郁、胸胁胀痛等症及舌脉为辨证要点;肝肾不足证以头晕耳鸣、腰膝酸软等症及舌脉为辨证要点;气血两虚证以头晕心悸、失眠健忘、面色少华等症及舌脉为辨证要点;气血瘀滞证有明确的头眼外伤,以头痛健忘、失眠多梦等症及舌脉为辨证要点。

[治法方药]

1. 肝郁气滞证

证候:视物昏蒙,视盘色淡白或苍白,或视盘生理凹陷扩大加深如杯状,血管向鼻侧移位,动、静脉变细;兼见情志抑郁,胸胁胀痛,口干口苦;舌红,苔薄白或薄黄,脉弦或细弦。

治法:疏肝解郁,开窍明目。

方药:丹栀逍遥散加减。加丹参、川芎、郁金以助行气活血;加菟丝子、枸杞子、桑椹以助滋养肝肾明目;加远志、石菖蒲以开窍明目;郁热不重者可去牡丹皮、栀子。

2. 肝肾不足证

证候:眼外观正常,视力渐降,视物昏蒙,甚至失明;可见头晕耳鸣、腰膝酸软;舌质淡,苔薄白,脉细。

治法:补益肝肾,开窍明目。

方药:左归丸或明目地黄汤加减。加丹参、川芎、牛膝以增活血化瘀之功。

3. 气血两虚证

证候:眼外观正常,视力渐降,视物昏蒙,甚至失明;可伴见头晕心悸,失眠健忘,面色少华,神疲肢软;舌质淡,苔薄白,脉沉细。

治法:益气养血,宁神开窍。

方药:人参养荣汤加减。若气虚较轻,可易人参为党参;血虚偏重者,可加制首乌、龙眼肉以养血安神;并可加用枳壳、柴胡等理气之品,以通助补。

4. 气血瘀滞证

证候:多因头眼外伤而视力渐丧,视盘色苍白,边界清,血管变细;兼见头痛健忘,失眠多梦;舌质暗红,或有瘀斑,苔薄白,脉涩。

治法:行气活血,化瘀通络。

方药:通窍活血汤加减。可加石菖蒲、苏合香增芳香开窍之功;加丹参、郁金、地龙以助化瘀通络。

临证思路

本病辨证多属久病入络,应尽可能发现病因,予以针对性治疗,中药治疗以补肝肾、益气血、活血通络为主,结合西医营养神经、改善眼底循环治疗。除此之外,联合丹参离子导入、针灸等中医特色治疗,效果甚佳。本病疗程较久,收效甚微,应告知患者预后,不可因短期内效果不明显而放弃治疗。

名医验案选读

唐由之治青盲验案

王某某,男,27岁。

初诊:2008 年 7 月 14 日。患者 6 个月前被人击中右眼,当时右眼睑皮肤肿胀青紫,难以睁眼,视物不清,伴有头痛、恶心呕吐,无昏迷,头部及眼部磁共振检查无异常,当地医院诊断为"右眼钝挫伤",给予复方血栓通胶囊、云南白药常规口服,抗生素、糖皮质激素静脉滴注,半个月后,右眼睑皮肤肿胀青紫消退,但仍视物模糊,并持续至今。刻下症见右眼视物不清,不红不痛,纳寐可,二便调。

检查:右眼视力 0.03,不能矫正;左眼视力 1.0。右眼瞳孔偏大,直径约 5mm,直接对光反射迟钝,间接对光反射正常。眼底视盘边界清楚,色淡白,视盘动静脉出视盘处部分有白鞘,黄斑中央凹反射隐约可见,左眼未见明显异常。右眼视野缺损。

诊断:右眼视神经萎缩。

处方:制首乌 25g,黄精 20g,熟地 20g,山茱萸 20g,枸杞子 20g,菟丝子 20g,丹参 20g,黄芪 30g,升麻 10g。

2008 年 8 月 12 日:患者自述右眼视力无明显改善,颞侧方视物较前稍清晰,右眼视力 0.03,眼部其余检查同前。守上方加巴戟天 15g,继服 28 剂。

2008 年 9 月 12 日:患者诉右眼视物较前清晰,右眼视力 0.06,矫正不应。眼部其余检查同前。处方:丹参 25g,制首乌 25g,黄精 20g,枸杞子 20g,覆盆子 20g,菟丝子 15g,巴戟天 15g,黄芪 30g,升麻 10g。28 剂,每日 1 剂。

2008 年 10 月 10 日:患者自觉右眼视力较前有所改善,检查右眼视力 0.1,矫正不提高。予上方加肉苁蓉 20g。28 剂,每日 1 剂。

2008 年 11 月 10 日:患者自诉右眼视物较前明显清晰,饮食睡眠正常,二便调。右眼视力达 0.12,矫正不应;右眼瞳孔偏大,直径约 5mm,直接对光反射较前明显,眼底检查同前;右眼视野较初诊有明显改善。嘱患者将上方制成蜜丸,每次 9g,每日 2 次,早晚饭后口服,连服 2 个月。

解析:本案患者就诊时距发病已有 6 个月,视力一直较差,有明显视野损害,视盘出现颜色淡白,能够确定为视神经萎缩。此时病机以虚为主,治法应为益精明目,兼以通络。制首乌、黄精、熟地、山茱萸、枸杞子、菟丝子补益肝肾,益精明目;丹参、黄芪、升麻化瘀通络,益气升阳。后期加用巴戟天、肉苁蓉增加温阳之力。本病病程缓慢,需注意调理脾胃,以防药物滋腻。后期予丸药口服,缓缓图功。部分视神经萎缩患者通过上述治疗能够改善一定视功能。(吴少祯.国医大师临床经验实录[M].北京:中国医药科技出版社,2011.)

(钟舒阳)

第十二章 眼 外 伤

第一节 撞 击 伤 目

撞击伤目指眼遭受钝性暴力打击后产生损伤但无穿破伤口的眼病。《太平圣惠方》《圣济总录·眼目门》《古今医统大全》等对本病皆有所记载。钝性暴力种类繁多，如金属板、皮带、树枝、拳击、球击、高压气体冲击等都可造成此类损伤。

撞击伤目相当于西医学之眼球钝挫伤。

病因病机：

1. 钝力撞击，损伤眼珠，气血受伤，络伤出血。

2. 组织受损，气血失和，血溢络外，瘀则不通，气血瘀滞。

【病案精选一】

[病史资料]

彭某，男，57岁，农民。2016年11月25日初诊。

主诉：右眼被石子弹伤致视物不见3天。

现病史：患者于3天前工作时不慎被石子弹伤右眼，当即觉视物不见，门诊诊断为"外伤性前房积血，青光眼"，建议入院治疗。入院症见右眼视物不见，伴眼红眼痛。患者平素纳可，睡眠实，二便调。

既往史：2年前因双眼翼状胬肉在当地医院手术切除；否认高血压、糖尿病、冠心病等慢性病病史，否认传染病及遗传病史。

体检：神清，舌质淡暗，苔薄白，脉弦。

眼部检查：右眼视力 HM/20cm（光定位准确），眼压：右眼 37.19mmHg，左眼 16.00mmHg。右眼混合性充血，鼻侧可见膜状物生长，尖端朝向角膜，侵入角膜缘约 2mm，头圆钝，未见明显浸润病灶，角膜雾状混浊，角膜荧光染色（±），角膜后沉着物（+），前房中轴深约 4.5CT，房水呈血性，虹膜表面见血痂，虹膜纹理窥视不清，瞳孔散大，直径约 5.2mm，对光反射消失，眼底窥视不入。左眼鼻侧结膜稍充血，鼻侧可见与右眼相似的膜状物生长，除此外左眼前后节无明显异常。

辅助检查：门诊 B 超示右眼轻度玻璃体混浊。

［辨治思路］

1. 主证分析　右眼被石子弹伤致视物不见3天,伴眼红眼痛,黑睛血染,无穿孔性伤口,符合撞击伤目诊断。西医诊断为眼球钝挫伤。应进一步检查患眼各组织的受损情况。

2. 证候分析　患者平素纳可,二便调,睡眠实,舌质淡暗,苔薄白,脉弦,有双眼翼状胬肉病史并曾手术切除,结合右眼视物不见,伴眼红眼痛,黑睛血染,辨证为络伤出血证。

3. 立法处方

辨证:络伤出血。

治法:凉血止血。

选方:宁血汤加减或十灰散加减。

生地黄20g,白芍15g,墨旱莲15g,白茅根20g,白及15g,白薇10g,侧柏叶15g,仙鹤草20g,栀子炭10g,阿胶10g(烊化),三七10g。每日1剂,水煎至200ml,饭后一次温服。

治法与用药分析:本病早期宜凉血止血,不可久服,以免止血留瘀。方中墨旱莲、生地黄、阿胶、白芍滋阴凉血止血;三七散瘀止血,消肿定痛;栀子炭、侧柏叶、白茅根清热凉血止血;仙鹤草、白及收敛止血;白薇清热祛风。诸药合用,共奏凉血止血之功效。

［辅助检查］

1. 实验室检查　血常规、凝血功能、肝肾功能、乙肝抗原检测等常规入院检查。

2. 其他辅助检查　超声生物显微镜(UBM)可观察到睫状体和周边虹膜的位置、成角及解剖变异。

［转归及对策］

2016年11月27日:共服上方3剂,右眼视物较前清晰,无明显眼胀眼痛及畏光流泪等不适。眼压:右眼9.3mmHg,左眼10.1mmHg。右眼结膜充血,角膜清,角膜荧光染色(-),角膜后沉着物(-),房水稍混,房闪(+),下方前房可见血性混浊,瞳孔区可见红色血管样膜生成,虹膜轻度震颤。停用上方,改为静脉滴注川芎嗪注射液扩血管。

2016年11月30日:右眼视物较前清晰,眼压稳定,前房积血逐渐吸收,无继续出血,故以活血化瘀为法,予祛瘀汤(经验方)加减:当归尾10g,桃仁10g,赤芍10g,泽兰10g,丹参10g,川芎10g,郁金10g,生地黄10g,仙鹤草10g,墨旱莲10g,荆芥穗10g,防风10g。3剂,每日1剂,水煎至200ml,饭后一次温服。

2016年12月3日:前房未见明显血性混浊,积血吸收,眼压稳定,眼底未见明显异常,眼后段损伤排除。停服中药汤剂。嘱定期复查,不适随诊。

本案患者初期右眼视物不见,伴眼红眼痛,黑睛血染,舌淡暗,苔薄白,脉弦,证属络伤出血,用宁血汤加减以凉血止血,亦可用十灰散加减;经治数日后无继续出血,则改用活血化瘀法,用祛瘀汤加减以活血祛瘀。

【病案精选二】

［病史资料］

陈某,男,41岁,职员。2016年12月18日初诊。

主诉:右眼被羽毛球打伤7小时。

现病史:患者于7小时前不慎被羽毛球打伤右眼,后右眼疼痛、流泪,遂于急诊就诊,查体发现右眼前房积血,眼压高,拟"右眼前房积血"收入院。患者右眼视物不见,胀痛,流泪,胃纳可,睡眠不实,二便调。

既往史:否认高血压、糖尿病、冠心病等慢性病病史,否认传染病及遗传病史,否认手术史。

体检:神清,舌暗红,苔薄白,脉弦。

眼部检查:视力:右眼手动/眼前,左眼 0.7;眼压:右眼 43.5mmHg,左眼 17.8mmHg。右眼结膜充血(++),角膜清,角膜荧光染色(-),房水血性混浊,虹膜根部 2~5 点位离断,余各结构不能窥清。左眼节前节后无异常。

[辨治思路]

1. 主证分析　因右眼被羽毛球打伤 7 小时入院,右眼视物不见,结膜充血水肿,胀痛,流泪,无穿孔性损伤,符合撞击伤目诊断。西医诊断为眼球钝挫伤。应进一步详查以明确眼部受伤部位。

2. 证候分析　患者胃纳可,睡眠不实,二便调,舌暗红,苔薄白,脉弦,结合右眼视物不见、胀痛,辨证为气滞血瘀证。

3. 立法处方

辨证:气滞血瘀。

治法:活血化瘀,宁血止血。

选方:桃红四物汤加减。

生蒲黄 24g,墨旱莲 24g,丹参 15g,荆芥炭 12g,郁金 15g,生地黄 12g,川芎 6g,牡丹皮 12g,茺蔚子 10g。每日 1 剂,水煎至 250ml,饭后温服。

治法与用药分析:在钝力撞击下,眼球周围软组织受伤,气血失和,因而眼睑肿胀,结膜充血,房水混浊,视力骤降;因伤致瘀,瘀则不通,不通则痛,因而眼球疼痛。血瘀郁而化热,则热扰心神,睡眠差;舌质暗红,脉弦,均为血瘀之征。治宜活血化瘀为主,兼以行气、滋阴、凉血、清热。方中生地黄、墨旱莲滋阴清热;生蒲黄、丹参、川芎、牡丹皮行气活血化瘀;茺蔚子养精明目;郁金活血清热;荆芥炭止血。诸药合用,共奏活血化瘀、宁血止血之功效。

[辅助检查]

1. 实验室检查　血常规、凝血功能、肝肾功能、乙肝抗原检测等入院常规检查。

2. 其他辅助检查　胸片、心电图等入院常规检查。

[转归及对策]

患者经降眼压等处理后诉症状仍未减轻,继续予降眼压等对症治疗并密切观察病情。次日患者眼压仍高,房水仍呈血性,遂行右眼前房穿刺术,术后继续予降眼压、消炎等治疗。

2016 年 12 月 21 日:术后第三天,患者右眼视物不清,无胀痛、流泪,胃纳可,睡眠差,二便调。右眼视力 0.2,右眼眼压 11.8mmHg,左眼眼压 14.7mmHg。右眼结膜充血(+),角膜雾状水肿,房水混浊,余检查同前。宜以活血化瘀、宁血止血为法,予桃红四物汤加减(上方),共 3 剂,每日 1 剂,水煎至 250ml,饭后温服。

2016 年 12 月 25 日:右眼视物转清,无胀痛流泪,胃纳可,睡眠差,二便调。右眼视力 0.4,眼压稳定,角膜轻度水肿,房水混浊,眼底检查无异常。为促进术后恢复,宜以行气活血、化瘀止痛为法,予桃红四物汤加味:桃仁 10g,丹参 15g,郁金 15g,生地黄 12g,川芎 6g,牡丹皮 12g,茺蔚子 10g,红花 10g,泽兰 10g,密蒙花 15g,赤芍 10g,姜厚朴 10g。共 3 剂,日一剂,水煎至 250ml,饭后温服。患者服后视力、眼压稳定,角膜无水肿。

本案患者右眼视物不见,结膜充血水肿,胀痛,流泪,睡眠不实,舌暗红,苔薄白,脉弦,证属气滞血瘀,用桃红四物汤加减活血化瘀,使气血畅通,消瘀止痛。角膜混浊,加密蒙花明目退翳;结膜充血水肿,加泽兰利水消肿。

诊疗特点

[诊断要点]

1. 有眼外伤史,需根据解剖部位检查伤情,如是否存在眼睑肿胀或瘀血、结膜下出血、角膜擦伤、瞳孔改变及前房积血;有角膜损伤者应行荧光染色检查;前房积血者要注意测量眼压。视力受损明显者要用裂隙灯检查晶状体情况,疑有晶状体后脱位者可散瞳进一步检查确诊。

2. 眼挫伤患者要常规进行眼底检查,注意观察玻璃体、视神经、视网膜脉络膜是否受创伤。挫伤后眼球突出者要注意检查瞳孔大小及其对光反射,有无上睑下垂及眼球运动障碍的情况,以了解眶内压迫征之可能;疑有眶骨骨折、颅底骨折者要进行 X 线或 CT 检查确诊。

[辨证要点]

本病之辨证,宜分辨伤之部位、轻重及新久,以及有无并发症等情况。在钝性暴力撞击下,无论浅层、深层眼组织均可遭受严重损害,表现为组织水肿、充血、混浊,此乃气血受伤导致气血瘀滞的表现。然而在某些病例中,眼组织血管破裂引起的前房积血及玻璃体、视网膜脉络膜、球后出血则表现为络伤出血,在临证诊治时应深入检查进行辨证。

[治法方药]

1. 络伤出血证

证候:可见眼睑血肿,球结膜下出血。稍重则见前房积血,早期出血量少可弥散于前房,稍晚可下沉于瞳孔下方形成一水平液面,此时视力可不受影响或轻度下降;出血量多可导致前房呈乌黑色,视力丧失;某些病例表现为视网膜脉络膜出血,出血量多者可导致玻璃体全积血,使眼底无法窥入,视力亦严重受损;少数严重病例,急诊初诊时可见伤眼向外突出,眼球运动受限,眼底检查正常或见视神经乳头边缘模糊或静脉迂曲,瞳孔或可见散大,此乃眶内出血的早期征象,应尤其注意。舌淡暗,苔薄白,脉弦。本证以眼部出血及舌脉为辨证要点。

治法:早期凉血止血,继则活血化瘀。

方药:早期宁血汤加减或十灰散加减,继则祛瘀汤(经验方)加减。出血初期,用宁血汤加减或十灰散加减以凉血止血;如出血已停止,经过数日无继续出血,则可改用活血化瘀法,用祛瘀汤加减;如出血停止日久,吸收缓慢,积瘀于内,则服祛瘀汤,并可酌情选加川芎、当归、桂枝、炮姜等温行通窍药物,以促进积血吸收,但有反复出血者,此类药物应慎用。

2. 气滞血瘀证

证候:患者常觉眼球疼痛,眼睑肿胀,角膜混浊,眼底可见视神经乳头边缘模糊、充血、水肿,视网膜静脉充盈,舌暗红,苔薄白,脉弦。本证以眼球胀痛等症状及舌脉为辨证要点。

治法:行气活血,化瘀止痛。

方药:桃红四物汤加味。角膜混浊明显者,可加菊花、蝉蜕、木贼等以退翳明目;眼底水肿者,加泽泻、薏苡仁、茯苓以利水消肿;羞明流泪者,加羌活、防风、龙胆草以祛风清热;疼痛剧烈者,加乳香、没药以化瘀止痛。后期应逐渐转用补益肝肾药物以提高视力。

临证思路

钝性暴力撞击首先引起眼的表浅组织损害,重者可致组织撕裂伤;其次,这种暴力可通过眼内液体的传导损伤眼内组织;最后,暴力还可通过眼眶骨壁的反作用引起震荡性损伤,从而加重眼内和眶内组织的破坏。无论通过哪种作用方式,均可引起气血受伤,组织损伤。

撞击伤目辨证应首先辨受伤的部位、轻重、新久、有无眼珠破裂,以及有无并发症等。若有眼珠破裂则必须先手术清创缝合,再考虑内治,并注意随证加减。若无眼珠破裂,则以内治为主,必要时再考虑手术治疗。若表现为眼组织出血,则为络伤出血证;若表现为组织水肿、充血、混浊,眼球胀痛,则为气滞血瘀证。胞睑出血者,初伤后宜冷敷止血。若胞睑瘀血肿胀甚,可加眼垫后用绷带加压包扎以止血。受伤1~2日后改用热敷,或用酒调七厘散外搽,以促进消肿、止痛、散瘀,但勿使药渣进入眼内。若有颅底骨折,应卧床休息,请有关科室会诊,共同处理。血灌瞳神者,宜双眼包扎,半卧位休息,若眼压升高,可考虑降眼压治疗。若有其他并发症,应根据病情结合必要的手术治疗。

名医验案选读

韦玉英治外伤性玻璃体积血验案

李某,男,7岁。

初诊:1986年8月26日。患儿于40天前左眼被石块击伤后视力丧失,玻璃体大量积血,在当地医院经保守治疗无效,建议行玻璃体切割术,家长有顾虑,遂求治于中医。

检查:右眼视力1.5,左眼视力0.04,不能矫正,左玻璃体内大量咖啡样尘埃状浓厚混浊,眼底不见,眼压正常,诊断为左眼外伤性玻璃体积血。

辨证施治:舌淡红,苔薄白,脉细偏数,辨为外伤损目瘀血灌睛之证,治宜活血化瘀,兼以凉血止血、平肝明目。予桃红四物汤加减。

处方:生地黄、赤芍、当归、茺蔚子、石决明、墨旱莲、鸡内金各10g,丹参、白茅根各15g,桃仁、红花各6g。

共服上方7剂,左眼视力仍为0.04,服药后无不适反应,上方加大蓟、小蓟各10g,又服14剂。服后左眼视力0.3,舌体胖色淡红,脉细。上方去桃仁、红花,加茯苓、炒谷芽各10g,健脾开胃,消食和中,以助药力。后左眼视力恢复至0.8,玻璃体仅下方遗留陈旧机化块,眼底视神经乳头颞上静脉主干伴白鞘,半年后复诊左眼视力1.0.

解析:本案患儿来诊时病程已久,出血转为棕褐色混浊物。离经之血是为瘀,瘀血不去,脉道难通,新血不生,故治以活血化瘀为主。方中四物汤养血活血,祛瘀生新;桃仁、红花、茺蔚子、丹参活血化瘀,加速瘀血的排出;白茅根、墨旱莲清热凉血;石决明清肝明目;鸡内金消食和胃。诸药合用,达活血化瘀、凉血止血、平肝明目之功。(彭清华.眼科病名家医案·妙方解析[M].北京:人民军医出版社,2007.)

第二节　真　睛　破　损

真睛破损指眼球被锐器刺破或异物穿透球壁进入眼内引起视力骤降的眼病。《证治准绳·七窍门》对本病有所记载,论述了真睛破损的证候。患者有锤凿伤、爆炸伤、竹木锥刺伤、铁丝刺伤、树枝戳伤等外伤史,儿童则多为雷管、小刀、剪刀、针、铅笔、弹弓等致伤。

真睛破损相当于西医学之眼球贯通伤。

病因病机:

1. 眼球破损,卫气失固,风邪乘袭,又因伤及气血,气滞血瘀。

2. 邪毒入侵气滞血瘀,热毒结聚。

3. 邪毒侵袭,经经络、脏腑、气血累及健眼。

【病案精选一】

[病史资料]

张某某,男,25岁,工人。2016年9月6日初诊。

主诉:铁屑弹伤右眼致视物不见3天。

现病史:患者于3天前在打磨铁制品时不慎被铁屑弹中右眼,亦有铁屑弹到左眼眶与鼻梁之间,当时觉右眼眼前发黑,视物不清,后视力逐渐下降致视物不见,左眼无特殊不适,遂来诊,以"眼球贯通伤"收入院。入院症见口苦,口臭黏腻,痰多,胃纳可,睡眠实,二便调。

既往史:否认高血压、糖尿病病史,否认传染病及遗传病史。

体检:神清,舌暗红,苔黄腻,脉弦滑。

眼部检查:右眼视力:指数/眼前,矫正不提高;左眼视力:0.5,矫正视力 -0.75DS=1.0。右眼球结膜混合充血,角膜清,3点钟角膜缘外1.5mm处巩膜上见一长约2mm斜行伤口,分泌物覆盖。前房中轴约2.5CT,房水微浊(+)。虹膜纹理清晰,瞳孔尚圆,直径约3mm,对光反射迟钝。晶状体呈灰白色混浊,囊膜未破,皮质未溢入前房。眼底窥不见。左眼眶与鼻梁之间似有一皮肤划痕,已闭合,无红肿。左眼前段及眼底未见明显异常。

[辨治思路]

1. 主证分析 右眼被铁屑弹伤致视物不见3天,右眼球结膜混合充血,角膜清,3点钟角膜缘外1.5mm处巩膜上见一长约2mm斜行伤口,符合真睛破损诊断。西医诊断为眼球贯通伤。应进一步探明眼球各组织受损情况。

2. 证候分析 患者口苦、口臭黏腻、痰多,舌暗红,苔黄腻,脉弦滑,结合右眼球结膜混合充血,角膜缘外1.5mm处巩膜上见一斜行伤口,辨证为风邪乘袭兼痰热内盛、气血瘀阻证。

3. 立法处方

辨证:风邪外袭兼痰热内盛、气血瘀阻。

治法:清热化痰解毒,兼活血疏风。

选方:除风益损汤合除湿汤加减。

龙胆草10g,金银花10g,郁金10g,茵陈10g,石菖蒲10g,黄芩10g,连翘6g,防风6g,生甘草6g,蒲公英20g,赤芍15g,红花10g,陈皮10g,竹茹10g。每日1剂,水煎至250ml,温服。

治法与用药分析:患者口苦、口臭黏腻、痰多,舌暗红、苔黄腻、脉弦滑,四诊合参辨为痰热内盛兼气血瘀阻、风邪外袭之证,治以清热化痰解毒,兼活血疏风。方中龙胆草清利肝胆湿热;黄芩、石菖蒲、茵陈、金银花、蒲公英清热解毒祛湿;赤芍、红花、郁金活血化瘀;陈皮、竹茹清化痰浊;防风、连翘祛风邪;生甘草清热解毒兼调和诸药。诸药合用,共奏清热解毒除湿、活血疏风之功效。

［辅助检查］

1. 实验室检查　血常规、凝血功能、肝肾功能、乙肝表面抗原检测等入院常规检查。

2. 其他辅助检查　角膜缘缝环 X 线片以定位眼内异物。

［转归及对策］

2016 年 9 月 6 日：双眼角膜缘缝环 X 线片定位示左眼异物不在眼球内。根据定位结果，行右眼异物取出联合白内障囊外摘出术。手术前后患者出现明显的刺激症状，眼泪频流，眼睑肿胀难睁，房水混浊，角膜后沉着物，玻璃体混浊。予上方每日 1 剂，水煎至 250ml，温服。术后予静脉滴注环丙沙星、头孢拉定，妥布霉素地塞米松滴眼液滴右眼，口服肌苷、复方血栓通胶囊、维生素 B_1、维生素 C，阿托品滴眼液散瞳等治疗。用药后症状明显好转，前房炎症反应迅速消退，视力逐渐提高。

2016 年 9 月 20 日：行左眼睑内异物取出术。经治疗，右眼裸眼视力 0.08，联合 +12.00D 球镜矫正至 1.0，后行右眼二期人工晶状体植入术，手术顺利。术后肌内注射妥布霉素，口服泼尼松片，余治疗同上，中药仍以除湿汤合除风益损汤加减，患者恢复良好。

2016 年 9 月 25 日：出院时右眼裸眼视力 0.9，通过小孔镜可矫正到 1.0。

本案患者右眼球结膜混合充血，角膜缘外 1.5mm 处巩膜上见一斜行伤口，口苦、口臭黏腻、痰多，舌暗红、苔黄腻、脉弦滑，为风邪乘袭兼痰热内盛、气血瘀阻证。风邪外袭、痰湿阻滞、热毒蕴结、气滞血瘀是本病的主要发病机理。宜以清热化痰解毒兼活血疏风为法，予除风益损汤合除湿汤加减。此外，不失时机地取出异物和白内障囊外摘出加人工晶状体植入也是治疗的关键。

【病案精选二】

［病史资料］

陆某，男，46 岁，农民。2016 年 9 月 24 日初诊。

主诉：右眼被铁钉击伤 4 天。

现病史：患者于 4 天前工作时不慎被铁钉击伤右眼，致右眼疼痛，畏光流泪，视力下降，遂至当地医院诊治，予抗感染对症处理（具体不详）后症状缓解不明显，随后右眼视力逐渐下降，为求进一步治疗，门诊以"右眼眼球贯通伤"收入院。入院症见右眼视物不见，疼痛，畏光流泪，伴前额痛，胃纳差，睡眠一般，二便调。

既往史：否认高血压、糖尿病病史，否认传染病及遗传病史。

体检：神清，舌红，苔黄，脉弦。

眼部检查：右眼视力 LP（光定位准确），左眼视力 1.0。右眼眼睑肿胀、压痛，球结膜水肿充血，角膜约 4 点钟位可见一斜入角膜创面，局部可见虹膜嵌顿，角膜水肿，房水混浊，颞侧可见少量出血，前房积脓，液平面约 1.5mm，瞳孔可见少量白色胶冻样晶状体溢出，对光反射消失，眼后段窥不清，左眼前后节无异常。

［辨治思路］

1. 主证分析　右眼被铁钉击伤 4 天，右眼视力 LP（光定位准确），眼睑肿痛，球结膜水肿充血，角膜见一斜入角膜创面，符合真睛破损诊断。西医诊断为眼球贯通伤。应进一步检查患眼各组织的受损情况。

2. 证候分析　患眼疼痛，畏光流泪，伴前额痛，胃纳差，睡眠一般，二便调，舌红，苔黄，脉弦，结合眼睑肿痛，球结膜水肿充血，角膜水肿，房水混浊，颞侧可见少量出血，前房积脓，辨证为热毒壅盛证。

3. 立法处方

辨证:热毒壅盛。

治法:清热解毒,凉血化瘀。

选方:五味消毒饮加减。

野菊花15g,蒲公英15g,金银花15g,栀子10g,蒺藜15g,木贼10g,蝉蜕6g,防风10g,荆芥穗10g,柴胡10g,茺蔚子10g,甘草6g。每日1剂,水煎至150ml,饭后温服。

治法与用药分析:邪毒自伤口入侵,气血瘀滞,热毒结聚,故伤口污秽肿胀,结膜充血,前房积脓,邪毒蔓延于眼外。治以清热解毒、凉血化瘀为法。方中菊花、蒲公英、金银花清热解毒;栀子清热凉血;木贼、蝉蜕明目退翳;防风、荆芥穗祛风;蒺藜活血明目;柴胡清肝热;茺蔚子清肝明目;甘草调和诸药。诸药合用,共奏清热解毒、凉血化瘀之功效。

[辅助检查]

1. 实验室检查　血常规、凝血四项、凝血功能、肝肾功能、乙肝表面抗原检测等住院常规检查。

2. 其他辅助检查　胸片、心电图、双眼B超、眼眶正侧位等。

[转归及对策]

患者入院后予抗感染等治疗,次日行右眼玻璃体腔注药术,术后局部滴用妥布霉素地塞米松滴眼液、左氧氟沙星滴眼液,涂妥布霉素地塞米松眼膏,密切关注病情变化。

2016年9月26日:术后第一天,患者右眼视物不见,疼痛减轻,畏光流泪,胃纳差,睡眠一般,二便调。舌红,苔黄,脉弦。眼部检查:前房未见明显积脓,余皆如前。以清热解毒、凉血化瘀为法,予上方煎服,共3剂。

2016年9月27日:右眼视物同前,稍疼痛,畏光流泪减轻,余皆如前。下午行右眼玻璃体腔注射术。

2016年10月8日:右眼视物不清,无眼胀眼痛及畏光流泪等不适。眼部检查:右眼视力HM/10cm(光定位准确),右眼眼睑少许肿胀,无明显压痛,角膜清,角膜创口密闭,局部可见虹膜粘连,房水混,房闪(+),晶状体破裂,皮质突入前房。局麻下行右眼角膜贯通伤修补+晶状体咬切+视网膜前膜剥离+玻璃体切除+硅油填充+玻璃体腔注药术。术后嘱其面朝下体位休息。

2016年10月9日:视物较前清晰,无明显眼胀眼痛及畏光流泪等眼部不适,胃纳可,睡眠实,二便调。眼科检查:右眼视力0.05,眼压正常,眼部情况稳定。

本案患者为真睛破损,邪毒乘伤袭入,气血瘀滞,热毒结聚。邪毒蔓延,蓄腐成脓,故出现黄液上冲,视物不见。法当清热解毒,凉血化瘀,予五味消毒饮加减。服药后,右眼疼痛及畏光流泪减轻,再次行玻璃体腔注射术。患眼外伤后晶状体破裂,眼内感染,需手术清除混浊晶状体及玻璃体,但由于患者眼底损伤不明,暂不考虑人工晶状体植入。术后患者视力有所提高。

诊疗特点

[诊断要点]

有能导致眼球穿孔的外伤史。绝大多数患者在角膜、角膜缘或结膜巩膜的位置可找到穿孔的伤口。眼前部无穿孔伤口而眼周围软组织有较深之穿透伤口者,要注意检查瞳孔是否变形,尤其出现梨形瞳孔者要详细检查睫状体区球壁情况,异物伤病例要行X线摄片,除外眼内异物可能。眼前部仅有局限性球结膜出血者,要详细检查出血区之巩膜壁,必要时手术剪开球结膜筋膜组织,以除外结膜下巩膜穿孔可能。少数患者因眼内金属异物残留呈现眼铁质沉着症,因视力下降而就诊者必须追问外伤史并常规进行X线摄片以证实异物可能。一眼受伤穿孔,健眼出现羞明流泪等症状者,要注意区分早期交感性眼炎或交感症状,前者要注意检查有无前部或后部葡萄膜炎征象,尤其应详细检查房水浮游细胞或玻璃体混浊等早期征象。在诊断为交感症状后仍应慎重,要继续留意观察健眼情况。眼球穿孔伤患者,睫毛进入前房内的机会很多,因此诊治时应使用裂隙灯或放大镜详细检查,避免遗漏。

[辨证要点]

真睛破损辨证时需细查伤口大小,明确眼内组织脱出、受损、污染及眼内异物等情况,晚期病例还应注意检查健眼,原则上应先处理伤口,然后按辨证采取相应的治疗措施,并注意随证加减。

[治法方药]

1. 真睛破损,风邪乘袭证

证候:角膜或巩膜穿孔,可有葡萄膜组织脱出或嵌顿于伤口,疼痛或剧痛,羞明流泪,视力下降。舌暗红,苔黄腻,脉弦滑。本证以眼球疼痛、羞明流泪等症及舌脉为辨证要点。

治法:除风益损。

方药:除风益损汤加味。伤眼组织充血水肿较重者,可加桃仁、红花以活血化瘀,黄芩、黄连以清热解毒;若前房积血或玻璃体积血、眼底出血较多,则为络伤出血,应按凉血为先、活血为后之治法处理。

2. 外邪入侵,热毒炽盛证

证候:伤口污秽、肿胀,结膜混合性充血,瞳孔区黄色反光或前房积脓,眼球轻度外突者可伴眼球运动障碍,重者脓液可自伤口处排出。舌红,苔黄,脉弦。本证以伤口污秽肿胀、前房积脓等症及舌脉为辨证要点。

治法:清热解毒,凉血化瘀。

方药:经效散合五味消毒饮加减。

3. 脓毒侵袭,感伤健眼证

证候:伤眼或有眼内异物残留,可有葡萄膜组织嵌顿、脱出,伤后慢性葡萄膜炎迁延不退,健眼可觉眼前闪光或视力下降,结膜睫状充血,角膜后壁可见沉着物,房水闪光阳性并可见浮游细胞,瞳孔区可见渗出或伴后粘连等前葡萄膜炎征象;或表现为玻璃体混浊,视神经乳头充血,视网膜下渗出等后葡萄膜炎征象。舌质红,苔薄黄,脉细数。本证以伤眼伤后慢性葡萄膜炎迁延、健眼受累及舌脉为辨证要点。

治法:清泻肝胆,祛风散邪;或通腑泻下,清肝泻火。

方药:还阴救苦汤或泻脑汤。若表现为前葡萄膜炎肝胆风热壅盛证,则用还阴救苦汤清泻肝胆,祛风散邪;若表现为后部葡萄膜炎热炽腑实、肝胆火盛证,用泻脑汤通腑泻下,清肝泻火;无大便闭结者,改用白虎汤,加板蓝根、大青叶祛风清热解毒。

临证思路

本病多因锐利物体刺伤,或高速溅入金属碎屑碎片,以致眼球穿破,异物多存留于眼球内,亦可再贯通他处而存于眶内,也有因过猛之钝力撞击破损眼球者。致伤物体多污浊,受伤处既易被污染,又易被风毒侵袭,不仅经络、气血、组织受伤,而且可出现邪毒炽盛之候,少数情况还可影响健眼,出现交感性眼炎。

本病之辨证,需分辨伤势之深浅,损伤的部位,异物之有无,邪毒之轻重,然后采取相应的治疗措施。一般先处理创口,再结合内服药物,并注意随症加减。用药剂量要随个人体质而异,初病可量重,久病要注意兼顾正气。用中药治疗的同时也要注意定期检查眼底。

名医验案选读

陆南山治真睛破损验案

王某,女,35 岁。

初诊:1974 年 10 月 3 日。患者 15 天前用刀劈竹时,竹片弹起,撞击右眼,遂有液体流出,视物障碍,急到当地医院检查:右眼 3~9 点钟位角膜横行穿孔伤,眼球玻璃体、晶状体、虹膜脱垂,视力仅有光感。建议摘除右眼球,患者及家属均不同意,遂行右眼角膜伤口缝合术,并切除脱垂之虹膜、玻璃体。手术顺利,术后予抗感染等治疗,患者自觉右眼碜痛难忍,羞明怕光,热泪如汤,又转成都治疗。曾到某医学院诊治,仍用抗生素、糖皮质激素治疗,症状未减,遂寻求中药治疗。刻下症见右眼碜痛,牵引右侧头痛,畏光,热泪频流。

检查:右眼视力手动 / 眼前,左眼视力 0.5。右眼睑轻度肿胀,球结膜混合充血水肿,角膜 3~9 点钟位横行伤口,缝线 10 余针,角膜实质水肿,房水闪光(+),虹膜缺损,瞳孔大,瞳孔无红光反射,眼底窥不进。手扪眼球有明显睫状压痛,眼压偏低。

辨证施治:食纳不佳,苔白腻,脉细,宜清肝解郁,健脾渗湿。

处方:

(1)千金苇茎汤合三仁汤加减:薏苡仁 30g,白豆蔻 10g,杏仁 10g,冬瓜子 20g,苇茎 30g,桃仁 10g,红花 10g,当归 10g,川芎 10g,赤芍 10g,生地黄 10g,白芷 10g,蒲公英 30g。水煎服,每日 1 剂。

(2)外治:眼部点 1% 阿托品滴眼液、0.25% 氯霉素滴眼液及 0.025% 地塞米松滴眼液。

共服上方 15 剂,病情平稳,视力同前,角膜缝线已脱落,伤口愈合,留有白色瘢痕,角膜上方有新生血管长入,其余情况同前。继续服用上方 7 剂,视力同前,眼痛、头痛、畏光、流泪减轻,球结膜混合充血减轻,水肿消失,房水闪光(±),瞳孔仍无红光反射,苔白厚,脉濡。上方去白芷,继续服用 14 剂后,右眼视力数指 /1 市尺,右眼球结膜轻度睫状充血,房水闪光(-),角膜留有横行斑翳,虹膜缺损,用 +8D 可见玻璃体呈絮状混浊,可见部分视网膜血管,苔白,脉细。上方去苇茎、蒲公英,加莪术以加强活血化瘀之力,服用 14 剂后,右眼视力数指 /1.5市尺,右眼前部炎症完全消失,角膜正中瘢痕变薄,右眼玻璃体混浊呈絮状混浊,眼底可见视盘及视网膜血管,矫正视力:+10.00DS=0.3,仅留畏光。建议带处方回当地治疗。2 个月后复查,右眼玻璃体混浊进一步减轻。

解析:本案患者因眼外伤扰动肝气,肝喜条达疏泄而恶抑郁,肝郁则易化火生热,而肝之为病又易犯脾,脾主运化,喜燥而恶湿,肝郁犯脾,脾失运化之职,造成湿邪阻络。故采用清肝解郁、健脾渗湿之法。方中薏苡仁、白豆蔻、杏仁、冬瓜子健脾燥湿;苇茎清肝解郁;桃仁、红花、当归、川芎活血化瘀;白芷、蒲公英清热解毒;赤芍活血清热;生地黄滋阴,以防燥药伤阴。(彭清华.眼科病名家医案·妙方解析[M].北京:人民军医出版社,2007.)

（田　妮　李坤梦）

第十三章 其他眼病

第一节 风牵偏视

风牵偏视指以眼珠突然歪斜,转动受限,视一为二为临床表现的一种眼病。由于神经核、神经或眼外肌本身器质性病变致单条或多条眼外肌完全或部分麻痹而引起眼球向麻痹肌作用相反的方向偏位,以眼球运动受限、复视、眩晕、恶心、呕吐等为特征。《诸病源候论·目病诸候》记载:"人脏腑虚而风邪入于目,而瞳子被风所射,睛不正则偏视。"多为单眼发病,起病突然,患者往往因严重的自觉症状而影响工作及生活。

风牵偏视相当于西医学的麻痹性斜视,分为先天性、后天性两类。

病因病机:素体气血不足,风邪外袭或风痰阻络,脾虚气弱,肝阳上亢或肝风上扰,外伤及气滞血瘀等因素导致眼带转动失灵,出现目偏视。

【病案精选】

[病史资料]

戴某,男,27岁,公务员。2017年10月2日初诊。

主诉:双眼视物重影4天。

现病史:患者最近晚上失眠,4天前突然发现双眼视物重影明显,视一为二,伴右眼转动受限,无视力下降,亦无头痛、恶心、呕吐等表现。在当地医院诊断为"右眼外直肌麻痹",予治疗(具体不详)未见明显好转。为求进一步诊治,门诊拟"风牵偏视"收入院。入院症见目珠偏斜,转动失灵,视一为二,轻度头晕目眩,纳食略少,夜寐不安,二便调。

既往史:平素身体尚可,否认传染病及遗传病史。

体检:神清,舌质淡,苔薄白,脉浮。

眼部检查:视力:右眼1.0,左眼1.5。33cm角膜映光法右眼+15°,右眼外转受限,第二斜视角大于第一斜视角,双眼外眼及前节正常,眼底视盘边界清晰,视网膜未见明显渗出及出血。

[辨治思路]

1. 主证分析 骤然发病,右眼外转不灵活,目珠偏斜,视一为二,33cm角膜映光法右眼+15°,眼前节、眼底大致正常,符合风牵偏视诊断。西医诊断为右眼外直肌麻痹。应进一步检查引起外直肌麻痹的原因。

2. 证候分析　失眠导致气血暗耗,气血不足,腠理不固,风邪乘虚侵入,阻滞经络,气血运行不畅,致筋脉失于濡养而弛缓不用,则见目珠偏斜、视一为二,气血亏虚清窍失养,则头晕目眩,舌质淡,苔薄白,脉浮数为风邪中络之证。

3. 立法处方

辨证:风邪中络。

治法:祛风通络,益气扶正。

选方:牵正散加减。

僵蚕 6g,全蝎 6g,白附子 10g,防风 10g,路路通 15g,白术 10g,丹参 15g,牛膝 10g,黄芪 30g,木瓜 15g,远志 10。每日 1 剂,水煎服,连服 14 剂。

治法与用药分析:方中白附子辛温,功能祛风化痰,并擅长治头面之风,为君药。全蝎、僵蚕均能祛风止痉,其中全蝎长于通络,僵蚕有化痰作用,共为臣药。配合防风祛风通络,黄芪益气扶正,白术健脾益气,路路通、丹参、牛膝活血通络,木瓜疏经通络,远志安神。诸药合用,达祛风通络、益气扶正之功。

针灸:取睛明、球后、太阳、攒竹、风池、瞳子髎、丝竹空、阳白、四白。

辨证调护:避免劳累,少用目力,并调畅情志。

［辅助检查］

1. 血常规、血糖、血脂、血尿酸、肾功能、肝功能、凝血功能均大致正常。

2. MRI 头颅磁敏感加权成像提示左侧放射冠区异常信号灶,符合静脉畸形。

3. 头颅磁共振血管成像:未见明显异常。

［转归及对策］

2017 年 10 月 16 日:头晕目眩改善,睡眠较前好转,多梦,目珠偏斜较前好转,右眼外转受限情况好转,复视程度减轻,33cm 角膜映光法右眼 +10°。在 2017 年 10 月 2 日方基础上加合欢皮促睡眠、宽筋藤增强疏经通络功效,继服 14 剂。

2017 年 10 月 30 日:头晕目眩改善,夜寐渐安,无目珠偏斜,右眼外转基本不受限,无复视,33cm 角膜映光法右眼双眼正位。继服 2017 年 10 月 16 日方 30 剂。嘱避免劳累,少用目力,每天看手机不超过 1 小时。予办理出院。

2018 年 1 月 30 日:电话随访,患者诉无视一为二现象,右眼转动灵活不受限。

本案患者因失眠诱发,舌质淡,苔薄白,脉浮数,属风邪中络证。方用牵正散加减,配合益气疏经通络。病程后期,加强疏经通络作用。

诊疗特点

［诊断要点］

1. 出现复视(即视一为二)情况时,需排除屈光问题。

2. 眼球斜向麻痹肌作用方向的对侧,出现不同程度的转动受限。

3. 第二斜视角大于第一斜视角。

［辨证要点］

本病常突然发病,视物昏花,视一为二,常伴头晕、恶心呕吐、步履不稳等症。辨证常分为 3 型:风邪中络证以猝发眼珠偏斜、头晕目眩等症及舌脉为辨证要点;风痰阻络证以胸闷呕恶、泛吐痰涎等症及舌脉为辨证要点;脉络瘀阻证以外伤史或中风史及舌脉为辨证要点。

[治法方药]

1. 风邪中络证

证候:发病突然,目珠偏斜,转动失灵,倾头瞻视,视物昏花,视一为二;兼见头晕目眩,步态不稳;舌淡,脉浮数。

治法:祛风通络,扶正祛邪。

方药:小续命汤加减。肝虚血少者,可加当归、熟地黄以补血养血;风热为患者,可去生姜、肉桂、附子等温热之品,酌加生石膏、生地黄、秦艽、桑枝等,以辛凉疏风、清热通络。

2. 风痰阻络证

证候:发病突然,目珠偏斜,转动失灵,倾头瞻视,视物昏花,视一为二;兼见胸闷呕恶,食欲不振,泛吐痰涎;舌苔白腻,脉弦滑。

治法:祛风除湿,化痰通络。

方药:正容汤加减。可酌加赤芍、当归以活血通络;恶心呕吐甚者,加竹茹、姜半夏以涤痰止呕;痰湿偏重者,酌加薏苡仁、石菖蒲、佩兰以芳香化浊、除湿祛痰。

3. 脉络瘀阻证

证候:多于头部外伤、眼部直接受伤或中风后出现目珠偏位,视一为二;舌质淡或有瘀斑,脉涩。

治法:活血行气,化瘀通络。

方药:桃红四物汤合牵正散加减。病变早期可加防风、荆芥、蔓荆以增祛风散邪之功;后期表现为气虚血瘀者,可加党参、黄芪等益气扶正,或改用补阳还五汤加减以益气活血通络。

🧧 临证思路

风牵偏视的病因比较复杂,为多因素致病,与先天发育异常、产伤、外伤、炎症、血管性病变、肿瘤压迫、代谢性疾病有关。

📜 名医验案选读

陆南山治风牵偏视验案

刘某,女,32岁。

初诊:患者2个月前剧烈头痛,泛恶,在某医院神经科诊断为蛛网膜下腔出血,经住院治疗好转,但遗留左眼动眼神经麻痹。

检查:左眼上睑下垂,复视。左眼球不能向上、向下、向内转动。

辨证施治:眼球运动受阻,此乃风邪中于头项而窜入经络所致。风者善行数变,治宜祛风活血、疏通经络。

处方:全当归9g,橘络3g,丝瓜络6g,荆芥3g,防风3g,羌活3g,炒竹茹6g,生姜1片。

共服上方7剂,呕吐好转。上方去炒竹茹、生姜,加络石藤9g,继服2个月,眼球渐能转动。久病成虚,上方加党参9g,黄芪12g,再服1个月,眼球转动恢复正常。上睑上举,复视消失。

解析:患者初诊时泛恶,故于通滞汤中加炒竹茹及生姜。羌活、荆芥、防风祛风,全当归活血,橘络、丝瓜络疏通经络,故能取得比较满意的疗效。本案患者服药2个月才见效,服药90剂才痊愈,故治疗麻痹性斜视要有耐心和信心。(上海中医药大学中医文献研究所.眼科名家陆南山学术经验集[M].上海:上海中医药大学出版社,2001.)

第二节 弱 视

弱视指眼球无器质性病变而单眼或双眼矫正视力低于同龄正常儿童的眼病,一般指矫正视力 ≤ 0.8。《眼科金镜》记载:"症之初起不痛不痒,不红不肿,如无症状,只是不能睹物,盲瞀日久,父母不知为盲。"我国青少年弱视发病率为 2%~3%。

弱视为西医学病名,临床分为斜视性弱视、屈光不正性弱视、屈光参差性弱视、形觉剥夺性弱视、其他类型性弱视五类。

病因病机:

1. 先天禀赋不足,目中真睛乏源,神光无力发越。
2. 素体脾胃虚弱,气血亏虚,目失濡养。

【病案精选】

[病史资料]

郭某,女,6 岁,幼儿园学生。2013 年 8 月 5 日初诊。

主诉:双眼视物模糊 6 月余。

现病史:患儿母亲代诉 6 个月前无明确诱因发现患儿双眼视物模糊,视力有所下降,无眼红痛、畏光流泪等不适,在某医院诊断为"弱视"。患儿体形瘦弱,偏食纳少,面色萎黄,大便时溏。

既往史:足月顺产,否认传染病及遗传病史。

体检:神清,舌质淡,苔薄白,脉缓弱。

眼部检查:右眼裸眼视力 0.15,最佳矫正视力 –5.0DS=0.4;左眼裸眼视力 0.2 最佳矫正视力 –3.0DS=0.6。双眼前节正常,眼底视盘边界清晰、略小,视网膜未见明显渗出及出血,黄斑中央凹反射可见。

[辨治思路]

1. 主证分析　双眼视力下降 6 月余,验光检查双眼均为近视屈光状态,矫正视力双眼均低于 0.6,眼底检查双眼视盘略小,符合弱视诊断。

2. 证候分析　患儿体形瘦弱,偏食纳少,面色萎黄,大便时溏,舌质淡,苔薄白,脉缓弱,辨证为脾胃虚弱证。

3. 立法处方

辨证:脾胃虚弱。

治法:健脾益气。

选方:四君子汤加减。

党参 8g,白术 10g,甘草 6g,茯苓 6g,升麻 6g,柴胡 6g,当归 5g,黄芪 15g,薏苡仁 12g,扁豆 6g,山楂 6g,鸡内金 3g。每日 1 剂,水煎服,连服 14 剂。

治法与用药分析:方中党参为君,甘温益气,健脾养胃,臣以苦温之白术,健脾燥湿,加强益气助运之力;并用黄芪、升麻补气升阳,薏苡仁健脾利湿,扁豆健脾止泻,山楂、鸡内金消食滞,当归活血通络明目,甘草益气和中,调和诸药。诸药共用,可起健脾胃、补中益气之效。

手指点穴:百会、四神聪、睛明、球后、太阳、攒竹。

辨证调护:忌饮酒及食生冷、温燥之品。

[辅助检查]

1. 实验室检查　无异常。

2. 其他辅助检查　VEP-P100潜伏期时间延长及振幅下降。

[转归及对策]

2013年8月19日:自觉视物较前清晰,纳食明显增加,面色萎黄有所减轻,右眼矫正视力提高至0.5,左眼矫正视力提高到0.7,继服2013年8月5日方30剂。

2013年9月18日:双眼视物明显清晰,食欲大增,面色渐红润,大便成形,右眼矫正视力提高至0.7,左眼矫正视力提高到0.8。2013年8月19日方去扁豆继服30剂。2013年10月底复查,双眼矫正视力均达到1.0,停服中药。

本案患者体形消瘦,偏食纳少,面色萎黄,大便时溏,舌质淡,苔薄白,脉缓弱,辨证为脾胃虚弱证。方用四君子汤加减,配合手指点穴通络明目。病程后期大便成形,故去扁豆。

诊疗特点

[诊断要点]

眼部无器质性病变,矫正视力低于相应年龄正常值可确诊。

[辨证要点]

本病多属先天不足,应根据辨证属肝肾不足或脾胃不足而采取相应治疗方法。

[治法方药]

1. 肝肾不足证

证候:胎患内障或先天远视、近视等致视物不清;或兼见夜惊,遗尿;舌质淡,脉弱。本证以先天远视、近视及遗尿等症及舌脉为辨证要点。

治法:补益肝肾。

方药:四物五子丸加减。偏肾阳虚者,加山茱萸、补骨脂、淫羊藿以温补肾阳;肝肾阴虚明显者,加楮实子、桑椹、山茱萸以滋补肝肾;伴脾胃虚弱者,加白术、党参健脾益气。

2. 脾胃虚弱证

证候:视物不清,或胞睑下垂;或兼见小儿偏食,面色萎黄无华,消瘦,神疲乏力,食欲不振,食后脘腹胀满、便溏;舌淡嫩,苔薄白,脉缓弱。本证以食欲不振、食后脘腹胀满、便溏等症及舌脉为辨证要点。

治法:健脾益气。

方药:四君子汤加减。兼食滞者,可选加山楂、麦芽、神曲、谷芽、鸡内金;脾虚夹湿者,加白扁豆、砂仁、薏苡仁。

临证思路

弱视的治疗,首先应明确病因,去除致病因素,并排除影响视功能的其他器质性病变,包括眼底表现正常的器质性眼病,治疗的重点是保持视觉通路无障碍,同时应早发现、及时治疗。采用配镜、弱视训练、精细训练,结合中医治疗手段,尽快使视力恢复正常,并需定期复查。

名医验案选读

庄曾渊治弱视验案

金某,男,5岁。

初诊:2010年9月20日。患儿父亲诉2年前发现患儿双眼视力差,在当地医院诊断为"双眼高度近视、双眼弱视",予以验光配镜、交替遮盖、视觉刺激仪训练等方法,双眼视力提高至0.5后提高缓慢。

检查:右眼裸眼视力0.1,矫正视力–5.00DS–1.00DC×180=0.5^{+3};左眼裸眼视力0.08,矫正视力–8.00DS–1.25DC×180=0.5^{-2}。双眼前节未见明显异常,双眼眼底呈豹纹状,余未见明显异常,双眼中心注视。电生理检查:双眼P-VEP增幅降低,潜伏期延迟。同视机检查:融合点+1°。融合范围–4°~+25°,立体视800"。诊断为双眼弱视、双眼屈光不正。

辨证施治:患者自幼视物模糊,禀赋不足,久视伤血,血伤气损;肝肾两虚,阳虚阴盛,以致光华散漫不收,治宜补益肝肾法。

处方:熟地黄6g,当归5g,川芎3g,白芍5g,五味子5g,枸杞子5g,茺蔚子3g,菟丝子3g,覆盆子6g。

服上方28剂,右眼裸眼视力0.1,矫正视力–5.00DS–1.00DC×180=0.6;左眼裸眼视力0.08,矫正视力–8.00DS–1.25DC×180=0.5。在上方基础上加远志10g、石菖蒲10g、人参10g、茯苓10g,再服28剂。右眼矫正视力为–5.00DS–1.00DC×180=0.6^{+3},左眼矫正视力为–8.00DS–1.25DC×180=0.6,予院内制剂启明丸(由远志、石菖蒲、人参、茯苓、熟地、山药、丹参、广木香组成),同时右眼停止遮盖。初诊后5个月,右眼矫正视力–5.00DS–1.00DC×180=0.8,左眼矫正视力–8.00DS–1.25DC×180=0.8。

解析:本案患儿自幼视物模糊,禀赋不足,久视伤血,血伤气损;肝肾两虚,阳虚阴盛以致光华散漫不收,故以四物五子汤滋补肝肾养血活血。二诊患儿视力提高,在滋补肝肾的基础上补心阳,加远志、石菖蒲开心气,人参补元气,使神光远达,茯苓、山药健脾益气。三诊患儿视力逐渐提高,中医治法集中于补益心肾,口服院内制剂系定志丸、不忘散等方延伸而来,取得不错的治疗效果。(庄曾渊,张红.庄曾渊实用中医眼科学[M].北京:中国中医药出版社,2016.)

(钟舒阳)

第三节　眉棱骨痛

眉棱骨痛指眉棱骨部或眼眶骨疼痛的眼病。在《儒门事亲》"头痛不止"中已有"攒竹痛俗呼为眉棱骨痛"的记述,《证治要诀》将眉棱骨痛包括在"眼眶骨痛"内。《太平圣惠方·治眼眉骨及头疼痛诸方》中认为是"风邪毒气……攻头目"而致;《古今医统大全·眉痛论》则提出"多是肝火上炎……其谓风证,亦为火所致,热甚生风是也",亦可兼有"风痰";《审视瑶函·眉骨痛》强调可由"肝虚"引起。本病多由三阳经受邪而致,尤其阳明经受邪多见。可单侧出现,亦可双侧发生。多见于成年人,女性多于男性。

眉棱骨痛相当于西医学之眶上神经痛,其病因较为复杂,可能与上呼吸道感染、副鼻窦炎、神经衰弱、屈光不正或经期有关。

病因病机:

1. 风热之邪外袭,循太阳经脉上扰目窍而致。

2. 风痰上犯,阻滞目窍脉道,清阳不能升运于目而发。

3. 肝血不足,目窍脉络空虚,头目无所滋养而引发。

4. 肝郁气滞,郁久化火,形成肝火,上炎目窍而致。

【病案精选】

[病史资料]

王某,女,38岁,公司职员。2015年5月8日初诊。

主诉:右侧眉棱骨疼痛1周。

现病史:患者于1周前无明确诱因自觉右侧眉棱骨疼痛,痛有定时,始于早晨,中午尤甚,日落时减轻,夜间痛消,第二天又重复出现,痛甚眼睑水肿,流泪,眩晕恶心。

既往史:否认高血压及糖尿病病史,否认传染病及遗传病史。

体检:神清,舌红,苔腻,脉弦浮。

眼部检查:双眼视力1.5,眼前节及眼底未见异常。右眶上神经切迹处明显压痛。

[辨治思路]

1. 主证分析 右侧眉棱骨疼痛1周,双眼视力1.5,眼前节及眼底未见异常,右眶上神经切迹处明显压痛,符合眉棱骨痛诊断。西医诊断为眶上神经痛。应进一步检查引起眶上神经痛的原因。

2. 证候分析 患者痛有定时,始于早晨,中午尤甚,日落时减轻,夜间痛消,第二天又重复出现,痛甚眼睑水肿,流泪,眩晕恶心,舌红,苔腻,脉弦浮,结合右眶上神经切迹处明显压痛,辨证为风痰上犯证。

3. 立法处方

辨证:风痰上犯。

治法:燥湿化痰,祛风止痛。

选方:防风羌活汤加减。

防风、羌活、半夏、黄芩各10g,白芷15g,川芎20g,细辛5g,甘草5g。每日1剂,水煎服,连服14剂。

治法与用药分析:方中防风辛甘性温,为风药之润剂,祛风除湿,散寒止痛;羌活辛苦性温,散表寒,祛风湿,止痹痛;半夏化痰开窍;细辛、白芷、川芎散风活血,祛寒止痛,其中细辛善治少阴头痛,白芷擅解阳明头痛,川芎长于止少阳厥阴头痛;黄芩清泄里热,并防诸辛温燥烈之品伤津;甘草调和诸药。诸药合用,共奏燥湿化痰、祛风止痛之功效。

辨证调护:忌饮酒及食生冷、温燥之品。

[辅助检查]

MRI:排除器质性病变。

[转归及对策]

2015年5月23日:疼痛及眩晕恶心症状改善,眼睑无明显水肿,右眶上神经切迹处压痛减轻,继服2015年5月8日方14剂。

2015年6月17日:疼痛及眩晕恶心症状明显改善,右眶上神经切迹处无明显压痛。

本案患者痛有定时,始于早晨,中午尤甚,日落时减轻,夜间痛消,第二天重复出现,痛甚眼睑水肿,流泪,眩晕恶心,舌红,苔腻,脉弦浮,结合右眶上神经切迹处明显压痛,辨证为风痰上犯证。方用防风羌活汤加减,取得疏风清热、散邪止痛之效。

诊疗特点

[诊断要点]

1. 眉棱骨疼痛,常伴眼珠胀痛,白天较轻,晚间疼痛明显。

2. 患眼眶上切迹(攒竹穴)处可有明显压痛。

[辨证要点]

《太平圣惠方·治眼眉骨及头疼痛诸方》中认为是"风邪毒气……攻头目"而致;《古今医统大全·眉痛论》则提出"多是肝火上炎……其谓风证,亦为火所致,热甚生风是也",亦可兼有"风痰";《审视瑶函·眉骨痛》强调可由"肝虚"引起。

[治法方药]

1. 风热上扰证

证候:眉骨疼痛,突然发生,压之痛甚,且疼痛走窜;可兼发热恶风,鼻塞流涕;舌红,苔黄,脉浮而数。太阳主一身之表,其经脉经眉头之攒竹,风热外袭,上乘眼目,故以眉骨疼痛且疼痛走窜及风热在表之全身症状为辨证要点。

治法:疏风清热,散邪止痛。

方药:驱风上清散加减。可加蔓荆子、葛根、薄荷清利头目而止痛;鼻塞流涕明显者,加辛夷、青蒿以散邪开窍。

2. 风痰上犯证

证候:眉骨疼痛,伴前额痛,眼珠发胀,目不愿睁;可兼头晕目眩,胸闷呕恶;舌苔白,脉弦滑。目为清阳之窍,清阳为风痰所扰,故以眉骨痛而眼珠胀及全身症状为辨证要点。

治法:燥湿化痰,祛风止痛。

方药:防风羌活汤加减。可加天麻、僵蚕祛风化痰;眩晕较甚者,加白蒺藜、钩藤以息风定晕;目眩呕逆者,加牡蛎、珍珠母、代赭石等以平肝降逆止呕。

3. 肝血不足证

证候:眼眶微痛,目珠酸胀,不耐久视,目睫无力,羞明隐涩;可兼体倦神衰,健忘眠差;舌淡,苔白,脉细。肝血虚而循行目窍脉络之血亦亏乏,目窍供养不足,故以眼眶疼痛轻微、不耐久视及全身症状为辨证要点。

治法:滋养肝血,温通目络。

方药:当归补血汤加减。可加黄芪、桂枝、地龙以益气温经通络;失眠多梦者,加首乌藤、酸枣仁以养心安神。

4. 肝火上炎证

证候:眉棱骨、眼眶骨及前额皆痛,目珠胀痛,目赤眩晕;可兼口苦咽干,烦躁不宁,胁肋胀痛,小便短赤,大便干燥;舌红,苔黄,脉弦数。肝郁化火,循肝经上炎头目,故以眉棱骨、眼眶、前额多部位疼痛及全身症状为辨证要点。

治法:清肝泻火,解郁通窍。

方药:洗肝散加减。可加青蒿、薄荷直入肝经以散其邪热;疼痛较甚者,加蔓荆子、夏枯草以泻热解郁止痛。

临证思路

眉棱骨痛常在受凉、感冒、过度疲劳后发病，出现一侧或双侧眶上缘、前额、鼻根处刺痛、麻痛、灼痛，患侧眶上切迹处压痛，患侧眶上神经分布区感觉减退或过敏，可伴随轻度眩晕，眼球胀满不适，外眼正常，排除眼球器质性病变。

本病多由三阳经受邪而致，尤其阳明经受邪多见。外感风寒湿邪，内夹痰浊，壅滞经脉，阻遏气血，气滞血瘀，不通则痛；或风寒燥火，内有痰湿瘀血，内外合邪，犯于三阳经筋，滞于颠顶前额。外感邪气中，风邪为主邪，多夹杂寒、火、痰，合而犯上，因风为阳邪，其性开泄，轻扬升散，有向上向外的特性，易伤人体上部而发为疼痛。情志内伤，气郁化火，肝风夹痰，上犯清阳，郁于空窍，亦可致病。病理因素以风、火、痰、虚为主，分虚实两端，以实证居多。实证中以风痰上扰证最为常见，其次依次为外感风热证、肝火上扰证，肝血不足证较少出现。

名医验案选读

陆南山治眶上神经痛验案

胡某，男，39岁。

病史：右眼、前额部疼痛月余，每日上午疼痛较剧，下午较轻，在当地治疗无效。

检查：双眼视力均为1.5。右眼眶上切迹压痛明显，左眼眶上切迹无压痛。两眼底无异常发现。脉弦紧，苔薄白。五官科会诊未见明显病变。

诊断：右眼眶上神经痛。

辨证施治：颠顶之上，唯风可到。风为阳邪，夹热上攻，壅塞于上，致右眼眉棱骨疼痛。宜祛散风热，升阳止痛。

处方：荆芥3g，防风3g，炙细辛1.8g，白芷3g，荷叶1角，白蒺藜9g，全当归9g。

连服上方2剂后，眉棱骨疼痛已除。右眼眶上切迹压痛消失，但尚有疲倦感，为巩固疗效，改用健脾补气和血法。处方：党参9g，炙甘草4.5g，茯苓12g，白术6g，陈皮3g，白蒺藜9g，全当归9g。

解析：荆芥、防风为风药，主升，兼配细辛和白芷，增强祛风止痛之效，治疗头部疼痛更为适宜。方中又配伍白蒺藜疏肝祛风，荷叶升阳解热。方证对应，故仅服2剂眉棱骨痛即完全消失。（上海中医药大学中医文献研究所.眼科名家陆南山学术经验集[M].上海：上海中医药大学出版社，2001.）

第四节 突起睛高

突起睛高指以眼珠胀痛，转动失灵，白睛赤壅，目痛难忍，眼珠高高突起为主要表现的急性眼病。该病名见于《世医得效方·眼科》，又名突起睛高外障、目珠子突出。一般发病急，来势猛，若治不及时，邪毒蔓延，可致毒入营血，邪陷心包而危及生命。故《银海精微·突起睛高》明确指出："突起睛高，险峻厉害之症也……麻木疼痛，汪汪泪出，病势汹涌，卒暴之变莫测。"本病多见于单眼。

突起睛高相当于西医学之急性炎症性突眼,多为急性眶内炎症,如眼眶蜂窝织炎、眶骨骨膜炎、眼球筋膜炎、全眼球炎等引发。病原体多为溶血性链球菌及金黄色葡萄球菌等。

病因病机:

1. 风热邪毒侵袭,脏腑积热,外邪内热相搏,循肝经上攻于目,致眶内脉络气血郁阻。

2. 头面疖肿、丹毒、鼻渊、漏睛疮等病灶的毒邪蔓延至眶,火毒腐损血肉所致。

【病案精选】

[病史资料]

陈某,男,28岁,公司职员。2014年5月3日初诊。

主诉:右眼突然红肿、疼痛、外突并转动失灵3天。

现病史:患者于3天前无明确诱因自觉右眼突然红肿、疼痛、外突并转动失灵,在当地医院用西药治疗,效果不显,并感全身不适,发热伴口干口渴,大便干结难解。

既往史:否认高血压及糖尿病病史,否认传染病及遗传病史。

体检:神清,舌红,苔黄,脉数有力。

眼部检查:胞睑明显红肿、紧实,白睛红赤、肿胀,突出于睑裂外,眼珠突出并转动不灵,目眶触痛明显,眼底尚未见异常。

辅助检查:MRI示眶内脂肪区密度较高。

[辨治思路]

1. 主证分析　右眼突然红肿、疼痛、外突并转动失灵3天,眼部检查见胞睑明显红肿、紧实,白睛红赤、肿胀,突出于睑裂外,眼珠突出并转动不灵,目眶触痛明显,眼底尚未见异常,符合突起睛高诊断。西医诊断为急性炎症性突眼,需进一步完善检查以明确病因和诊断。

2. 证候分析　患者全身不适,发热伴口干口渴,大便干结难解,舌红,苔黄,脉数有力,结合胞睑明显红肿、紧实,白睛红赤、肿胀,突出于睑裂外,眼珠突出并转动不灵,目眶触痛明显,眼底尚未见异常,辨证为火毒壅滞证。

3. 立法处方

辨证:火毒壅滞。

治法:泻火解毒,消肿止痛。

选方:清瘟败毒饮加减。

生石膏30g,生地10g,黄连10g,栀子10g,桔梗10g,黄芩10g,知母10g,玄参10g,连翘10g,丹皮10g,竹叶10g。每日1剂,水煎服,连服7剂。

治法与方药分析:方中重用生石膏直清胃热。胃为水谷之海,十二经之气血皆禀于胃,故胃热清则十二经之火自消。石膏配知母,有清热保津之功,配伍连翘、竹叶,轻清宣透,清透气分表里之热毒;再加芩、连、栀子(即黄连解毒汤法)通泄三焦,可清泄气分上下之火邪。诸药合用,目的清气分之热。生地、丹皮共用,专于凉血解毒,养阴化瘀,以清血分之热。诸药合用,则气血两清的作用尤强。此外,玄参、桔梗、连翘同用,还能清润咽喉;竹叶、栀子同用则清心利尿,导热下行。综合本方诸药的配伍,对疫毒火邪,充斥内外,气血两燔的证候,确为有效的良方。

辨证调护:忌饮酒及食生冷、温燥之品。

［辅助检查］

1. 超声检查 可见眼外肌轻度肿大;球后脂肪垫扩大,光点分散;球筋膜囊积液,表现为球壁外弧形无回声区;如脓肿形成则可见不规则暗区,间杂回声光斑。

2. CT 可显示眶内脂肪区密度较高;脓肿形成后则为不规则高密度块影,均质而不增强。

［转归及对策］

2014 年 5 月 10 日:右眼红肿、疼痛及大便干结症状改善,继服 2014 年 5 月 3 日方 7 剂。

2014 年 5 月 17 日:右眼红肿、疼痛明显改善,眼珠转动较前好转。

本案患者全身不适,发热伴口干口渴,大便干结难解,舌红,苔黄,脉数有力,结合胞睑明显红肿、紧实,白睛红赤、肿胀,突出于睑裂外,眼珠突出并转动不灵,目眶触痛明显,眼底尚未见异常,辨证为火毒壅滞证。方用清瘟败毒饮加减,以泻火解毒、消肿止痛。

诊疗特点

［诊断要点］

1. 病前常有感冒或眼球、眼眶周围或全身感染史。

2. 起病急骤,眼痛剧烈,视力下降或骤降。

3. 眼珠突出,转动不灵;白睛红肿,甚则突出睑外。

4. 超声探查、CT 扫描可协助诊断。

［辨证要点］

突起睛高的辨证论治,应遵循辨病与辨证相结合、全身辨证与局部辨证相结合的原则,需进行系统检查以明确病因。病因明确者,应首先进行去除病因治疗。本病为眼科急重症,临证需循证求因,标本兼治。若病情危急,宜中西医综合治疗。

［治法方药］

1. 风热毒攻证

证候:眼珠微突,眼睑肿胀,白睛红肿;头目疼痛,发热恶寒;舌红,苔薄黄,脉浮数。风热毒邪上攻,表热明显,病在初期,以眼珠突出较轻及全身症状等为辨证要点。

治法:疏风清热,解毒散邪。

方药:散热消毒饮子加减。可加野菊花、蒲公英、大青叶增强清热解毒之力;红肿疼痛较重者,加赤芍、丹皮、夏枯草以消肿散结止痛。

2. 火毒壅滞证

证候:眼珠高突,转动受限,眼睑红肿,白睛红赤壅肿;头目剧痛,壮热神昏烦渴,便秘溲赤;舌红,苔黄,脉数有力。热毒入里炽盛,火气燔灼,充斥上下,以眼珠高突而剧痛及壮热烦渴而便秘等为辨证要点。

治法:泻火解毒,消肿止痛。

方药:清瘟败毒饮加减。可加大黄、芒硝以通腑泻热;加板蓝根、天花粉以解毒散结;若出现神昏谵语,可用清营汤送服安宫牛黄丸。

临证思路

本病多由邻近组织的感染引起。感染途径多为血行播散,可为鼻窦及牙齿的感染引起,也可见于颜面部疖肿、全身急性感染性疾病,亦可发生于眼眶损伤或手术后细菌直接感染等。常见致病菌有金黄色葡萄球菌、链球菌及流感嗜血杆菌等。

突起睛高临床虽不多见,但其具有发病急、症状重、视障著的特点,且有珠毁人亡的可能,属于眼科危重之症。本病发病主与风火热毒攻目,致脏腑积热,气血瘀滞有关,故多系热病实证,以祛风清热解毒为要。若火毒入营,内陷心包,壅闭清窍,则当清营解毒、清心开窍。若脓成,应以刀针排脓放毒。病情危重者,宜转相关科室积极救治。

名医验案选读

张怀安治突起睛高验案

袁某某,女,38 岁。

初诊:1995 年 3 月 22 日。左眼珠胀痛突起、白睛红赤肿胀 3 天。患者于 3 天前左眼突起,胞睑红赤胀痛,渐而白睛红赤,睛高突起,伴恶寒发热,咽喉不利,舌燥口渴。

检查:右眼视力 1.2,左眼视力 0.8。左眼胞睑红,眼珠胀痛突起,白睛混赤肿胀,尤以颞侧为甚。舌质红,苔黄,脉浮数有力。

诊断:突起睛高(左眼)。

辨证:风热火毒炽盛证。

治法:清热泻火,解毒散邪。

方药:普济消毒饮加减。

处方:黄芩 10g,黄连 5g,陈皮 5g,甘草 5g,玄参 10g,柴胡 10g,桔梗 10g,连翘 10g,板蓝根 10g,马勃 3g(包煎),牛蒡子 10g,薄荷 3g,僵蚕 3g,金银花 15g,大黄 10g(后下)。3 剂,水煎,分 2 次温服,每日 1 剂。

辨证调护:禁食牛羊狗肉及辛辣炙煿之品。

西药:氧氟沙星滴眼液,滴左眼,每日 4~6 次;青霉素 240 万 U,静脉滴注,每日 2 次。

1995 年 3 月 25 日:便通症减,舌红苔黄,脉弦数。原方去大黄,再进 3 剂。青霉素 240 万 U,静脉滴注,每日 2 次。

1995 年 3 月 28 日:左眼胞睑红,眼珠胀痛突起,白睛红赤肿胀渐消,舌红苔黄,脉弦数。原方去薄荷,再进 3 剂。

1995 年 3 月 31 日:左眼红肿、眼突消退。双眼远视力均为 1.0,近视力均为 1.5。

解析:本案患者起病急骤,眼球突起,胞睑肿胀,白睛混赤肿胀,为风热火毒,上冲于目。急宜清热泻火,解毒散邪,予普济消毒饮加减。方中黄芩、黄连、板蓝根、马勃、金银花、甘草清热解毒,退赤消肿;牛蒡子、连翘、薄荷、僵蚕、柴胡疏风散邪,止痛止痒;大黄泻热通便;玄参凉血滋阴;陈皮理气行滞;桔梗载药上行,引药上达头目。诸药配伍,共收清热解毒、疏散风热之功。联合静脉滴注青霉素,故收效更捷。(张健,张明亮,张湘晖,等.张怀安医案精华[M].北京:人民卫生出版社,2014.)

第五节　鹘眼凝睛

鹘眼凝睛是以眼珠突出,红赤若鹘鸟之眼,呈凝视状为主要表现的眼病。《秘传眼科龙木论》指出:"此疾皆因五脏热壅冲上,脑中风热入眼所致。"《世医得效方》云:"轮硬而不能转侧,此为鹘眼凝睛。"《目经大成》曰:"此症项强,面赤燥,目如火,胀于睑间,不能开闭,若野庙凶神,与花缸变鱼之目,凸而定凝,故曰鱼睛不夜。"《证治准绳·七窍门》对本病特点记述较详,指出"其犹鹘鸟之珠,赤而绽凝者,凝定也。乃三焦关格,阳邪实盛,亢极之害。风热壅阻,诸络涩滞,目欲爆出矣。"

鹘眼凝睛可见于西医学之甲状腺相关性眼病、眼眶假瘤、眶内某些占位性病变等。本节主要介绍甲状腺相关性眼病,又称为 Graves 眼病。为区别单纯有眼征与同时伴有甲状腺功能亢进者,习惯上将具有眼部症状同时伴甲状腺功能亢进者称为 Graves 眼病,而无甲状腺功能亢进及其病史者称眼型 Graves 病。甲状腺相关性眼病是甲状腺功能异常的常见症状,约50% 的甲亢患者可见突眼。

病因病机:

1. 情志失调,肝气郁结,郁久化火,上犯于目,使目眶脉络涩滞所致。

2. 素体阴虚,或邪热亢盛,日久伤阴,或劳伤过度,耗伤阴血,心阴亏虚,肝阴受损,阴虚阳亢,上犯目窍,珠突眶外。

3. 七情内伤,肝气郁结,疏泄失常,气机阻滞,血行不畅为瘀,水湿停滞为痰,痰瘀互结,阻于眶内,致珠突如鹘眼。

【病案精选一】

[病史资料]

李某,女,26 岁。2013 年 1 月 22 日初诊。

主诉:双眼肿胀、畏光 1 周。

现病史:患者于 1 周前无明显诱因出现眼胀怕光,遇风流泪,眼睛压迫感,伴心烦、急躁易怒,轻微心悸心慌,时而乏力,二便可,月经量少,经来腹痛,有血块,色暗,面有浊气。

既往史:有甲亢病史 4 年,否认糖尿病、高血压病史,否认传染病及遗传病史。

体检:神清,手颤阴性,甲状腺Ⅱ度肿大,按之有压迫感,舌质偏嫩,苔滑,脉弦细数。

眼部检查:眼球突出,眼球突出度为 18mm;眼睑增厚,眼裂增宽;球结膜充血不明显,闭目未见露睛。双眼 B 超未见明显异常。

实验室检查:甲状腺功能未见明显异常。

[辨治思路]

1. 主证分析　有甲亢病史 4 年余,眼胀怕光,遇风流泪,眼睛压迫感,眼球突出,眼睑增厚,眼裂增宽,符合鹘眼凝睛诊断。西医诊断为甲状腺相关性眼病(TAO)。

2. 证候分析　患者甲亢日久,眼胀、压迫感、易怒,属甲亢肝气郁滞、肝火旺盛证,肝火上冲于目;怕光、遇风流泪等属日久伤阴,阴虚不能滋养二目。

3. 立法处方

辨证:气郁化火,阴虚失养。

治法:解郁泻火,平肝养阴。

选方:丹栀逍遥散加减。

柴胡 6g,当归 12g,白芍 15g,白术 15g,茯苓 15g,炙甘草 10g,烧生姜 3 片,薄荷 8g,丹皮 12g,栀子 12g,菊花 12g,夏枯草 15g,钩藤 15g。每日 1 剂,水煎服,连服 7 剂。

治法与用药分析:方中柴胡疏肝解郁,使肝气得以条达,为君药。当归甘辛苦温,养血和血;白芍酸苦微寒,养血敛阴,柔肝缓急;归、芍与柴胡同用,补肝体而助肝用,使血和则肝和,血充则肝柔,共为臣药。木郁不达致脾虚不运,故以白术、茯苓、甘草健脾益气,不仅实土以御木侮,而且使营血生化有源,共为佐药。加薄荷少许,疏散郁遏之气,透达肝经郁热;烧生姜温运和中,且能辛散达郁,亦为佐药。甘草尚能调和诸药,为使药。丹皮清血中之伏火,栀子善清肝热,并导热下行。兼以菊花、夏枯草、钩藤清热平肝。

辨证调护:忌饮酒及食生冷、温燥之品。

[辅助检查]

1. 实验室检查　完善甲状腺功能、肝功能、肾功能、血脂、免疫、风湿、血沉等检查以了解全身情况。

2. 其他辅助检查　甲状腺彩超、CT和MRI检查可了解眼外肌受累情况。视野检查和荧光素眼底血管造影(FFA)等了解眼底状况。

[转归及对策]

2013年1月29日:双目流泪及压迫感减轻,继按肝阴不足、肝火偏亢论治,以女贞子、枸杞子滋养肝阴。

2013年2月6日:患者自觉无明显流泪,眼压迫感进一步减轻,舌质红,苔薄白,脉弦细,继按上法论治。

2013年2月14日:诸症缓解,心悸心慌不明显,轻微心烦,按心肝阴虚、火热偏亢论治,以太子参、麦冬、生地黄、女贞子、百合滋养心肝之阴,佐以丹皮、知母清热,炒酸枣仁、莲子心安神。

2013年3月:诸症基本消失,唯熬夜时轻微不适,夜怕强光,已如常人。

本案患者病变脏腑主要在肝,以肝火为主,发病初期内因肝郁化火,肝胆火热上冲于目,外可兼夹风热上扰于目,着重从肝火、肝阳、肝风论治。

【病案精选二】

[病史资料]

梁某,男,47岁。2013年3月16日初诊。

主诉:突眼、手颤2月余。

现病史:患者于2个月前无明显诱因出现突眼、手颤症状,于外院诊断为“甲状腺相关性眼病”,予大剂量甲泼尼龙静脉冲击控制眼病,甲巯咪唑控制甲亢症状。患者用药后甲状腺激素水平很快降至正常,近期复查均在正常范围内,现已停用甲巯咪唑,泼尼松减量至15mg,每日1次顿服。由于双眼症状未见缓解,遂求中医诊疗。刻下症见突眼、手颤,伴腰膝酸软,纳可,二便可。

既往史:否认糖尿病、高血压病史,否认传染病及遗传病史。

体检:神清,舌质红,苔黄,脉弦数。

眼部检查:双眼眼睑肿胀、退缩,瞬目减少,眼睑前隆,结膜充血,双眼球突出,眼球及球后压迫感、疼痛。

实验室检查:甲状腺功能未见明显异常。

[辨治思路]

1. 主证分析　2个月前出现甲亢及双眼眼睑肿胀、退缩,瞬目减少,眼睑前隆,结膜充血,双眼球突出,甲亢经治疗后得到控制,但眼部症状未见好转,符合鹘眼凝睛诊断。西医诊断为甲状腺相关性眼病(TAO)。

2. 证候分析 肝阴亏虚,筋脉失养,则双手震颤;肝阳上亢,浮火升腾,夹痰夹瘀上壅肝窍,则目珠突出;肾阴不足,心肾失交,则眠差梦多,腰膝酸软;舌脉俱为佐证。

3. 立法处方

辨证:阴虚阳亢。

治法:滋肾养肝,明目散结。

选方:杞菊地黄汤加减。

枸杞子15g,菊花9g,生地黄15g,牡丹皮9g,泽泻30g,山茱萸10g,山药10g,天麻15g,钩藤30g,石决明30g,川牛膝15g,首乌藤30g,茺蔚子9g,夏枯草15g,浙贝母15g,玄参9g,牡蛎30g,鳖甲9g,白芥子9g,车前草9g。

治法与用药分析:方选杞菊地黄丸加味治以滋肾养肝,在此基础上加天麻、钩藤、石决明,取平肝息风、重镇潜阳之意;茺蔚子活血利水,清肝明目。遵循"坚者消之,结者散之"的治法,选用浙贝母、玄参、牡蛎、鳖甲,以平肝潜阳、软坚散结。

[辅助检查]

1. 实验室检查 完善甲状腺功能、肝功能、肾功能、血脂、免疫、风湿、血沉等检查以了解全身情况。

2. 其他辅助检查 甲状腺彩超、CT和MRI检查可了解眼外肌受累情况。视野检查和荧光素眼底血管造影(FFA)等了解眼底状况。

[转归及对策]

2013年3月30日:眼胀感、手颤减轻,眠有改善,纳食尚可,二便正常,仍感眼球疼痛、畏光流泪,舌红,苔黄厚腻,脉弦滑。2013年3月16日方去菊花、枸杞子,加龙胆草9g、黄芩9g。

2013年4月16日:眼胀感进一步减轻,眼涩、眼痛减轻,手颤已不明显,结膜充血减轻,仍有畏光流泪。舌体胖大,苔黄,脉弦。守法继进,处方:龙胆草9g,栀子9g,黄芩12g,柴胡9g,生地黄15g,车前草9g,通草9g,甘草3g,菊花9g,首乌藤30g,牡蛎30g,珍珠母30g,夏枯草15g,浙贝母15g,玄参6g,茺蔚子9g,青葙子9g,薏苡仁15g。

二诊时患者舌红,苔黄厚腻,脉弦滑,此由肝郁火旺所致。清代沈金鳌指出:"瘿之为病,其症皆隶属五脏,其源皆由肝火。"因此,在初诊方基础上加龙胆草、黄芩,取龙胆泻肝汤泻肝经实火之意。三诊时患者诸症已减,效不更方,加用青葙子清热泻火、明目退翳,诸药合用,共奏清泻肝火、利水明目之效,使痰瘀渐消缓散,目突亦逐渐向愈。

诊疗特点

[诊断要点]

1. 眼部表现

(1)患眼有灼热感、沙涩感、畏光流泪等症状。

(2)眼睑征:是TAO的重要体征,主要包括眼睑肿胀、眼睑退缩、上睑迟落和瞬目反射减少。

(3)眼球突出:多为轴性眼球突出。

(4)复视及眼球运动障碍:TAO可以使多条眼外肌受累,眼球运动障碍,出现复视或斜视。CT检查显示2条以上眼外肌呈梭形肥大。

(5)结膜和角膜病变:结膜充血水肿,角膜可发生暴露性角膜炎、角膜溃疡。

(6)视网膜和视神经病变:眶内组织水肿压迫,可导致压迫性视网膜和视神经病变,表现为视力降低、视野缺损;眼底可见视盘水肿或苍白,视网膜静脉迂曲扩张,视网膜水肿、渗出。

2. 全身表现 可伴有甲状腺功能改变的临床表现(表 13-1)。

表 13-1 甲状腺相关性眼病的眼部病变分级

分级	定义	具体表现
0	无体征或症状	无
1	仅有体征	眼睑退缩、下落迟缓、凝视
2	软组织受累	结膜和眼睑水肿、结膜充血、异物感、流泪
3	眼球前突	眼球突出(轻度 21~23mm;中度 24~27mm;重度 ≥28mm)
4	眼外肌受累	眼球向一个或多个方向运动受限,复视
5	角膜受累	角膜上皮点状受损或溃疡形成
6	视力丧失	视神经受损,视神经乳头苍白,视野受损,视力下降

3. 非浸润性突眼与浸润性突眼的区别

(1)非浸润性突眼:一般属对称性,常规检查无明显变化,预后较好,常随甲亢被控制而好转。其突眼度<18mm,在眼球内,主要因睑肌痉挛引起。眼球突出,眼胀,无睑肌增厚和球结膜水肿,表现为双目炯炯有神,眼裂偏宽,瞬目减少。

(2)浸润性突眼:可以发生在甲亢之前或甲亢治愈后,或与甲亢同时出现,或无甲亢而伴随其他甲状腺疾病而发。其特征为突眼度>20mm,睑肌增厚,球结膜充血、水肿,闭目露睛,重者可伴有视力下降。球结膜充血、水肿多由于球后眼睑分泌致突眼物质增多,导致糖蛋白、黏蛋白等在眼球和眼睑增多,渗出、压迫等引起。临床表现为畏光,羞明,遇风流泪,视力减弱,双目不能闭合或闭目露睛;CT 检查可见睑肌增厚,球后异常组织增生;MRI 可见眼外肌增粗,呈梭形。常规治疗效果较差,常为甲亢症状好转而突眼不缓解,甚至加重。

[辨证要点]

鹘眼凝睛的辨证论治,应遵循辨病与辨证相结合、全身辨证与局部辨证相结合的原则,需进行系统检查以明确是否同时存在瘿病或处于瘿病发作的前后。明确瘿病者,应同时给予治疗。

[治法方药]

1. 气郁化火证

证候:眼珠进行性突出,不能转动,白睛赤肿,畏光流泪;或伴有急躁易怒,口苦咽干,怕热多汗,心悸失眠;舌质红,苔黄,脉弦数。辨证以眼珠进行性外突、白睛赤肿及气郁化火的全身症状为要点。

治法:清肝泻火,解郁散结。

方药:丹栀逍遥散加减。肝经郁火较重者,加石决明、夏枯草、制香附清泻郁火;胸闷胁痛者,加青皮、郁金以疏肝解郁;眼珠突出明显或眶内扪及肿块者,可加丹参、红花、海藻、昆布以化瘀通络散结。

2. 阴虚阳亢证

证候:眼珠微突,凝视不能转动,白睛微红;可伴头晕耳鸣,心烦失眠,消瘦多汗,腰膝酸软;舌质红,苔少,脉细数。辨证以眼珠微突而白睛淡红,以及头晕耳鸣、心烦不寐、腰膝酸软等全身症状为要点。

治法:滋阴潜阳,平肝降火。

方药:平肝清火汤加减。阴虚火旺者,可加知母、黄柏以滋阴降火;心悸失眠者,加莲子心、麦冬、首乌藤以养阴安神;双手震颤者,加石决明、龟甲、鳖甲以滋阴平肝息风。

临证思路

西医学认为甲状腺相关性眼病属于特异性自身免疫病,为自身免疫抗体对眼球组织的攻击所致。TAO 的临床表现和症状给患者的心理、生活质量带来严重的不良影响。TAO 的症状常与甲状腺功能亢进的治疗效果不相关,甚至甲状腺功能正常者亦可出现突眼症状加重的现象。近年来,中医学在对 TAO 病因病机的认识、辨证论治等方面均有所进展,中西医结合治疗 TAO 能缩短治疗时间、降低复发率、稳定疗效,具有一定优势。

廖世煌先生认为,甲状腺相关性眼病主要与肝、脾、肾密切相关,治疗时针对兼证的用药亦不容忽视。风伤阳窍,日久不愈,多兼外邪上扰,易致眼痒、迎风流泪等,内风外风合邪牵引目系而见目如脱状、目睛斜视等,酌加风药,如防风、白蒺藜、蝉蜕、薄荷等;睑肌痉挛较重者可稍加白芍敛肝缓急;双目灼热较重者可加用钩藤清解肝热;以胀痛为主或见目珠夜痛者可重用夏枯草;眼睑增厚者需软坚化痰散结,可加用浙贝母、夏枯草、连翘等。

名医验案选读

刘喜明治甲状腺相关性眼病验案

胡某,女,61 岁。

初诊:2013 年 5 月 8 日。患者有甲状腺相关性眼病病史 1 年半,曾接受手术治疗(眶减压术、上睑退缩矫正术),术后出现右眼眼睑闭合不全,眼球运动受限,眼睑肿胀,球结膜充血。反复监测甲状腺功能正常,曾服泼尼松龙半年,现已停药 25 天。现症见右眼畏光,眼科检查可见双眼睑裂增宽,眼压正常,二便调,饮食不慎即便溏,球结膜明显水肿,舌体瘦红,苔薄白,脉弦细。CT 示睑肌增厚。

辨证:肝肾不足,兼水湿停聚。

处方:生地 15g,熟地 15g,山茱萸 10g,生山药 15g,女贞子 15g,石斛 15g,车前子 15g,桑叶 12g,菊花 10g,防风 6g。

共服上方 7 剂后,诸症无明显变化,仍按上法治疗。三诊时右眼球结膜充血减轻,仍畏光,伴右眼涩痛、眼胀,以炒白芍、女贞子、枸杞子、石斛滋阴,白蒺藜、防风疏散外邪,佐菊花、钩藤清热平肝,车前子利湿泄浊。四诊时右眼涩痛减轻,仍畏光,眼睑肿胀,以上睑为甚,右眼已能闭合,球结膜水肿消失,舌淡体瘦,苔根部薄白微腻,脉弦细弱。证属气虚夹湿、肝阴不足,以生黄芪补气为君,臣以五苓散加车前子健脾祛湿,佐以当归、石斛、菊花、枸杞子养血、滋阴、清肝治目。五诊时右眼可闭合,球结膜充血不明显,眼球转动较前灵活,诸症好转,以健脾利湿兼清肝火调理 1 个月后,诸症缓解,无复发。

解析:本案患者突眼 1 年半,眼裂增宽,瞬目减少,右眼充血,属肝火偏旺;日久伤阴,见右眼闭合不全,怕光,球结膜水肿,为湿浊停聚于二目之象;睑肌增厚为痰瘀凝结于眼睑所致。以六味地黄丸中三补加女贞子、石斛滋养肝肾之阴,佐以桑叶、菊花清肝平肝,兼以防风疏散风邪,内风外风兼治,车前子祛湿浊。

(王　炜)

参 考 文 献

[1] 广东中医学院 . 中医眼科学 [M]. 上海 : 上海人民出版社 , 1972.

[2] 关国华 . 中医眼科诊疗学 [M]. 上海 : 上海中医药大学出版社 , 2002.

[3] 彭清华 . 眼科病名家医案·妙方解析 [M]. 北京 : 人民军医出版社 , 2007.

[4] 广东省中医药学会 . 岭南中医药名家 [M]. 广州 : 广东科技出版社 , 2010.

[5] 彭胜权 , 李迎敏 , 林培政 , 等 . 岭南温病研究 [J]. 新中医 , 1997, 29 (10): 2-4.

[6] 王云飞 , 吴焕林 . 邓铁涛教授与岭南医学 [J]. 新中医 , 2007, 39 (6), 92-93.

[7] 廉丽华 , 张淳 , 李志英 , 等 . 云南白药联合紫金锭外敷治疗带状疱疹病毒性睑皮炎的疗效观察 [J]. 湖南中医杂志 , 2014, 30 (9): 80-81.

[8] 彭清华 . 中医眼科学 [M]. 北京 : 中国中医药出版社 , 2016.

[9] 李志英 . 中医眼科疾病图谱 [M]. 北京 : 人民卫生出版社 , 2010.

[10] 中国中医研究院广安门医院 . 韦文贵眼科临床经验选 [M]. 北京 : 人民卫生出版社 , 2006.

[11] 韦企平 , 沙凤桐 . 中国百年百名中医临床家丛书韦文贵韦玉英 [M]. 北京 : 中国中医药出版社 , 2002.

[12] 张健 . 张健眼科医案 [M]. 北京 : 中国中医药出版社 , 2016.

[13] 王永炎 , 庄曾渊 . 今日中医眼科 [M]. 北京 : 人民卫生出版社 , 2000.

[14] 段俊国 . 中医眼科学 [M]. 北京 : 人民卫生出版社 , 2012.

[15] 江晓芬 , 黎小妮 . 黎家玉眼科集锦 [M]. 长沙 : 湖南科学技术出版社 , 2005.

[16] 鲍道平 . 眼科医案百例 [M]. 上海 : 上海科学技术文献出版社 , 2007.

[17] 张梅芳 , 詹宇坚 , 邱波 . 眼科专病中医临床诊治 [M]. 3 版 . 北京 : 人民卫生出版社 , 2013.

[18] 姚芳蔚 . 眼底病的中医治疗 [M]. 上海 : 上海中医药大学出版社 , 1995.

[19] 武炳慧 , 王雨生 . Bevacizumab 治疗糖尿病黄斑水肿的现状 [J]. 临床眼科杂志 , 2011, 19 (5): 464-467.

[20] 廖品正 . 中医眼科学 [M]. 上海 : 上海科学技术出版社 , 1986.

[21] 唐由之 , 王明芳 , 陆南山 , 等 . 中国医学百科全书·中医眼科学 [M]. 上海 : 上海科学技术出版社 , 1985.

[22] 曾庆华 . 中医眼科学 [M]. 北京 : 中国中医药出版社 , 2003.

[23] 李传课 , 彭清华 , 曾明葵 , 等 . 益气明目丸治疗脾胃气虚型视神经萎缩和视网膜色素变性疗效观察 [J]. 中国中医眼科杂志 , 1997, 7 (1):14-18.

[24] 李冀 . 方剂学 [M]. 北京 : 中国中医药出版社 , 2007.

[25] 聂爱光 . 现代黄斑疾病诊断治疗学 [M]. 北京 : 北京医科大学 , 中国协和医科大学联合出版社 , 1997.

[26] 葛坚 . 眼科学 [M]. 2 版 . 北京 : 人民卫生出版社 , 2011.

[27] 赵建英 , 林柳燕 , 陈尽好 . 郝小波应用传统中医特色疗法治疗眼病经验 [J]. 辽宁中医杂志 , 2010, 37 (6): 997-998.

［28］杜红彦，王幼生．祛风除湿清热活血法用于球内异物术后 2 例 [J]. 中国中医眼科杂志，2005, 15 (1): 48-49.

［29］庄曾渊，金明．今日中医眼科 [M]. 2 版．北京：人民卫生出版社，2011.

［30］赵峪，韦企平．韦玉英眼科经验集 [M]. 北京：人民卫生出版社，2004.

［31］上海中医药大学中医文献研究所．眼科名家陆南山学术经验集 [M]. 上海：上海中医药大学出版社，2001.

［32］刘怀栋，张彬，魏素英．庞赞襄中医眼科经验 [M]. 石家庄：河北科学技术出版社，1994.

眼科常用方剂汇编

一画

一绿散(《证治准绳》):芙蓉叶　生地黄

二画

二圣散(《圣济总录》):罂粟壳　车前子

二妙散(《丹溪心法》):黄柏　苍术

二陈汤(《太平惠民和剂局方》):法半夏　橘皮　茯苓　甘草

人参养荣汤(《三因极一病证方论》):人参　白术　茯苓　甘草　陈皮　黄芪　当归　白芍　熟地黄　五味子　桂心　远志

人参白虎汤(《伤寒论》):人参　石膏　知母　甘草　粳米

七宝膏(《秘传眼科龙木论》):珍珠　水晶　贝齿　琥珀　石决明　空青　玛瑙　龙脑

七厘散(《良方集腋》):血竭　麝香　冰片　乳香　没药　红花　朱砂　孩儿茶

八珍汤(《瑞竹堂经验方》):当归　川芎　白芍　熟地黄　人参　白术　茯苓　炙甘草

八宝眼药(《中华人民共和国药典》1997年版):珍珠　麝香　熊胆　海螵蛸　硼砂　朱砂　冰片　炉甘石　地栗粉

九味羌活汤(《此事难知》):羌活　防风　苍术　细辛　川芎　生地黄　黄芩　甘草　白芷

十全大补汤(《太平惠民和剂局方》):人参　肉桂　川芎　地黄　茯苓　白术　甘草　黄芪　当归　白芍

十珍汤(《审视瑶函》):天冬　麦冬　丹皮　知母　甘草　人参　地骨皮　生地　赤芍　当归

十灰散(《十药神书》):大蓟　小蓟　荷叶　侧柏叶　茅根　茜根　山栀　大黄　牡丹皮　棕榈皮

三画

三仁汤(《温病条辨》):杏仁　滑石　通草　白蔻仁　竹叶　厚朴　生薏苡仁　半夏

三黄泻心汤(《金匮要略》):黄连　黄芩　大黄

三黄眼液(《中医眼科学》):川芎　黄芩　黄柏

大定风珠(《温病条辨》):干地黄　白芍　麦冬　五味子　甘草　麻仁　生龟甲　生牡蛎　生鳖甲　阿胶　鸡子黄

大黄当归散(《医宗金鉴》):大黄　当归　木贼　黄芩　栀子　菊花　苏木　红花

大补元煎(《景岳全书》):人参　山药　杜仲　甘草　熟地黄　当归　枸杞子　山茱萸

小续命汤(《备急千金要方》):麻黄　木香　缩砂仁　人参　川芎　甘草　杏仁　防己　桂心　防风　附子　川乌　白芍　黄芩　独活

千金托里散(《眼科集成》):连翘　黄芪　厚朴　川芎　防风　桔梗　白芷　芍药　官桂　木香　乳香　当归　没药　甘草　人参

万应膏(《医宗金鉴》):川乌头　草乌头　生地黄　白及　白蔹　象皮　官桂　白芷　当归　赤芍　羌活　苦参　土木鳖　穿山甲　乌药　甘草　独活　玄参　大黄

万金膏(《眼科纂要》):荆芥　防风　川黄连　文蛤　铜绿　苦参根　薄荷

万应蝉花散(《原机启微》):蝉蜕　蛇蜕　川芎　防风　当归　茯苓　羌活　炙甘草　苍术　赤芍　石决明

四画

五黄膏(《医方类聚》):黄连　郁金　黄柏　大黄　黄丹

五味消毒饮(《医宗金鉴》):金银花　野菊花　蒲公英　紫花地丁　紫背天葵子

五苓散(《伤寒论》):猪苓　茯苓　泽泻　白术　桂枝

五皮散(《华氏中藏经》):桑白皮　陈皮　生姜皮　大腹皮　茯苓皮

六味地黄丸(《小儿药证直诀》):山茱萸　山药　泽泻　牡丹皮　茯苓　熟地黄

六君子汤(《医学正传》):人参　白术　茯苓　甘草　陈皮　半夏

内疏黄连汤(《素问病机气宜保命集》):黄连　芍药　当归　槟榔　木香　黄芩　山栀子　薄荷　桔梗　大黄　甘草　连翘

丹栀逍遥散(《太平惠民和剂局方》):柴胡　白芍　当归　茯苓　白术　甘草　生姜　薄荷　牡丹皮　栀子

天麻钩藤饮(《中医内科杂病证治新义》):天麻　钩藤　生石决明　栀子　黄芩　川牛膝　杜仲　益母草　桑寄生　茯神

天王补心丹(《校注妇人良方》):人参　玄参　丹参　茯苓　五味子　远志　桔梗　当归　天冬　麦冬　柏子仁　酸枣仁　生地黄

牛黄丸(《太平圣惠方》):牛黄　天竺黄　珍珠白　僵蚕　白附子　麝香　苏合油　地龙　青黛　琥珀　金箔　香油

开明丸(《世医得效方》):熟地黄　菟丝子　车前子　麦冬　葳蕤　决明子　地肤子　茺蔚子　枸杞子　黄芩　五味子　防风　泽泻　细辛　杏仁　葶苈子　青葙子　桂皮　羊肝

止泪补肝散(《银海精微》):蒺藜　当归　熟地黄　白芍　川芎　木贼　防风　夏枯草

化坚二陈丸(《医宗金鉴》):橘皮　制半夏　茯苓　生甘草　白僵蚕　川黄连

化铁丹眼药水(《经验方》):雄鸡化骨(在肚内红色圆形似胆,但非苦胆)　乌梅　杏仁　川椒　砂仁　风化消　古铜钱　新绣花针

风眼烂眦方(《备急千金要方》):竹叶　黄连　柏白皮

乌金膏(《疡医大全》):明矾　米醋

五画

四君子汤(《太平惠民和剂局方》):人参　白术　茯苓　炙甘草

四物汤(《太平惠民和剂局方》):川芎　当归　白芍　熟地黄

四味大发散(《眼科奇书》):麻绒　蔓荆　藁本　细辛　生姜

四顺清凉饮子(《审视瑶函》):当归身　龙胆草　黄芩　桑皮　车前子　生地黄　赤芍　枳壳　炙甘草　熟大黄　防风　川芎　川黄连　木贼　羌活　柴胡

四生散(《太平惠民和剂局方》):黄芪　羌活　沙苑蒺藜　白附子

四物五子丸(《普济方》):熟地黄　当归　地肤子　白芍　菟丝子　川芎　覆盆子　枸杞子　车前子

仙方活命饮(《校注妇人良方》):白芷　贝母　防风　赤芍药　当归尾　甘草　皂角刺　穿山甲　天花粉　乳香　没药　金银花　陈皮

归芍红花散(《审视瑶函》):当归　大黄　栀子　黄芩　红花　赤芍　甘草　白芷　防风　生地黄　连翘

归脾汤(《济生方》):白术　茯神　黄芪　龙眼肉　人参　酸枣仁　木香　当归　远志　炙甘草

归芍地黄汤(《症因脉治》):当归　白芍　熟地黄　山茱萸　山药　泽泻　茯苓　牡丹皮

外障眼药水(《经验方》):黄连　风化硝　硼砂　西红花

右归饮(《景岳全书》):熟地黄　山药　枸杞子　杜仲　山茱萸　炙甘草　肉桂　熟附子

右归丸(《景岳全书》):熟地黄　山茱萸　怀山药　当归　肉桂　枸杞子　鹿角胶　菟丝子　制附子　杜仲

左归饮(《景岳全书》):熟地黄　山药　枸杞子　茯苓　山茱萸　炙甘草

左归丸(《景岳全书》):熟地黄　山药　山茱萸　枸杞子　菟丝子　川牛膝　鹿角胶　龟甲胶

左金丸(《丹溪心法》):黄连　芍药　吴茱萸

平肝清火汤(《审视瑶函》):车前子　连翘　枸杞子　柴胡　夏枯草　白芍　生地黄　当归

白虎汤(《伤寒论》):石膏　知母　甘草　粳米

白薇丸(《审视瑶函》):白薇　石榴皮　防风　白蒺藜　羌活

甘露消毒丹(《温热经纬》):滑石　茵陈　黄芩　石菖蒲　木通　川贝母　射干　连翘　薄荷　白蔻　藿香

甘露饮(《太平惠民和剂局方》):枇杷叶　熟地黄　天冬　枳壳　山茵陈　生地黄　麦冬　石斛　甘草　黄芩

龙胆泻肝汤(《医方集解》):龙胆草　栀子　黄芩　柴胡　泽泻　木通　车前子　当归　生地黄　甘草

龙脑煎(《太平圣惠方》):龙脑　乳香　朱砂　细辛　黄连

加减驻景丸(《医方类聚》):车前子　当归　熟地黄　五味子　枸杞子　楮实子　川椒　菟丝子

加味修肝散(《银海精微》):羌活　防风　桑螵蛸　栀子　薄荷　当归　赤芍　甘草　麻黄　连翘　菊花　木贼　白蒺藜　川芎　大黄　黄芩　荆芥

加味肾气丸(《济生方》):熟地黄　炒山药　山茱萸　泽泻　茯苓　牡丹皮　肉桂　炮附子　川牛膝　车前子

加减四物汤(《傅青主女科》):生地　白芍　当归　桔梗　杏仁　桑皮　陈皮　瓜蒌仁

加减地黄丸(《原机启微》):生地黄　熟地黄　枳壳　牛膝　当归　羌活　杏仁　防风

石斛夜光丸(《审视瑶函》):石斛　生地黄　熟地黄　天冬　麦冬　人参　山药　菟丝子　枸杞子　肉苁蓉　茯苓　甘草　决明子　菊花　白蒺藜　青葙子　防风　羚羊角　犀角　川芎　川黄连　牛膝　枳壳　杏仁　五味子

石决明散(《普济方》):石决明　决明子　赤芍　羌活　栀子　大黄　荆芥　木贼　青葙子　麦冬

宁血汤(《中医眼科学》):仙鹤草　墨旱莲　生地黄　栀子炭　白芍　白及　白蔹　侧柏叶　阿胶　白茅根

正容汤(《审视瑶函》):羌活　白附子　防风　秦艽　胆南星　白僵蚕　法半夏　木瓜　黄松节　甘草　生姜

玉泉散(《中国中成药优选》):葛根　天花粉　生地黄　麦冬　五味子　糯米　甘草

玉女煎(《景岳全书》):石膏　熟地黄　麦冬　知母　牛膝

生蒲黄汤(《中医眼科六经法要》):生蒲黄　墨旱莲　生地黄　荆芥炭　牡丹皮　郁金　丹参　川芎

生脉散(《医学启源》):人参　麦冬　五味子

立应散(《普济方》):鹅不食草　香白芷　当归　羊踯躅花　川附子　雄黄

立胜煎(《中医眼科学讲义》1974年):川黄连　黄柏　秦皮　甘草

玄参散(《太平圣惠方》):玄参　栀子　黄芩　白蔹　川升麻　连翘　犀角　蕤蕤　木香

瓜子眼药(《中国中成药优选》):炉甘石　冰片　熊胆　麝香　鲜荸荠　冰糖

六画

当归活血饮(《审视瑶函》):当归身　熟地黄　白芍　川芎　黄芪　苍术　防风　薄荷　羌活　甘草

当归补血汤(《审视瑶函》):生地黄　川芎　羌活　白芍　甘草　苍术　防风　熟地黄　当归身　苏薄荷

当归四逆汤(《伤寒论》):当归　桂枝　白芍　细辛　通草　甘草　大枣

当归龙胆汤(《审视瑶函》):当归　龙胆草　升麻　甘草　赤芍　柴胡　五味子　石膏　羌活　防风　黄芩　黄芪　黄柏　黄连

防风羌活汤(《审视瑶函》):防风　羌活　细辛　川芎　半夏　白术　黄芩　天南星　甘草

血府逐瘀汤(《医林改错》):当归　生地黄　桃仁　红花　枳壳　赤芍　柴胡　甘草　桔梗　川芎　牛膝

芎归补血汤(《审视瑶函》):生地黄　熟地黄　当归　白芍　炙甘草　白术　防风　天冬　牛膝　川芎

防风通圣散(《宣明论》):防风　荆芥穗　连翘　麻黄　薄荷　川芎　当归　白芍　白术　黑山栀　大黄　芒硝　石膏　黄芩　桔梗　甘草　滑石

安宫牛黄丸(《温病条辨》):牛黄　犀角　郁金　黄连　黄芩　雄黄　栀子　朱砂　梅片　麝香　珍珠　金箔衣

朱砂煎(《中医眼科学讲义》):黄连　黄柏　秦皮　细辛　白芷　乳香　朱砂　冰片　蜂蜜

导痰汤(《济生方》):半夏　橘皮　茯苓　甘草　南星　枳实　生姜

导赤散(《小儿药证直诀》):生地黄　木通　甘草　淡竹叶

托里消毒散(《外科正宗》):黄芪　皂角刺　金银花　炙甘草　桔梗　白芷　川芎　当归　白芍　白术　茯苓　人参

竹叶泻经汤(《原机启微》):柴胡　栀子　羌活　升麻　炙甘草　黄芩　黄连　大黄　茯苓　赤芍　泽泻　决明子　车前子　淡竹叶

红眼药(《经验方》):朱砂　生月石　甘石　海螵蛸　冰片

地芝丸(《审视瑶函》):生地黄　天冬　枳壳　菊花

地黄散(《重楼玉钥》):生地　赤芍　苏薄荷　牡丹皮　桔梗　生甘草　净茜草

百合固金汤(《慎斋遗书》):生地黄　熟地黄　麦冬　贝母　百合　当归　甘草　玄参　桔梗　芍药

七画

驱风一字散(《世医得效方》):炮川乌　川芎　荆芥穗　羌活　防风

驱风散热饮子(《审视瑶函》):连翘　牛蒡子　羌活　薄荷　大黄　赤芍　防风　当归尾　甘草　川芎　栀子

驱风上清散(《审视瑶函》):柴胡　黄芩　川芎　荆芥　防风　羌活　白芷　甘草

杞菊地黄丸(《医级》):山茱萸　山药　熟地黄　泽泻　牡丹皮　茯苓　枸杞子　菊花

补中益气汤(《脾胃论》):黄芪　炙甘草　人参　当归　橘皮　升麻　柴胡　白术

补阳还五汤(《医林改错》):黄芪　当归　赤芍　地龙　川芎　桃仁　红花

补心汤(《魏氏家藏方》):人参　枳实　龙齿　当归　桔梗　甘草　远志　白茯苓　茯神　黄芪　半夏曲　桂心

补肝散(《眼科全书》)大黄　川芎　菊花　防风　大力子　荆芥　玄参　蒺藜　细辛　黄芩　栀子　木贼　甘草　决明子　苍术　蔓荆子

补肾丸(《秘传眼科龙木论》):人参　泽泻　细辛　五味子　茺蔚子　山药　干地黄　车前子　黄芩

羌活胜风汤(《原机启微》):白术　羌活　枳壳　川芎　白芷　独活　防风　前胡　桔梗　薄荷　荆芥　甘草　黄芩

羌活散(《太平圣惠方》):前胡　羌活｀麻黄　白茯苓　川芎　黄芩　甘草　蔓荆子　枳壳　细辛　石膏　菊花　防风

还阴救苦汤(《兰室秘藏》):桔梗　连翘　红花　细辛　当归身　炙甘草　苍术　龙胆草　羌活　升麻　柴胡　防风　藁本　黄连　生地黄　黄柏　黄芩　知母　川芎

附桂八味丸(《金匮要略》):山茱萸　山药　熟地黄　泽泻　牡丹皮　茯苓　熟附子　肉桂

附子理中汤(《阎氏小儿方论》):附子　人参　白术　干姜　炙甘草

吴茱萸汤(《审视瑶函》):半夏　川芎　茯苓　白芷　陈皮　吴茱萸　人参　生姜　炙甘草

抑阳酒连散(《原机启微》):独活　生地黄　黄柏　防己　知母　蔓荆子　前胡　羌活

白芷　生甘草　防风　栀子　黄芩　寒水石　黄连

阿胶鸡子黄汤(《通俗伤寒论》):阿胶　生白芍　石决明　钩藤　生地　生牡蛎　络石藤　茯神木　鸡子黄　甘草

皂角丸(《太平惠民合剂局方》):皂角　干薄荷叶　槐角　青橘皮　知母　贝母　半夏　威灵仙　白矾　甘菊　牵牛子

鸡子黄油膏(《经验方》):鸡子黄　制甘石　冰片

八画

肥儿丸(《医宗金鉴》):人参　白术　茯苓　黄连　胡黄连　使君子　神曲　炒麦芽　炒山楂　炙甘草　芦荟

参苓白术散(《太平惠民和剂局方》):人参　茯苓　白术　扁豆　橘皮　山药　甘草　莲子　薏苡仁　桔梗　缩砂仁

知柏地黄丸(汤)(《医宗金鉴》):干生地黄　山茱萸　山药　泽泻　牡丹皮　茯苓　知母　黄柏

泻白散(《小儿药证直诀》):桑白皮　地骨皮　甘草　粳米

泻脾除热饮(《银海精微》):黄芪　防风　茺蔚子　桔梗　大黄　黄芩　黄连　车前子　芒硝

泻肝散(《银海精微》):玄参　大黄　黄芩　知母　桔梗　车前子　龙胆草　羌活　当归　芒硝

泻脑汤(《审视瑶函》):防风　车前子　木通　茺蔚子　茯苓　大黄　玄参　元明粉　桔梗　黄芩

泻心汤(《银海精微》):黄连　黄芩　大黄　连翘　荆芥　赤芍　车前子　菊花　薄荷

泻青丸(《小儿药证直诀》):龙胆草　栀子　大黄　羌活　防风　川芎　当归

泻肺汤(《审视瑶函》):桑白皮　地骨皮　麦冬　知母　黄芩　桔梗

泻肺饮(《眼科纂要》):石膏　赤芍　黄芩　桑白皮　枳壳　木通　连翘　荆芥　防风　栀子　白芷　羌活　甘草

泻黄散(《小儿药证直诀》):藿香　山栀子　石膏　甘草　防风　密蒙花

泻热黄连汤(《东垣十书》):黄连　黄芩　草龙胆　生地黄　升麻　柴胡

泻肝汤(《银海精微》):大黄　黄芩　知母　桔梗　车前子　茺蔚子　连翘　薄荷　栀子　防风　赤芍　当归　芒硝

拨云退翳散(《银海精微》):楮实子　薄荷　黄连　菊花　蝉蜕　蔓荆子　蝉蜕　荆芥穗　白芷　木贼　防风　甘草　川芎　天花粉

拨云退翳丸(《原机启微》):川芎　菊花　蔓荆子　蝉蜕　密蒙花　薄荷叶　木贼　荆芥穗　黄连　桃仁　地骨皮　天花粉　炙甘草　川椒皮　当归　白蒺藜

治金煎(《目经大成》):玄参　桑皮　枳壳　黄连　杏仁　旋覆花　防风　黄芩　白菊花　葶苈子

治风黄芪汤(《秘传眼科龙木论》):黄芪　防风　远志　地骨皮　人参　茯苓　大黄　知母

治火眼红肿如桃方(《经验方》):牛蒡子　黄芩　黄连　防风　羌活　连翘　薄荷　荆芥

经效散(《审视瑶函》):柴胡　犀角　赤芍　当归尾　大黄　连翘　甘草梢

明目地黄汤(《审视瑶函》):熟地黄　生地黄　山茱萸　怀山药　泽泻　茯神　牡丹皮　柴胡　当归　五味子

定志丸(《审视瑶函》):远志　菖蒲　人参　茯神

肾气丸(《金匮要略》):山茱萸　山药　熟地黄　泽泻　牡丹皮　茯苓　桂枝　附子

河间当归汤(《证治准绳》):当归　肉桂　干姜　陈皮　人参　白术　白茯苓　甘草　川芎　细辛　白芍　生姜　大枣

鱼腥草眼药水(《经验方》):干鱼腥草

九画

除湿汤(《眼科纂要》):连翘　滑石　车前子　枳壳　黄芩　黄连　木通　甘草　橘皮　荆芥　茯苓　防风

除风益损汤(《审视瑶函》):当归　白芍　熟地黄　川芎　藁本　前胡　防风

除风清脾饮(《审视瑶函》):橘皮　连翘　防风　知母　元明粉　黄芩　玄参　黄连　荆芥穗　大黄　桔梗　生地黄

除风汤(《圣济总录》):防风　黄芪　茺蔚子　桔梗　五味子　细辛　大黄

养阴清肺汤(《重楼玉钥》):生地黄　麦冬　甘草　玄参　贝母　牡丹皮　薄荷　白芍

养血当归地黄汤(《万氏女科》):当归身　熟地黄　白芍　党参　甘草　陈皮　肉桂

珍珠散(《医学心悟》):珍珠　玛瑙　琥珀　珊瑚　硼砂　熊胆　龙脑　麝香　瓜竭　朱砂　黄连末　明松香　没药　炉甘石

珍珠明目液(《中国基本中成药》二部):珍珠液　冰片

香贝养荣汤(《医宗金鉴》):白术　人参　茯苓　橘皮　熟地黄　川芎　当归　贝母　香附　白芍　桔梗　甘草

香砂六君子汤(《古今名医方论》):人参　白术　茯苓　甘草　陈皮　半夏　生姜　木香　砂仁

退热散(《审视瑶函》):赤芍　黄连　木通　生地黄　栀子　黄芩　黄柏　牡丹皮　当归尾　甘草

退赤散(《审视瑶函》):桑白皮　甘草　牡丹皮　黄芩　天花粉　桔梗　赤芍　当归尾　瓜蒌仁　麦冬

退云散(《幼幼新书》):决明子　土瓜根　大黄　玄参　甘草　宣连　井泉石

退红良方(《中医眼科学讲义》):龙胆草　焦山栀　连翘　甘菊花　密蒙花　桑叶　黄芩　生地黄　决明子　夏枯草

栀子胜奇散(《原机启微》):白蒺藜　谷精草　蝉蜕　甘草　木贼　决明子　黄芩　菊花　栀子　川芎　荆芥穗　羌活　密蒙花　防风　蔓荆子

顺经汤(《审视瑶函》):当归身　川芎　柴胡　桃仁　香附子　乌药　青皮　红花　广陈皮　苏木　赤芍　玄参

荆防败毒散(《摄生众妙方》):羌活　独活　柴胡　前胡　枳壳　荆芥　防风　桔梗　川芎　甘草

独参汤(《十药神书》):人参

将军定痛丸(《审视瑶函》):黄芩　白僵蚕　橘皮　天麻　桔梗　青礞石　白芷　薄荷

大黄　半夏

洗眼方(《太平圣惠方》):黄连　黄柏　秦皮　细辛　青盐

洗肝散(《审视瑶函》):当归尾　生地黄　赤芍　菊花　木贼草　蝉蜕　甘草　羌活　防风　薄荷　川芎　苏木　红花　白蒺藜

洗心汤(《审视瑶函》):黄连　生地黄　木通　炒栀子　甘草　当归尾　菊花

牵正散(《杨氏家藏方》):白附子　僵蚕　全蝎

神消散(《证治准绳》):黄芩　蝉蜕　甘草　木贼　谷精草　苍术　蛇蜕

点眼竹叶煎(《圣济总录》):栀子仁　蕤仁　决明子　石膏　竹叶　车前叶　秦皮　白蜜

点眼秦皮煎(《圣济总录》):秦皮　青五铢钱　黄连　藕仁　淡竹叶

胆汁二连膏(《眼病的辨证论治》):川黄连　胡黄连　牛胆汁　蜂蜜

济生肾气丸(《济生方》):熟地黄　山茱萸　山药　泽泻　茯苓　牡丹皮　牛膝　车前子　肉桂

穿心莲眼膏(《全国中草药新医疗法展览会资料选编》):穿心莲浓缩液　新洁尔灭　凡士林　无水羊毛脂

祛瘀汤(《中医眼科学讲义》):川芎　当归尾　桃仁　赤芍　生地黄　墨旱莲　泽兰　丹参　仙鹤草　郁金

十画

桑白皮汤(《审视瑶函》):桑白皮　泽泻　玄参　甘草　麦冬　黄芩　旋覆花　菊花　地骨皮　桔梗　茯苓

桑菊饮(《温病条辨》):桑叶　菊花　杏仁　连翘　薄荷　桔梗　芦根　甘草

海藏地黄散(《审视瑶函》):当归　酒大黄　熟地黄　生地黄　玄参　防风　谷精草　黄连　白蒺藜　沙蒺藜　犀角　蝉蜕　木贼　甘草　羌活　木通　连翘

荸荠退翳散(《经验方》):荸荠粉　硼砂　冰片　麝香

涩化丹(《眼科六经法要》):赤石脂　甘石　薄荷　僵蚕　麻黄　细辛　蔓荆子　紫草　龙胆草　黄连　芦荟　草乌　盐浸石脂　炉甘石　空青石　珊瑚　琥珀　血竭　珍珠

益气聪明汤(《东垣试效方》):黄芪　甘草　芍药　黄柏　人参　升麻　葛根　蔓荆子

通窍活血汤(《医林改错》):赤芍　桃仁　红花　川芎　老葱　生姜　红枣　麝香　黄酒

通脾泻胃汤(《医宗金鉴》):知母　制大黄　茺蔚子　玄参　石膏　防风　黄芩　栀子

通明补肾丸(《银海精微》):楮实子　五味子　枸杞子　人参　菟丝子　肉苁蓉　熟地黄　当归　牛膝　知母　黄柏　青盐

通幽汤(《脾胃论》):炙甘草　红花　生地黄　熟地黄　升麻　桃仁泥　当归

逍遥散(《太平惠民和剂局方》):柴胡　白芍　当归　茯苓　白术　甘草　生姜　薄荷

消风散(《太平惠民和剂局方》):荆芥穗　羌活　防风　川芎　僵蚕　蝉蜕　茯苓　陈皮　厚朴　人参　炙甘草　藿香叶

消翳汤(《眼科纂要》):木贼　密蒙花　当归尾　生地黄　蔓荆子　枳壳　川芎　柴胡　甘草　荆芥　防风

真武汤(《伤寒论》):茯苓　白术　白芍　炮附子　生姜

涤痰汤(《奇效良方》):半夏　橘红　枳实　茯苓　胆南星　竹茹　人参　甘草　生姜　大枣　石菖蒲

珠黄散(《经验方》):珍珠粉　犀黄　朱砂　麝香

破血红花散(《银海精微》):当归梢　川芎　赤芍　枳壳　苏叶　连翘　黄连　黄芪　栀子　大黄　苏木　红花　白芷　薄荷　升麻

破血汤(《眼科纂要》):刘寄奴　红花　生地黄　赤芍　菊花　苏木　丹皮　桔梗　甘草

柴胡疏肝散(《景岳全书》):柴胡　陈皮　白芍　枳壳　炙甘草　川芎　香附

凉膈连翘散(《银海精微》):连翘　大黄　黄连　薄荷　栀子　甘草　黄芩　朴硝

桃红四物汤(《医宗金鉴》):熟地黄　赤芍　川芎　当归　桃仁　红花

调经散(《银海精微》):香附　当归尾　大黄　黄芩　黄连　生地黄　赤芍　川芎　羌活　栀子　薄荷　木贼　红花　甘草

十一画

银翘散(《温病条辨》):金银花　连翘　桔梗　薄荷　淡竹叶　甘草　荆芥穗　淡豆豉　牛蒡子　芦根

银花解毒汤(《中医眼科临床实践》):金银花　蒲公英　桑皮　天花粉　黄芩　龙胆草　大黄　蔓荆子　枳壳　生甘草

黄连西瓜霜眼药水(《经验方》):硫酸黄连素　西瓜霜　月石　硝苯汞　蒸馏水

黄连解毒汤(《外台秘要》):黄连　黄柏　黄芩　栀子

黄连温胆汤(《六因条辨》):黄连　法半夏　陈皮　茯苓　枳壳　竹茹　甘草

黄芩眼药水(《临床眼科学》):黄芩　蒸馏水

清营汤(《温病条辨》):犀角　玄参　丹参　麦冬　连翘　生地黄　黄连　金银花　淡竹叶

清燥救肺汤(《医门法律》):桑叶　生石膏　人参　甘草　胡麻仁　阿胶　麦冬　杏仁　枇杷叶

清肝汤(《医学入门》):川芎　当归　白芍　柴胡　山栀　牡丹皮

清肝引经汤(《中医妇科学》):当归　白芍　生地黄　牡丹皮　栀子　黄芩　川楝子　茜草　白茅根　牛膝　甘草

清胃汤(《审视瑶函》):栀子　枳壳　苏子　石膏　川黄连　陈皮　连翘　当归尾　荆芥穗　黄芩　防风　生甘草

清胃散(《脾胃论》):当归身　黄连　生地黄　牡丹皮　升麻

清脾散(《审视瑶函》):薄荷　升麻　栀子　赤芍　枳壳　黄芩　陈皮　藿香　防风　石膏　甘草

清瘟败毒饮(《疫疹一得》):生石膏　生地　犀角　黄连　栀子　桔梗　黄芩　知母　赤芍　玄参　连翘　牡丹皮　淡竹叶　甘草

猪苓散(《银海精微》):猪苓　木通　栀子　黑狗脊　滑石　萹蓄　苍术　车前子

绿风羚羊饮(《医宗金鉴》):玄参　防风　茯苓　知母　黄芩　细辛　桔梗　羚羊角　车前子　大黄

眼珠灌脓方(《中医眼科学讲义》):生大黄　瓜蒌仁　生石膏　枳实　栀子　夏枯草

金银花　黄芩　天花粉　竹叶　玄明粉

理中汤(《伤寒论》):人参　白术　干姜　炙甘草

菊花决明散(《证治准绳》):石决明　石膏　木贼　川羌活　甘草　防风　甘菊花　蔓荆子　川芎　黄芩　决明子

铜绿膏(《眼科纂要》):铜绿　龙脑　麝香　乌贼鱼骨　马牙消　葳蕤仁　水银

羚羊角汤(《医醇賸义》):羚羊角　龟甲　生地　白芍　丹皮　柴胡　薄荷　菊花　夏枯草　蝉衣　红枣　生石决明

羚羊角饮子(《审视瑶函》):羚羊角　犀角　防风　桔梗　茺蔚子　玄参　知母　大黄　决明子　甘草　黄芩　车前子

羚羊钩藤汤(《通俗伤寒论》):羚羊角　钩藤　桑叶　川贝母　竹茹　生地　菊花　白芍　茯苓　甘草

十二画

紫金锭(《片玉心书》):雄黄　朱砂　麝香　五倍子　红大戟　山慈菇　千金子霜

犀黄散(《外科全生集》):犀黄　朱砂　元精石

犀角地黄汤(《备急千金要方》):犀角　生地黄　牡丹皮　赤芍

犀角引子(《秘传眼科龙木论》):犀角　羚羊角　大黄　人参　茯苓　知母　黄芩　桔梗　防风

温胆汤(《三因极一病证方论》):法半夏　橘皮　茯苓　甘草　枳实　竹茹

普济消毒饮(《东垣试效方》):黄芩　黄连　橘皮　玄参　连翘　板蓝根　马勃　牛蒡子　薄荷　桔梗　僵蚕　升麻　柴胡　甘草

滋阴退翳汤(《眼科临床笔记》):玄参　知母　生地黄　麦冬　白蒺藜　木贼　菊花　青葙子　菟丝子　蝉蜕　甘草

滋阴降火汤(《审视瑶函》):当归　川芎　生地黄　熟地黄　黄柏　知母　麦冬　白芍　黄芩　柴胡　甘草梢

疏风散温汤(《审视瑶函》):赤芍　黄连　防风　铜绿　川椒　当归尾　轻粉　羌活　五倍子　荆芥　胆矾　明矾

疏风散热饮子《审视瑶函》:连翘　牛蒡子　羌活　薄荷　大黄　赤芍　防风　当归尾　甘草　栀子　川芎

散热消毒饮子(《审视瑶函》):牛蒡子　羌活　黄连　黄芩　薄荷　防风　连翘

十三画及以上

新制柴连汤(《眼科纂要》):柴胡　川黄连　黄芩　赤芍　蔓荆子　山栀子　龙胆草　荆芥　防风　木通　甘草

蒙花散(《眼科纂要》):密蒙花　木贼　白蒺藜　地骨皮　桑白皮　蝉蜕　石决明　连翘　青葙子　菊花

蝉花散(《太平惠民和剂局方》):蝉蜕　谷精草　白蒺藜　菊花　防风　决明子　密蒙花　羌活　黄芩　蔓荆子　山栀子　甘草　川芎　木贼草　荆芥穗

镇肝熄风汤(《医学衷中参西录》):怀牛膝　代赭石　生龙骨　生牡蛎　生龟甲　生杭芍　玄参　天冬　川楝子　生麦芽　茵陈　甘草

擦药方(《审视瑶函》):血竭　乳香　没药　轻粉　密陀僧